朝鮮学校の教育史

脱植民地化への闘争と創造

呉 永 鎬
Oh YongHo

明石書店

はしがき

　朝鮮学校が日本に誕生して、70年余りの歳月が流れた。
　敗戦後の日本で、在日朝鮮人の子どもたちを立派な朝鮮人に育てたいという願いから手探りで始められた教育の営みは、その後途切れることなく、今日まで続いている。もちろんそれは単なる偶然ではなく、学校に関わってきた多くの在日朝鮮人の努力と献身の結果であり、この間に流された血と汗、そして涙の量は計り知れない。
　今日では28都道府県に60数校、幼稚園から大学まで、およそ6000人の子どもが朝鮮学校に通っている。就学者数こそ決して多くはないものの、全国規模に展開された学校体系を持つ外国人学校は、日本のみならず、世界に目を向けても類例を見ない。
　「ウリハッキョは心の故郷である」。多くの出身者は、朝鮮学校のことを、ウリ（私たちの）ハッキョ（学校）と呼ぶ。朝鮮人として育つための肯定的な情報や関係が不足している日本で、朝鮮の言葉や歴史、文化を学び、当たり前のように朝鮮の名前を呼び名乗り、朝鮮語で話し合い、同じルーツを持つ人々と繋がりながら、朝鮮人として育っていく場。朝鮮人としての夢を思い描き、生み出せる場……。ウリハッキョは朝鮮人としての自分を育ててくれる故郷でもあるのだ。
　そのような場であるからこそ、在日朝鮮人は朝鮮学校を守り、支え続けてきた。創立当初から今日に至るまで間断なく続けられる政府による弾圧と差別的な政策、そうした措置に対し不法ではないとお墨付きを与える司法の判断、マスコミによって垂れ流される朝鮮学校に対する予断と偏見、朝鮮学校と在日朝鮮人の存在を否定・侮辱し、かれらの日常的な安心と安全を脅かし続けるヘイトスピーチ……。圧倒的な暴力と不合理の数々が、折り重なりながら、息つく

間もなく押し寄せてくる70年であった。

　それでも在日朝鮮人たちは、子どもたちを朝鮮人に育てることを諦めなかった。在日朝鮮人が強いられた痛みと、それを乗り越えてきた覚悟への想像力なくして、朝鮮学校の過去と現在、そして未来を語ることはできない。

　本書は、絶え間ない抑圧と抵抗の中で連綿と続けられてきた朝鮮学校の歴史の一端を明らかにするものである。日本では改めて認識することさえ難しい冷戦的思考と植民地主義が継続する中で、在日朝鮮人はその子どもをどのようにして立派な朝鮮人に育てようとしてきたのか、また子どもたちはどう育とうとしてきたのか。朝鮮学校をめぐる闘争と創造の歴史が持つ意味を、脱植民地化という視点から考えていきたい。

目次

はしがき … 3
凡例 … 10
略語一覧 … 11

序章　闘争と創造の朝鮮学校史

第一節　問題の所在——朝鮮学校教育史の不在 … 13
第二節　先行研究と課題 … 15
  (1) 朝鮮学校史研究の成果と限界
      ——脱植民地化の教育史としての朝鮮学校史 … 16
  (2) 教育の反省性の軌跡としての教育史 … 23
  (3) 本書の課題 … 26
第三節　対象と方法 … 29
  (1) 朝鮮学校とは … 29
  (2) 1950〜60年代の位置づけ——朝鮮学校の教育の基本型の成立期 … 33
  (3) 史資料 … 35
第四節　構成 … 38

第1章　誕生と破壊

第一節　草創期の教育 … 41
  (1) 朝鮮学校のはじまり … 41
  (2) 学校体系の構築 … 47
第二節　朝鮮学校の閉鎖 … 54
  (1) 1948年の学校閉鎖措置と4.24教育闘争 … 54
  (2) 1949年の学校閉鎖措置と在日朝鮮人の抵抗 … 57
第三節　止まらない歩み … 66
  (1) 就学義務制の廃止 … 66
  (2) 多様な形態による民族教育の実施 … 69

（3）在日朝鮮統一民主戦線の結成 …………………………………………… 72

第2章　本国教育の移植

　第一節　学校体系の再構築 ……………………………………………………… 81
　　（1）在日本朝鮮人総連合会の結成 …………………………………………… 81
　　（2）教育援助費と奨学金 ……………………………………………………… 83
　　（3）帰国の実現 ………………………………………………………………… 86
　　（4）教員養成対策 ……………………………………………………………… 90
　第二節　教育の再編 ……………………………………………………………… 99
　　（1）本国教科書の翻刻使用 …………………………………………………… 99
　　（2）学校規定の制定 ………………………………………………………… 105
　　（3）三大重点課業の設定 …………………………………………………… 111

第3章　矛盾の顕現

　第一節　基本生産技術教育の移植と実践 …………………………………… 116
　　（1）祖国建設のために ……………………………………………………… 116
　　（2）厳しい教育環境と教員たちの工夫 …………………………………… 117
　　（3）基本生産技術教育の実際 ……………………………………………… 120
　第二節　見据えていた将来 …………………………………………………… 129

第4章　教科書の創造

　第一節　本国教科書の限界 …………………………………………………… 135
　第二節　1963年新版教科書——「創造的な適用」の内実 ………………… 142
　　（1）在日朝鮮人の視点、生活の導入 ……………………………………… 143
　　（2）漢字表記の再開 ………………………………………………………… 146
　　（3）日本社会や自然の取り扱い …………………………………………… 148
　第三節　教科書内容の社会的規定 …………………………………………… 160
　　（1）「私たち」とは誰か——祖国と在日朝鮮人 …………………………… 160
　　（2）「弱い表現」の採用——日本社会からの評価 ………………………… 164
　　（3）冷戦・分断イデオロギーの継続 ……………………………………… 168

第5章　生まれ出る言葉

第一節　国語常用の取り組み 175
　(1)　二重言語環境と教員の実力 175
　(2)　国語を話させる難しさ 181
　(3)　「おかしな国語」 186
第二節　高まる「正しい国語」習得気運 188
第三節　脱植民地化の様態
　　　　――目指される浄化、生み出される亜種 195
　(1)　生成され続ける在日朝鮮語 195
　(2)　「正しい国語」の習得を目指して 202

第6章　朝鮮学校の生活綴方

第一節　教育関係者の関わりと生活綴方の「輸入」 209
第二節　都立朝鮮人高等学校『新芽文集』（1952年） 214
第三節　子どもたちにとっての脱植民地化 217
　(1)　朝鮮語で「ありのままに書く」意味 217
　(2)　「解放」とは何か 220

第7章　朝鮮への誇り

第一節　愛国伝統の学習 227
第二節　朝鮮人らしい生き方の追求 232
　(1)　日本式名前の改名――家庭の論理との衝突 232
　(2)　チマ・チョゴリ制服の着用――子どもたちの主体性 235
第三節　朝鮮人としての経験 240
　(1)　風景 242
　(2)　歌 250
　(3)　休校日 253
　(4)　運動 256

第8章　明滅する在日朝鮮人史

第一節　在日朝鮮人としての共通の記憶 …………………………… 261
第二節　「61年8月講義」問題 ……………………………………… 269
　(1)　「在日朝鮮人運動史」講義の実施 …………………………… 272
　(2)　惹起した混乱 …………………………………………………… 278
　(3)　在日朝鮮人運動史の否定 ……………………………………… 280
第三節　在日朝鮮人史の希求 ………………………………………… 285
　(1)　在日朝鮮人史の不在 …………………………………………… 285
　(2)　発掘・整理・活用・接続 ……………………………………… 287

第9章　公教育の境界線

第一節　公立朝鮮学校という問い …………………………………… 293
第二節　名古屋市立朝鮮学校の設置・存続・廃止 ………………… 298
　(1)　暫定的措置としての設置 ……………………………………… 298
　(2)　公立学校における民族教育の模索 …………………………… 301
　(3)　ローカルな関係性 ……………………………………………… 308
　(4)　民族教育の徹底と公立学校の正常化
　　　　――「不正常」から「不法」へ ……………………………… 312
第三節　ローカルな公共性 …………………………………………… 316

第10章　政治問題としての法的地位

第一節　日本政府および文部省の立場 ……………………………… 327
　(1)　学校閉鎖措置後の朝鮮学校の法的地位 ……………………… 327
　(2)　各種学校認可の両価性 ………………………………………… 330
第二節　無認可校への補助金交付――四日市市の論理 …………… 334
第三節　各種学校認可をめぐる三重県の対応 ……………………… 341
　(1)　文部省方針の貫徹 ……………………………………………… 342
　(2)　認可問題に関する政治的判断 ………………………………… 352

終章　朝鮮学校の教育史が問いかけるもの

　　第一節　朝鮮学校における脱植民地化 …………………………… 365
　　第二節　戦後日本教育史にとっての朝鮮学校教育史 …………… 370
　　第三節　東アジアにおける脱植民地化と教育の比較史に向けて …… 376

　　史資料および参考文献 ……………………………………………… 381
　　あとがき …………………………………………………………… 396
　　人名索引 …………………………………………………………… 402

【凡例】

一、本書では「在日朝鮮人」という言葉を、体制支持や国籍、また外国人登録証上の「国籍」表示の記載の如何を問わず、全ての日本在住朝鮮半島出身者およびその子孫を指す概念として用いた。

二、朝鮮半島の北緯38度線以北の地域を指す場合には「北朝鮮」、以南を指す場合には「南朝鮮」とし、国家を指す場合には「朝鮮民主主義人民共和国（共和国）」、「大韓民国（韓国）」の語を用いた。

三、史料の引用に際しては、漢字は原則として新字体に改め、異字体等は通行の字体に改めた。また、原文の改行を尊重したが、必要に応じ改行を行った。

四、引用文中の用語については原文を尊重し、ルビに「ママ」を附した。また判読不能の場合は「■」で判読不能の文字数を示した。

五、引用文における〔　　〕は、引用者による補足である。

六、朝鮮語史料の引用については、適宜筆者が日本語に訳した。

七、団体名、学校名、法令名等については初出時に正式名称を示し、以下は適宜略語を用いた。略語表を参照されたい。

八、朝鮮人の名前は、漢字表記を確認できる場合は漢字で記し、その他の場合はカタカナで表記した。

九、暦年の表示は原則として西暦で表記した。

【略語一覧】

略語	正式名称
韓国	大韓民国
共和国	朝鮮民主主義人民共和国
教育会	在日本朝鮮人教育会
教職同	在日本朝鮮人教職員同盟
教同	在日本朝鮮教育者同盟
少年団	在日本朝鮮少年団
総連	在日本朝鮮人総連合会
朝連	在日本朝鮮人聯盟
民青	在日本朝鮮民主青年同盟
民戦	在日朝鮮統一民主戦線
民団	在日本朝鮮居留民団、在日本大韓民国居留民団
＊＊初級	＊＊朝鮮初級学校
＊＊初中	＊＊朝鮮初中級学校
＊＊中高	＊＊朝鮮中高級学校
＊＊朝高	＊＊朝鮮高級学校
朝大	朝鮮大学校
＊全大会	第＊回全体大会
第＊中委	第＊回中央委員会
教研	教育研究大会
教方	教育方法研究大会

序章
闘争と創造の朝鮮学校史

第一節　問題の所在——朝鮮学校教育史の不在

　本書は、これまで実態が充分に明らかにされてこなかった朝鮮学校の教育を、現在に至るその骨格が形成される1950～60年代に焦点を当て検討する教育史研究である。ここで本書を「朝鮮学校の教育史」と名付けたのは、朝鮮学校史における教育の歴史の不在という問題意識を前景化するためである。

　朝鮮学校とは、戦後在日朝鮮人たちが、在日朝鮮人の子どもたちの人間形成における種々の問題を改善・解決するためにつくり上げた、在日朝鮮人自前の学校教育機関である。1945年以来、時代による多少の変動こそあれ、東京、愛知、大阪等の大都市をはじめとして今なお全国的に存在している朝鮮学校は、その規模と歴史から日本における代表的な外国人学校であると言える。

　行論を始めるにあたり、まず教育学者勝田守一の指摘を紹介したい[*1]。1950年代初頭、大田堯とともに各地の朝鮮学校を調査した勝田は、「朝鮮人学校の問題」が孕む「困難な点」について、第一に「当局が、政治的な意図をもって朝鮮人問題一般を見ており」、教育の問題も「高度の政治性をもって発生している」と指摘した上で、次のように述べている。

> 　第二の問題は、いわゆる民族教育と政治との関係であります。朝鮮統一問題が、あのような形で現に困難にぶつかっているという事情が、この問題にも反映しているといえましょう。民族教育が統一への願望を反映する場合に、不幸なことにいきおい政治的立場をそこにさぐろうとする見方が出て来ます。また朝鮮人諸君の方でも、その置かれている現実から、性急

---

　*1　勝田守一「平和を求める日本人としての反省」『朝教組ニュース』1954年5月30日付。

な政治意識の教育にはしりがちになるのもむりはありません。しかし問題はそこにかもされます。どちらがどうかということを私はきめることはできません。しかしじっさいにはそれをめぐって困難が出て来ているのは事実です。私は、朝鮮人学校の存在は民族教育の尊重と結びついてこそ、意義あるものと考えます。ですから、どうしてもこの点について、民族教育の在り方を具体的に究明すべきだと思います。

　ここで勝田は朝鮮学校の教育を、便宜的に「政治意識の教育」と「民族教育」とに分けて論じている。それぞれの定義は明確ではないが、文脈から、「政治意識の教育」は冷戦の産物として形成された朝鮮半島の分断体制を反映した、朝鮮民主主義人民共和国の政治的正統性や社会主義体制の優越性を教える教育、「民族教育」は奪われた民族性を取り戻す過程として朝鮮語や朝鮮文化等を教え朝鮮民族として育てる教育といったものを指しているのではないかと思われる。
　「民族教育が統一への願望を反映する場合に、不幸なことにいきおい政治的立場をそこにさぐろうとする見方が出て来ます」という言葉に見て取れるように、上記のような操作的な弁別を経たうえでの「民族教育」は、本来的に政治的なものではないと想定されるものであるが、しかし実際には朝鮮学校の問題が「高度の政治性をもって発生している」ゆえに、民族の願望として朝鮮半島における南北国家の統一を扱う際にも、「政治的立場をそこにさぐろうとする見方」が出てきてしまう。こうした視点にとらわれている限りは、朝鮮学校の教育を成す今一つの教育、すなわち「民族教育」を「尊重」することも、またそこから敷衍される朝鮮学校の存在意義も見出せない。勝田の指摘の含意は広いが、朝鮮学校とその教育への評価に伏在する冷戦的認識枠組みを対象化すべきという示唆は、今なお傾聴に値すると言える。
　今からおよそ60年前に提起された朝鮮学校の「民族教育の在り方を具体的に究明」する作業は、その後進められていったと言えるだろうか。後述するように、その宿題は、未だ十分に果たされていないと言わねばならない。
　朝鮮学校が引き続き政治的磁場の渦中にいることは変わりない。2010年度から始まった高校無償化制度からは、朝鮮学校が政治的・外交的理由により排

除され、それと連動するように、地方自治体による各種補助金も廃止されていっている。こうした「上からの排外主義」に影響を受け、レイシスト団体による朝鮮学校襲撃事件も起きた[*2]。

　今、朝鮮学校に纏わりつくあらゆるステレオタイプを止揚し、朝鮮学校の教育の歴史を、植民地支配によって形成された移民が旧植民地宗主国において営む独自の教育機関の歴史として捉えるならば、それが内に含む論点が極めて豊穣であることは疑いえない。しかもこれは今に始まったわけではなく、1945年から現在に至るまで途絶えることなく継続している営みなのである。朝鮮学校の教育史研究は、ポスト・コロニアリズムやトランスナショナルな移動と教育、さらには教育における公共性や多文化共生といった、日本の教育と社会をめぐるすぐれて今日的かつ重要な問題群を考察するうえでの事実と示唆を提供するばかりでなく、日本におけるそれら問題群の起源を探るうえでも極めて重要な意味を持つものなのである。

　在日朝鮮人たちが自ら学校を建て、自ら教材をつくり、自分たちの子どもたちを朝鮮学校に送り、そこで教え学んだのは何故だったのか、またそれらはどのような教育だったのか。そして今日から見て、それらの意味はどのように捉えられるのか。これらを講究していくためには、記憶からも、そして論点としても忘却の只中にある朝鮮学校の教育史を掴まえ出し、描くことから始めるほかない。朝鮮学校教育史の不在という状況を克服した時にこそ、我々は日本において連綿と続けられてきた朝鮮学校の教育の意味を、初めて問うことが可能となるだろう。本書はこうした問題意識に基づき、1950～60年代にかけて、様々な失敗と模索、工夫の中で朝鮮学校の教育がつくられていく過程を描き出す、朝鮮学校の教育の歴史研究である。

第二節　先行研究と課題

　朝鮮学校に関する研究は決して多くない。本節では、特に朝鮮学校やその場

[*2]　「高校無償化制度」からの朝鮮学校の排除過程に関しては、差し当たり田中（2013）を参照されたい。また、京都朝鮮第一初級学校への「在日特権を許さない市民の会」（在特会）による襲撃事件に関しては、中村一成（2014）に詳しい。

を直接の研究対象としてきた先行研究に焦点を絞り、その成果と限界を検討することをとおして、本書が1950～60年代における朝鮮学校の教育史を描くうえで堅持すべき視角と、取り組むべき課題を明らかにする。

(1) 朝鮮学校史研究の成果と限界――脱植民地化の教育史としての朝鮮学校史
抑圧と抵抗のせめぎ合い

　2010年代時点における最大の朝鮮学校史研究を小沢有作の『在日朝鮮人教育論――歴史篇』とすることに異存はないだろう。小沢は、植民地期から1960年代に至る在日朝鮮人教育史を、厖大な史資料を丹念に読み込むことによって描き出した。小沢自身が同著の「あとがき」で述べているように、その基本的視座は「政策と運動の対抗」という構図のもと[*3]、植民地期に端を発する日本の同化教育政策の継続を描くことにあったと言える。すなわち小沢は、戦前・戦後を通じて日本政府は朝鮮人を日本人へと同化することを主眼においた教育政策を繰り出しており、それに対し在日朝鮮人側は、特に戦後においては朝鮮学校という独自の教育の場を設け民族教育の実施を求めたのであり、こうした日本政府の政策と在日朝鮮人運動の対抗、抑圧と抵抗のせめぎ合いの歴史として、朝鮮学校史を描いたのである。

　小沢の研究に対し高史明（コ　サミョン）(1974)は、「この通史が、もっぱら権力者とそれに対抗する運動のみに絞られて」おり、「運動からこぼれ落ちているおびただしい朝鮮人の存在」があること、またそれら人々も「同化政策とせめぎあっている」ことを指摘しており、こうした人々との「回路をとりつけないままにすましてしまうならば、その記述が、同化政策者と同じように上からのものになる恐れもある」と批判している。確かに小沢(1973)における戦後の歴史叙述は、主に朝鮮学校を中心に構成されており、また日本の学校で教育を受けた多くの在日朝鮮人の教育経験を「非教育的」なものとして論じる傾向もあり、高の批判は的を射たものである。

　とは言え、倉石(2009)が既に述べているように、「「運動からこぼれ落ちた大多数の朝鮮人（の子どもたち）」への目配りの欠如が最大の問題であるならば、

[*3]　小沢(1973)、554頁。

むしろ話は単純である。欠如に対しては、埋め合わせを行なえばこと足りるからだ。それは決して致命的な欠陥ではなく、あくまでも相対的な問題にとどまる」ものであろう[*4]。倉石は小沢の成果を引き継ぎつつ、1970年代以降の在日朝鮮人教育史叙述を如何に行うのかという問題意識の下、同著のテキスト内在的な分析に進むが、小沢と同時代の、しかも朝鮮学校史を描く本書においては、小沢の朝鮮学校史叙述そのものの限界性を明らかにしておく必要がある。

　その限界性とは、正に小沢自身が述べているように「政策と運動の対抗」の歴史として朝鮮学校史が描かれることによって、朝鮮学校の教育それ自体に関する歴史叙述が、大きく後景に退けられてしまっていることである。すなわち小沢の朝鮮学校史叙述においては、事件や弾圧等、朝鮮学校にまつわる「非日常」への関心が先行し、授業をはじめとした朝鮮学校の教育内在的な歴史叙述や、それに関する分析が充分になされていないという限界がある。これは量的な不足という意味以上の質的な問題を孕む。

　小沢（1973）以外にも、例えば五十嵐・伊ケ崎編（1970）や大田編（1978）、山住（1987）といった戦後日本教育史を主題とした書においても、在日朝鮮人の教育や朝鮮学校は度々触れられてきた。だがこれらにおいても朝鮮学校は、専ら日本政府の教育政策の反動化や民主主義への抑圧を傍証する象徴的な事例として取り上げられているにすぎない。こうした1970年代以降の戦後日本教育史叙述および朝鮮学校研究は、日本の教育を論じる際に、在日朝鮮人というマイノリティを射程に据えているという点において先駆的であったと言えるが、しかし先駆的であったからこそ、上述のような朝鮮学校の限定的な取り上げられ方は、その後の朝鮮学校論議の方法と方向を一定程度固定化してしまうという、不本意な役割を担ってしまった。そして朝鮮学校の教育に関する議論は、学問的な検討の死角へと追いやられることになった。これら先行研究に対し共通に指摘できる欠点は、冷戦構造のイデオロギー対立が直接的に具現する場としての朝鮮学校、あるいは日本政府による弾圧の標的としての朝鮮学校という、朝鮮学校に付随する特異で「非日常」的な事象とその性質に注目するあまり、朝鮮学校で行われている教育それ自体への意識を強く保持できなかったことに

[*4]　倉石（2009）、150頁。

ある。

　無論朝鮮学校の歴史を、弾圧やそれに抗する運動等と切り離して論ずることはできない。特に冷戦が本格化する中で、朝鮮学校はGHQや日本政府から攻撃の標的とされ、在日朝鮮人運動は朝鮮学校を守る闘争を最重要課題の一つに据えていた。多くの研究者が「政策と運動の対抗」関係に焦点を当ててきたのは、勝田と同じように、朝鮮学校という教育機関が常に政治的磁場の渦中に存在せざるを得ない異常とも言える状況を、それら研究者が看破していたからに他ならない[*5]。しかしそれらを踏まえてもなお、朝鮮学校の教育それ自体の歴史を論じることなくして、朝鮮学校の教育史を論じたことにはならないと言わねばなるまい。

　小沢有作の作業は確実に朝鮮学校史研究の礎石を築いたものであると評価できる。しかし「政策と運動の対抗」という視角からなされるその歴史叙述に貫徹する主軸は、同化教育という支配者側の暴力性の剔抉にあった。「政策と運動の対抗」という視角は同化教育の継続を明らかにし、また同化教育の継続を明らかにするためには「政策と運動の対抗」図式を用意する必要があった[*6]。だが朝鮮学校の教育史をこうした「「政策と運動の対抗」－同化教育の継続」の構図を強調することによってのみ論じてしまうと、それらとは相対的な自律性を持つ在日朝鮮人側の動きが見えにくくなってしまう。被支配者側の視点に立ち、朝鮮学校の教育そのものを朝鮮学校史叙述に位置づけた時、そこには「同化教育とそれへの抵抗」だけでは捉えきれない朝鮮学校史像が、必然的に立ち上がってくることだろう[*7]。

[*5]　多くの在日朝鮮人（運動）史研究において、朝鮮学校が取り上げられているのも、基底にはこうした問題意識があると考えられる。また、事件や運動を軸に朝鮮学校の歴史を描く傾向は、朝鮮学校当事者たちの歴史叙述においても、基本的に同型を成していると言える。例えば、朴（1980）、朝鮮大学校民族教育研究所（1987）等。

[*6]　無論、駒込（1996）が論じるように、「同化」概念の一層の吟味は求められるし、またそもそも日本政府が朝鮮人の同化をどれ程強く求めていたのかという点も、引き続き問われなければならない問題であろう。

[*7]　ただし小沢は朝鮮学校の教育について、以下の様な正鵠を射た指摘をしている。「〔朝鮮学校は〕共和国教育の一環としてみづからを位置づけながらも、共和国の教育運営そのままを移植することはできないのであり、たえず日本社会の諸関係を考慮し、この現実に適合した運営形態を独自に創出せざるをえないのである」、「共和国の教育政策にのっとりながらも、在日朝鮮人の民族教育は、その目的、制度、カリキュラム、教科書などすべての点にわたって、日本社会の

朝鮮学校の教育の歴史を再構成するために

　小沢(1973)の成果を踏まえつつ、本書が描くべき朝鮮学校教育史の見通しをより鮮明に持つために、続いて近年の最も大きな朝鮮学校史研究である、金[キム]徳龍[トンリョン]『朝鮮学校の戦後史 1945-1972』(2004)について検討しよう。

　民族団体および朝鮮学校内部の史資料、関係者へのインタビュー等を用いて朝鮮学校の歴史を整理した同書では、朝鮮学校に対する弾圧への抵抗としての運動とは一線を画すトピック、すなわち教科書編纂の過程や教員養成の取り組み、カリキュラムの構成、付属幼稚班の歴史等、これまでの朝鮮学校史研究では扱われることのなかった事柄が実証的に取り上げられている。「政策と運動の対抗」図式のみには還元しきれない朝鮮学校の教育の歴史を明らかにした同書は、朝鮮学校史研究に大きな前進をもたらしたと評価されて良い。

　事件史ないし運動史的叙述に限定されない朝鮮学校史を描くうえで金徳龍の作業から学ぶべきことは、朝鮮学校において教育の営為を構成していた諸要素を検討対象として含む必要があるという極めてシンプルな事実である。これは本書が扱うべき史資料の性格を示してくれている。本書が過去の出来事を扱う以上、フィールドワークや参与観察をとおして朝鮮学校の教育を構成する情報を収集することはできないが、教科書、カリキュラム、教員養成のあり方、授業実践等、限られた史資料を駆使して、朝鮮学校の教育を再構成する必要がある。

　しかしながら、そのような史資料を網羅的に駆使すれば、朝鮮学校の教育史を描けたことになるのだろうか。我々が歴史を叙述する以上、無限にあり得る出来事のすべてを描くことは原理的に不可能であり、何らかの明確な意図をもって資料を選定・配列するという行為を必ず経ることになる。朝鮮学校の教育史を描こうとする際にも、どのような視角を持って、その歴史を切り取り再構成するのかということが必ず問われなければならない。

　その意味では、金徳龍(2004)にも大きな限界を見出さなければならない。先述のように金が用いた資料はこれまで扱われなかった貴重なものであり、朝

条件とそこで育った朝鮮の子どもの生活的・心理的な特殊性とを考慮して、独自の教育活動を展開しなければならないのである」(小沢(1973)、436頁、444頁)。本書はこうした小沢の指摘を導きの糸にしつつ、その実際を描くものである。

鮮学校史研究の新たな道を開拓した重要な研究であることに相違ない。ただし、これまでの朝鮮学校史研究との質的な違いと、そのことが持つ意味について、金が自覚的であったとは必ずしも言えない。同書では朝鮮学校の教育に関わる詳細な事柄がふんだんに提示されているが、果たしてそれら事柄が持つ意́味́が、十分に問われたと言えるだろうか。言葉を換えれば、これまで触れられてこなかった事実を提示した金の研究によって、どのような朝鮮学校史観の更新や修正、あるいは新たな歴史像の提示がなされたと言えるだろうか。この点において、大きな課題が残されていると筆者は考えている。

　それでは朝鮮学校の教育の歴史を、どのような視角から再構成するのか。その視角は、朝鮮学校という対象の特質から導き出されなければなるまい。

脱植民地化装置としての朝鮮学校

　朝鮮学校の教育が、植民地支配によって形成された在日朝鮮人の子どもたちをその教育対象として措定している以上、朝鮮学校の教育史を描く際に貫徹すべき視角の出発点は、植民地主義への理解となろう。

　中野敏男（2006）は、植民地主義について、以下の様に述べている[8]。

> 植民地主義というのは、単に領土的・主権簒奪的な支配だけをさすのではないし（それゆえ政治的に「分離」していても植民地ではありうる）、また単純な収奪や搾取だけのことなのでも決してなく、むしろ人間のカテゴリー化を本質属性としながら、それによって差別的な秩序を構成して支配しようとする統治形式であり、この統治はそれゆえにこそ諸個人の社会意識や自己認識（アイデンティティ）にまで深く食い込んで支配関係をそこに刻印するものなのである。

　植民地主義が、単に異民族や他国の政治的主権を簒奪するという意味での「植民地化」を遂行するばかりでなく、諸個人の社会認識・自己認識にまで深く食い込んで、そこに支配関係を刻印するものであることを踏まえるならば、

---

[8]　中野（2006）、355頁。

戦後の日本社会、そして植民地支配から解放された在日朝鮮人にも、その継続を見なければならない。植民地支配が終了したからと言って、在日朝鮮人の社会意識やアイデンティティに刻まれた支配関係が解消されたわけでは決してないのだ。

　朝鮮学校の教育は、植民地主義によって引き起こされた在日朝鮮人の人間形成上の課題——小沢（1973）はそれを朝鮮人としての「人間解体」と表現しているが——を、学校教育という手法をもって改善・解決しようとする営為であると捉えられる。換言するならば、朝鮮学校は、在日朝鮮人の子どもたちの朝鮮人としての人間形成を阻む継続する植民地主義を、学校教育という手法をもって、払拭ないしはそれへ抵抗する力を付与することを第一義的な目的とした、在日朝鮮人の脱植民地化を促進する装置の一つだと言える。

　朝鮮学校の教育を、こうした在日朝鮮人の歴史的な人間形成問題への取り組みと捉えなければ、その歴史叙述は単なる茫漠とした出来事の羅列となってしまう。朝鮮学校の教育は、在日朝鮮人の歴史的課題としての未完の脱植民地化への取り組みである——この視座に明確に立脚しながら歴史を再構成した時にこそ、朝鮮学校教育の持つ意味を問うことが可能となるだろう。

　これをより抽象化し敷衍するならば、朝鮮学校の教育史が持つ意味を検討する作業とは、すなわち脱植民地化と教育との関係を問う作業だと言える。これまで多くの研究が、帝国による植民地支配のあり方と学校教育との共犯性を描いてきた（駒込・橋本編 2007）。一方、植民地支配からの解放後における脱植民地化と教育との関係は、充分に論じられてこなかった。中野の指摘を踏まえるならば、政治や経済のみならず、人々の認識に刻まれた植民地主義的な支配関係が維持、変容、払拭、組み替えられる過程もまた、脱植民地化の問題として位置づけられねばなるまい。教育という営みが濃淡こそあれ人間形成に影響を与えるとするならば、まさに植民地支配の時と同様に、その支配から脱する際にも——しかしベクトルの方向は真逆のものとして、教育が枢要な役割を演じることになると言えるだろう。朝鮮学校の教育史を描く作業とは、植民地被支配者たちが、教育という営みをとおして、どのように脱植民地化という歴史的課題に向き合っていたのか、その実相を描く作業なのである。

　ここで、人間形成あるいは教育の問題を扱ううえでの脱植民地化という言葉

を、さしあたって、植民地主義によって刻まれた支配−被支配関係や社会・自己認識を払拭するために、新たに、あるいは再び民族・国民を獲得する過程と定義しておきたい。

　山室信一は、「脱植民地化とは、国民帝国の帝国性への拒絶であるとともに、国民国家性の受容による自立であり、それによる国民帝国体系の破壊であった」と述べる[*9]。この指摘は、国民国家の拡張および否定として形成された国民帝国の編成原理と、それによってつくられる世界秩序に着目した際の指摘であるが、脱植民地化と教育の関係を問おうとする本書においても、極めて重要な示唆を含んでいる。在日朝鮮人の脱植民地化を目指す朝鮮学校においても、大日本帝国の帝国性を拒絶するために、朝鮮民主主義人民共和国の国民国家性を子どもたちに受容させようとしていたためである。この指摘から連なる問いは、帝国性の拒絶や国民国家性の受容は人々の次元でどのような様態を示していたのか、また脱植民地化が帝国性への拒絶を要件とするにせよ、それは国民国家性の受容を必然的に求めるのかといったものであり、本書は朝鮮学校の教育の歴史の中に、その解を見出していく。

　以上の検討によって、本書が朝鮮学校の教育史を描くうえで堅持すべき第一の視角が導き出された。本書は既存の運動史的叙述に力点が置かれた朝鮮学校史研究を視野に収めつつ[*10]、被支配者である在日朝鮮人側の視点に立ち、これまで看過されがちであった朝鮮学校の教育そのものの歴史を掬い上げることによって[*11]、脱植民地化の教育史としての朝鮮学校史を叙述していく。

[*9] 山室（2003）、125頁。
[*10] 繰り返しとなるが、筆者は政策史、行政史、あるいは運動史的な朝鮮学校史の意義を否定しているわけではない。特に近年の松下佳弘による一連の研究（2010、2011、2012、2013、2015、2016）は、学校閉鎖措置の具体的プロセス、行政当局と朝鮮人側の交渉過程等の詳細を、地域ごとの差異に着目しながら実証的に明らかにしており、非常に重要である。松下の研究により、朝鮮学校史は一層深く把握されるようになったと言える。また、マキー智子の研究（2012、2013、2014）も、公立朝鮮学校や外国人学校法案について詳細に検討しており、重要である。これらの研究との相互対話によって朝鮮学校の教育史はより立体的に描かれるであろう。
[*11] 朝鮮学校における各教科や附属幼稚班に関する歴史研究は、朝鮮学校出身の若手研究者によって、近年取り組まれつつある（康悠仙（2014）、徐怜愛（2014））。本書でもそれら先行研究の成果に依拠する。

(2) 教育の反省性の軌跡としての教育史

　前項では朝鮮学校の教育史を描くうえでの、「朝鮮学校の教育」への本書のスタンスを述べたが、次に「教育史」へのスタンスについて述べておきたい。そのためにここでは、今日の朝鮮学校に関する教育社会学的あるいは人類学的な研究を検討する。

　近年日本人や韓国人研究者によって、朝鮮学校の日常をフィールドワークや参与観察、また関係者へのインタビューをとおして描き出す研究が取り組まれている（中島 2011、中島 2013、山本 2013、志水ほか編 2014 等）。これらの研究は、何よりも一般には忌避されがちな朝鮮学校に直接足を運び、教職員、子ども、保護者、またその他民族団体の人々等と長い時間をかけてラポールを形成し、戯画化・ブラックボックス化された朝鮮学校の教育のあり様や関係者たちの思いを描き出したことに特徴がある。教育研究領域において長らく閉ざされていた朝鮮学校研究の新たな可能性が開拓されたと言えるだろう[*12]。

　こうした手法による朝鮮学校研究における最大の研究として、宋基燦（ソンギチャン）『「語られないもの」としての朝鮮学校』（2012）を挙げることができる。サバルタンを彷彿させる書名からも明らかなように、本書は歴史研究ではなく、すぐれて人類学的な視点からなされた研究であるが、フィールドワークの手法を用いて朝鮮学校の日常を検討対象としており、本書にとっても極めて示唆的である。宋は、朝鮮学校を実践共同体として捉えることによって、植民地主義への抵抗として本質主義的性格を宿しながら動員される朝鮮学校の民族および国家言説に、一意的に回収されるのみでない子どもたちの生き様を「アイデンティティ・マネージメント」として描き出した。宋の研究は、「植民地主義的・資本主義的な「脱領土化」による異種混淆性の讃美に回収されずに、そのような「脱領土化」に抗うことが、ナショナルな思考・エスニックなものの本質化という本質主義にもどることなく、しかも抵抗の基盤を崩してしまうような本質主義批判に陥ることもない、異種混淆性の肯定のしかたはどのようなものなのか」（小田 2012）という、今日の人類学の重要な問いに対する一つの回答を、朝鮮学校という場で検討した試みと捉えられる。

[*12] その他にも、例えば言語学領域のものとして、朴浩烈（2007、2010）や柳美佐（2014）等が、朝鮮学校コミュニティを卒業生のインタビューから考察したものとして、曺慶鎬（2012）がある。

しかし同書の研究史上の意義は人類学のそれにとどまらない。これまで多くの朝鮮学校を対象とした研究は、朝鮮学校においてどのような教育が用意されているのか、どのような意図をもって教育が組織されているのかという、言わば教育を組織する側の意図の解釈を主たる論点としてきたが、宋が描くのは、むしろ組織する側の意図が貫徹しない地点にて、その意図を媒介としながら生まれる子どもたちの対応であった。既存の研究がつくり上げた、言わば静的な朝鮮学校像を、子どもたちの行為者性に着目することによって、動的なそれへと捉え直した点に、宋の研究のもう一つの意義を見出すことができるのである。

　一方で、宋の研究に比して時空間的に広い射程を持つ本書の視野に立てば、宋の研究もまた、朝鮮学校における教育という営為の、ある断面を切り取ったものであると言わねばならない。ここで言う断面とは、検討時期の長短に起因するものではない。そうではなく、教育という営みをどのように把握するのか、ということと関わる。

　教育とは、教える側と学ぶ側の相互作用を伴う営みである。教える側は何かしらの意図をもって学習を組織化し、学ぶ側はその学習によるある影響を受け、教える側は学ぶ側の反応を伺ったり、あるいは効果を測定したりし、また学ぶ側も何らかのフィードバックを教える側に返すことによって、再び学習が組織化されていく。均衡ではない関係を前提にしながら、こうした相互のやりとりが絶えず繰り返される。教育という営為は、教える－学ぶ（教わる）関係の間に生起する循環関係、すなわち反省性を内に含むものと捉えられる（木村編2012）。

　従来の朝鮮学校研究の多くが教える側の視点のみで語られ、それに対し宋は学ぶ側の視点を打ち立てはしたが、それをもって再び教える側がどのように対応したのか、またさらに学ぶ側がどういった反応を見せるのかといった、朝鮮学校が教育の場であるがゆえに必然的に有する循環関係が、宋の分析と解釈において充分に考慮されているとは言い難い。これは、「参加」を軸とする実践共同体としての朝鮮学校の性質に注目するあまり、循環的な相互作用が絶え間なく展開する「教育の場」としての朝鮮学校の性質を充分に検討できなかったため、生じた問題であると考えられる。

　宋の研究から引き取るべき重要な示唆は、朝鮮学校を研究対象とする際、そ

こを教育の場として捕捉する必要性であり、より正確に言うのならば、朝鮮学校が、特定の時空間で計画的な人間形成自体を目的とする「学校である」という極めて当然の事実を対象化する必要があるということである。

　木村元は、教育の社会史研究および教育制度史の知見に学びながら、「学校による特殊な人間形成の歴史的な様態を、その働きかけの内側から描き出そうとする」、〈教育制度の社会史〉という方法論的視座を提唱している（木村編2012）。その含意は広いが、骨子は以下のようになる[*13]。

〔教育制度の社会史研究は〕学校制度がどのように実際に生きられたのかを、特に「教える」（－学ぶ）ということを成り立たせているペダゴジーの様態を示すことで明らかにしようとするものである。「生きられる」という言い方は、社会の中にひとが存在する場合の主体的側面での「生きる」と客体としての側面の「生かされる」という二側面の媒介性をあらわす表現である。いうまでもなく、ひとが社会に存在するということは現実的にはその両側面を含み持っていることが前提であるが、あえてこのように表すのは、両者が相互規定的、さらに、契機的に働いていて、制度に拘束されながら制度を利用するという点に注目したいからである。ここに「契機的」とするのは、相互に規定するだけではなく、積極的にそれぞれがそれぞれを契機にして新しい意味を作り上げることを示している。近代の人間形成を対象とする歴史叙述においては、この媒介性により留意することが重要であろう。

　ここで「ペダゴジー」とは、「教える－学ぶという関係を成り立させる反省的な思惟のあり方、それが産み出す行為及び言説の総体」であり、「子どもにもの（知識・スキル）を「教える」という行為（ワザ）として捉えられるものである。それは、相手の動きや受け止めを想定しながら働きかける独特な行為であり、そこに生み出される反省のうえに作り出された複雑な往復の関係を内に含むもの」として規定される[*14]。

＊13　木村編（2012）、8－9頁。
＊14　同上、10頁。

〈教育制度の社会史〉研究の特徴は、学校が制度によって一方的に規定されるわけではないが、その規定から自由ではない制度としての空間であるという自覚の下、教育人口動態をはじめとした社会状況や子どもたちの生活実態を視野に入れつつ、教える－学ぶというミクロでペダゴジックな関係の歴史的展開を掴まえ、それらを教育史として叙述しようとするところにある。

　以上のような宋基燦の研究と木村の提唱する〈教育制度の社会史〉の議論を踏まえ、朝鮮学校の教育史を叙述するうえで本書が堅持すべき第二の視角が導き出された。教育史研究である本書は、教育的営為の基本的な性質である反省性に注目する。すなわち本書では、教える側と学ぶ側のやりとりと、そのことをとおしたペダゴジーの変容の繰り返しの軌跡の中に、朝鮮学校の教育の特徴を見出し、それらを編み上げることによって朝鮮学校の教育史を叙述する。朝鮮学校における様々な教育的工夫（あるいは失敗）の集積を描き出すことは、先に示したような脱植民地化のための教育の具体相を描くことに直結するものであり、両者は不即不離の関係にあると言える。

(3) 本書の課題

　以上を踏まえ本書の課題を、かつての植民地被支配者である在日朝鮮人の視点に立ちながら朝鮮学校の教育史を描くことをとおして、脱植民地化と教育の関係を検討することと設定する。

　木畑洋一（2014）は、ホブスボームが唱えた「短い20世紀論」に対し、「あくまでもヨーロッパ世界を中心とした時代区分」であり、「支配されてきた位置からの脱却を中心的課題としてそれに苦闘していた世界の多くの人々のことを考えた場合、妥当であるかどうか疑問である」と述べ、「帝国主義の時代に支配される位置に置かれた地域の人々にとって、…最大の問題は冷戦ではなく、脱植民地化の貫徹だったのである」と指摘している[15]。

　歴史叙述において、誰のどの視点に立つのかということは、決定的に重要な問題である。朝鮮学校というかつての植民地被支配者たちの旧植民地宗主国における独自の営みを対象とする以上、本書は徹底的に在日朝鮮人側の視点に立

---

[15] 木畑（2014）、7-8頁。

ち、その歴史を叙述していく。それ故に、本書の朝鮮学校教育史で貫徹される叙述の軸は同化ではなく、脱植民地化となるであろう。木畑はまた、次のように述べる*16。

　もとより、帝国世界の下で作られてきたさまざまな構造は、植民地の政治的独立のみで消失したわけではない。政治的独立はいわば狭義の脱植民地化であり、経済や文化の面をも含んだ広義の脱植民地化ははるかに長期にわたる変容を必要としたのである。そのような広義の脱植民地化は、「長い20世紀」の幕が引かれた後も課題として残っており、現在でも未完であるといってよい。

植民地支配からの政治的な解放を迎えても、それは真の意味での解放と同義ではない。脱植民地化という未完の課題に、被支配者当事者らがどのように対応しようとしていたのかを、朝鮮学校の教育史という具体的な歴史的事実に沿って明らかにしよう。
　こうした課題に取り組むことは、少なくとも二つの意義を持つ。三谷太一郎は、『岩波講座　近代日本と植民地8　アジアの冷戦と脱植民地化』(1993)のまえがきにおいて、以下のように述べている*17。

　敗戦の結果、ポツダム宣言によって他律的に戦後の領土を決定された日本にとって、脱植民地化は自明の所与であった。〔中略〕脱植民地化それ自体としては他国の問題であり、日本にとって自らの深刻な体験として受けとめられたことはなかったといってもよい。日本の場合、それは戦後の非軍事化または民主化と同一の概念によって、あるいはそれらの延長として考えられてきた。したがって戦後の日本においては、植民地化の研究は蓄積されてきたが、脱植民地化を自国の問題として省察することは、ほとんど行われなかった。

---

*16　同上、192頁。
*17　大江ほか編（1993）、vii–viii頁。

三谷の指摘は1993年のものだが、四半世紀を経た今日においても「脱植民地化を自国の問題として省察する」研究が十分に蓄積されているとは言い難い。ましてや教育研究の領域においては、管見の限りではあるが、その蓄積は皆無であると言える。本書は、日本における「脱植民地化と教育」研究を立ち上げるうえで、少なくない示唆を与えるものとなろう。

　第二に、戦後日本教育史を、より多角的に描くための視座を提供するだろう。近年、日本の敗戦から高度成長期までの時期が、歴史として描かれ始めている。『高度成長の時代』（2010〜2011年、全3巻、大月書店）や、『シリーズ戦後日本社会の歴史』（2012〜2013年、全4巻、岩波書店）等をその代表として挙げることができる。戦後教育体制から70年を迎え、その再検討が実質的に進んでいく今日、戦後日本社会の歴史が再論される中で、戦後日本教育史を再考し、叙述する作業が取り組まれていくことだろう。こうした状況を踏まえた時、1950〜60年代を対象とし、日本に存在する朝鮮学校という対象を扱う本書が、戦後日本教育史研究に対して提起する意味に関する考察――俗的に言えば朝鮮学校の教育史を描く作業は戦後日本教育史研究にとって何の意味があるのかという問いを、避けて通るわけにはいかない。

　もとより朝鮮学校の歴史を一国史的な枠組みで論じるのは妥当ではない。朝鮮学校は、居住国である日本社会、故郷および本国としての朝鮮半島の社会、さらにそれら二つの社会とは繋がりつつ相対的に自律した在日朝鮮人社会という三つの社会に跨って存在しており、それら社会からの様々な影響の中で成立していると捉えられる。こうした三つの社会と朝鮮学校との関係を視野に入れる際、解放後にも継続する植民地主義とともに、冷戦という社会秩序にも自覚的でなければならない。在日朝鮮人の故郷・本国としての朝鮮半島は南北に分断されており、日本政府の朝鮮学校政策には、植民地主義とともに、共産主義思想と結びついた朝鮮人を危険視、治安問題視する反共主義が貫かれていた。また朝鮮学校の教育内容にも、冷戦・分断イデオロギーが色濃く存在していた。植民地主義と冷戦構造の折り重なりと、三つの社会との関係に着目しながら、朝鮮学校の歴史を描いていくことにしたい。

第三節　対象と方法

(1) 朝鮮学校とは

　朝鮮学校とは何か。この問いへの回答は容易ではない。現在、日本の学校教育法上において、朝鮮学校は各種学校という法的地位にあるが、一般に言われる「外国人学校」という定義は、教育法制上には存在しない。1960年代中頃に「外国人学校法案」が国会に提出され、ここでは「もっぱら外国人（日本の国籍を有しない者をいう。）を対象とした」教育機関を外国人学校と定義していたが、同法案は結局廃案となった。近年では「我が国に在住する外国人の子どもの教育を担う教育施設（いわゆる外国人学校）」といった表現が、文部科学省による調査等で用いられることがある。

　また、そもそも日本の法制上での位置づけのみをもって朝鮮学校を語ることも適当ではない。公的な規定を発見できていないが、朝鮮学校就学者が朝鮮民主主義人民共和国へ帰国した後、高等教育機関に進学していた事実や、あるいは共和国教育機関の通信課程を履修・修了し学位を得る朝鮮学校出身者の存在から考えて、共和国においては、朝鮮学校が公的な学校として認識されていることは明らかである。先述のように、様々な社会に跨って存在する朝鮮学校を、単一の国家枠組みの下位概念としての制度に準拠して説明することは、極めて難しい。

　そのうえで、さしあたり朝鮮学校とは、在日朝鮮人の子どもたちを「떳떳한 조선사람（立派な朝鮮人、堂々とした朝鮮人）」に育てることを目的とした学校教育機関である、と言って良いだろう。このことは設立から今日に至るまで、基本的に変わっていない。本書で扱う資料にも度々登場するが、少なくとも50〜60年代において、この「立派な朝鮮人」には、朝鮮民族という意味も、共和国の海外公民という意味も両方含まれており、両者が意識的に峻別されることはない。

　在日朝鮮人を「立派な朝鮮人」に育てるとは、やや矛盾的に聞こえる表現かもしれない。これは日本で生まれ育った朝鮮人の子どもたちが、それだけで朝鮮人であるのではなく、朝鮮人になっていくという人間観に基づいている。

「植民地教育の反対物」である「民族教育」を施すことによって、在日朝鮮人の子どもたちを、朝鮮人であることを誇りに思い、「朝鮮語や朝鮮歴史や地理、音楽」をはじめとした「朝鮮のこと」を知っており、「朝鮮国の文化や生産を発展させる力」を持ち、「祖国を愛する気持」を持つ「立派な朝鮮人」に育て上げる[*18]。当事者によって、朝鮮学校の教育はこのように説明されていた。1950年代の日本社会に共通の認識であったと言って良いかもしれないが、ここには「正しい」教育を受ければ人は「正しく」育つという、教育への素朴な信頼が底流している。植民地支配期の朝鮮人であることを否定する学校教育経験、あるいは学校に通えなかった経験が、在日朝鮮人の学校教育への期待を、一層強めたのであろう。解放された朝鮮民族として、祖国を持つ朝鮮人として、臆することなく堂々と生きていってほしい——次世代への願いと期待が朝鮮学校を生んだ。

朝鮮学校の学制は6・3・3・4制となっており、設立当初から共和国の学制ではなく、日本の学制に準じている。これは居住国である日本社会との接続（進学、編入学や就職）を考慮したものと考えられる。今日の朝鮮学校体系の概要を、図序-1にまとめた。朝鮮学校は、初等教育（初級学校）→前期中等教育（中級学校）→後期中等教育（高級学校）→高等教育（大学）→就学前教育（幼稚班）の順で体系化されてきた。すなわち、初級学校を卒業する子どもたちの存在を目前に控え、それでは中級学校をつくろう、中級学校を卒業する子どもたちが多くなり、それでは高級学校をつくろうというように、下から積み上げられていった。大学を起点とする日本の近代学校システムの構築とは対照的であると言える。

高等教育機関である朝鮮大学校が設立されたのは1956年であるが、1958年に4年制となり、1959年に独自の校舎を持つことになったため、朝鮮学校における6・3・3・4制の形が完成するのは、1950年代末のことと言える。1960年代初頭以降には、いくつかの朝鮮学校が就学前教育機関としての幼稚班を併設することになった。

---

*18 在日本朝鮮人愛媛県今治教育会編『日本にいる朝鮮人教育の諸問題』(1957年6月15日)、10-12頁。

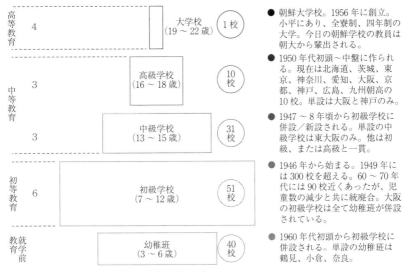

註：学校数に関しては、2018年4月時点のものである。
図序－1　朝鮮学校体系の概要

朝鮮学校就学者数および学校数の推移

　1946年から1972年までの朝鮮学校就学者数および学校数の推移は、以下の図序－2のようになる。ただし、これらの数に関しては資料によって多くのばらつきがあるため、あくまでも概数として理解されたい。ここには、日本の学校に就学していた韓国・「朝鮮」籍の児童・生徒数も併記した。日本国籍をもつ在日朝鮮人もいるため、こちらも概数となることに注意されたい。また韓国学校の就学者数も、参考として併記した。韓国学校には1965年時点でおよそ2500人が通っており、以降は徐々に減少している。

　まず朝鮮学校の学校数について見ると、植民地支配からの解放後、全国各地に朝鮮学校が創設され、その数は右肩上がりに上昇する。だが、1948年および1949年の学校閉鎖措置により、その数は激減する。1955年5月の在日本朝鮮人総連合会（総連）の結成まで学校再建運動により学校数は微増するが、無認可の状態での運営が厳しい学校もあり、閉校・統廃合を経て学校数は安定を見せるようになる。

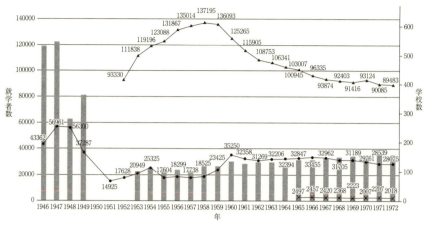

註1：日本の小学校・中学校・高等学校・盲学校・聾学校・養護学校に就学していた朝鮮・韓国籍者に関しては、『学校基本調査報告書』（年次）を参照した。1956年以降は、国籍別の「朝鮮」欄の統計を用いた（「韓国」という項目はないが、含まれていると考えられる）。52年～55年は国籍別の統計がないため、各年次の外国籍就学者に、56～59年における外国籍就学者に占める「朝鮮」籍就学者の割合の平均（＝93.06％）を掛け、算出した。同時期の『在留外国人統計』における韓国・朝鮮籍者が占める割合よりも、就学者のそれはおよそ2～3ポイント高かったため、より正確な実数に迫るため、上記の算出方法を選択した。

註2：朝鮮学校の就学者数に関しては、金德龍（2004）を参照した。初級・中級・高級学校の就学者の合計である。ただし、47年に関しては、在日本朝鮮人聯盟中央委員会「第四回定期全体大会活動報告書　第三部教育編」（1947年10月）、46頁を参照した。

註3：朝鮮学校の学校数の典拠は以下の通り。1946年：在日本朝鮮人聯盟文化部「文化部活動報告書」（1946年10月1日）。1947年：在日本朝鮮人聯盟中央委員会「第四回定期全体大会活動報告書　第三部教育編」（1947年10月）。1948年：在日本朝鮮人聯盟中央委員会第五回全体大会準備委員会「朝聯第五回全体大会提出活動報告書」（1948年）、28頁。校種別校数は不明である。1949年：松下佳弘（2013）。1953年：在日朝鮮統一民主戦線中央委員会「第10回中央委員会の報告と決定書」（1953年5月30日）の「文教部面の活動報告とその結論及び当面の決定事項」。1954年：在日本朝鮮人学校PTA全国連合会、在日本朝鮮人教育者同盟「大会決定書」（1954年6月20日）、「朝鮮人学校学生数調査表　1954.4現在」。1955年：在日本朝鮮人教育会、在日本朝鮮人教職員同盟「決定書」（1955年7月3日）、「朝鮮人学校学生数調査表　1955.4.1現在」。1950年、1951年に関しては統計を探せていないため、空白とした。1952年のデータは、金德龍（2004）に記載があるが、筆者が入手した1953～55年のデータとの開きが大きいため、信頼性がないと判断し、空白とした。1956年以降に関しては、金德龍（2004）、273頁を参照した。

註4：韓国学校の就学者数に関しては、韓国の『교육통계연보』（教育統計年報）（年次）を参照した。ただし、統計が1965年から始まっているため、それ以前の統計に関し、上図には反映されていない。また各韓国学校（全4校）の就学者数の記録と『教育統計年報』のそれとが合致しない場合も少なくない。韓国学校の就学者数に関しては精査を要するが、全ての韓国学校の設立から1972年までの就学者数を確認できなかったため、ここではあくまでも参考として『教育統計年報』上の就学者数を示している。

図序－2　朝鮮学校就学者数および日本学校就学朝鮮・韓国籍者数、朝鮮学校数の推移（1946年～1972年）

就学者数も基本的には学校数と同様の変化を見せている。学校閉鎖令により、多くの在日朝鮮人就学者が日本の学校へ就学、あるいは不就学の状態になった。1957年4月から朝鮮民主主義人民共和国によって在日朝鮮人学生を対象に（朝鮮学校就学者以外も含む）教育援助費および奨学金の送付が始まる。1959年12月、共和国への「帰国事業」が開始し、朝鮮学校就学者数が飛躍的に上昇するに伴い、初級学校を中心に学校数も増加する。

　学校数ならびに就学者数から明らかなように、1960年代から70年代初頭は、量的規模において朝鮮学校の隆盛期であったと位置づけられる。具体的な統計を示すことはできないが、1970年代から就学者数は徐々に低下し、90年代には2万人を切り、現在はおよそ5000人強が就学している。学校数は1986年に154校（初級85、中級56、高級12、大学1）、その後、統合・閉校が進み、2009年には101校（初級56、中級34、高級10、大学1）、2018年には93校（初級51、中級31、高級10、大学1）、所在地別で63校の朝鮮学校がある（ここには単設の幼稚園を含めた）。

(2) 1950〜60年代の位置づけ──朝鮮学校の教育の基本型の成立期

　本書が主な対象とするのは1950〜60年代である。当該期は朝鮮学校にとって、1949年の学校閉鎖措置によって崩壊した教育体系を再確立していく時期であり、今日の朝鮮学校の教育の原型が模索され、構築された時期だと言える。

　当該期には在日朝鮮人と朝鮮学校をめぐる様々な出来事が、めまぐるしく展開した。朝鮮戦争の開戦（1950年）と停戦（1953年）、サンフランシスコ講和条約の発効に伴う在日朝鮮人の日本国籍の喪失（1952年）、在日朝鮮人の就学義務制の廃止（1953年）、朝鮮学校における共和国の教材の翻刻使用の開始（1954年）、民族団体の運動路線の転換──すなわち総連の結成（1955年）、今日まで続く共和国からの教育援助費の送付の開始（1957年）、帰国事業の開始（1959年）、日韓条約と4つの協定の締結（1965年）、総連の金日成主義への明確な移行（1967年）、朝鮮学校の各種学校認可取得（1960年代中盤以降）などを、その代表として挙げられるだろう。

　当該期は日本全体として見れば、戦争体験が徐々に風化し、知識人と労働者、都市と農村との間にあった圧倒的な文化的、経済的格差が徐々に解消され、

「政治の季節」から経済の時代へ移行する時期であると言われる（小熊 2002）。敗戦直後、マルクス主義に基づく「歴史の必然性」を熟知しているとされた共産党の権威も 1950 年代に入り徐々に失墜し（1955 年の第六回全国協議会（六全協）における路線転換）、日本社会党、自由民主党が結成され、いわゆる「55 年体制」と呼ばれる政党地図ができあがった。1956 年の経済白書には「もはや「戦後」ではない」という言葉が登場し、三種の神器の登場、テレビ放送の開始、農村から都市への人口移動等、生活も大きく変化し、高度成長期が訪れた（岩崎・上野・北田・小森・成田編 2009）。教育領域においても、その主たる課題は、民主主義を担っていく個の確立から産業社会への対応へと、その力点を移していく（木村 2015）。

　このような日本社会の政治の時代から経済の時代への移行の中に、在日朝鮮人社会、朝鮮学校も間違いなく存在した。在日朝鮮人と経済との関係を対象化するのはもとより容易ではないが（李洙任編 2012）、在日朝鮮人もある程度は貧困から脱し、また 60 年代の河川敷や不良住宅地の再開発によって、一部の朝鮮人部落が消滅する等、在日朝鮮人の生活も変化していった（文京洙 2013）。朝鮮半島情勢の緊張、故郷ではない「祖国」への移動の可能性の出現、在日朝鮮人の法的地位の変化と国籍による分断、高度成長期の発進といったこれらの事象は、朝鮮学校の社会的位置づけはもちろん、時にその教育の根本部分の再考を迫るものでもあった。

　こうした時代状況に即した対応を模索する中で、1950～60 年代に朝鮮学校の教育の内容と方法が、次第に確立していく。その展望をここで示しておくと、1950 年代中盤に、朝鮮学校は教育方針、教材、教育理念等を共和国のそれらを用いて再整備していく。これを本書では本国教育の「移植」と捉えるが、これが当初のねらい通りには展開せず、朝鮮学校は試行錯誤を繰り返す中で、朝鮮学校独自の教育の型を形成していく。こうして朝鮮学校の教育体系が再確立されていく中で、今日の朝鮮学校教育の基本的な型が作られていくのである。教育の性格が変化する時期は、他の時期と比べ、教育の反省性を掴まえやすい。本書が 1950～60 年代という時期設定を行った方法論的ねらいも、ここにある。

(3) 史資料

　先行研究において、朝鮮学校の教育史に関する検討が充分になされてこなかった最大の原因は、視点の閉塞状況を除けば、第一にそもそも朝鮮学校の教育に関する史資料が学校や関係者内部において未整理の状態であること、第二にそれら資料へのアクセスが極めて困難であるという二点に集約できるだろう。

　筆者は 2008 年から現在に至る期間、朝鮮学校の教育に関わる史資料の調査、収集を行ってきた。本書で用いる史資料は、①各地の朝鮮学校所蔵の資料、②朝鮮学校関係者が私蔵する資料、③朝鮮学校の教科書を出版する学友書房所蔵の資料、④朝鮮大学校朝鮮問題研究センター付属在日朝鮮人関係資料室所蔵の資料とに大別できる。特に④の在日朝鮮人関係資料室は、その開設事業にも携わり、多くの総連教育政策文書や、後述する教育実践報告書を閲覧することができた。

　10 年間の資料収集によって、上記二点の史資料上の課題をある程度克服し、先行研究では用いられてこなかった史資料を発掘することができた。本書の核心を成す、朝鮮学校の教育を読み解くための史資料は、以下のようなものである（表序－1）。これら史資料を解説すること自体が朝鮮学校の教育史の一側面を照らし出す作業でもあるが、詳しくは本論で論じるため、ここでは最小限の解説にとどめる。

　まず、全国一律で用いられた教科書、課程案（カリキュラムと授業日数を規定する文書）、教授要綱（教科目的と内容および授業時数を規定する文書）を用いる。これらの一部に関しては先行研究においても触れられることがあったものの、筆者は対象年代のそれらをほぼ網羅的に発掘した。これら資料からは、朝鮮学校の教育を組織する側が、どのような教育を構想していたのかを読み解くことが可能である。また、これらは各学校の教員たちの教育実践の基盤となるものである。

　続いて、1957 年から始まった朝鮮学校教員たちの教育研究大会（中央および地方）に提出された教育実践報告書がある。これらは在日本朝鮮人教職員同盟（教職同）中央あるいは分科会担当者により選考されている場合が多く、そうした中央の意図が絡んでくるとは言え、当該期朝鮮学校の教育を担った教員たちの姿、また学校で行われていた教育実践に迫り得る貴重な資料であると言え

表序－1　本書で用いる主たる史資料の概要

資料の種類 (大分類)	名称(中分類)	内容・備考	作成・編纂・発刊主体
教材	教科書	教科書、課題帳共に一種類のみ。53年〜62年までは共和国教科書の翻刻版、63年以降は朝鮮学校独自のもの	編纂：朝連教材編纂委員会（1946年〜1949年）、共和国教育省教材編纂局および教育図書出版社（1953年〜1962年）、総連教科書編纂委員会（1963年〜） 発行：学友書房
	課題帳		
政策文書	課程案	各教科の授業時数、一年間の授業時間、休校日等を規定する文書。	総連中央常任委員会
	教授要綱	各教科の教育目的、教育内容を規定する文書。	
	会議決定書	総連、教職同、教育会等の全大会、常任委員会およびその拡大会議、地方別の会議等の決定書で、今後の活動方針が示されている。	総連、教職同、教育会の中央および地方の（常任）委員会
教育実践報告書		教員たちの教育研究大会で発表された実践報告。『朝鮮新報』上で紹介されることもある。	各学校の教員、学年あるいは分科別集団
機関誌	『民族教育』	当初は雑誌であったが、60年代初頭からは新聞になった。朝鮮学校の教育に関わる情報が多数掲載されている。	教職同中央常任委員会
	『中央教育研究』	教研の各分科テーマや準備経過報告、発表論文等の教研に関する情報、また各学校教員の教育研究や共和国での教育資料、教材及び参考資料等が掲載されている。	教職同中央教研部
学習資料	金日成の教示	金日成が共和国の全国教員大会等で行った報告で、教育方針、教員の役割などが提示されている。	
	総連全体大会および各種会議の決定書		総連中央常任委員会
学校沿革史		1966年に全ての朝鮮学校で作成。最終更新年度はそれぞれ異なる。叙述編、資料編からなる。教員名簿や生徒数・卒業生の推移、法的文書の写しや、写真等が含まれている。	フォームは総連中央常任委員会により決まっている。内容自体は、各学校において記述
作文集		朝鮮学校の生徒たちが学校生活を綴ったものが多い。その中でも編入生の作文が多い。	各学校の生徒。まれに教員の感想も記述されている
入学案内、学校案内		朝鮮学校への入学を促す学校作成の資料。学校の沿革、教育目標やカリキュラム、卒業生の進路、学校の所在地等が紹介されている。	各学校
写真集		日頃のすがたよりも、遠足や運動会、学芸会や卒業式等、学校行事の写真が相対的に多い。	各学校

る。本書では、中央教研のみならず、各地方で行われた教研等、様々な実践活動報告を資料として用いる。これらが既往の研究で用いられたことはない。

　また、全ての朝鮮学校教職員たちが加盟していた教職同は、機関誌『民族教育』（1956年10月に第2号が発刊。創刊号は不明）、『中央教育研究』（1956年12月創刊）を発刊している。両誌とも当初は紙をホッチキスで綴じた程度のものであったが、58年頃からは製本され、雑誌の体を成している。また『民族教育』は1960年代初頭からは新聞となっている。今日では再び雑誌となった。これらの資料には、中央が広めたい各地朝鮮学校教員の教育実践や、あるいは中央の役員による教育政策に関する説明、教育理論の解説、教研の情報等が掲載されており、朝鮮学校全体として、どういった教育が目指されていたのかを探ることが可能である。

　さらに、朝鮮学校の子どもたちの作文集も用いる。作文には教員による作文指導が入ることが常であり、また作文集にはそれぞれ作成の目的があるため、それらに注意しなければならないが、子どもたちの状況を探る一級の資料として、これらも用いていくことにしたい。併せて、当該期に教鞭を執った者、教科書作成に関わった者、就学した者への聞き取り調査も実施した。文書資料からは読み取れない歴史の様相を、これによって掴まえようと試みた。未公刊の私家文書や講義録、ノート等も用いるが、これらに関しては適宜示すことにする。文部省や地方自治体、教育委員会等の行政文書も併せて活用する。加えて、共和国および朝連、民戦、総連といった民族団体の教育関係文書、新聞等も資料として用いる。

　資料調査の過程で思いがけず発見することになったのが、各学校の『学校沿革史』である。『学校沿革史』は叙述編、資料編からなり、最終加筆年度は学校によって異なるが、基本的には1966年4月に全国の朝鮮学校で一斉に作成された。叙述編では当該学校の創立（あるいは創立する以前の地域での在日朝鮮人の生活や教育状況）から1966年頃までの歴史が記されている。また資料編では、学校の在籍者数、卒業者数、卒業生の進路、教員名簿（年齢、性別、最終学歴、出身地）、部活動の記録、法的文書のコピー、学校運営に助力した人々の名前、写真等が記録されている。筆者が入手できたのは、計39校の『学校沿革史』である。

本書では以上のような資料を駆使して、当該期の朝鮮学校の教育を可能な限り詳細に、かつ多角的に捉え、朝鮮学校の教育史を描いていくこととしたい。

第四節　構成

　本書の構成は以下のとおりである。
　第1章は、本書の前史にあたる。朝鮮学校が誕生し、それらが49年の学校閉鎖措置によって破壊される前後の歴史を概略的に論じる。植民地支配から解放された在日朝鮮人たちが自らの力でつくりあげた朝鮮学校は、GHQと日本政府の反共主義、強引な法解釈の積み重ね、そして警察による実力行使をもって「合法的に」強制閉鎖されるが、その後も独自の教育を求める在日朝鮮人たちの歩みが止まることはなかった。
　第2章では、総連の結成、本国からの教育援助費の送付、帰国事業の開始を経る中で、壊滅的なダメージを受けた朝鮮学校が次第にその学校体系を再構築する過程を描く。その際、特に教育の中身が、本国の教科書や教育方針を「移植」することによって再編されていくことに注目する。
　第3章では、本国教育の「移植」により朝鮮学校内部に顕現した矛盾について、基本生産技術教育を事例に論じる。基本生産技術教育とは、1950年代中頃の共和国において、初等教育および前期中等教育に導入された基礎的な職業教育、技術教育のことである。朝鮮学校は、これを教育における三大重点課業の一つとして導入するが、その実施において様々な困難に直面する。こうした状況に当事者たちがどのように対応していたのか、描いていく。
　朝鮮学校では1950年代中頃から、本国で使われていた教科書が翻刻使用されるようになる。しかし学校現場からは在日朝鮮人の子どもたちの生活状況に適していないという声が上がり、1963年には新たな教科書が編纂されることになる。第4章では、朝鮮学校の教育のためにつくられた新教科書の特徴を析出し、朝鮮学校教育の固有性を検討する。
　第5章では、朝鮮学校教育の中心である国語教育の実践を検討する。朝鮮学校では「立派な朝鮮人」の指標として、「正しい国語」の習得や、日常生活のあらゆる局面で朝鮮語を使用する「国語生活化」が目指されるが、それらはこ

とごとく「失敗」していた。そうした過程の中で、図らずも生み出された朝鮮学校に独特な言葉に注目し、朝鮮学校における脱植民地化の様態を明らかにする。

第6章では、東京都立朝鮮人高等学校の1年生が作成した作文集『新芽文集』(1952年)を検討する。1950年代中頃までの朝鮮学校では、国分一太郎や生活綴方運動の影響を受けた教育実践が取り組まれていた。生徒たちが、母国語であるが母語ではない朝鮮語で自身の生活を綴るという難しさと向き合いながら紡いでいった作文を用いて、1950年代初頭の朝鮮学校生徒たちにとって脱植民地化がどのような問題として立ち現われていたのか、読み解いていく。

第7章では、脱植民地化の肝ともなるナショナル・アイデンティティを涵養させるための教育実践や、そのために用意された学校内の仕掛けについて検討する。朝鮮学校では、朝鮮半島の歴史や伝統文化の学習、金日成を中心とした共和国の建国史の学習に力が注がれたばかりでなく、朝鮮人らしい名を名乗ること、民族衣装を着用することなど、生活面でも朝鮮人らしく生きることが奨励された。また学校行事の際に掲げられる国旗や、斉唱される歌の歌詞、日本社会とは異なる休校日、さらに権利獲得運動への参加など、「朝鮮」なるものへの誇りを持たせるための様々な経験が用意されていたことを明らかにする。

ナショナル・アイデンティティを育むうえでは、共通の言語や文化とともに、共通の記憶が重要な役割を占めるが、朝鮮学校の教育において、在日朝鮮人の歴史はどのように扱われたのだろうか。第8章では、とりわけ「61年8月講義」問題を軸としながら、本国とのある種の緊張関係を孕みつつ取り組まれた在日朝鮮人史教育を検討する。

第9章では、学校閉鎖措置により暫定的に設置された公立朝鮮学校の歴史を、名古屋市立朝鮮学校を事例に検討する。公立朝鮮学校に関しては、これまで「朝鮮人学校を「無血占領」してこれに「占領地教育」をおしつけていく」ものといった否定的な評価が支配的であったが[*19]、本章では学校内部の関係性および地域社会との関係性に着目しながら、公立朝鮮学校という存在が持つ意味について検討する。

[*19] 小沢 (1973)、308-309頁。

1965年12月、文部省は朝鮮学校には各種学校の認可を与えてはならない旨を通達する。しかし実際にはその後各府県で認可が進んでいく。第10章では、各種学校認可取得の過程を、四日市朝鮮初中級学校を事例に検討する。主に三重県所蔵の資料を用いながら、在日朝鮮人の絶え間ない働きかけとともに外国人学校法案が登場したことが認可促進の遠因となっていたこと、また行政側の対応過程に教育権の保障という論点が見出せないことを明らかにする。

　以上をとおし、在日朝鮮人たちが朝鮮学校を闘い守り抜いてきた歴史、そして朝鮮学校の教育を試行錯誤の中でつくっていった歴史を、言葉を換えれば、在日朝鮮人の闘争と創造の歴史を、朝鮮学校の教育史として描いていくこととしたい。

第1章
誕生と破壊

第一節　草創期の教育

(1) 朝鮮学校のはじまり

　在日朝鮮人による在日朝鮮人のための教育施設は、植民地期にも存在した。朝鮮半島から日本への渡航者は1920年代以降、継続して増え続けた。定住化が進むにつれて、朝鮮半島から家族を呼び寄せたり、あるいは日本で結婚して子どもを生み育て、次第に在日朝鮮人の家族が形成されていった。それに伴い教育の問題が浮上してくる。

　1930年、文部省は、内地在住の朝鮮人も「小學校令第三十二條ニ依リ學齢児童ヲ就學セシムル義務ヲ負フ」旨を示していたが[*1]、朝鮮人学齢児童の就学率は決して高くなく[*2]、不就学者も多かった。そこで、東京、神奈川、愛知、大阪、兵庫、京都、福岡といった朝鮮人集住地区では、少人数の子どもたちを集め、年配者が朝鮮語の読み書きを教えるようになった。また昼間に働いている子どもたちの学びの場として、夜学もつくられていった。全国にどれ程の在日朝鮮人教育施設があったかは定かではないが、1928年7月15日には、大阪朝鮮労働組合が受講生40名を対象にした蒲生夜学校を開設しており、[*3]京都でも1930年代中頃に、東九条や吉祥院、西京極、田中、西院といった地域で、夜学や幼稚園が開設されていた[*4]。

[*1]　「〔拓務省朝鮮部の照会に対する〕文部省普通学務局回答」（1930年10月9日）文部大臣官房文書課「昭和五年文部省例規類纂」（1931年）、所収。

[*2]　田中勝文（1967）は、朝鮮人学齢児童の就学率を、1931年18.5％、34年39.8％、42年64.7％と推計しているが、「実際には小学校在学中とくに夜間小学校在学者には多数の年長者を含んでいたことを考えると、実質的な学齢児童の就学率は、この数値をかなり下回る」と指摘している。

[*3]　朴尚得（1980）、45頁。

[*4]　「京都労働夜学」『朝鮮日報』1930年2月1日付（東九条の「培在夜学会」）、「京都晩覺覺夜學児童たちが醵金」『朝鮮日報』1934年9月2日付（壬生の「桂川晩覚夜学」）、「京都在住同胞幼

水野直樹（2004）によれば、1935年当時、愛知県には朝鮮人学齢児童が8766名おり、そのうち1042名が朝鮮人経営の教育施設（19校）に通っていたことが、警察の資料より確認できる[*5]。この内269名は日本の小学校に就学していたが、773名は通っていなかった。これらの教育施設には国定教科書を用いるところもあり、朝鮮語、日本語、算術、作文などが教えられた。愛知県には私立学校として認可されていた普成学院という学校もあり、ここには160名程が通っていた[*6]。各地の朝鮮人たちは、自助努力によって、子どもたちに日本語の読み書きをはじめとした近代の学校知識とともに、朝鮮語の教育を行っていたのであった。

　ただしこうした在日朝鮮人たちの自主的な教育は、行政や警察による取り締まりを受けたため、長くは続けられなかった。警察は「朝鮮人簡易教育取締」の方針を作成し、朝鮮人の教育施設は民族的色彩が濃厚で、「朝鮮人の指導並びに教化上その弊害が顕著」であるため、これらを「全廃せしむる方針」の下、取り締まりを行っている[*7]。朝鮮人の「学齢児童は原則として小学校に就学せしむること」とされた。当局にとっては朝鮮人の教育施設が朝鮮語を教えていること自体が警戒の対象であったのであり、時には独立運動とみなされ強制閉鎖された。朝鮮人たちが自主的に行っていた教育施設のほとんどは、1935、36年頃に禁止され、その姿を消すことになった。これは戦後の朝鮮学校閉鎖のロジックとほぼ同様のものであることも注目される。ちなみに1936、37年には、華僑学校の教育も「排日思想」を煽るものとして、その教科書が取り締まりの対象となっている[*8]。

稚園を新設」『朝鮮中央日報』1935年5月26日付（田中の「同胞幼稚園」）、「京都吉祥院同胞村に佳京夜学院新築──唯一の我々の教育機関」『朝鮮中央日報』1935年5月26日付、「在留人の子女の為に　啓蒙夜學院継続　京都朝鮮人有志奮闘」『朝鮮中央日報』1935年6月6日付（西八条の「啓蒙夜學院」）、「労働の余暇に　無償夜学を経営　京都在留三青年篤志家」『朝鮮日報』1936年5月6日付（西京極の「夜学」）、「洛北に床しき学園　同胞の童児らに日本人教育　二鮮人の隠れた努力」『京都日出新聞』1935年12月16日付（上賀茂の「朝陽保育園」）。また「京都朝鮮幼稚園」に関しては、浅田（2000）を、「向上館簡易夜学」に関しては浅田（2001）を参照されたい。

- [*5]　水野（2004）、17–19頁。
- [*6]　水野・文京洙（2015）、35頁。
- [*7]　水野（2004）、20–21頁。
- [*8]　大里（2010）、416–446頁。

第 1 章　誕生と破壊

　植民地期には日本内地へ留学する朝鮮人留学生も少なくなかったが、全体として在日朝鮮人の教育水準は高いものではなかった。1942 年度の内務省警保局の調査では、学齢以上の在日朝鮮人の「教育程度」について以下のように報告されている[*9]。

> 　在住朝鮮人の教育程度を観るに、調査人員 1,404,848 名（学齢以上のもの）に対する調査結果は、大学程度― 5,562 名、専門学校程度― 5,574 名、中等学校程度― 28,237 名、小学校程度― 526,473 名、文盲者― 809,063 名なり。即ち文盲者は総数の六割を占め、又同上調査人員につき国語（日本語）の解否状況を観るに、国語に精通せるもの― 504,890 名、稍解するもの― 521,921 名、全く解せざるもの― 385,511 名にして総数の二割九分は全く、解し得ざるものなり。

「文盲者」は 6 割、日本語に精通する者も 3 割程度であった。解放後に結成された民族団体も「輸送計画をとおして帰国する日まで、在留同胞全体を啓蒙するための活動は、文盲退治に中心をおいた」としており[*10]、多くの者が十分な教育を受けていないことは深刻な課題と見做されていた。日本語を十分に使いこなせなかった朝鮮人は、生活上の様々な困難を経験したことだろう。
　戦時期に入り、朝鮮人の皇民化方針は一層強化される。神社参拝、国旗掲揚、日本語常用、和服着用、創氏改名などが次々と実施され、朝鮮の文化や伝統の消滅が図られる。また、これまでの方針を改め、朝鮮人の子どもを積極的に学校に受け入れて、皇民化教育の対象としていく。植民地期の在日朝鮮人は、朝鮮人としての民族性を大きく毀損され、またそれを回復する有効な手段の一つである教育に頼る道も、閉ざされていたのである。

ウリハッキョの誕生

　1945 年 8 月、植民地支配からの解放を迎えた在日朝鮮人は、全国各地で講習会形式の教育を始める。それらは国語講習所やハングル学院などと呼ばれ、

---
*9　朴尚得（1980）、40 頁。
*10　朝連文化部「文化部活動報告書」（1946 年 10 月 1 日）、8 頁。

1946年初頭には600〜700校にも上ったと言われる。朝鮮半島に戻る前に朝鮮語と文字を子どもたちに学ばせようと、民家の一室、教会、隣保館、倉庫等、あらゆる場所が「教室」となった[*11]。子どもばかりでなく、大人が参加する場合もあった。どのような環境であれ、朝鮮語を教え学ぼうとしたこうした取り組みからは、植民地期に奪われ、失いかけた朝鮮人としての民族性を取り戻そうとする在日朝鮮人の強い思いを見て取れる。

解放直後には200万人近くいたと推計される在日朝鮮人の人口は、翌年3月のGHQの調査では64万7706人となっており、およそ130万人が朝鮮半島に帰還したことになる。この調査では朝鮮への帰還希望者が51万4060人とされているが、朝鮮の物価暴騰、就職困難、食糧難といった問題が明るみになるにつれ、帰還者は減少していった。GHQによって帰還する在日朝鮮人の所持金と荷物に制限が加えられ再入国が禁じられたことも[*12]、一定の財産をもった在日朝鮮人の帰還をためらわせた。引き続き日本で生活していこうと考えた者、差し当たり日本に留まろうと考えた者など様々であったが、今すぐには朝鮮に帰れない状況の中で、子どもたちを教育する問題は、より喫緊の課題となっていった。

各地の在日朝鮮人は国語講習所を整備・統合し、より体系的な教育を施すための学校をつくっていく。一言で学校をつくると言っても、それは決して容易なことではない。まず校地となる土地を確保しなければならないし、校舎も建築しなければならない。黒板や机等の教具を用意し、場合によっては子どもや教員たちの宿舎も必要である。そのための資金を確保するばかりでなく、世界に前例のない、在日朝鮮人の子ども専用の教科書を編纂する必要もあった。子どもたちを教える教員も確保・養成しなければならなかった。山積する課題に取り組んでいくうえで、当時広範な在日朝鮮人を網羅していた民族団体である

---

*11 一例を挙げるならば、長野県下伊那市の満島朝鮮初等学校は旧役場前の人家を使用していたし（1946.5開校。朴喜源編（2010））、東京枝川の在日朝鮮人たちは隣保館内に国語講習所を開設し、その教育を開始した（1946.1開校。江東・在日朝鮮人の歴史を記録する会編（2004））。愛知県の中部朝鮮中学校は名古屋市内の布池にあった五階建て「太陽ビル」の4,5階を使用した（1948.4.20開校。金宗鎮編（2009））。また1946年10月に開校した東京朝鮮中学校は、北区十条にある旧日本軍の板橋造兵廠を校地として用い、運動場の整備は同校の教職員や子どもたち自らが取り組んでいた（創立10周年記念沿革史編纂委員会編（1956））。

*12 鄭栄桓（2013）、63頁。

第 1 章　誕生と破壊

在日本朝鮮人聯盟（1945 年 10 月に結成。略称「朝連」）が重要な役割を担った。朝連を中心に、各地の在日朝鮮人は地域一丸となって学校づくりに取り組んでいく。地域の在日朝鮮人が資金を出し合い、子どもたちも校舎建設、運動場の整地作業に携わった。朝連は教科書編纂委員会を組織し、全国共通の教科書を作成した。こうして少しずつ、全国各地に朝鮮学校が誕生していった。学校設立にかけられた当事者の思いを、各地朝鮮学校の『学校沿革史』の記述から見てみよう。

　過去に、学びたくとも学べず、字が分からない苦しみを骨髄に深く体験した布施地域同胞たちは、朝連の指導の下、自分の子女たちにはどのような困難があっても、私たちの言葉と文字、朝鮮の歴史を教え、祖国の立派な息子・娘に育成するという固い決意のもと、学校建設事業に立ち上がった[13]。

　この地に居住することになった同胞たちは、過去に自分たちが日本帝国主義者によって私たちの言葉と文字を奪われたばかりでなく、学びの道も失い、学ぶことができなかった辛い苦痛を、育ちゆく後代たちに再び繰り返すまいと、自分たちの祖国の文字と言葉、自分の国の歴史と地理、伝統を教え、すべての子どもたちを祖国と民族を熱烈に愛し、民族性が強い、解放された朝鮮の担い手に育てるため、福岡市に朝鮮学校を作りました[14]。

　1945.8.15、解放を迎えた埼玉県下同胞たちは、過去の幼い日々に学校の門前にも行けず、また異国の地で長い間、日帝植民地亡国奴の耐えることのできない虐待と蔑視を受けてきたがため、自分の子女たちには自分と同じ苦労をさせることはできないという信念を抱きながら、子女教育に愛国的情熱を捧げるようになりました[15]。

───────────────
＊13　東大阪朝鮮第二初級学校『学校沿革史』1966 年。
＊14　福岡朝鮮初級学校『学校沿革史』1966 年。
＊15　埼玉朝鮮初中級学校『学校沿革史』1966 年。

写真1-1 1947年に撮影された朝連七条初等学院の教職員と子どもたち。同校は京都市との交渉により、京都市立陶化小学校の教室4つを借用していた。これを朝鮮人による「占拠」だとして問題視した京都軍政部の指導により、京都市教育委員会によって1949年9月末に強制閉鎖された。旧京都朝鮮第一初級学校の前身である。

　　教育事業に取り掛かったが、同胞たちの生活は苦しかったし、教育事業に対して準備された教員も施設も、何一つない状態であった。しかし同胞たちは日帝時期に奪われた私たちの言葉と文字、私たちの国の歴史と文化を取り戻し、子女たちを朝鮮の立派な息子・娘に育ててみせるという固い決意を抱きながら、教育事業を展開した[*16]。

　朝鮮学校は、植民地支配からの解放を迎えた在日朝鮮人たちが、自らの手で子どもたちを「立派な朝鮮人〔떳떳한 조선사람〕」に育てるために築き上げた、

[*16] 小倉朝鮮初級学校『学校沿革史』1966年。

ウリハッキョ──私たちの学校だったのである。

(2) 学校体系の構築

1947年に入り、朝鮮学校の学校体系は一層整備される。1月、朝連は文化部を文教局に昇格させ（文教局長は韓徳銖(ハンドクス)）、「教育綱領」、「教育理念」、「教育規定」を定めていく[*17]。「教育規定」とは、日本における学校教育法のようなものと考えれば良い。

1月28〜29日にかけて開かれた朝連第9回中央委員会では、朝連の一般活動方針四大原則の第二項に掲げられた「教育及び啓蒙」の方針に基づき、それを実践する上での基本方針と「当面の教育綱領」が打ち立てられた[*18]。教育綱領は「①半恒久的な教育政策を立てよう、②教育施設の充実と教育内容の民主化を徹底的に遂行しよう、③日本民主教育者たちと積極的に提携、協力しよう、④教育行政を体系的に立てよう、⑤教育財源を確立しよう」の五つに定められた。

教育理念としては、以下の7つが掲げられた[*19]。

　一、全人民がみなよく生活できる真正な民主主義を教えよう
　一、科学的な歴史観に立脚した愛国心を教えよう
　一、実生活に土台をおいた芸術鑑賞と創作活動を独創的に発揮しよう
　一、新しい労働観を体得させよう
　一、科学の探究、技術の練磨に精力を集中させよう
　一、科学、労働、経済現象の社会連関性を究明しよう
　一、男女共学を徹底的に実行しよう

また、初等教育機関の名称を「朝連初等学院」と統一して呼ぶようにし、4月の日本の新学制発足に合わせて、これを「初等学校」と呼ぶように再統一し

[*17] 呉圭祥（2009）、138頁。
[*18] 在日本朝鮮人聯盟中央委員会「第四回定期全体大会活動報告書　第三部教育編」（1947年10月）、「一、総論」。
[*19] 同上、「二、各論　（一）教育理念の確立」。

た[*20]。

　教育規定は47年7月6日の第4回全国文化部長会議にて正式に制定された。その序文では「帰国を前提に国語習得を中心にした過去の教育は、根本的に検討改正をして、恒久的で合理的な教育方針を打ち立てなければならなくなった」とされている[*21]。47年7月時点で、帰国を前提にした教育を根本的に改正しようという方針が立てられていたことは注目すべきである。

　教育規定は全五十条からなっており、すべての朝鮮学校は朝連文教局が中央集権的に指導すること（第一章）、学校は差し当たり初等学校、中等学校、師範学校の三種類とし（第一条）、「学校の経営は原則として運営会又は管理組合が経営する」こと（第十条）や、人事権は原則として中央文教局および朝連地方本部にあるが、教職員の任命および罷免に関し、必要な場合は運営会または管理組合が地方本部に申請できること（第十五～第十七条）、教員の資格や義務等が定められている。

　また「第三章　細則」では、初等学校が6年制、中等学校が3年制または6年制（後者は後期中等教育を含めた場合と考えられる）、師範学校は暫定的に1年制とすることや（第二十五～第二十七条）、各学校への入学資格や卒業要件（第二十八～第三十四条）、学期および休暇（第三十五～三十八条）が定められている。第一学期は4月から8月、第二学期は9月から12月、第三学期は1月から3月までとされた。第三十九条では初等学校での教授科目および授業時数が定められている。教授科目は、国語科（読法、作文、習字）、社会科（社会、地理、歴史）、理数科（算数、珠算）、理科）、芸術科（音楽、図工）、体育、実習、自由研究、日本語とされた。

　6・3・3制の採用や第一学期が4月から始まること、また教科「社会」の設置など、日本の学校教育制度との整合性を加味しながら、学校体系を整えていったことが分かる。序文に示されたように、「帰国を前提」にした準備教育ではなく、日本での生活を視野に入れた「恒久的な」教育機関として、朝鮮学校を運営しようとしていたのである。

[*20] 金德龍（2004）、34頁。
[*21] 在日本朝鮮人聯盟中央委員会「第四回定期全体大会活動報告書　第三部教育編」（1947年10月）、「附録――教育関係資料」の「三　教育規定（1947年6年25日）」。

第1章　誕生と破壊

一方、朝鮮学校の教員たちも、教育の充実、教員の生活保障、教育者としての実力向上等を目的とする、在日本朝鮮人教育者同盟を組織している（略称「教同」。後の在日本朝鮮人教職員同盟（略称「教職同」））。47年6月28日にまず教同東京支部が結成され、8月28日に全国組織として教同が結成された。教同は、教職員の生活安定のための活動のほか、教科書研究会、教授法研究会をとおした教員の実力向上、視学制および教員資格検定制実施の協力、学力調査などを行っている[*22]。

教科書の作成

全国津々浦々に叢生した朝鮮学校の教育の質の統一を図るうえで、共通の教科書を作成することは重要な課題であった。在日朝鮮人たちは物資不足と貧困に喘ぐ敗戦直後期の日本において、多くの人々の力を結集させることによって、朝鮮学校専用の教科書を編纂していく。

1946年2月2日、朝連第2回中央委員会において、朝連はその文化部内に「初等教材編纂委員会」を設置する[*23]。朝連の活動家は、商工省の用紙配給係や日本出版協会との交渉を繰り返し、教科書印刷に必須の大量の用紙を確保した。教科書は、表1−1に示したような面々を編纂担当者としながら、ここに朝連文化部、朝鮮学生同盟、朝鮮芸術協会、人民文化社などの若手の学識者たちが加わり、編纂されていった[*24]。

1947年には、『初等国語』、『初等算数』、『初等理科』、『子ども国史』といった初級学校用教材が、また『つばめ』、『小学生模範作文集』、『子ども科学の話』といった副読本も編纂・出版されている（表1−1参照）。

後述するように、1948年に入り政府による朝鮮学校への弾圧が激しくなるが、そのような中でも教材編纂は続けられた。朝連は、「財政難、人材不足、印刷問題等の多大な難関に直面した教材編纂は、教育事件以後、我々の全力を傾注し、過去の機構を一層強化し、新しい企画の下、新しい陣営で」取り組んだと

[*22] 金德龍（2004）、61頁。
[*23] 朝連文化部「文化部活動報告書」（1946年10月）、8−9頁。
[*24] 金德龍（2004）、38−39頁。

表1-1　1947年までの朝鮮学校初等教科書編纂状況

名称		頁数	発行部数	編纂担当者	出版日	名称	発行部数	出版日
国語	上	64	10万	李珍珪	3月25日	初等国語読本　上巻	3万6千	1946年4月8日初版、5月15日再版
	中	64	10万	朴熙成	4月10日	初等国語読本　中巻	3万	1946年6月3日
	下	80	10万	李珍珪、朴熙成	4月30日	初等国語　下巻	3万	1946年12月（※1）
算数	上	80	10万	蔡洙鋼	4月15日	初等算数　上巻	3万	1946年6月3日
	中	90	10万	金京煥	4月15日	初等算数　中巻	3万	1946年6月3日
	下	90	10万	金尚起	4月30日			
理科	上	64	10万	朴俊栄	4月10日	初等理科　上巻	3万	1946年5月1日初版、6月3日再版
	下	64	10万	任煥準	4月15日	初等理科　下巻	3万	1946年10月
歴史	上	112	10万	林光徹	4月20日	子ども国史　上巻	2万	1946年6月3日
	下	112	10万		4月30日	子ども国史　下巻	1万	1947年1月
地理		64	10万	李殷直、魚塘	4月30日	地理	3万	1946年10月10日
唱歌		64	10万	尹紀善、韓春愚	4月15日	初等音楽　上巻	2万	1947年7月
						初等音楽　下巻	2万	1947年9月
図画	上	32	5万	朴盛浩、	未定			
	下	32	5万	李仁洙	未定			
公民		80	5万	李相堯	未定	人民啓蒙読本	2万	1946年6月3日
						ハングル第一歩	3万	1946年6月23日

典拠：①朝連文化部「文化部活動報告書」（1946年10月）、および、②在日本朝鮮人連盟中央委員会「第四回定期全体大会活動報告書　第三部　教育編」（1947年10月）より、筆者作成。また、①によると、国語（上）、算数（上）、（中）の挿絵は李仁洙が、歴史（上）、（下）の挿絵は朴盛浩が担当している。
※1：同教科書の発行年月は「1945年12月」と記されているが、1946年の誤りと判断した。

している*25。朝連教材編纂委員会が新たに結成され、初等教育教材だけでなく、中等教育の教材や成人教育用の教材の発行も企画された。委員会には、李珍珪(リジンギュ)、林光澈(リムグァンチョル)、魚塘(オダン)、許南麒(ホナムギ)、李殷直(リウンジク)が選出され、また、具体的な名前は不詳だが、日本人の「民主主義教育者」も嘱託として置かれている*26。

しかし、「我々の民族教育に、なくてはならない重大な事業」である教材の

---

*25 在日本朝鮮人聯盟中央委員会第五回全体大会準備委員会「朝聯第五回全体大会提出活動報告書」（1948年）、34-35頁参照。
*26 同上。ちなみに、国分（1986）では、国分一太郎をはじめとした日本民主主義教育協会のメンバーが、「李珍桂〔ママ〕氏らののぞむ教科書の案をつくるのに協力した」（103頁）とされている。国分と朝鮮学校の関わりについては、第6章で触れる。

表1-2　1948年10月までに新たに発行された教材

教材名		出版部数（部）
初等国語	1（前、後）	5,000
	2	6,500
	3	8,000
	4（後）	3,500
	5（後）	14,000
初等算数	1（前）	6,500
	1（後）	10,000
初等音楽	上	4,000
	中	6,000
初等習字帳		4,000
朝鮮史入門		4,000
生活教室		11,000
文学読本		4,500
朝鮮語標準		3,000
科学のはなし		3,500
イソップ物語		3,500
中等文範		3,000
外来語統一案		3,000
綴字法統一案		1,500
小学生作文集		5,000
一般科学		1,500

典拠：在日本朝鮮人聯盟中央委員会第五回全体大会準備委員会「朝聯第五回全体大会提出活動報告書」(1948年)、35頁。

編纂・出版事業は、内的には財政問題、経費不足により、また外的には占領軍による教科書検閲の強化——二重検閲制により、「既に編纂が完了した教材を、まだ出版できていない不幸な」状態にあった[*27]。1948年6月より開始された二重検閲制とは、朝連が出版しようとする教材の内容を英訳し、その全文をまずはGHQ／SCAPの民間情報教育局（CIE）に提出、その認可を受けたものが第八軍検閲部の検閲を受けるという制度である。二重検閲制度の実施により、教材の出版は一層厳しい状況に陥った。朝鮮学校を閉鎖しようとする圧力に抗しながら、なおかつ教材を引き続き出版し、また新たな教材を作成することは、容易ではなかった。苦しい状況であったが、教材編纂は絶え間なく続けられ、朝連は1948年10月までにも、多くの教材を発行している（表1-2）。

教員の確保

　朝鮮学校の教員はどのように確保されたか。当初は教員養成機関があるはずもなく、教員を志望する若者を中心とした在日朝鮮人が、1週間、1カ月、半年といった限られた時間の短期講習や教員養成教育を受け、各地朝鮮学校の教員となっていった。教員養成教育は、大きくは講習会と、師範学校においてな

---

*27 同上。

された。

第1回講習会は1945年12月7日から13日までの7日間(東京)、第2回講習会は1946年7月1日〜15日の2週間(東京)、第3回講習会は1946年8月20日〜9月11日のおよそ3週間(大阪)、開かれている。東京における第3回教員講習会は、1946年12月25日〜1947年1月15日のおよそ3週間開かれ(於東京朝鮮中学校)、ここには全国各地から45名が参加し、国語、算数、地理、歴史、理科、体育、音楽、教育方法学、学科課程論、学習技術、教育政策、児童文化論、教員組合運動といった科目が教えられた。講師は中級学校の教員と、

表1-3　1945〜1948年に開かれた教員講習会

開催時期		名称	場所	内容等	講師等	参加者	典拠
1945年12月7日〜13日		第1回講習会	東京				
1946年	7月1日〜15日	第2回講習会	東京				(a)
	8月20日〜9月11日	第3回講習会	大阪				
	12月25日〜1947年1月15日	第3回講習会(※1)	東京朝鮮中学校	国語、算数、地理、歴史、理科、体育、音楽、教育方法学、学科課程論、学習技術、教育政策、児童文化論、教員組合運動等。	中級学校の教員と、「日本教育組合幹部諸氏」	全国45名	
1947年	8月1日〜27日	第4回講習会	東京朝鮮中学校	必修科目として教育学、児童心理学、社会科概論、国語教授法、国文法、数学、歴史、社会科。選択科目として理科、図画工作、音楽、体育、自由研究。参加者には、新たに編纂された教科書や参考書、副読本等が配布。	特別講師:松尾隆「宗教と科学」、野坂参三「第二次世界大戦以後の世界情勢」、韓徳銖「朝連の文教政策」、金天海「朝鮮革命闘争史」等。李珍珪他、朝連中央の部員が全日参加	21の県から119名が参加、109名が修了	(b)

第1章　誕生と破壊

年	期間	主催	場所		講師	受講者	
1947年	8月1日～23日	愛知県朝連本部主催の講習会	愛知			愛知県、三重県、静岡県、岐阜県から43名	(b)
	8月1日～12日	大阪府朝連本部主催の講習会	大阪				
	9月18日～28日	京都教育者同盟主催の講習会	京都		13名	20名	
1948年	7月29日～8月26日	教員夏期講習会	東京		15名	80名	(c)
	8月1日～8月31日		大阪		6名	176名	
	7月25日～8月31日		山梨		12名	13名	
	8月7日～8月30日		長野		8名	60名	
	8月1日～8月20日		岡山		9名	30名	
	8月2日～8月26日		愛知		7名	40名	
	7月20日～8月13日		京都		5名	27名	
	8月1日～8月15日		山口		5名	30名	
	8月1日～8月25日		神奈川			20名	
	────		茨城		未報告		
	7月31日～8月23日（※2）		新潟		5名	20名	
	7月25日～8月23日		埼玉		6名	16名	

典拠は下記の通り。
　a：金徳龍（2004）『朝鮮学校の戦後史』社会評論社、54-55頁
　b：在日本朝鮮人聯盟中央委員会「第四回定期全体大会活動報告書　第三部教育編」（1947年10月）、26-29頁
　c：在日本朝鮮人聯盟中央委員会第五回全体大会準備委員会「朝聯第五回全体大会提出活動報告書」（1948年）
※1：中央講習会として「第3回」という意味だと考えられるが、大阪講習会との整合性はない。
※2：原資料では新潟における開催期間が「7月23日～7月31日、24日間」と書かれており、開催期間かあるいは開催日数のどちらかが誤っている。ここでは、開催期間が1週間では他と比べ短すぎること、また7月31日～8月23日が、ちょうど24日間であるため、そのように判断し、期間を訂正している。

「日本教育組合幹部諸氏」が担当した[*28]。

　一方の師範学校は、まず1946年9月に朝連大阪部本部の建物内に「在日本朝鮮人聯盟大阪本部付属大阪朝鮮師範学校」が設置された[*29]。また翌年の12月には、中央朝鮮師範学校が開校している。同校の養成期間は半年で、朝鮮語、数学、歴史、地理、社会科学、教育学、哲学、経済学、一般科学、朝鮮問題、国際問題、特殊講義等の授業が開設された[*30]。

　こうした言わば即席教員たちの朝鮮語能力や学力水準が十分でないことは、朝連も自覚していた[*31]。そのため、朝連や教同は各地で教員講習会を開催し、教員たちの再教育にも力を入れた（表1-3）。

　こうして、次第に朝鮮学校の学校体系が整えられていった。1947年10月時点で学校数は500校を超え、就学者はおよそ5万7000人を数えた[*32]。

第二節　朝鮮学校の閉鎖

(1) 1948年の学校閉鎖措置と4.24教育闘争

　草創期の朝鮮学校に対する日本政府の対応はどのようなものであったか。1946年初頭の段階では日本に在留する朝鮮人の法的地位が占領当局によって明確に示されておらず[*33]、またそもそも戦後日本の教育法制自体も未整備の状態であったため、文部省は全国に叢生した朝鮮学校への対処を決めかねていた。

　1947年4月、文部省は地方教育行政に対し通達を発し、在日朝鮮人の教育

[*28] 在日本朝鮮人聯盟中央委員会「第四回定期全体大会活動報告書　第三部教育編」（1947年10月）、26頁。
[*29] 金徳龍（2004）、56頁。
[*30] 「半年間の基礎訓練を終えて——朝連中央師範第一期生卒業」『解放新聞』1948年6月5日付。
[*31] 在日本朝鮮人聯盟中央委員会第五回全体大会準備委員会「1948年度　朝聯第五回全体大会提出活動報告書」（1948年）、38-39頁。
[*32] 在日本朝鮮人聯盟中央委員会「第四回定期全体大会活動報告書　第三部教育編」（1947年10月）、46頁。
[*33] 日本政府はポツダム宣言受諾がすなわち朝鮮人に「独立国民」の地位を保証するのではなく、講和条約発効までは植民地は日本の領土であり、朝鮮人は引き続き「日本臣民」であるという立場に立っていた。また連合国側も、「日本占領及び管理のための連合国最高司令官に対する初期の基本指令」（1945年11月1日）において、朝鮮人を「解放人民」と規定する一方、間接的に日本政府が朝鮮人を「日本臣民」として扱うことを容認する立場を示していた。鄭栄桓（2013）、26-28頁を参照。

に対する立場を表明している*34。ここで文部省は、日本に在留する朝鮮人は日本の法令に従わなければならないため、朝鮮人は学齢期朝鮮人児童を日本の義務教育諸学校へ就学させる義務を負い、また日本人児童と異なる「不利益な取扱い」をしてはならないとした。ただし、「就学義務を強制することの困難な事情が一方にあり得るから実情を考慮して適切に措置されたい」とし、朝鮮人の実情への考慮を求めた。さらに朝鮮人が設立した教育施設の認可に関しても、私立学校および各種学校として認可して「差支えない」と、柔軟な姿勢を見せた。小沢有作はこうした文部省の方針を「中央政府が在日朝鮮人の民族教育の権利を認めたことは、戦前・戦後の在日朝鮮人教育の全歴史をつうじてみられる唯一の前向きのでき事であった」（傍点原文）と評価している*35。無論、47年4月段階における在日朝鮮人の教育を許容する文部省の姿勢は、その実施を積極的に承認していたものではなく、その処置を決めかねていたという意味での消極的承認であったに過ぎないということに注意せねばならない。

　冷戦が本格化する中、文部省の態度は一変する。48年1月24日、文部省は通達「朝鮮人学校の取扱いについて」（1.24通達）を発する*36。この通達では、朝鮮人でも「学齢に該当する者は、日本人同様、市町村立又は私立の小学校又は中学校に就学させなければならない」こと、すなわち朝鮮人の就学義務が示された。そのうえで、学齢児童生徒の教育のための各種学校の設置は認められないとされた。したがって朝鮮学校も私立小・中学校の認可を得なければならず、また学校教育法の規定により私立学校では朝鮮語の教育は課外として行うことしか認められないとされた。前年4月に示されていた「実情」への「考慮」は消え去ったと言って良い。

　この通達に基づき3月から4月にかけて府県軍政部の指令を受けた各府県教育当局は朝鮮人児童生徒の公立学校への転校指示、校舎の明け渡し、学校教育法に基づく学校閉鎖命令等を発した。こうした措置に対する在日朝鮮人による大規模な抗議活動は、特に阪神地域において激化し、4月24日深夜、占領軍

---

*34　学校教育局長発、東海北陸地方行政事務局長宛「朝鮮人児童の就学義務に関する件」（雑学第123号、1947年4月12日（同日付・同内容で都道府県教学課長宛にも通達））。
*35　小沢（1973）、229頁。
*36　学校教育局長発、文部省大阪出張所長・都道府県知事宛「朝鮮人設立学校の取扱いについて」（官学5号、1948年1月24日）。

兵庫軍政部によって占領期唯一の非常事態宣言が発令される事態となった。また4月26日、大阪では抗議活動に参加していた金太一少年（16歳）が警官の発砲によって死亡した。在日朝鮮人による朝鮮学校を守るための闘いは、4.24教育闘争（あるいは阪神教育闘争）として記憶されている[*37]。

　5月5日には、双方の合意点を含む覚書に、文部大臣と朝連中央本部文教部長の名で正式調印がなされ、事態はひとまず収拾する。この5.5覚書の内容は、①朝鮮人の教育に関しては、教育基本法および学校教育法に従う、②朝鮮学校問題については、私立学校として自主性が認められる範囲内において、朝鮮人独自の教育を行うことを前提に、私立学校としての認可を申請するというものであった。

　後者の「私立学校として自主性が認められる範囲」とは、課外、選択教科、自由研究の時間を指している[*38]。朝鮮語等の朝鮮人独自の教育を課外の時間にしか認めなかった1.24通達と比べれば前進であったと言えるものの、その代償はあまりにも大きかった。朝連五全大会報告によれば、閉鎖措置に伴う被害は以下のようである。逮捕された人数3076人（兵庫、大阪、東京、岡山など）、負傷者数約150人（兵庫、大阪）、犠牲者数2人（金太一少年、朝連兵庫県本文朴柱範委員長）、起訴された数212人（兵庫、大阪）、軍事委員会裁判を受けた数9人（兵庫、その内一人は日本人）、軍事裁判を受けた数29人（兵庫、大阪、その内10人が日本人）、日本の裁判を受けた数169人（兵庫、大阪）、1948年10月現在で投獄中の者32人（兵庫、大阪）、また兵庫および大阪地方の在日朝鮮人が被った物質的損失は約4000万円であった[*39]。

　5.5覚書以降、朝鮮学校は私立学校あるいは各種学校の認可申請を行い、各府県では朝鮮学校の設置認可が進んだ。1949年初頭までの間に私立学校として設置認可されたものが232校、無認可のものが130校となった（松下2012）。

　認可を得た朝鮮学校は、文部省に対し、在日朝鮮人は納税の義務、その他法令を遵守しており、またその歴史的経緯に鑑みるならば、在日朝鮮人の教育に

[*37] 阪神教育闘争に関しては、金慶海編（1988）や、金徳龍（2004）、呉圭祥（2009）、鄭栄桓（2013）等、様々な先行研究で詳細に扱われている。詳細な経緯に関してはそれらを参照されたい。

[*38] 学校教育局長発、都道府県知事宛「朝鮮人学校に関する問題について」（発学200号、1948年5月6日）。

[*39] 呉圭祥（2009）、158-159頁。

かかる教育費は全額国庫によって負担されるべきとする教育費国庫負担運動を展開する[*40]。しかし文部省は「私立学校に対する経営費補助の予算の道がない」という立場を貫き通した。私立学校法案が策定される以前の当時においては、日本国憲法第89条および地方自治法第230条の規定により「公の支配」に属さない私立学校に対して公費支出はなされていなかった。私立学校である朝鮮学校に対しても、同様に公費支出はできないという理屈であった。

とは言え、各地の朝鮮学校は、地方自治体への働きかけを続け、いくつかの地方自治体から補助金を獲得したり、あるいは補助金交付の確約を得ている[*41]。これに対し文部省は、「日本人の一般私立学校に対して補助金が交付されていない現在、朝鮮人私立学校に対してだけ補助金を交付することはできない」旨を通達し[*42]、地方自治体による補助金の交付が法に抵触することをにおわせた。実際、大阪府では、朝鮮学校に対し公費支出を決定した巽町の決定を「明らかに違法である」として撤回させるに至っている[*43]。

(2) 1949年の学校閉鎖措置と在日朝鮮人の抵抗

4.24教育闘争以降、政府による朝鮮学校への弾圧は落ち着いたかに見えたが、朝鮮民主主義人民共和国政府の樹立1年を目前に、事態は急変する。1949年9月8日、政府は団体等規正令（破壊活動防止法の前身）を朝連に適用し、これを強制解散、また役員の公職追放、財産接収措置を執った。そして10月13日、団体等規正令による朝連の解散を根拠に「朝鮮人学校に対する措置について」

[*40] 例えば、朝連第14回中央委員会「在日本朝鮮人教育に対する基本的態度に関する決議」（1948年4月10～12日）。
[*41] 1949年5月段階で、地方自治体からの補助金を得ていた地域とその額は、以下の通りである。布施：3万円／月、堺：10万円／年、宇記：8万円／年、広島：2万円／年、山形：2000円／月、岡崎：30万／年（「4.24教育事件一周年記念闘争総括報告」金慶海編（1998）所収）。他に、東京大田では朝鮮人教育費負担に関する件が区議会を通過、愛知県知多（120万／年）や岡崎（30万／年）、岡山県倉敷、埼玉県川口、大阪府中西、茨城県土浦などで、教育費支出が承認あるいは確約されたという（李珍珪「在日朝鮮人の教育」『平和と教育』2号（1952年11月））。他にも、静岡県浜松市、北海道札幌市等、教育費支出の確約を得た地域が報道されている（「教育費市会通過──浜松人民闘争の結実」『解放新聞』1949年9月5日付、「教育費支払等札幌市長確約」『解放新聞』1949年9月5日付）。
[*42] 文部省管理局長発、都道府県知事・都道府県教育委員会教育長宛「朝鮮人教育費の日本政府負担について」（地管25号、1949年6月29日）。
[*43] 松下（2012）、188-189頁。

を都道府県に通達*44、10月19日には都道府県当局が全国一斉に朝鮮学校に対し措置を通告する。朝鮮学校の内、学校設置者が朝連関係者である学校は朝連解散を根拠に廃校とし、学校施設所有者が朝連関係者である学校の財産は接収された。また設置者・所有者ともに朝連関係者でないその他の学校に対しては、2週間以内に財団法人の改組または設置、あるいは各種学校の設置認可申請を命じた。

設置者・所有者が朝連関係者とみなされた朝鮮学校には即刻閉鎖措置が執られ（90校）、2週間以内に文部省に対し法人設立申請をした学校も、大阪の白頭学院を除きすべて不認可となり、認可申請しなかった学校とともに、学校教育法第13条に基づく閉鎖措置が執られた（272校）*45。こうして全国362校（就学者およそ4万人）の朝鮮学校が閉鎖されることになった。

団体等規正令による解散団体の財産接収としての学校閉鎖の過程は、学校が朝連財産であるという確証がなくとも「疑あるもの」は「積極的に処理せよ」との法務府による指示が出されており、極めて「乱暴な法執行の指示であった」と評価されている*46。朝鮮学校の閉鎖措置は、所謂ポツダム政令の超憲法的性格をもって、執行されたのであった*47。

文部省、法務府内の「疑義」

学校教育法第13条に基づく閉鎖措置に関しても、措置の主体であった文部省や法務府の中で、その法的根拠に「疑義」があるとの声があった。1950年10月頃に作成されたと推察される「朝鮮人学校処置に関する法規解釈について」という文書には、文部省管理局および法務府行政訴務局の関係係官による閉鎖措置の法的根拠に関する見解が記されている*48。「文部省の見解」では、

---

*44 文部省管理局長・法務府特別審査局長発「朝鮮人学校に対する措置について」（文管庶第69号、1949年10月13日）。
*45 松下（2013）、259頁。
*46 同上、264頁。
*47 さらに、朝鮮学校閉鎖措置がほぼ終了する同年12月に私立学校法が制定・施行され、私立学校に対する公費支出の道が開かれた。私立学校であった朝鮮学校は私立学校法が制定される以前に閉鎖され、公費支出の対象から巧みに排除されたのであった。
*48 「朝鮮人学校処置に関する法規解釈について」（作成年月日不明〔内容から1950年10月頃に作成されたものと判断できる〕、典拠『在本邦諸外国人学校教育関係　朝鮮人学校関係』『外交記

第 1 章　誕生と破壊

「学校教育法第八十四条によれば都道府県監督庁は関係者に対して当該教育を止めるべき旨命ずることができるが果して閉鎖命令を出し得るものか又は閉鎖命令に違反したかどにより強制執行をなし得るものかについて疑義がある」とされている。また「法務府の見解」では、「閉鎖命令が効を奏したのは朝連財産の接収とゆう条件があったからであって、たとえ閉鎖命令に違反しても強制執行する法的根拠は薄弱である。昨年の閉鎖命令そのものも法的には不備であって当然無効訴訟の対象となり得た」、「学校教育法第八十四条では強制執行をして当該学校を閉鎖したり、登校する児童を阻止することはできない。閉鎖命令に違反した場合と雖も学校教育法第十三条、第八十九条により責任者を罰し、間接的に教育が継続できないようにする外はない」、「昨年の措置はその筋の指示に基き学校教育法第十三条により閉鎖命令を出したものである。しかし、不作為義務に対しては代執行をなし得ないからこの閉鎖命令或は学校教育法第八十四条に違反しても強制執行にまではなし得ないと思う」旨が示されている。

　こうした見解からは、松下佳弘（2013）が指摘しているように、文部省および法務府では、学校教育法第 13 条による学校閉鎖命令では、学校閉鎖や子どもたちの登校阻止などの強制執行はできないという認識を持ちながらも、強制執行を指示したことが示唆される。「昨年の措置はその筋の指示に基き…」という「法務府の見解」は、強制執行指示の背景に、占領軍の関与があったことを窺わせるものである。

　植民地期の朝鮮人教育施設同様、解放後の在日朝鮮人らによる学校教育の営みは、またしても政治的な理由によって、その命脈を絶たれようとしていた。こうした措置が戦後の「平和憲法」や教育基本法の下、「合法」の衣をまとって強制的に執行されたことを強調しておきたい。

在日朝鮮人の抵抗

　全国一斉の学校閉鎖措置に対し、在日朝鮮人らは「立ち上がってウリハッキョを我々の手で守ろう！」というスローガンを掲げ[*49]、閉鎖措置の不当性を剔抉し、その撤回を要求する反対運動を各地で展開した。

録公開文書Ⅰ'-0043』、外務省外交史料館）
*49 「社説——立ち上がってウリハッキョを我々の手で守ろう！」『解放新聞』1949 年 10 月 21 日付。

教同委員長である金孝植(キムヒョシク)は、学校閉鎖命令が出された2日後の『解放新聞』上にて、一問一答形式で、閉鎖措置に対する立場を表明している[*50]。金はここで、「朝鮮学校が教育基本法と学校教育法等、諸法規を守り「自主性が認定される範囲内で独自的教育」を行ってきたことは、かれらもよく分かっていることだろう。かれらは一部の学校が財団法人申請をしなかったということを言っているが、実際にはこちら側で法人申請をしても、かれらが様々な難癖をつけて認可を遅延させてきたのである。万一覚書違反があるのだとすれば、朝鮮学校に対して正当な手段をもって警告または注意のようなことをすることが至当であるが、これまでかれらが覚書違反としてそういった処置を取った実例は一度もない」とし、その不当性を確認している。また、「教育内容が正しくないと云々している」問題に関しても、「私たちの学校で使っている全ての教科書は、かれらの要求通り、検閲を受け使用しており、学科の配置と時間表までも教育法に拠っているものである。かれらが言う正しくない教育とは何であるのか、我々としては理解することができない。そうであるから、かれらも具体的な実例を挙げられないのである」と指弾した。

　さらに、「日本の児童と生活感情と民族が異なる朝鮮児童」に公立学校における「日本人本位の教育を強要することは」、教育基本法に示された「人格の完成」を妨げるものであり、また第三条で教育の機会均等が定められているが、閉鎖措置および公立学校への転入措置は、「実際において教育の機会均等を剥奪し、人種、社会的地位、経済的地位を無視した差別」であると、厳しく批判している。

　一方、次善策も即座に検討されている。10月25日付の『解放新聞』では「形式よりも民主民族教育の実質的内容を獲得しなければならない」とし、「実質的にウリハッキョと私たちの文字をそのまま維持しながら、日本学校の分校として教育費をもらいながら教育を続けることもできるであろうし、また今までのウリハッキョにその地域に住む日本児童までも入学させて存続させることもできるであろうし、また、日本学校に特設学級を設置し、朝鮮人の先生がそのまま私たちの言葉と文字を教えることも可能であろうし、また違う方法とし

[*50] 「衝天する怒気と憤激心を持久戦列拡大へ――民主民族教育を守ろう」『解放新聞』1949年10月21日付。

ては日本学校に通う傍ら、ウリハッキョが各種学校としての認可をもらい、午後に1、2時間ずつ私たちの言葉と歴史を教える方法もある」ことが示されている[*51]。たとえ朝鮮学校という具体的な場を失うことがあろうとも、朝鮮の文化や歴史、言葉を教える教育を、どうにか継続しようとする、在日朝鮮人の思いが見て取れる。

学校閉鎖措置は、警察の力を動員しながら強制執行されたが、閉鎖・改組命令が下った直後に限ってみても、各地朝鮮学校は様々な反対運動を展開し、また地方当局や近隣の公立学校との協議、交渉を繰り返している。表1-4は、『解放新聞』上に掲載された各地朝鮮学校関係者の対応を概略的にまとめたものである。

また、各地の子どもたちも学校閉鎖に反対する様々なアクションを起こした。例えば福岡朝鮮小学校の150余名の子どもは、10月22日、午前10時から午後3時まで県庁の前で抗議活動を行い、福岡県知事との面会を要求、3時半から子ども代表9名と保護者代表が知事と、閉鎖後の学校の復活に関し直接交渉している[*52]。また宇部でも11月2日、閉鎖された宇部朝鮮小学校の子ども200名が市役所の前で屋外授業を行い、国語（朝鮮語）教科書を広げ、声を上げた。その後子ども代表8名と市長が面会し、子どもたちは閉鎖された学校を公立分校として定めるか、日本の学校に集団入学させる旨を訴えたが、知事は現在日本の学校には全員を一つの学校に受け入れられる余裕がないため、分散入学するしかないと回答した。これに対し児童たちは、6つの学級全ての子どもたちを集団入学させ、朝鮮人教員を採用せよと求めた[*53]。

他にも、スクラムを作って接収措置に反対した広島県尾道朝鮮人小学校の子どもたち[*54]、名古屋市役所の前での抗議と市教委との交渉を続けた名古屋市内朝鮮学校の子どもたち[*55]、公立分校となった水島朝鮮小学校において新任の日

[*51]「民団の奴隷化教育を粉砕し具体的要求を共闘で――民主民族教育の内容獲得にある」『解放新聞』1949年10月25日付。
[*52]「日本教育強要は侮辱――知事、児童代表追求に自白」『解放新聞』1949年11月8日付。
[*53]「市役所前で屋外授業――道行く人々も足を止め子どもたちの闘争に同情」『解放新聞』1949年11月15日付。
[*54]「接収を中止――尾道小学、涙の抗議」『解放新聞』1949年11月15日付。
[*55]「千余警官児童多数を傷害、英勇に闘争した末に勝利――教委ついに要求条件を是認」『解放新聞』1949年12月3日付。

本人教員が土足で教室に出入りすることに対し抗議し、校長以下8名の教員に始末書を提出させた子どもたち[*56]、島根県原井小学校に集団入学することになった後、朝鮮語と朝鮮歴史の授業を正課として認めること、また朝鮮人の教員を講師として採用することを要求して休校闘争を繰り広げた子どもたち[*57]、集団入学した先の小学校で朝鮮語の授業が開かれないことに対する抗議として登校拒否した大阪市の子どもたちなど[*58]、学校閉鎖措置やあるいは転入先の学校での取り扱いに対して抵抗する子どもたちの活動は枚挙に暇が無い。

写真1-2　警察による愛知県旧朝連守山小学校の財産接収に抵抗し、警察によって放り投げられる子どもたち（1950年12月20日）。写真は『名古屋市警察史』（1960年）より。写真中央の少女は、裵永愛氏（1942年生まれ）で、同日は8歳の誕生日であった。

　写真1-2は、『中部日本新聞』1950年12月21日付版に掲載された、有名な写真である。閉鎖措置後も授業を続けていた愛知県守山の朝鮮学校に対し、「完全閉鎖」措置が執行された様子を映している。『名古屋市警察史』にも、「接収を開始した隣接守山町旧朝連守山小学校においては強行に反対し接収官を寄せつけない状況で、同町公安委員から応援方要請してきたので、急拠応援部隊を派遣し、実力を行使して七名を逮捕し接収を完了した」と記されており、同じ写真が掲載されている[*59]。キャプションには「校舎内に籠り目つぶしを投げて抵抗する朝鮮人学童」と記されている。

　こうして植民地支配から解放された在日朝鮮人たちが自らの力でつくりあげた朝鮮学校は、GHQと日本政府の反共主義と、強引な法解釈の積み重ね、そ

[*56]　「日本教員児童に「始末書」──土足で教室往来したため」『解放新聞』1949年12月10日付。
[*57]　「休校で抗議、濱田小学生ら善闘──教員採用を」『解放新聞』1950年1月21日付。
[*58]　「国語休講等反対して大阪学童ら登校拒否──日本人学父兄も支持」『解放新聞』1950年3月21日付。
[*59]　名古屋市役所編（1960）、58-59頁。

第1章 誕生と破壊

表1-4 1949年10月の学校閉鎖、改組、認可(再)申請の指定を受けた各地朝鮮学校の対応の概況

地域	学校名	行政側の措置	在日朝鮮人側の対応	典拠（『解放新聞』）
滋賀	県内6つの学校	10月19日、山口産業務課長以下11名が、改組を指示	日本の民主団体の協力を得ながら抗議闘争	10月25日付
香川	香川朝鮮小学校	10月19日、県学務課長より、認可をもらっているが、財団法人ではないため再申請せよと通告	校舎が朝連所有物のため退去せよと伝達されたが、何等の措置も取られないため、通常通り授業を継続	10月25日付
愛知	県内11の学校	10月19日、県知事の名義で、法人設立手続きをせよと通告	学校管理組合が一斉に手続きの準備に取り掛かる	10月25日付
	西春朝鮮小学校	10月19日、地方事務所員4名が期限内に財団法人申請手続きをせよという通告を伝達	民族文化防衛委員会を組織し、自主性を重んじた条件を提示させるための運動を展開	10月28日付
宮城	岩昭小学校	10月19日午前7時、宮城県庁職員と警官30余名が、学校名義が朝連であるという理由で接収	不明	10月25日付
群馬	桐生初等学院	10月19日午後1時30分、県地方課職員5名と武装警官100余名が、校舎が朝連と関係があるという理由で接収	不明	10月25日付
兵庫	網干朝鮮小学校	10月19日、姫路市教育課と網干警察署公安主任春名氏が改組命令を伝達	在日朝鮮人らの抗議に対し、警察公安主任春名氏は以下のように述べた。「今回朝鮮学校まで弾圧するファッショ性を自ら暴露するものであり、日本民族の敵を作るものだ。そのため私としては今後学校の接収には立会うことできない」。	10月28日付
	多可町西部夜間講習所	10月19日、無認可の学校であるため、直ちに解散し、二週間以内に認可申請をせよと通知。	夜間講習は継続。また解散反対闘争を展開。	11月1日付
京都	府内の学校	10月19日、京都府学務部から京都朝鮮学校管理組合連合会に対し、改組を通知。	教育防衛闘争を決起。また改組の準備を始める。	10月28日付
岡山	県内の学校	10月19日、改組命令	10月22日、岡山朝鮮学校に200余名の保護者が参集し代表者名氏下以下のように死守を決する。①学校は絶対に死守する。②学校ごとに共同闘争体を組織する。③地方人民に訴える。④学校に対する責任を負う。③10月7月9日から認可手続きを論じるのではなく、既存の申請を認可しないので県庁の責任である。そのための再申請を認可するのが当然である。④ビラや街頭宣伝を積極的に行い日本の市民たちに訴える。	10月28日付
茨城	県内の学校	10月19日、改組命令	閉鎖令反対闘争を決起。また下館町にある7つの日本の小学校校長らも朝鮮学校閉鎖には反対し、反対運動に協力している。地方事務所長と下館警察署長も「朝鮮児童の教育は、朝鮮人経営者が朝鮮人が行う方が正当である」と述べた。	10月28日付

県	学校名	命令等	内容	日付
埼玉	埼玉朝鮮第二小学校	10月19日午前10時頃、埼玉県学務課渡邊氏等、4名が閉鎖命令をもって来校。	・報せを聞き集まった40名の在日朝鮮人が閉鎖理由を尋ねると、渡邊氏は「私は朝鮮人学校のためにやられるように協力してくれ、今回の閉鎖命には驚いている。しかしこれは上部命令であるから受理してくれ」と述べた。在日朝鮮人らは、我々は学校教育法等の法規を違反していないとして交渉を行い、結局渡邊氏らは学校閉鎖命を持って引き返した。続けて在日朝鮮人らは、町助役に閉鎖措置に対する抗議を行い、助役は「町長が保っている間は、学校継続のために協力する」と約束した。	11月1日付
広島	県内の学校	10月19日午前8時、県内朝鮮学校責任者および改組命令、閉鎖命令の通知	20日に保護者代表100名が県学務課長を訪問し、授業継続する旨を伝える。	10月25日付
神奈川	県内の学校	10月19日、学校閉鎖および改組命令	・10月20、21日と子どもと保護者たちが県庁に抗議、朝鮮人学校係、課長等が対応したが、子どもたちは運動場で屋外授業を実施。川崎では日本人まで対象に署名活動を実施。・10月24日、横須賀朝鮮小学校の保護者と子どもたち200余名が市役所に抗議。これに対し担当者は即答せず、29日、日本の各学校の代表と解決する場を設け、そこで解決策を考えるとして、調査が行われている間、子どもたちは「クリバッキを守るろう」という歌を市内前で歌い続けた。	10月25日付 および 10月28日付
千葉	県下の学校に対し、改組命令が通告	10月19日、県下の学校に対し、改組命令が通告	10月22日、保護者代表らが石橋副知事と面会し措置の不当性および撤回を訴えた。	10月28日付
山口	宇部朝鮮小学校	10月19日、学校閉鎖と同時に学校接収。	朝鮮人代表らは県地方課長、市文化課長、県文化委員、県文化課長、教育委員らと懇談会を開催。以下の二点、教育に関し学校を認めないか、②これを認められない場合は朝鮮児童を全員日本学校に集団入学させ、そのまま教員として採用せよ。	10月28日付
静岡	浜松朝鮮小学校、浜松朝鮮中学校	10月19日、改組せよという通達	300名の保護者らが集まり、学校を守ろうと戦い、管理組合の改組準備を行っている。また「民族の自主的教育ができる」と反対運動を行っている。	11月1日付
島根	大篠文盲退治夜学校	10月19日、閉鎖	校舎は個人所有のものため、すぐに反対運動を展開。	11月1日付
東京	東京第二朝鮮小学校	10月19日、改組命令。	・10月24日、保護者代表30名が東京都区役所を訪問し、教育課長および総務課長と面会し、要求書を提出。要求の内容は、①転校の受入れ体制は万全となっているのか、朝鮮児童だけの特別学級を設置し、朝鮮語、朝鮮歴史等の特殊な教育を保障するのか、②教科書と教育施設を確保し、それらの経費・運営の責任をぬかりなくできるのか、③二部、三部、あるいは休業などないように責任を持って解決するのか、④日本人児童が朝鮮児童と差別されないように保障するのか、の四点。これに対し区側は「改組の内容を知らなかった。そのまま朝鮮学校を継続されることとは思っていた」と回答。朝鮮児童が日本の学校に転校した場合、29日午後3時に東京都を訪問し、結果を保護者代表に回答する旨を約束。	10月28日付

第1章 誕生と破壊

東京第八朝連小学校	10月19日、改組命令	・同学校の子ども、教員、菅内在日朝鮮人らが連日改組通告撤回運動を展開。25日世田谷区村長は「皆さんの切実な要求には賛成します。しかし上部の命令であり、如何にも自由にはできないため、みなさんと共に要求条件を上部に陳情することにしますと」回答できないので、根本教育課長にそれを依頼。 ・10月28日午前11時、東京都大同知事および東京朝鮮中学校生徒代表8人を、根本教育課長と、第小学校保護者と、朴人学校区長および川崎教育課長と面会。副知事は、先日渋谷区佐藤区長と朝鮮学校の閉鎖命令について、同様の主旨を電話で同ったとしながら、政府の命令であるためどうしようもない側面があると対応。個人の見解を以下のように述べた。①公立朝鮮学校の設置は問題ない。②所謂教育の自主性問題には技術的に善処できるように思う。③改組期日が11月2日であるのは短すぎるため、延期が妥当である。 ・以上の点について、10月31日に回答すると約束した。	10月28日付および11月1日付
東京第七朝連小学校	10月19日、改組命令	・10月25日、日本の小学校教員数名と日本の労働者と共に教育者防衛会議準備委員会を開催、同日夕刻には日本の小学校の児童らと共同学芸会を催す。 一方、正式に財団申請をするよう工面するよう、それに掛かる費用4万円は品川区教育課に要求。区は4万円は難しいが、27日までに3万円を同校に送ると。	11月1日付
栃木	茂木朝鮮小学校、足利朝鮮小学校、宇都宮朝鮮小学校	10月19日、接収。大谷地方課長は「今さら権利を勝ち取る、2名権利を勝ち取る、21日午前9時、茂木朝鮮小学校の全児童が日本学校に移転。茂木朝鮮児童にノート一冊ずつ配給した。茂木朝鮮学校は特設学級という形式で、これまでの朝鮮学校の教員に対し特設学級を設置する案を行っている。 ・足利、学都宮の両校の保護者たちも、県副知事、県、市長、市教育委員会に対し特設学級を設置する受業堂を継続している。	11月1日付
	10月19日、接収。		
福岡	戸畑朝鮮小学校	10月19日、接収。	・同学校150名の子どもたちは屋外授業を実施。 ・24日、保護者大会を開催、ここでこう決議された内容を市事務長に提出。要求と回答は以下のようである。①閉鎖する。ここで決議された朝鮮学校児童は中央地域に集団反対させること。回答：承認する。②閉鎖された教員に特殊科目を全面的に採用を強く求める。回答：県と協議して採用。③朝鮮学校の教員を日本学校に採用を全面的に求める。回答：②の条件が承認されれば採用。④学校閉鎖資金の預金を即時返還せよ。回答：即時に反映する。⑤朝鮮学校閉鎖命令を即時撤回せよ。回答：中央庁に反映する。	11月1日付

※1：「解放新聞」上には茂木朝鮮小学校とあるが、金徳龍（2004）、264頁を見ても、同名の学校は存在しない。しかし地理的な関係から、私立朝連宇都宮小学校の分校である芳賀分校を指しているものと考えられる。

65

して警察による実力行使をもって、日本社会から一掃されたのであった。朝鮮学校に通っていた子どもたちの多くは、日本の公立学校に転入学することになった。

第三節　止まらない歩み

(1) 就学義務制の廃止

　1952年4月、サンフランシスコ講和条約が発効され、当事者らが全く関与できないままに、在日朝鮮人の日本国籍は喪失された。講和条約の発効をもって、在日朝鮮人は形式的にも「日本臣民」ではなくなったのである。とは言え、入国審査を経ずにして、突如出現したこの60万人を超える「外国人」（この集団が全外国人の9割近くを占めていたわけであるが）を前に、在留資格や社会保障をはじめ、多くの制度的な問題が顕現した。

　在日朝鮮人の就学義務制もその一つであった。文部省は1953年2月、通達「朝鮮人の義務教育学校への就学について」を発し、「このことについては、取扱上疑義を生じているむきもあるように聞いている」として、「念のために、下記のとおり当局の見解をお知らせ」している[*60]。

> 　1.（イ）朝鮮人子女の就学については、従来、日本の法令が適用されすべて日本人と同様に取り扱われてきた。しかるに平和条約の発効以降は、在日朝鮮人は日本の国籍を有しないこととなり、法令の適用については一般の外国人と同様に取り扱われることとなった。
> 　（ロ）従って、就学年令に達した外国人を学令簿に登載する必要はないし、就学義務履行の督促という問題も生じない。なお、外国人を好意的に公立の義務教育学校に入学させた場合には、義務教育無償の原則は適用されない。
> 　2．しかし朝鮮人については、従来からの特別の事情もあるので、さし当り、次のような措置をとることが適当と考える。

[*60] 文部省初等中等教育局長発、各都道府県教育委員会宛「朝鮮人の義務教育学校への就学について」（文初財第74号、1953年2月11日）。

（1）日韓友好の精神に基き、なるべく便宜を供与することを旨とすること。
　（2）教育委員会は、朝鮮人の保護者からその子女を義務教育学校に就学させたい旨の申出があった場合には、日本の法令を厳守することを条件として、就学させるべき学校の校長の意見を徴した上で、事情の許す限りなお従前通り入学を許可すること。

　こうして朝鮮人の就学義務制の廃止が宣告される。1948〜49年の時点では、外国人であるが日本国籍を持つ在日朝鮮人は、日本の学齢児童生徒と同様に一条校に就学しなければならないということが、朝鮮学校閉鎖の根拠の一つとされていたことを思い起こされたい。実際に多くの学齢期の朝鮮人児童生徒が日本の公立学校に就学することになった。そして1952年の日本国籍喪失以降は、在日朝鮮人は他の外国人と同様に取り扱われなければならないため、「就学年令に達した外国人を学令簿に登載する必要はないし、就学義務履行の督促という問題も生じない」、また公立学校への入学は「好意的」になされるものであり、「義務教育無償の原則は適用されない」とされたのである。在日朝鮮人の教育権は、国籍を理由として、二段階（朝鮮学校閉鎖→日本学校就学義務なし）で否定されたのである。
　さらに注目すべきは、在日朝鮮人の就学を「許可」する際に、法令厳守の「条件」が課され、就学先の「学校の意見を徴」するとされていることである。こうした方針は、日本国籍喪失と就学義務との関係に先鞭をつけた、東京都の先行事例に依拠するところが大きい。
　52年9月27日、東京都教育長は「朝鮮人子弟の公立小・中学校及び高等学校への就学について」という通知を発した。通知の内容は以下のようだ[*61]。

　　法的には多少の疑義があるが、日本との平和条約二章第二条により、日本国は朝鮮の独立を承認し、朝鮮に対する全ての権利、権限を放棄する、と規定してあるので、朝鮮人は当然日本の法令による義務教育を受ける権

[*61] 中山編（1995）、53-54頁。

利を喪失すると共に、朝鮮人子弟の就学は左記によることが適当だと考える。

記

一、学齢簿の調製　市区町村は従来義務教育該当児童に対しては、日本人同様の就学義務を施行していたが、爾今は行う必要はないし、学齢簿は調製しなくてもよい。

二、現在公立小・中学校及び高等学校に在学中の児童生徒の取扱いは、その者がその学校を卒業するまでは在学させることができるが、それは児童生徒の保護者の任意とする。但しその学校の教育方針に従わせること。

三、新たに公立小・中学校及び高等学校に入学を希望する者の取扱いは、その学校の設置者において次の条項により学校長に意見を出して入学を許可して差支えない。

　　イ、入学後は日本の法律に従って教育を受ける事を承認した者に限る事。
　　ロ、朝鮮語、地理、歴史等の所謂民族課目は教育しない事を承認した者に限る事。
　　ハ、学校設備に余裕があり、かつ学校の運営に支障が無い事を認定した時。
　　ニ、入学希望者を入学させて学校の秩序が乱れない事を認定できる時。

特に「三」に示された4つの「条項」は驚くべき内容である。ここに示された朝鮮人観や、教育を受ける権利という視点の欠落が抱える問題性は、改めて論ずるまでもないだろう。この通知に従い、都では入学通知書を在日朝鮮人家庭に出さなくなった。そして例えば葛飾区では1953学年度以降、朝鮮人児童が入学する際に、以下のような誓約書を書かせている[*62]。

一、入学後は日本の法令に従って教育を受けることを承認します。
二、朝鮮語、朝鮮歴史、朝鮮地理等所謂民族課目は一切教育しないことを

[*62] 李興烈（1953）。

承認します。
三、学校の秩序を乱すようなことはしません。
四、学校の管理、経営に支障を来す様な場合退学を命ぜられても異存ありません。

　大阪でも、「日本国の法令や学校の規則に従います」、「他の児童に乱暴したり、迷惑をかけるような行為はいたしません」、「学校に収容力の余裕がなくなったとき、在学をうち切られても異存を申しません」といったことが条件として課され、「もし違反いたしましたときは、退学を命ぜられても異存ありません」という誓約がとられるようになった[*63]。

　日本における教育の憲法とも言われる教育基本法が、その主語を「国民」に限定している問題は度々指摘されるが、国民に閉じられたその教育理念は、外国人の義務教育を保障する必要はないという政策として、具体的に顕現したのであった。今日においても日本における外国人の義務教育諸学校への就学が、義務教育ではなく「恩恵教育」と言われる所以である。

　こうして在日朝鮮人は、独自の教育の場である朝鮮学校を失い、また日本の公立学校への就学に際しても「許可」を要するようになった。在日朝鮮人らの教育権は、著しく侵害される状況にあったと言える。

(2) 多様な形態による民族教育の実施

　しかしながら在日朝鮮人らは朝鮮学校が閉鎖された後も、次世代を朝鮮人に育てるための教育の営みを止めることはなかった。朝鮮学校は、大きく三つの形態へと様変わりしながら、その命脈を保った。

　第一の形態は、学校閉鎖措置が取られたがそれに応じず、朝鮮学校の営みを継続した無認可の学校である。これら無認可校は「解放後、今日まで終始一貫して米日反動どもの如何なる干渉弾圧をもはねのけ、実力によって完全に自主的な民主民族教育を行っている」学校で[*64]、在日朝鮮人の間では肯定的なニュアンスを込め、自主学校と呼ばれた。

---

*63　中山編（1995）、52-53頁。
*64　世界教員会議在日朝鮮人代表「在日朝鮮人の現状に関する報告（日本文）」（1953年7月）、18頁。

法的には閉鎖されているが、現実には存在している学校である自主学校は、学校閉鎖以前と同様、朝鮮語や朝鮮の歴史、地理等を含む在日朝鮮人独自の内容を、朝鮮人教員が教えており、教育内容面では在日朝鮮人の要求に適った教育施設であった。自主学校は愛知、兵庫、大阪を中心に存在し、49年に40余校あったとされ[*65]、総連結成の55年に向けて漸増している。さらに、大阪朝鮮高等学校（52.4.10創立）、茨城朝鮮中学校（53.4.15創立）、京都朝鮮中学（53.4.20創立）など、中等教育機関が新たに創立され、自主学校として運営された。

　とは言え、閉鎖措置を無視し、文字通り官庁の認可無く運営されている多くの自主学校の教育環境は劣悪なものであった。公的補助や学校としての優遇措置を受けられないばかりでなく、生活困窮を極める在日朝鮮人たちからの資金調達も進まず、学校の備品設備不足と、教員給料の遅払・欠払は常であった[*66]。特に学校設備は散々で、「学校の施設、教材、教具、運動器具など、まともなものがありようがない。だから掛図は組合員〔＝教員〕の手製でまにあはせバケツも買えないで空カンが代用され、台風でこわれた壁や天井の修理も行届かず、保健衛生にも手がまわらない」現状であった[*67]。それでも子どもたちは、朝鮮学校に通った。

　第二の形態は、公立学校あるいはその分校として運営された朝鮮学校である。これについては、第9章で詳しく扱う。公立朝鮮学校の設置経緯、設置期間、教育内容等は、地域によって様々であるが、学校閉鎖後の暫定的措置として文部省が認め、各地在日朝鮮人と地方自治体との折衝の中で生まれた、戦後日本教育史上類例を見ない、公費で運営される事実上の外国人学校である。公立学校であるが、就学者は全員朝鮮人であり、日本人教員とともに朝鮮人たちも教鞭を執った。教授言語には朝鮮語も用いられ、朝鮮語、朝鮮歴史等の授業もあった。東京都に15校（55年3月廃止）、神奈川県に5校（66年3月廃止）、愛知県に3校（66年3月廃止）、大阪府に1校（61年8月廃止）、兵庫県に8校（66

[*65] 東京都立朝鮮学校教職員組合情報宣伝部編「民族の子――朝鮮人学校問題」（1954年11月30日）、15頁。

[*66] 李興烈（1952）、参照。

[*67] 前掲、「在日朝鮮人の現状に関する報告（日本文）」、20頁。

年3月廃止)、岡山県に12校（50年8〜9月廃止）、山口県に1校（53年3月廃止)、総じて1都1府5県に計45校の公立朝鮮学校が存在した。

　第三の形態は、民族学級である。民族学級とは、公立学校に在籍している在日朝鮮人を放課後等の時間に集めて、朝鮮語等の教育を行う教育形態である。学校閉鎖に伴い発出された文部省通達には、分校と同様、「学力補充、その他やむを得ない事情があるときは、当分の間特別の学級…を設けることも差支えない」とされていた[*68]。

　民族学級にも様々なタイプがあり、国語や社会等の特定の授業時間のみ子どもたちを抽出して朝鮮語等の授業を行う抽出型の学級や、放課後に行われる放課後学級、さらに公立学校内ではあるが、朝鮮人のみによって編成された学級をつくり、終日その単位で授業を行うタイプもあった。松下（2016）はこれを分校に照らし、「分級」と表現している。民族学級は、大阪、滋賀、京都、茨城、福岡などを中心に設置され、また香川や山形、岐阜、千葉、三重といった地域にも設置された（後掲の表1-5を参照）。

　この内、京都の民族学級に関しては、松下（2016）に詳しい。京都の在日朝鮮人は京都市教委との交渉を繰り返し、1953年12月には市教委が「朝鮮人のための特別教育実施要綱」を作成し、翌年1月1日よりこれを実施している。要綱には「いわゆる普通学級とは分離した朝鮮人児童のみで構成される学級編成とともに、「国語乙」「社会乙」という朝鮮人向けの教科目の新設と学習評価、使用する教科書の基準など、〔朝鮮人のための〕「特別教育」を教育法に規定された日本人向けの教育課程との整合性をとるための基準」が示されている[*69]。松下が指摘するように、「ここには国が基準とする教育法の枠を多少はみ出してでも、地域住民である朝鮮人側の教育要求を一定程度は受け入れざるを得ないという地方行政独自のロジック」が働いており、注目すべきである。

　他府県と異なり、滋賀県では分級型の民族学級が多く設置されており、50年代初頭においては、滋賀と同水準の教育保障を達成することが目指されてい

[*68] 文部事務次官発、都道府県知事・都道府県教育委員会宛「公立学校における朝鮮語等の取扱いについて」（文初庶第166号、1949年11月1日）。
[*69] 松下（2016）、56頁。

る*70。ただし多くの地域では、大前提として子どもたちは正課の教育として日本の教育を受けており、在日朝鮮人を対象とした教育を行える時間が限られているばかりでなく、放課後の授業実施は児童生徒たちにとって過酷であるといった状況であったため、当時の関係者の中では、民族学級による教育は「不充分な教育」などと評されることが多かった*71。こうした「不充分な教育」の実施状況が、朝鮮学校を復活させようとする動きの動力となった地域も少なくない*72。

また、「夜間学級」も設置された。夜間学級（夜間講習会と呼ばれることもあった）に関して言及している資料は少なく、その実態は明らかではないものの、福島や福井など、「特設学級〔民族学級〕の設置もできない所で、朝鮮人父兄が情熱でやっている」もので*73、朝鮮語等が教えられたという*74。

(3) 在日朝鮮統一民主戦線の結成

1950年6月には朝鮮戦争が勃発し、在日朝鮮人と朝鮮半島との関係は一層複雑化する。そのような中、1951年1月、朝連の後継団体として在日朝鮮統一民主戦線（略称「民戦」）が結成され、破壊された朝鮮学校教育体系も少しずつではあるが、再び整備されていった。

民戦は「1. 学校基本財政の確立、2. 学校設備と環境整理、3. 教科体系——教科目の体系確立と教科書の完備、4. 教員の実力向上と教育技術の練磨、5. 教員の最低生活の保障」などを教育問題上の課題として掲げつつ*75、日本政府からの公費助成を獲得することを教育運動の方針に据えた。「4.24学校事

---

*70 在日朝鮮統一民主戦線中央委員会「民戦四全大会教育部門報告書」(1953年11月)。
*71 李珍珪「民主民族教育防衛闘争をより高い段階に前進するために（上）」『解放新聞』1952年11月25日付。
*72 1957年に創立した九州朝鮮中高級学校は、その一例である（九州朝鮮中高級学校建設委員会「九州朝鮮中高級学校建設概況」(1956年11月10日)を参照）。また、無論ここでの筆者の意図は、在日朝鮮人の子どもたちにとっての民族学級が持つ独自の教育的役割を否定するものではない。大阪における民族学級の歴史的展開や教育実践、そこに携わる人々の思いに関しては、朴正恵 (2008) を参照されたい。
*73 李興烈 (1952)、13頁。
*74 小沢 (1973)、292頁。
*75 李珍珪「民主民族教育防衛闘争をより高い段階に前進させるために（中）」『解放新聞』1952年11月30日付。

件以後、終始一貫した我々の闘争課題」である教育費獲得闘争は[*76]、「我々が日本に住んでいる限りその実現のために、いつまでも戦っていかなければならない」運動であり[*77]、「直接、敵権力とぶつかり合法的に戦うことができると同時に、教育費を獲得することによって我々の教育施設と内容を一層発展させることができ、また敵の再軍備予算を破綻の道へと追いやる政治的闘争に発展させることもできる」として、合法性、教育の質向上、再軍備予算を減少させるという三つの方向から、その意義が見出されていた[*78]。

ただし、民戦第9回中委（1952年12月20日）で文教部長となる李珍珪は「教育費獲得闘争は戦術の一つなのであり、決してそれ自体が目的となってはならない」ことを強調している[*79]。民戦においても、「日本政府が教育費を負担するまでは、いつまでも日本学校の中で植民地奴隷教育を受け、教育費獲得闘争だけやれば良い」という「教育費獲得至上主義」や、「同胞たちの生活が困難であるため、自主的に学校を運営しても、遠からず自滅するに至る。そのためやってみてもしょうがない」という「経済主義的偏向」、また「すべての政治闘争や実力闘争に生徒・学生と教員は参加しなければならない。それによって校内の正常な教育活動が停止し、学力が低下したとしても、…教育を実践闘争の中で成長させることができるのだ」といった「実力闘争至上主義」が克服すべき傾向として表れていることが指摘されている[*80]。何よりも重視されていたのは、民族教育の場を存続させ、子どもたちに民族教育を受けさせることだったのである。

そのため、閉鎖措置後に公立学校に転入学した子どもたちを再び朝鮮学校に就学させる「児童奪還運動」も推進された[*81]。これは朝鮮学校の再建と表裏一

[*76] 民戦三全大会準備委員会「各単位組織の活動報告と提案　教育活動報告と活動方針」（1952年12月18〜19日）、5頁。
[*77] 李珍珪「民主民族教育防衛闘争をより高い段階に前進させるために（下）」『解放新聞』1952年12月10日付。
[*78] 在日朝鮮統一民主戦線「第四回全体大会決定書」（1953年11月）、参照。
[*79] 李珍珪「民主民族教育防衛闘争をより高い段階に前進させるために（中）」『解放新聞』1952年11月30日付。
[*80] 民戦三全大会準備委員会「各単位組織の活動報告と提案　教育活動報告と活動方針」（1952年12月18〜19日）、7-8頁。
[*81] 在日朝鮮統一民主戦線中央委員会「第10回中央委員会の報告と決定書」（1953年5月30日）、40頁。

表1−5（a） 1953年5月30日時点の

			東京	神奈川	愛知	京都	滋賀	大阪	兵庫	茨城	岩手	青森
自主学校	小学	校数			10	1		8	12		1	1
		児童数			1371	165		1508	3676		63	72
	中学	校数		1	3	1			2	1		
		生徒数		428	455	124			782			
	高校	校数			1			1	1			
		生徒数			25			345	75			
公立学校	小学	校数	12	5								
		児童数	2800	1217								
	中学	校数	1					2				
		生徒数	1308					725				
	高校	校数	1									
		生徒数	570									
公立分校	小学	校数	1					8	8			
		児童数	43									
民族学級	小学	校数		2		8	17	10	2	10		
		児童数				550	800	1000		274		
	中学	校数					2		1			
		生徒数					37					
夜間学校		校数						1	1			
		生徒数										
教員		朝鮮人	126	49	83	24	26	116	137	17	2	2
		日本人										
計		学校数	15	8	14	10	19	30	27	11	1	1
		児童・生徒数	4721	1645	1851	839	837	3578	4533	274	63	72

註1：在日朝鮮統一民主戦線中央委員会「第10回中央委員会の報告と決定書」（1953年5月30日）
註2：日本人教員の数は報告されていない。
註3：学校数は報告されているが、児童・生徒数が報告されていない地方もあることから、概数と言える。

体の課題でもあった。日本の学校から児童を「奪還」するためには、日本人教員との連帯を深めなければならないという論点もこの時期から登場する。特に日教組との連帯を強化する方針が示されており、1953年1月25〜28日にかけて開かれた日教組第二回全国教研には、教同の代表が参加し、「在日朝鮮人の教育の現状を報告し、朝日両民族の平和的な統一・独立を達成し、民族教育を防衛・発展させるため、米日反動勢力に共に戦うことが決議された」ことが

第1章 誕生と破壊

教育形態別就学児童・生徒数

山形	千葉	埼玉	静岡	岐阜	三重	愛媛	岡山	広島	山口	福岡	計
	1		2		1	1	5	4	2		49
	80		99		87	63	240	402	50		7876
			1					1			10
			44					50			1883
											3
											445
											17
											4017
											3
											2033
											1
											570
											17
											43
1	4	5		6						8	73
94	200	147		170						595	3830
1			1							1	6
15			17							114	183
	1					2	3			4	12
	50					66				100	216
3	12	6	9	9	5	4	17	19	2	7	675
											0
2	6	5	3	7	1	3	8	5	2	13	191
109	330	147	143	187	87	129	240	452	50	809	21096

り)「文教部面の活動報告とその結論及び当面の決定事項」より作成。

大きな成果として報告されている[82]。

50年代初頭には、各地で朝鮮学校が新設・再建され始め、全国統一試験や全国音楽コンクール、全国美術コンクール、懸賞作文コンクールなどが実施され[83]、全国的な朝鮮学校の繋がりもつくられていった。各地では教員再教育の

---

[82] 在日朝鮮統一民主戦線中央委員会「民戦四全大会教育部門報告」(1953年11月)、176頁。
[83] 民戦三全大会準備委員会「各単位組織の活動報告と提案――教育活動報告と活動方針」(1952年12月18〜19日)、2頁。

表1−5（b） 1954年4月時点の

			東京	神奈川	愛知	大阪	兵庫	茨城	埼玉	千葉	岩手	山形	福島	宮城	青森
自主学校	小学	校数			10	9	14			1	1			1	3
		児童数			1371	1812	2967			80	70			60	72
	中学	校数		1	3		2	1							
		生徒数		628	652		640	60							
	高校	校数			1	1	1								
		生徒数			166	114									
公立学校	小学	校数	12												
		児童数	3142												
	中学	校数	1			1									
		生徒数	1563			790									
	高校	校数	1												
		生徒数	646												
公立分校	小学	校数	1	6	3		8		4						
		児童数	64	1217	300		1370		200						
民族学級	小学	校数		3	5	10	3	10	6		1				
		児童数		105	392	1000	129	274	145		94				
	中学	校数					1				1				
		生徒数					155				15				
夜間学校		校数				1	2			1			4	5	
		生徒数				49				50			120	85	
教員		朝鮮人	149	15	83	139	158	17	6	12	2	3	5	5	3
		日本人	119	22		20	42								
計		学校数	15	10	22	22	31	11	6	6	1	2	4	6	3
		児童・生徒数	5415	1950	2715	3768	5424	334	145	330	70	109	120	145	72

註1：在日本朝鮮人学校PTA全国連合会、在日朝鮮人教育者同盟「大会決定書」（1954年6月20日）
註2：学校数は報告されているが、児童・生徒数が報告されていない地方もあることから、概数と言

場としての講習会も組織され、さらに第一回全国中高校長・教務主任会議（1953年10月21日）も開かれている[*84]。52年には各地で公立朝鮮学校を中心に、連合運動会も開催されている[*85]。53年〜55年の教育形態別学校数、就学者数

[*84] 在日朝鮮統一民主戦線中央委員会「民戦四全大会教育部門報告」（1953年11月）、170頁。
[*85] 民戦三全大会準備委員会「各単位組織の活動報告と提案——教育活動報告と活動方針」（1952年12月18〜19日）。例えば東京では1952年10月22日に、東京連合大運動会が明治神宮外苑競技場にて行われている。ここには東京都立朝鮮人学校12校、および横浜朝鮮人小学校の児童生徒ら、およそ4000名が出演し、また都内の日本の小中学校の児童生徒や日本の市民団体も招待

教育形態別就学児童・生徒数

静岡	岐阜	三重	滋賀	京都	愛媛	岡山	広島	山口	福岡	香川	鳥取	和歌山	福井	北海道	計
2		1		1	1	5	4	1			1	1		2	58
162		87		173	41	505	402	50			80	40		40	8012
1				1	1	1	1	1				1			14
187				285	37	120	75	30				13			2727
															3
															280
															12
															3142
															2
															2353
															1
															646
															22
															3151
	7	6	18	10					8	1					88
	203	170	570	947					639	17					4685
	1	1	1						1						6
	22	17	13												222
						9						1	3	7	33
						549						34	190	230	1307
11	9	9	27	38	3	21	19	3	7	1	1	3	3	2	754
				2											205
3	8	8	19	12	2	15	5	2	9	1	2	5	7	2	239
349	225	274	583	1405	78	1174	477	80	639	17	114	243	230	40	26525

「朝鮮人学校学生数調査表　1954.4現在」より作成。

および教員数を表1−5（a〜c）に示した。

　こうして破壊された学校体系は、徐々に再建されていった。そして1950年代中頃からは、祖国・朝鮮民主主義人民共和国との関係の深まりの中で、朝鮮学校体系は加速度的に再構築されていくことになる。

され、一緒に競技を行っている。総参加者数は3万人と記録されている。「躍動する青春の祭典──各地で豪華な大運動会」「十三連合大運動会に三万同胞が熱狂　東京」『解放新聞』1952年11月5日付。

表 1-5 (c) 1955 年 4 月 1 日時点の

			東京	神奈川	愛知	大阪	兵庫	茨城	埼玉	千葉	岩手	山形	福島	宮城	秋田
自主学校	小学	校数	13		9	9	14			1	1			2	
		児童数	3226		501	1667	2009			91	50			67	45
	中学	校数	1	1	2		2	1							
		生徒数	1486	491	484		653	64							
	高校	校数	1	1	1	1	1	1							
		生徒数	708	91	120	183	153	28							
公立学校	小学	校数													
		児童数													
	中学	校数				1									
		生徒数				805									
	高校	校数													
		生徒数													
公立分校	小学	校数			7	3	8								
		児童数			1318	567	1346								
民族学級	小学	校数		1	5	10	3	10	5	3		1			
		児童数			292	1000	60	304	178	121		43			
	中学	校数				1		1				1			
		生徒数				43		150				15			
夜間学校		校数											1		
		生徒数											20		
教員		朝鮮人	187	56	96	139	137	23	8	9	2	3	1	2	
		日本人	1	22	?	20	37								
計		学校数	15	10	21	21	29	12	5	4	1	2	1	2	
		児童・生徒数	5420	1900	2007	3655	4371	396	178	212	50	58	20	67	45

註 1：在日本朝鮮人教育会、在日本朝鮮人教職員同盟「決定書」(1955 年 7 月 3 日)、「朝鮮人学校学
註 2：学校数は報告されているが、児童・生徒数が報告されていない地方もあることから、概数と
註 3：東京の統計には中央朝鮮師範専門学校（生徒数 9 8 名）も含まれる。

教育形態別就学児童・生徒数

静岡	岐阜	三重	滋賀	京都	愛媛	岡山	広島	山口	福岡	香川	鳥取	和歌山	福井	北海道	計
2		1		1	2	4	4	1				1		1	67
151	98		166	85	268	276	59					11		35	8805
1	1	1	1	1	1	1						1			15
63	17		269	10	16	101	31					7			3692
1		1													8
16				48											1347
															0
															0
															1
															805
															0
															0
															18
															3231
	8		17	10					6	1					80
	262		469	680					688	30					4127
			1						1						5
			8						80						296
	1	1			9	2				1	5	7			27
		30	30			333	16				34	214	230		907
12	9	7	27	28		21	16	5	7	1	1	9	3	2	812
															80
4	8	3	19	13	3	14	7	2	7	1	1	7	7	1	221
230	262	145	507	1163	95	617	393	90	768	30	34	232	230	35	23210

数調査表　1955.4.1現在」より作成。

る。

第2章
本国教育の移植

　朝連の強制解散と学校閉鎖措置によって破壊された朝鮮学校の学校体系は、1950年代に次第に再構築されていく。50年代を経て朝鮮学校は、形式のうえでも内容の面でもさらに体系立ち、全国的な統一性を増していく。その背景には、子どもたちを「立派な朝鮮人」に育てるための教育を行おうという一心に基づく在日朝鮮人の組織的な取り組みとともに、祖国・朝鮮民主主義人民共和国との強いつながりがつくられていったことがある。

　本章では、本国の教育を「移植」しながら、学校体系が再構築され、朝鮮学校の教育が再編されていく過程を描いていくことにしたい。

第一節　学校体系の再構築

　1950年代中盤から後半にかけて、朝鮮学校には大きな転機がいくつも訪れる。1955年の総連の結成、1957年から始まる共和国からの教育援助費および奨学金の送付、1959年の共和国への帰国事業の開始である。これらを経て、朝鮮学校と祖国としての共和国との紐帯は一層強化されることになった。そしてそうした中で、朝鮮学校の学校体系は再構築されていく。

(1) 在日本朝鮮人総連合会の結成

　1955年5月24～26日、民戦は第6回臨時大会を開き、民戦を発展的に解消し、総連の結成を宣言する。総連の正史において、このことは「在日朝鮮人運動の路線転換」と呼ばれる。同大会の大会報告では、「私たちは日本にいるという条件のみを強弁しながら、在日朝鮮人の要求と利益を擁護するためには日本国民との連結を固くし、日本の反動政策を転換させなければならないとしながら、まるで日本の主権を打倒する責任が自身にあるように誇張し、日本人

民の遂行する任務を代行した」として、民戦の運動路線が批判された[*1]。その批判は、在日朝鮮人運動が「在日」していることを強調するあまり、「朝鮮人」＝共和国の海外公民としての運動の性格を見失っていた、という立脚点からなされたものであった。

　こうした民族団体内部への批判に基づき結成された総連は、①日本の内政への不干渉、②合法的運動の展開、③共和国政府・朝鮮労働党の指導を仰ぐという3つの原則を運動の基本路線に据えた。朝鮮学校との関わりで言えば、①は在日朝鮮人の民族教育にかかる費用は日本政府の国庫によって支払われるべきだとする教育費全額国庫負担論を抑止し、②は朝鮮学校の各種学校認可取得運動を加速させ、③は朝鮮学校の教育内容に影響を及ぼすことになった。

　総連は、その基本性格を示した八大綱領の第4項にて「われわれは、在日朝鮮同胞の子弟に母国語と文字で民主民族教育を実施し、一般成人の中に残っている植民地奴隷思想と封建的な遺習を打破し、文盲をなくし、民族文化の発展のために努力する」ことを掲げている。また、結成大会では「民主民族教育を強化発展させよう」という教育事業に関する方針を策定しており、その内容は、①すべての青少年を共和国に忠実な息子、娘に教育する、②教育の質を高める、③学校教育を強化する、④青年、女性に対する教育事業を強化する、⑤教育行政体系を確立する、⑥育英事業と進学対策を強化するの6つであった[*2]。⑤の教育行政体系の確立とは、日本社会との対比で言えば、総連中央が政府、総連中央の教育担当部局が文部省、都道府県が各府県の総連地方本部……というように、朝鮮学校に関する諸事業を遂行するうえでの組織体系を確立することを指している。こうした組織体系を基盤に、総連は、朝鮮学校の教育方針の具体化、教科書の編纂、教員養成、権利獲得運動の推進、成人教育の整備といった各種事業を推進していくうえで、極めて重要な役割を担っていくことになる。

　朝鮮学校に関わる二つの組織、在日本朝鮮人教育者同盟（教同）と、在日朝鮮人学校PTA全国連合会（1951年6月26日結成）も、路線転換方針を受け、1955年7月2日に共催で大会を開き、それぞれ、在日本朝鮮教職員同盟（略称「教職同」）、在日本朝鮮人教育会（略称「教育会」）と改称している。教職同

[*1] 民戦中央委員会「民戦第六回臨時大会報告書」（1955年5月24日～25日）、17–18頁。
[*2] 呉圭祥（2005）、41頁。

の基本性格は、朝鮮学校教職員たちの資質向上や、最低水準の生活の確保等、基本的には変わっていないが、教育会はその構成員を、従来の朝鮮学校就学者の保護者のみならず、学区内に居住しているすべての在日朝鮮人を網羅し、それに依拠して学校運営費を賄おうとする方針を打ち出すことになった[*3]。

(2) 教育援助費と奨学金

　総連や教育会が結成されたとは言え、朝鮮学校は引き続き慢性的な財政難の中にあった。1956年10月、総連中央は「現段階において学校を正常に運営するためには、非学父兄〔非保護者〕組織が決定的な要因になります」として、「共和国を支持せず、総連を理解できない同胞のなかにも、民族的感情から民族教育だけを支持し声援をくれる同胞は少なくありません。我々はこのような同胞たちを朝鮮学校の周りに結集させ、かれらと不断に接触し、学校事業の幇助をもらう」ことが求められると強調した[*4]。体制支持や民族団体の所属の如何に関わらず、すべての在地域朝鮮人を対象として朝鮮学校の運営費を賄おうとする総連の方針からは、子どもたちを朝鮮人に育てるための教育の正当性への自信と、深刻な経営難に直面していた厳しい現状が窺える。

　こうした中、1955年12月29日に南日(ナムイル)共和国外務相が声明を発表する。声明では、「在日同胞子弟の民族教育を保障」するために、「不足する教科書および教員を補充し、祖国にて教育を受けるために帰国しようとする学生を歓迎し、一切の生活と学業を保障し、日本で勉強している大学生にも一定の奨学金を送る」意向がある旨が明らかにされた[*5]。同声明が発表されて以降、共和国政府の働きかけや総連による国会要請等が行われ、1956年3月には岸首相が共和国政府からの送金を受け入れる旨を国会で表明する。こうして翌1957年4月、朝鮮赤十字社から日本赤十字社をとおして、教育会中央の尹徳崑(ユンドッコン)会長宛てに、

[*3] 教育会中央委員会、教同中央委員会「教育会第2回、教同第20回拡大中央委員会　決定書」(1955年11月26～27日)。いくつかの資料では「教職同」ではなく、「教同」という略称が用いられたままであり、教職同という略称が浸透していなかったものと思われる。

[*4] 在日本朝鮮人総連合会中央常任委員会「中央委員会第7回会議に提出する1956新学年度準備事業総括報告と1957新学年度準備事業方針草案」(1956年10月24日～26日)、1-2頁。

[*5] 「在日朝鮮人の生活、教育、帰国問題等の解決のために共和国代表派遣する用意がある──南日外務相が声明」『解放新聞』1956年1月7日付。

日貨にして1億2109万9086円の教育援助費と奨学金が送付された。

　共和国からの教育費の送金を受け、朝鮮学校関係者らは、「今後在日朝鮮人の民族教育事業を、現在共和国において実施されている全般的初等義務教育制とも関連して、その体系、質と量の全ての面において国家的事業として一大飛躍させる」旨を決議している。共和国からの財政的支援によって、朝鮮学校の営みが共和国の「国家的事業」の一つであるという位置づけが強調されたと言える。解放後10余年間、「様々な困難と抑圧に屈することなく」継続してきた「民族教育事業の正当性」が改めて証明された、祖国によって承認されたと、在日朝鮮人たちは喜びを露わにした[*6]。

　実際、運営難の朝鮮学校にとって、教育援助費の存在は絶大であった。「1958学年度教育費及び奨学金配当予算」によると、教育援助費の内、400万円が「教科書費」に充当されている[*7]。1956年の教科書明細一覧を見ると、初級学校教科書の定価は60〜120円、中級学校教科書の定価は120〜250円、高級学校教科書の定価は100〜250円となっているが[*8]、58年には中高級学校教科書が従来の半額程度の価格で販売、初級学校教科書は無償で支給されるようになった[*9]。

　また、1957学年度の自主学校、公立分校、民族学級、午後夜間学校全体収支の約33％を教育援助費が占めており（自主初級学校：30％、自主中高級学校：34％、公立分校：24.1％、民族学級：20.9％、午後夜間学校：54.6％）[*10]、1958学年度には、教育援助費が収支の71％以上を占める学校が11校も存在した[*11]。1960学年度の決算を見ても、20都道府県、103校の自主学校と公立分校にお

[*6] 在日本朝鮮人教育会中央委員会、在日本朝鮮人教職員同盟常任委員会「教育会第六回、教同第二十四回中央委員会に提出する報告」（1957年5月8日）。

[*7] 在日本朝鮮人教育会「1958‐1959学年度教育援助費及び奨学金配当予算案に関して」（1958年5月25日）、15‐17頁。

[*8] 在日本朝鮮人総連合会中央常任委員会「『各級学校規定』および教育参考資料」（1956年2月）の「新学年度教科書明細一覧表〔1956年〕」。

[*9] 総連中央常任委員会「総連中央委員会第15回会議に提出する教育事業総括報告書」（1958年10月）の18頁、「教育体制の確立に関して」。

[*10] 在日本朝鮮人教育会中央委員会「在日本朝鮮人教育会　第4回定期大会一般方針（草案）」（1958年4月30日）、31頁の表から算出。

[*11] 在日本朝鮮人教育会「在日本朝鮮人教育会第5回定期大会　決定書」（1959年6月14日）。

いて教育援助費は全収入の32.4％を占めている[*12]。教育援助費は、朝鮮学校の運営において、なくてはならない経常的な収支として、次第に位置づいていったのである[*13]。

　加えて初級学校の授業料引下げや、貧困かつ成績優秀な児童生徒に対して経済的支援を行う「給費生」制度等の施策が順次実施され[*14]、さらに保護者の生活水準に応じて会費を決める「教育会会費」制度や、教員の給与基準と定員制規定も制定されていった。

　1956年4月には朝鮮大学校が創立されている。朝鮮大学校は、設立当初2年制で7学科（文学、政治経済、歴史地理、理数、師範、芸能、体育）が設置されており、東京中高の一部を用いていた。その後、1958年には4年制に改編され、文学部（朝鮮文学科、政治経済学科）と理工学部（物理数学科、化学科、機械工学科）の2学部制となった（師範科と芸能科は1957年に廃止されている）[*15]。独立した校地および校舎の確保は難航していたが、それに突破口を開いたのも、本国からの教育援助費であった。朝鮮大学校は、1959年6月に現在の東京都小平市に移転し、独立した校舎を構えるが、第二次教育援助費（1957年10月4日、1億51万円）の全額と、第四次および第五次教育援助費の一部（それぞれ5000万円）が、その用地の買収代および校舎建設費に充てられている。朝鮮学校体系の頂点に位置する唯一の高等教育機関である朝鮮大学校が、その機能と体裁を整備・拡大していくうえでも、教育援助費は大きな役割を担ったのであった。

[*12] 在日本朝鮮人教育会中央常任理事会「在日本朝鮮人教育会第6回定期大会　決定書」（1961年6月）、10頁。

[*13] 無論在日朝鮮人らは、朝鮮学校の運営費のすべてを共和国からの送金によって賄おうとしてはおらず、むしろ教育援助費に依拠しすぎている学校は、批判の対象ともなっている。在日本朝鮮人教育会中央委員会「在日本朝鮮人教育会　第4回定期大会一般方針（草案）」（1958年4月30日）では、「忘れてはならないことは、祖国の教育援助費が、社会主義建設の厳しい環境の中で送金されてきているということです。私たちはあくまでも、10余年間守ってきた民族教育に対するすべての同胞たちの愛国熱誠にしっかりと依拠して、すべての同胞たちの充分な理解と力によって教育を義務的に行っていくという見地から、学校を運営しなければなりません。これは同胞たちの長期生存に関する総連の政策とも符合し、また我々教育会の当然の義務であるのです」とされている。在日本朝鮮人教育会常任委員会「第14回中央委員会報告および方針」（1958年10月12～13日）でも、同様の主旨の指摘がなされている。

[*14] 例えば「就学奨励事業の組織──教育費と同胞有志の協力に基づき」『朝鮮民報』1959年3月19日付。

[*15] 「朝鮮大学校50年の足跡」編集委員会（2007）『朝鮮大学校50年の足跡』。

このように本国からの教育援助費は、朝鮮学校が設立以来頭を悩ませていた懸案事項を次々に改善していった。共和国からの教育援助費と奨学金が、民族教育の「生命の水」と呼ばれる所以である。

(3) 帰国の実現

また、1958年の中頃から、在日朝鮮人の中で共和国への帰国を求める声が盛んに上がるようになり、各地総連分会等で、集団帰国の決議を行い、その旨を記した共和国政府宛の手紙が作成される[*16]。58年9月、共和国政府も南日外務相声明を発表し、帰国者を受け入れ、生活を保障する旨を再度強調した[*17]。

総連は同年10月から帰国要請の全国統一運動を展開し、日本政府当局および地方自治体議会に対して帰国を保障せよという要請活動、デモ行進、署名運動などを行い、栃木県国分寺町議会を皮切りに、多くの地方議会において、在日朝鮮人の帰国支援決議が採択された。在日朝鮮人の帰国問題を協議する朝鮮赤十字と日本赤十字との会談は、1959年4月のジュネーブ会談から始まり、同年8月13日、インドのカルカッタで「朝鮮民主主義人民共和国赤十字社と日本赤十字社間の在日朝鮮公民の帰国に関する協定」が調印され、三か月以内に帰国船を配船すること等が決定された。こうして、共和国への第一次帰国船は1959年12月11日に新潟港に入港した[*18]。

帰国運動の盛り上がりとともに、在日朝鮮人たちの朝鮮学校への関心も高まっていった。総連中央はこれを機に、日本の学校に通う在日朝鮮人の子どもた

[*16] 帰国運動高揚の契機を作ったとされる、神奈川県川崎市中留耕地在住朝鮮人の決議文「祖国に帰りたい」(1958年8月11日)の内容は以下のようになっている。「1. われわれは日本で日本政府の迫害と蔑視、虐待のなかで困難な生活を続けるより、直ちに祖国に帰り祖国の建設に参加することによって、祖国の平和的統一、独立を獲得する活動に参加するであろう。2. 日本政府はわれわれのこの正当な要求をただちに受け入れ、帰国に対する万端な措置を講じてくれるよう要請する。3. われわれは以上の要求を貫徹するために、同胞間の団結を強化し、日本人民の支持を得られるよう努力し、粘り強くたたかうであろう」。呉圭祥 (2005)、47頁。

[*17] 「在日公民の帰国実現に特別な配慮、南日外務相声明——帰国後の生活は全般的に保障」『朝鮮民報』1958年9月20日付。

[*18] 日本政府が「帰国事業」に積極的な対応を見せるようになった背景には、反共主義に基づく在日朝鮮人の治安問題視と、社会保障制度にかかる財政を逼迫させうる存在である在日朝鮮人を、文字通り(制度的のみならず物理的に)「排除」するという目的があったという見解もある。テッサ・モーリス=スズキ (2007)。

ちの朝鮮学校への転入学を促す全国的な「学生引き入れ運動」を展開する[19]。日本の学校の教員に対する働きかけや、各種宣伝物（朝鮮学校の子どもたちの作文集や入学案内等）の作成・配布等をとおして、日本の学校に就学している在日朝鮮人に朝鮮学校の「素晴らしさ」を伝えることが図られた。

朝鮮学校の就学者数は、1958学年度には6300名の増加、1959年9月の二学期開始時には約5000名が、60年1月にも約2700名が入学、また60学年度の新入および編入学の願書受付は7000余名で[20]、結果1959年4月に2万3947名だった就学者数は、1960年4月には3万6516名に増加し、152.5％の増加となった[21]。つまり当時の朝鮮学校のおよそ3分の1の子どもは、朝鮮学校への新規参入者、民族教育の未経験者であったのだ（新入生、編入生の比率は不明）。後述するように、就学者数の増大に伴い求められる教員数を確保するために、朝鮮大学校教員養成所で学ぶ学生の修了時期を3カ月早めるといった措置も取られた。

また、倍増する子どもたちを受け入れるために、多くの学校で校舎の新築・増築・改築が行われた。表2－1は、1955年～1971年4月までに新築・増築・改築された学校数を整理したものである。59年1月に東京朝鮮第一初中級学校が3階建ての鉄筋コンクリート校舎を竣工して以降[22]、徐々に木造から鉄筋校舎への改築がなされるようになった。

付属幼稚班の設置

学校新築・増築・改築と関わって触れておかなければならないことは、1960年代に初級学校付属幼稚班が多く設置されたことである。朝鮮学校では共和国

---

[19] 総連中央教育文化部「1959新学年度準備事業 組織要綱」（1958年10月27日）。また、子どもたちの教育のみならず、成人教育を強化する方針も度々強調された。1959年4月からは、自主学校と公立分校のある地域では、それらの学校や総連支部、拠点となる分会において「成人学校を義務的に実施」すること、講師は学校教員や総連の各機関幹部が行うこと、さらに3月20日から成人学校講師養成事業を始めることが決定されている（在日本朝鮮人教育者第3回大会「1959年新学年度準備事業を成功させるために」（1959年2月26日～27日））。

[20] 在日本朝鮮人教職員同盟中央委員会「教同中央委員会第38回会議 決定書」（1960年3月23～24日）。

[21] 在日本朝鮮人総連合会中央常任委員会教育文化部「1959～60学年度 新学年度準備事業総括統計表」（1960年5月8日）。

[22] 「鉄筋三階の最新式校舎 東京・荒川ウリハッキョついに落成」『解放新聞』1959年1月20日付。

表2−1　1955年〜1971年4月までに新築・増築・改築された学校数

工事完了年度	1955	1956	1957	1958	1959	1960	1961	1962	1963
学校数	4	7	7	8	11	21	22	22	12
内　鉄筋校舎					2	5	13	9	6
工事完了年度	1964	1965	1966	1967	1968	1969	1970	1971	
学校数	15	5	12	10	12	7	21	8	
内　鉄筋校舎	12	4	10	8	12	7	21	8	

註：日本教育学会教育制度研究委員会外国人学校制度研究小委員会「「在日朝鮮人とその教育」資料集第二集」（1972年8月）、26頁より筆者作成。

にならい、就学前教育機関を幼稚班と呼称する。徐怜愛（ソリョンエ）（2014）をもとに、東海地域、京阪神地域、関東地域の朝鮮初級学校に併設された幼稚班の数と併設時期をまとめると、表2−2のようになる。1960年代に入り、特に愛知県と京阪神地域で付属幼稚班が併設されていったことが分かる。他にも山口、神奈川、岡山、福岡等の地域の朝鮮初級学校にも幼稚班は併設されたが、現段階では設置時期等が正確に把握できていない。

　総連が幼稚班設置の方針を掲げるのは、1957年5月27〜29日にかけて開かれた三全大会の時である。ここで「施設、その他の条件が備わっている自主学校、公立学校では、幼稚班を設置し、就学前児童教育にも力を入れなければ」ならないことが示された。さらに翌年の四全大会（5月27〜29日）においても「各初等学校にも、できるだけ幼稚班を設置し、学校前教育を強化しなければなりません」とされた。1958年の総連中央の教育関係事業計画においても「初級学校では幼稚班を設置し、学校前教育を強化すること」が掲げられているが[*23]、具体的・組織的な動きは確認できない。大まかな就学前教育の必要性は示されていたが、各学校の財政的・人的余裕のない現状が、方針の実現を進ませなかったものと考えられる。

　在日朝鮮人の生活状況を勘案すると、50年代にも託児施設の要求は弱くなかったと考えられるが、伊藤によれば、「育児は家庭の責任とする保育所抑制政策は名古屋に限らず全国的傾向であり、気の毒な家庭とかわいそうな子どものための保育所という市民感情は長く残った」のであり、「赤ちゃんは母親か

＊23　在日本朝鮮人総連合会中央教育文化部「1958/9学年度年間事業計画書　教育関係」（1958年6月）、2頁。

表 2-2 朝鮮学校付属幼稚班の設置時期および開園数（1950 〜 1977 年）

開園年度	東海地域 併設学校名	関西地域 併設学校名	関東地域 併設学校名	他の地域 併設学校名	合計開園数
1950	愛知第1初級				1
1953			鶴見朝鮮幼稚園		1
1956				岩国初中	1
1959	愛知第8初級	西神戸初級			2
1960	愛知第2初級				1
1961				下関初中	1
1962		東神戸初級			1
1963		明石初級		岡山初中 福岡初級	3
1964	愛知第7初級	東大阪第5初級 飾磨初級			3
1965		宝塚初級 姫路初級	川崎初級	広島第1初級	4
1966		東大阪第3初級 伊丹初級 網干初級	南武初級		4
1967	愛知第3初級	尼崎初中 東大阪第1初級 東大阪第2初級 大島初級 城北初級 京都第1初級 京都第2初級			8
1968		泉州初級	東京第1初級		2
1969	東春初中	東大阪第4初級 中大阪初中 西成初級 港初級 京都第3初級			6
1970	豊橋初級	大阪福島初級 泉北初級 北大阪初中		呉市朝鮮幼稚園 （山口第2初級）	5
1971		滋賀初中			1
1972	岐阜初中 四日市初中	奈良初中	茨城初中高 西東京第2初級 南部朝鮮幼稚園	徳山初中	7
1973		舞鶴初中 和歌山初中		宇部初中 筑豊初中	4
1974	東濃初中		東京第6初級		2
1977	浜松初級			北九州初中 東北初中高	3

典拠：徐怜愛（2014）「日本における朝鮮学校付属幼稚班教育の成立と展開」（東京学芸大学教育学研究科修士論文）および各学校の沿革史、『朝鮮新報』等より筆者作成。

※1：徐怜愛（2014）によれば、愛知県では愛知第四初級、愛知第十初級に、また兵庫県では相生初級、西脇初級、高砂初級、阪神初級に幼稚班が設置されていたとされるが、併設時期が不明である。なお、兵庫朝鮮学園は、1970年7月に兵庫県に対し幼稚部併設に伴う学則変更（定員の変更）を届け出ている。そこでは、阪神、園田、大島、伊丹、宝塚、東神戸、西神戸、明石、高砂、姫路、西播、網干、相生に「幼稚部を併設」とある（兵庫県県政資料館所蔵の資料より）。

※2：表中には「愛知朝鮮第一初級学校」をはじめ、いくつかの公立朝鮮学校があるが、ここでは行政の呼称ではなく、朝鮮学校側の呼称を用いている。

※3：南部朝鮮幼稚園は、主に埼玉県南部支部の子どもたちが通っていたが、翌年に埼玉朝鮮初中級学校の幼稚部として改称されている。

祖母が育てるもの」というのは「当時の常識」であった[*24]。このような「常識」を前に、「ポストの数ほど保育所を」というスローガンを掲げた女性運動は、大阪、東京、名古屋、横浜などの大都市圏において保育所増設を実現していく（大阪市私立保育園連盟編 1986）。高度成長期において女性の労働力化が進む中、「常識」は次第に揺らぎつつあった。こうした日本社会における乳幼児保育の認識変化、あるいは保育施設整備の動きは、在日朝鮮人の託児施設要求を、保育施設要求へと変えながらかつ強化する、間接的な影響を及ぼしたものと考えられる。

大阪の付属幼稚班の設置時期を見ると、初級学校の校舎工事が終わった年、あるいはその1～2年後に幼稚班が併設されるケースが多い[*25]。校舎を建て替えたり教室を増やす際に、幼稚班教育を行うスペースが校舎内あるいは校地内で確保されたと考えられる。

1963年3月16日付の『朝鮮新報』では、総連中央教育部リ・ジョンス副部長が、「入学前にウリ幼稚園で教養されることは、民主主義民族教育体系にとって重要な位置を占め、大きな意義を持っています。…これから民主主義民族教育体系の一環としてウリ幼稚園をたくさん設立しなければなりません。…就学前児童たちのために、教養資料もさらに研究してつくる計画」であると述べたことが紹介されている[*26]。こうして1950年代中盤以降、6・3・3・4制の学校体系が成立するとともに、就学前教育を行う幼稚班もつくられ、朝鮮学校の学校体系は一層整えられていったのである。

(4) 教員養成対策

教員養成体系も、次第に整っていく。先述のように、1950年代初頭には中級学校や高級学校が新設・併設されており、中等教育を担える専門性を備えた教員が求められるようになる。また帰国運動に伴い増加する就学者数に見合った教員数が確保されなければならなかった。

1950年代以降の教員養成対策は、大きく以下の三つに整理できる。すなわ

[*24] 伊藤（2012）、121-122頁。
[*25] 大阪民族教育60年誌編集委員会編『大阪民族教育60年誌』（2005年12月）、55-114頁。
[*26] 「私たちの幼稚園をより多く」『朝鮮新報』1963年3月16日付。

ち、日本の大学等を卒業した高学歴在日朝鮮人の登用、養成所などにおける短期間の養成、講習会や教研をとおした質向上である。

　第一に、教員養成システムが未整備、あるいは整備されていても十分に機能していない段階で、大学等を卒業した専門性の高い在日朝鮮人青年を、朝鮮学校の教員として登用する取り組みである。例えば、1952年12月の民戦三全大会準備委員会の報告では、都立朝鮮高等学校の卒業生20名と、各地の大学卒業生17名の計37名を、全国各地の朝鮮学校の教員として派遣したとある[*27]。卒業生らは短期間の講習を受けたとされるが、聞き取りによれば、ただ朝鮮学校の教科書を勉強しただけだという者もおり、同報告書にも示されているとおり、これはまさに「一時的な教員難を緩和」するための措置であった。だが、53年10月に教員養成機関として中央朝鮮師範学校が開設し[*28]、56年に設立された朝鮮大学校師範科に同校が吸収された後も、引き続き登用によって確保された教員は少なくなかった。

　53年に東京教育大学体育学部に入学し、同校ラグビー部のキャプテンもつとめた全源治(チョンウォンチ)（1934年生まれ）もその一人である（全源治・李淳馹2011）。大学四年生、1956年の正月を実家で過ごすために福岡に帰郷した全は、そこで父親から「高校の体育教師にならないか」という提案を受ける。この高校は、九州朝鮮中高級学校（福岡県）のことであった。九州地域で唯一の中高級学校である同校は1956年4月の開校を目指し、学校建設事業に勤しみ、同時にそこで実際に働く教員を募集していた。全は同地区を担当する総連活動家から「発見」され、登用されたわけである。全は、朝鮮語はもちろん、朝鮮の歴史や地理等を何一つ知らないため困惑したが、総連活動家はそんなことは問題ではないという。東京中高から九州中高の校長として着任した南日龍(ナムイルリョン)（当時34歳）も同様の意見であった。取り敢えず「腰掛のつもり」で朝鮮学校の教員になった

[*27] 民戦三全大会準備委員会「各単位組織の活動報告と提案　教育活動報告と活動方針」（1952年12月18～19日）。
[*28] ちなみに、1954年11月現在の同校の講師陣を見ると、李殷直（人文地理、歴史）、許南麒（朝鮮文学史、古典文学）、洪登（物理、数学）、林光澈（朝鮮史）、宋枝学（論理学、国文法）、朴尚得（教育学、心理学）、朴慶植（歴史学）等、錚々たる顔ぶれである。また船橋市立学校内の民族学級や都立朝鮮人学校等での10日間にわたる教育実習や、国分一太郎、山辺健太郎など日本の学者の特別講義もカリキュラムに含まれていた。金徳龍（2004）、146頁。

全であったが、その後1967年まで九州中高で教鞭を執り、1968年に朝鮮大学校の教育学部体育科の教員に抜擢され、同大学でラグビー部を創設、その教え子たちが各地朝鮮高級学校でラグビー部をつくっていった。全は後に「在日コリアンラグビーの父」と称されている。

また、大阪大学の理学部に在籍し、後に朝鮮大学校の教員となり、朝鮮学校理科教育の中心人物となった洪 彰澤（ホンチャンテク）（1934年生）も同様である。洪は回想記において、朝鮮学校の教員として登用されたことを、以下のように記している[*29]。

> 大阪朝鮮高級学校では草創期から生物科目は、その当時大学院で動物の感覚生理に関する研究を行っていた先輩が担当していたが、50年代末葉に学位論文を完成させるのに忙しいということで、急に私が代わりの生物教員として出ることになった。
> その時私は大学卒業を控え、卒業研究テーマと関連した論文を読むことに忙しい日々を送っていたが、後代たちを教えるということに興味も抱いたし、勿論非常勤講師ではあったが、教員として教育現場に携わることになったことにこれ以上ない栄誉を感じたのであった。私は週に二回、午前中に授業を行い、午後には大学に帰り実験を続けるというように、とてもせわしい生活を送るようになった。

洪も朝鮮語を十分に使えなかった。「初めの頃は日本の教科書を翻訳することに汲々としていて、他の教員たちの助けをもらいながら授業しなければならなかった。授業中に言葉につまった時には、朝鮮語の達者な学生たちに聞きもしたし、学術用語や専門用語に関しては仕方なく日本語でそのまま教える時もあったし、朝鮮語につまり冷や汗をかいたことが一度や二度ではなかった」という。

先述の全源治も、授業の合間の時間や放課後の時間を利用して、同僚の教師から朝鮮語を学んだという[*30]。生徒の中には優秀な女子生徒がいて、放課後、彼に熱心に朝鮮語を教えてくれた。全は、朝礼台に立って騒ぐ生徒を静止させ

[*29] 洪彰澤（2008）、2頁。
[*30] 全源治・李淳馹（2011）、143頁。

る際に「気を付けーっ！」と思わず日本語になってしまい、生徒の笑いを誘ったこともあったという。

　司空俊（サ ゴンジュン）(1939年生)の場合を見よう。福井大学の物理学科を卒業し、1960年から兵庫県の西播朝鮮中級学校にて教鞭を執り、翌年からは神戸朝鮮中高級学校で教員として働くことになった司空は、朝鮮語を習う為に、日曜日を除いて毎日、下宿先に生徒たちを呼んで朝鮮語を習ったという*31。男子生徒を出席番号順に自身の下宿先に呼び、「朝鮮語を教えてもらうかわりに、夕飯を食べさせてやり、宿題も見てあげた。夜は一緒に寝て、弁当は別の学生に作ってこさせた」という。3カ月に及ぶこのような「集中学習」により、司空は朝鮮語をある程度習得することができた。彼は「楽しかった」と当時を回想している。

　このように登用された中等教育教員たちの中には、専攻分野に関する専門性を有しているものの、朝鮮語を知らないまま、朝鮮学校の教員として働く者もあった。そのような中でかれらは、同僚や生徒たちから朝鮮語を学びながら、また自分自身努力をしながら、朝鮮学校教員として求められる朝鮮語能力を習得していった。かれらにとっては教員として足を踏み入れた朝鮮学校が、人生で初となる在日朝鮮人教育の場であったのであり、教員たちもそこで民族の象徴とされる朝鮮語を獲得していったのである。その意味では、朝鮮学校は子どもたちばかりでなく、教える側の教員たちさえも、脱植民地化の環に包摂していく機能を果たしていたと言えるだろう。

　総連は1960年以降も、どこの大学に何を専攻として高等教育を受ける／受けた在日朝鮮人が、どれくらいいるのかを把握することに努め*32、かれらを朝鮮学校の教員として採用していった。

朝鮮学校教員としての素養

　50年代中盤以降の教員養成対策の第二は、養成所などにおける短期間の教員養成である。

＊31　司空俊氏への聞き取り（2009年12月18日）。
＊32　在日本朝鮮人教育会中央常任委員会「日本の小・中・高・大学在学の朝鮮学生数統計表　1959年5月1日現在」（1960年4月15日）。同報告書は学校基本調査の統計をまとめたものであるが、大学、大学院、短期大学に関しては、種別（国立、公立、私立）、大学名、学部、入学年度（1955年入学～1959年入学）、性別という項目に分類され、2,618名の情報が記されている。

1956年10月の総連中央委員会第7回会議では、57年4月を迎えるまでの教員確保に関する対策が、以下のように提示されている[*33]。

>　新学年度教員増員対策は、学校建設事業と学生募集事業と密接に結び付くものであり、来年度所要人員はまだ確定できないが、現職教員の様々な事情による相当な辞任を予測できるため、その後任補充だけをしても、大きな問題であります。昨年には師範専門学校学生がおり、地方的に補充できない教員を中央で相当数配置し、解決しましたが、今年度にはそうした補充策がありません。
>　そのため総連中央では、来年正月から三月にかけて、朝鮮大学校内に短期教員養成所を設置し、不足する教員を養成する計画であります。毎年教員が大量に不足する近畿では、別に教員養成計画を立てております。こうした養成機関へ、各県で不足する教員数ぐらいは義務的に希望者を派遣し、養成する対策を立てなければなりません。
>　この他に来年には、東京、神奈川、愛知、大阪、兵庫の5つの高級学校で約300余名の学生が卒業するため、かれらの中の教員希望者に対しても、3学期からは各学校で特別「クラス」を編成し、養成する計画を立てなければなりません。中・高級学校教員の補充は、主に来年度大学を卒業する学生の中の有資格者を選抜し、短期講習を実施し配置する計画です。

　ここでは、朝大内の短期教員養成所の設置、高級学校における特別クラスの編成、登用する大学生への短期講習という三つの対策が挙げられている。56学年度の大阪朝高卒業生33名のうち6名は朝鮮学校教員の道へ進んでおり、この6名は特別クラスにおいて教員養成教育を受けたものと考えられる[*34]。また57年2月から3月にかけては「教員志望者短期講習会」が催され、ここに朝高卒業生15名、日本の大学卒業生9名、その他2名（男子16名、女子10名）

[*33]「総連中委第7回会議に提出された1956新学年度準備事業総括報告と1957新学年度準備事業方針（上）」『解放新聞』1956年11月17日付。

[*34]「33名が卒業――大阪朝高」『朝鮮民報』1957年3月14日付。ちなみにその他は、共和国への進学3名、朝鮮大学校への進学1名、日本の大学への進学12名、就職6名、その他6名は家事等となっている。

の計26名が参加している。3月20日に開かれた閉講式には、韓徳銖議長、李東準 教職同委員長も参加し、「これから、教育前線での献身の中で民族教育の質量的な発展に大きく貢献することと、誇らしい前進を成し遂げることを確信する」と受講生たちを激励している[*35]。

　写真2-1は、翌1958年3月の臨時教員養成所卒業生たちの集合写真である。写真を提供してくださった林栄子氏（1940年生）は京都朝鮮中高級学校の第一期生である。氏によれば、同校の同級生5名とともに、1～3月にかけて東京で教員養成教育を受けたという[*36]。写真には「祝　東京朝鮮中高級学校」と記されたフラワースタンドも映っており、撮影地が東京中高と同一敷地内にあった朝鮮大学校であることを推察させる。林氏は京都に戻り、市立上賀茂小学校の民族講師として勤めることになったが、各学校の『学校沿革史』を見ると、特に初級学校の教員の中で最終学歴が「朝大臨時養成所」となっている教員が少なくない。

　とりわけ帰国実現に伴う就学者数の倍増に直面し、教員の補充は一層喫緊の課題となった。総連中央教育文化部の1960学年度事業計画では「新学年度の学生数50％増加と関連して、不足する教員は初歩的な計算においても、初級学校250名、中高級学校150名、都合400名に達する。こうした膨大な教員を補充することは決して容易なことではない」として、以下のような対策が示された[*37]。

　　①現在朝大養成所で養成中の学生（主に初級学校教員）は80名だが、その内24名を12月末に修了させ、残りは来春3月に修了させる。
　　②初級学校教員対策：高級学校卒業班の学生160名を中心に、1月～3月の期間、朝大養成所にて養成。ただし寄宿舎の工事が遅れているため、1月は高級部がある県の学校で教育実習を先にさせ、2月から養成所にて学習。他に一般からも40名を募集。また朝大養成所に1年期間の初級教員養成課程を置く。

[*35]「"民族教育事業に奮闘" ──教員講習会閉講式」『朝鮮民報』1957年3月26日付。
[*36] 林栄子氏への聞き取り（2018年8月27日）。
[*37] 総連中央教育文化部「1960～1961学年度　新学年度準備事業組織要綱」（1960年）。

写真2−1 在日本朝鮮人臨時教員養成所卒業生の集合写真（1958年3月15日）（林栄子氏提供）

　③中高級学校教員対策：日本の大学卒業予定者を募集し、3月から2週間で養成、配置する。また初級学校の中で42名を選抜し、中高級学校の各学科目を担当させる。そのために1～3月朝大養成所にて特別教育を実施する。推薦する県別の割当数は、東京10名、神奈川5名、東海3名、京都2名、大阪6名、兵庫8名、広島2名、岡山2名、山口2名、福岡2名。

　④各級学校芸体科教員対策：高級学校卒業予定者の内、素質のある学生を選抜し、日本の該当大学に進学させ、特別奨学金（月2000～5000円）を支給する。音楽5名、美術5名、体育10名、計20名。（これと関わって現在これらの大学に在学中の者に特別奨学金を支給）

　⑤家事、裁縫、保健衛生教員および幼稚園保母対策：高級学校卒業班の女学生をこの方面に進学するよう指導する。東京、大阪を中心に現職の女性教員を選抜し、この方面の夜間教育機関に通学するように措置。

養成教育における修了期間の前倒しや、高級学校の3年生および初級学校の教員に1〜3カ月間の養成教育を施し中高級学校の教員として配属すること、また音楽、美術、体育科教員養成のために高級学校卒業生に奨学金を与えて、その方面に進学するように働きかける等、正に何が何でも教員を確保しなければならなかった現状が見て取れよう。

もっとも短期間の養成教育を受けたのみの教員の実力は決して十分だとは言えなかった。また先述のように、登用教員には朝鮮語さえ十分に扱えない者も少なくなかった。教員たちの水準を一定程度まで底上げすることは、朝鮮学校の教育の質を保つうえで必須の課題であった。そのため、50年代以降も教員たちの再教育の場としての教員講習会が開催され、また教員たちの教育実践の経験を共有し、実践研究を深める場としての教育研究大会が新たに実施されるようになる。これが第三の対策である。こうした場があったからこそ、登用や短期間の養成という教員確保の方法が選択できたとも言える。

教員講習会は、総連や教職同によって組織され、主に夏休みや春休みに開催されている[*38]。講習会では、教科別の教育方法に関する講義や議論ばかりでなく、総連の運動方針に関する学習や、世界情勢に関する講義等、「政治学習」もその内容に含まれていた。朝鮮学校の教員たちには授業のテクニックばかりでなく、在日朝鮮人運動の担い手としての、とりわけ教育分野の活動家（교육일군）としての素養を備えることが求められていたのである。

1957年からは、全国朝鮮学校教員たちの教育研究集会（略称「教研」）が開かれる。名称からも明らかなように、朝鮮学校の教研は、日本教職員組合が1951年から始めた教育研究集会を大いに参考にしていた[*39]。まず地方教研が開かれ（表2-3）、そこで選抜された実践報告が、全国教研で発表され、共有さ

[*38] 例えば、56年には、教職同関東地協が主催した「教同夏期講習会」（後援は東京朝鮮学園、関東地方各教育会、総連東京本部教育部、総連中央本部教育部、学友書房、解放新聞社）が、7月25〜31日の7日間行われている（在日朝鮮人教職員同盟関東地協「1952年度 教同夏期講習会」(1956年)）。同年には、日本全国11カ所にて600余名の各級教員たちが参加し、1週間ないし10日間の講習会が開かれた（「新学期を迎え当面の教育課題遂行に全力を尽くそう」『解放新聞』1956年9月4日付）。それ以降も、主に夏休みを用いた教員講習会が実施されている（『民族教育』第11号（1958年9月）、25頁-29頁、「夏期教員講習会総結と今後の方向」などを参照）。

[*39] 全国教研を開催するにあたり、1956年11月30日に、第1回中央講師団会議が開かれた。ここには教研中央推進委員会委員長兼運営委員会委員長である金宝鉉をはじめ、魚塘、洪登、許南麒、

れた。

　第一回目となる「在日本朝鮮人学校　第1回教育研究中央集会」は、1957年7月28〜31日の4日間、東京中高で開かれた。教研には516名の朝鮮学校の教職員が参加しており[*40]、これは1957年4月段階で報告されている朝鮮学校の教員数1127名のうち[*41]、およそ半数である47％にあたる。

　民族団体による統一的な指導が行われたり、共通の課程案、教科書が用いられていたものの、これまで朝鮮学校の教員たちは、各学校レベルで個別に教育実践を繰り広げていた。先に見たように、全ての朝鮮学校の教員が同様の教員養成機関で同一の教員養成教育を受けたわけでもなければ、朝鮮学校教育経験の有無もバラバラであった。大卒から小卒まで、学歴にも多くの差異があった。朝鮮学校教育体系を整え、全国的にその質を向上させるためには、「在日朝鮮人でありある程度の学と熱意がある」という共通項が乏しいこの在日朝鮮人の集団を、「朝鮮学校の教員集団」へと昇華させていく必要がある。全国の朝鮮学校教員のおよそ半数が一堂に会した第1回全国教研は、その端緒となる場であった。朝鮮学校のためのペダゴジーと、「共和国の教育政策を日本の条件の中で具体化し深化」[*42]させた総連の教育政策への理解という二つを中核に据えながら、朝鮮学校教員としての共通認識、共通の素養がつくられようとしていた。教研はその後も名称や力点を少しずつ変えながら、今日に至るまで断続的に開催されている（表2-4）。

　　　金宗会、李珍珪、南時雨、崔東玉、白漢基、呉聖師、朴慶植、宋枝学、李寅斗、柳碧が参加している。ここで南時雨の「この教研大会は日教組の教研大会を参考にしているのか？」という質問に対し、金宝鉉は「そうだ」と答えている。続いて南は「祖国ではどのように行っているのか」と聞き、李珍珪が「中央教研大会は行われていないようだが、地方ではこれと類似したものがあるようだ」と答えている（『中央教育研究』第1号、8頁の「第1回中央講師団会議にて総談した内容－要旨」を参照）。

*40　『民族教育――在日本朝鮮人学校　第1回教研報告集』（1958年5月15日発行）、100頁参照。これは教職同正規会員及び準会員の参加者数で、傍聴者、講師団、運営委員、その他団体の代表は含まれていない。各地域別の参加者は以下の通りである。東京179、神奈川48、千葉15、茨城20、埼玉11、栃木7、山形2、岩手2、静岡6、愛知35、三重5、岐阜8、滋賀8、京都21、大阪53、兵庫51、和歌山2、岡山10、広島9、山口10、香川1、愛媛2、鳥取2、島根1、福岡8、計516名である。

*41　在日本朝鮮人教職員同盟『民族教育』第10号（1958年7月）、「在日朝鮮人学校県別、形態別、種類別一覧表　1957年4月現在」を参照。

*42　「社説――教育研究中央集会が上げた巨大な成果」『朝鮮民報』1957年8月6日付。

こうして1950年代においては教育経験も学歴も、また朝鮮語能力や朝鮮史に関する知識、共和国および総連の教育政策に関する理解もバラバラであった朝鮮学校の教員集団が、教員養成体系が確立し始めることとも相俟って、1960年代中頃には、次第にその最大公約数を共有することになっていった。朝鮮学校教員として求められるペダゴジックな素養と政治的・思想的素養の両者の程度の最低ラインが底上げされ、同時にその標準化が進んだと言えるだろう。

第二節　教育の再編

　このようにして朝鮮学校の学校体系は再構築されていったが、50年代中盤以降の朝鮮学校教育の変化は、こうした外枠の変化にとどまらない。より重要なことは、教育の中身自体が、共和国の教育資源を駆使することによって再編されたという事実である。本書ではその過程を、共和国教育の「移植」と捉える。ここでは、教科書、教育規定、教育方針という三つの側面から、移植の大枠を捉えたい。

（1）本国教科書の翻刻使用

　学校閉鎖措置により破壊された朝鮮学校の教育を再構築するうえで、新たな教科書の編纂は最も重要な課題の一つであった。だが50年代初頭の民戦には教科書編纂事業を推進する十分な組織的力が備わっていなかった。一部の保護者からは日本の学校と比べて「基礎学力が低い」のではないかという「憂慮と批判」の声も上がっていたが[*43]、53年5月時点では「教材編纂の組織化と、また出版事業の組織化が充分ではなく、未だに予定した教科書をすべて発行できていない」状態であった[*44]。

　こうした中、53年7月、「共和国から、小・中教科書40余点が送られて」くる[*45]。輸送経路や方法については不詳であるものの、この送られてきた共和

[*43] 李珍珪「民主民族教育防衛闘争をより高い段階に前進させるために（下）」『解放新聞』1952年12月10日付。
[*44] 在日朝鮮統一民主戦線中央委員会「第10回中央委員会の報告と決定書」（1953年5月30日）、43頁。
[*45] 在日朝鮮統一民主戦線中央委員会「民戦四全大会教育部門報告」（1953年11月）、174頁。

表2-3 1957年に開催された地方教研

地域	名称	日程	場所	参加者とその規模	備考
中四国	中四国地方第1回教育研究大会	4月27、28日	広島朝鮮中高級学校	広島、山口、岡山、香川の教育関係者39名	特に古典文学の取扱い、国語の発音指導、語彙説明その他、指導面での悩みを討論。また岡山水島学校建設カンパの実施が決定される。
東京	第1回東京教育研究大会	5月3、4、5日	東京朝鮮中高級学校	東京都内初中高級学校教員200名。助言者、総連中央韓徳銖議長、総連東京曺喜俊委員長、教育会中央尹徳昆会長、教職同中央李東準委員長、他団体代表者、朝鮮大学校学生、保護者	全33本の研究報告が発表される。国語、外国語、理数科、芸術、保健体育、生活指導、社会科、特別分科会が設けられていた。後に「第1次東京教育研究集会 研究報告」(1957年7月25日)が発刊された。三年に及ぶ研究、共同研究も発表された。家庭環境や保護者の意識調査等もなされている。
岡山	不明	6月8、9日	不明	不明	教研大会後に教職同総会を開いている。この総会で水島朝鮮学校建設に岡山県内の教員たちが積極的に参加することが一致された。
兵庫	第1回兵庫県教育研究大会	6月22、23日	東神戸朝鮮人小学校	教職員122名、傍聴者56名。総連中央尹鳳求事務局長、教職同中央李東準委員長	13名による実践研究報告がなされる。特に歴史科と理科の直観物制作が参加者から好評であった。これらの報告は後に発刊された「第1回教育研究大会 研究報告 1956～1957」に収録されている。延べ37時間討論する密度の高い大会であった。
愛知	第1回愛知教育研究大会	6月29、30日	愛知朝鮮中高級学校	教育関係者70名、教育熱誠同胞100余名	全31本の研究報告がなされる。
神奈川	第1回神奈川教育研究大会	6月29、30日	神奈川朝鮮中高級学校	不明	全18本の研究報告がなされる。家庭の社会文化経済的環境と児童・生徒たちの成績との相関関係を見出す研究が多数存在する。

九州	不明	6月末頃に開催と報道されているが、不明	不明	不明	当時九州地方に存在した朝鮮学校は九州朝鮮中高級学校のみであり、初級学校はなかったが、多くの日本の小学校で民族学級による民族教育が行われていた。開催されていた場合は九州中高の教員と、民族学級の民族講師が参加したと思われる。
大阪	第1回大阪教育研究集会	7月6、7日	大阪舎利寺初級学校	教職員90余名	教育政策、美術、社会、生活指導、音楽、第一国語、保健体育、数学等の分科を設置。27本の研究報告がなされた。

典拠
中四国：「教育の質を高めるために—教員たちの経験を交流、中・四国地方教研大会」『朝鮮民報』1957年5月25日付。
東京：『中央教育研究』第3号（1957年6月発行）、8頁、「教研東京大会の感想」、および在日本朝鮮人教職員同盟東京本部「第1次東京教育研究集会研究報告（1957年5月、於東京中高級学校）」1957年7月25日発行。
岡山：『民族教育』第5号（1957年7月16日発刊）、11頁、「地方組織」。
兵庫：「先進的教授方法を交流確立—第1回兵庫県教研大会」『朝鮮民報』1957年7月9日付。
愛知：「互相経験を交流し—民族教育の質的提高に確信」『朝鮮民報』1957年7月9日付。
神奈川：「神奈川で教研大会」『朝鮮民報』1957年7月18日付。
九州：「祖国に忠実な担い手養成に全力　中央教育研究大会準備進捗」『朝鮮民報』1957年6月18日付。
大阪：「27名が報告—大阪教研大会」『朝鮮民報』1957年7月25日付。

表2-4 朝鮮学校教員たちの教研大会開催年月日および名称、開催場所一覧（1957年～2011年）

開催年月日	名称	開催場所
1957年7月28～31日	在日本朝鮮人学校　第1回教育研究中央集会	東京朝鮮中高級学校、豊島公会堂
1958年7月27～30日	在日本朝鮮人学校　第2回教育研究中央集会	神戸生田公会堂、東神戸朝鮮初級学校、西神戸朝鮮初級学校、神戸市「海員会館」
1961年7月28～30日	（第1回）在日本朝鮮人教育熱誠者大会	朝鮮大学校
1962年8月23～？日	第2回在日本朝鮮人教育熱誠者大会	朝鮮大学校
1963年8月22～25日	第3回在日本朝鮮人教育熱誠者大会	東京朝鮮会館
1965年7月29～31日	在日本朝鮮人（第1回）教育方法研究中央大会	朝鮮大学校
1966年7月29～31日	在日本朝鮮人学校　第2回教育方法研究大会	朝鮮大学校
1967年7月29～31日	在日本朝鮮人学校　第3回教育方法研究大会	朝鮮大学校
1968年7月29～31日	在日本朝鮮人学校　第4回教育方法研究大会	朝鮮大学校
1969年7月29～31日	在日本朝鮮教員　第5回教育方法研究大会	朝鮮大学校
1971年8月4～6日	在日本朝鮮教員　第6回教育方法研究大会	東京朝鮮文化会館、東京朝鮮中高級学校
1975年7月20～21日	在日本朝鮮教員　第7回教育方法研究大会	朝鮮大学校
1976年8月3～6日	在日本朝鮮教員　第8回教育方法研究大会	東京朝鮮中高級学校、大阪朝鮮中高級学校
1978年8月26日	在日本朝鮮教員　第9回教育方法研究大会	朝鮮大学校
1983年8月26～27日	在日本朝鮮教員　第10回教育方法研究大会	朝鮮大学校
1986年1月25～26日	第11回総連各級学校教員たちの教育研究大会	東京朝鮮文化会館、東京朝鮮中高級学校
1988年1月29～30日	第12回総連各級学校教員たちの教育研究大会	大阪朝鮮文化会館
1990年1月27～28日	第13回総連各級学校教員たちの教育研究大会	東京
1997年1月25～26日	第14回総連各級学校教員たちの教育研究大会	東京、大阪
1999年1月23～24日	第15回総連各級学校教員たちの教育研究大会	東京
2001年1月27～28日	第16回総連各級学校教員たちの教育研究大会	東京
2003年1月25～26日	第17回総連各級学校教員たちの教育研究大会	神奈川
2005年1月29～30日	第18回総連各級学校教員たちの教育研究大会	東京
2007年1月29～30日	第19回総連各級学校教員たちの教育研究大会	東京
2009年1月31日～2月1日	第20回総連各級学校教員たちの教育研究大会	東京朝鮮文化会館、東京朝鮮中高級学校
2011年1月29～30日	第21回総連各級学校教員たちの中央教育研究大会	東京朝鮮中高級学校

典拠
- 1957年は『民族教育——在日本朝鮮人学校　第1回教研報告集』(1958年5月15日発行)、1958年は「第2回教育研究中央集会　運営要綱」『教育研究』第8号（1958年7月）および『朝鮮民報』1958年8月5日付及び9日付を参照。
- 1961〜63年：「首領の教示を高く敬いさらなる革新を！在日朝鮮人教育熱誠者大会進行」『朝鮮新報』1961年8月1日付、「総連中央第29回会議決定貫徹のために　在日本朝鮮人教育熱誠者大会進行」『朝鮮新報』1962年8月25日付、「第3次在日朝鮮人教育熱誠者大会開幕」『朝鮮新報』1963年8月24日付、「第3次在日朝鮮人教育熱誠者大会成果裡に閉幕」『朝鮮新報』1963年8月28日付を参照。
- 1965年以降：第1回〜第6回、第8回〜第11回までは、「教授教養事業の科学的な理論と方法を深く研究体得しよう！総連結成10周年記念在日本朝鮮人教育方法研究中央大会開幕」『朝鮮新報』1965年7月30日付、「民族教育を固守し教授教養の質を高める上で大きな成果　先進的な教育方法を一般化　在日朝鮮人中等教育実施20周年記念　在日本朝鮮人第2回教育方法研究大会進行」『朝鮮新報』1966年7月30日付、「祖国と首領の周囲により固く集まり総連第8回全体大会決定を教育事業において貫徹しよう　在日本朝鮮人第3回教育方法研究大会進行」『朝鮮新報』1967年8月1日付、「朝鮮民主主義人民共和国創建20周年記念　在日本朝鮮人第4回教育方法研究大会進行」『朝鮮新報』1968年8月2日付、「金日成元帥の偉大な教育思想を徹底的に具現しよう　在日本朝鮮教員第5回教育方法研究大会が終わった」『朝鮮新報』1969年8月4日付、「在日本朝鮮教員第6回教育方法研究大会が始まった」『朝鮮新報』1971年8月6日付、「在日本朝鮮教員たちの第8回教育方法研究大会が行われた　東京と大阪において」『朝鮮新報』1976年8月10日付、「私達の教員たちの第9回教育方法研究大会が行われた　6個の分科で研究討論進行」『朝鮮新報』1978年8月29日付、「民主主義的民族教育事業をより深化発展させよう　偉大な首領金日成元帥の1973年8月31日教示10周年記念　在日本朝鮮教員たちの第10回教育方法研究大会進行」『朝鮮新報』1983年8月30日付、「今年を教授の質、学生たちの学力を高める決定的な年に　第11回総連各級学校教員たちの教育研究大会が行われた」『朝鮮新報』1986年1月29日付を参照。その他に関しては『第20回総連各級学校教員たちの教育研究大会』(2009年1月)、「総連教員たちの教育研究大会開催日と場所」および『第21回総連各級学校教員たちの中央教育研究大会』(2011年1月)を参照。
- なお、2014学年度以降は、東日本、西日本という枠で教研が開かれている。

国教科書を用いて、学友書房は11月までに46種、8万部の教科書を刊行している*46。翌年にも共和国の教科書を用いた教材編纂作業は引き続き取り組まれ、1954学年度には「小、中、高の教科書60余種、部数13,675部、700万に近い経費で、学友書房と編纂委員会の労力で、巨大な事業〔＝教科書出版事業〕が遂行された」*47。同年11月の民戦五全体会の報告書でも「去る一年間において、敬愛なる首領の暖かい配慮により送られてきた、教科書をはじめとした一般書籍数百余点は私たちの教育文化活動において大きな助けとなった」とされており*48、多くの教科書が1953年7月以降に出版されたことが確認できる。

　これら民戦や教同の文書では、朝鮮学校の教科書編纂において、共和国の教科書が「大きな助け」となったという主旨の記述がなされているが、具体的にどのような「助け」であったのかは示されていない。そこで1954年以降に学友書房で出版された朝鮮学校用の教科書を確認すると、その内実は、共和国教科書の翻刻であったことが分かる。

　すなわち共和国で編纂・出版された教科書を、季節の単元の順序を入れ替えたり、初等教育の年限が共和国と異なるため、その調整を行うといった修正を施しながら、しかし基本的な内容上の変更を加えずに、朝鮮学校でもこれらを使用することになったのである。共和国の教科書を翻刻出版することになり、新たな教科書の編纂に必要な学習内容の選定、配列の決定、執筆、挿絵や写真の確保等の膨大な作業プロセスが省略され、朝鮮学校側は主に印刷だけ行えば良いようになった。国家的な総力を挙げてつくられた教科書を援用するという選択は、組織的な力が弱まっていた民族団体および朝鮮学校にとっては、極めて合理的な選択であったと言えよう。1956年に作成された『東京朝鮮中高級学校10年史』でも、教科書の翻刻使用に関して触れられている。ここでは、「いくつかの教科書を除き、すべて祖国の教科書を使用し、祖国の学生と同等な水準で授業するようになった」と肯定的に評価されている*49。本国教科書の

---

*46 同上、174頁。
*47 在日本朝鮮人学校PTA全国連合会・在日朝鮮人教育者同盟「大会決定書」(1954年6月20日)、17頁。表紙に記載はないが、PTAと教育者同盟の合同大会で、それぞれ第4回大会、第7回大会にあたる。
*48 在日朝鮮統一民主戦線中央委員会「民戦第五回全体大会報告書（草案）」(1954年11月)、30頁。
*49 創立10周年記念沿革史編纂委員会編(1956)、42頁。

翻刻使用は、教科書編纂にかかる諸費用・諸作業を軽減させたばかりでなく、本国と「同等な水準」の教育を担保させるもの、本国と朝鮮学校とをつなぐものとして、歓迎されたのであった。

筆者が確認できた、1954年〜57年までに朝鮮学校用の教科書として翻刻出版された教科書の一覧を、表2-5に示そう。その内訳を見ると、朝鮮学校の教育において中核をなす国語や歴史、地理に関するものが多く、また理数系教科の教科書も順次翻刻出版されていったことが分かる。ただし当該期においては、日本語、英語、中国語に関しては引き続き日本の出版社が発行した教科書が用いられた[*50]。また美術や音楽の教科書は発見できておらず[*51]、体育、技術系科目は、そもそも教科書が存在しない。

翻刻教科書は、その後も微修正を加えつつ、1960年代初頭まで使用されることになる。その背景にも、総連の教育方針、教育援助費の送付に伴う共和国との紐帯強化があったと考えて良いだろう。また、帰国の実現も翻刻教科書使用を後押しした。翻刻教科書が朝鮮学校の教育に与えた影響については、第4章で検討する。

(2) 学校規定の制定

総連が朝鮮学校の教育目的や学校の設置、授業年限、教育内容等の統一的な規定を設けるのは、1956年のことである。総連は、朝鮮民主主義人民共和国から送られてきた各種の教育規定を用いて、朝鮮学校教育体系の整備を図っている[*52]。その中でも「朝鮮学校とは何なのか」ということを規定することは、

[*50] 在日本朝鮮人総連合会中央常任委員会「教科書使用に関する解説――主に中高級学校に関して」（1956年3月2日）。
[*51] 1957年2月の段階では、1957学年の4月には初級学校第1学年用の教科書と中級学校1学年用の教科書、9月には第3学年用と第5学年用の音楽教科書を、「祖国から送られてきた音楽教材とその他の教材に基づいて」出版することが、目指されている。総連教科書編纂委員会「教科書編纂月報」第3号（1957年2月28日）、参照。
[*52] 在日本朝鮮人総連合会中央本部教育部編『朝鮮民主主義人民共和国　教育規定資料集〔教育部資料第1集〕』（1957年）。同資料には、「各級学校規定」、「学校評議会に関する規定」、「人民学校・初級中学校及び高級中学校学父兄委員会に関する規定」、「各級学校内部秩序規定（草案）」、「学校防衛事業（日直・宿直任務）」、「学級担任教員に関する規定」、「学生規則」、「学生生活標準細則」、「学校備置書類目録」、「各級学校学生身体検査規定」、「学校衛生規則」、「人民学校・初級中学校・高級中学校卒業及び進級試験に関する規定」、「教育方法研究事業に関する規定」、「教学及び視

表2-5 1954～57年にかけて翻刻出版され朝鮮学校で用いられた教科書一覧

使用年度	教科書名	対象学年	共和国における		翻刻版	
			発行年月日	発行所・著者	発行年月日	編纂・改編者
1954年	国語	初1	1953年5月15日	教育省教科書編纂局	1954年3月15日	在日朝鮮教材編纂委員会（以下、朝教委）
	算数	中1	1953年9月25日	教育図書出版社 ア・プ・キセリョフ、キム・ジェホ	1954年3月15日	記載無し
	理科	初4	1953年5月31日	教育省教科書編纂局	1954年3月15日	朝教委
	理科	初5	1953年5月15日	教育省教科書編纂局	1954年3月15日	朝教委
	地理	初6	1952年11月10日	教育省教科書編纂局	1954年3月15日	朝教委
	代数	中2	1951年11月30日	教育省編纂管理局	不明	記載無し
	世界地理（下）	中	1953年3月31日	教育省教科書編纂局	1954年3月15日	記載無し
1955年	国語文法	中3	1954年9月20日	チョン・リョルモ、リ・グニョン（発行：ウォン・ウフム）	1955年1月30日	記載無し
1956年	露語	中1	1955年9月15日	教育図書出版社 ユ・ソンゴル	1956年2月15日	記載無し
	露語	中2	1956年3月31日	教育図書出版社	1956年10月15日	記載無し
	朝鮮語高等文法	高	1955年7月20日	教育図書出版社 リ・グニョン（編集兼発行：ウォン・ウフム）	1956年1月5日	記載無し
1957年	国語	初1	1956年1月10日	教育図書出版社	1957年1月15日	総連教科書編纂委員会（以下、総教委）
	文学読本	中1	1955年5月30日	教育図書出版社	1956年1月10日	記載無し
	文学読本	中2	1955年5月30日	教育図書出版社	1956年1月10日	記載無し
	文学読本	中3	1955年5月30日	教育図書出版社	1956年1月10日	記載無し
	地理	初5	1956年6月30日	教育図書出版社	1957年1月15日	総教委
	地理	初6	1956年6月30日	教育図書出版社	1957年1月15日	総教委
	算数	初5	1956年8月25日	教育図書出版社	1957年8月20日	総教委
	算数	初6	1956年8月25日	教育図書出版社	1957年8月20日	総教委
	算数	中1～2	1956年1月20日	教育図書出版社	1957年1月15日	総教委

幾何	中2〜3	1955年3月25日	教育図書出版社	1957年1月15日	総教委
朝鮮地理	中	1955年9月30日	教育図書出版社	1956年1月31日	記載無し
朝鮮経済地理	高2	1956年3月25日	教育図書出版社	1957年3月20日	総教委
物理	中2	1956年2月25日	教育図書出版社	1957年3月20日	記載無し
物理	中3	1955年8月20日	教育図書出版社	1957年1月20日	総教委
物理	高1	1955年8月20日	教育図書出版社	1957年1月20日	総教委
朝鮮歴史（下）	不明	1956年6月30日	教育図書出版社	1957年1月15日	総教委

註1：「使用年度」には、教科書の表紙に記された年度を示している。いつから、また何年使用されたかは定かではない。その他の情報は教科書の奥付より。
註2：「中1〜2」とは中級学校1年生と2年生用の共通教科書を指す。
註3：「発行所・著者」の欄には、著者に関する記述がある場合のみ、著者名を記した。

その中核にあった作業だと言って良い。共和国では1950年4月8日に、「各級学校規定」——すなわち「人民学校に関する規定」、「初級中学校に関する規定」、「高級中学校に関する規定」が制定・実施されている（人民学校、初級中学校、高級中学校は、それぞれ初等教育、前期中等教育、後期中等教育機関にあたる）。各級学校規定には、それぞれの段階の学校の目的、学級数、学生数、学期、授業年限、機構、財政等のあり方が示されている。国家により組織化されたものでもなく、法による具体的な規定もない朝鮮学校は、共和国の各級学校規定を準用することによって、「朝鮮学校とは何なのか」という規定をつくっていった。

　56年2月、総連第3回中央委員会において、同年4月より共和国の各級学校規定を一部改訂して用いることが決定される[*53]。表2-6に、共和国の「人民学校に関する規定」と「在日本朝鮮人小学校に関する規定」の一部を示そう。ここでは「在日本朝鮮人小学校」という呼称が用いられているが、実際には1956年から、多くの朝鮮学校が「〇級学校」という今日用いられている校名に変更している。共和国の呼称に合わせるということもあったが、学校教育法上一条校以外は小学校等の呼称を用いてはならないため、それを踏まえ再び変更したのだろう。なお中級学校、高級学校の規定に関しても、主な改定箇所は同様である。

　主な改訂箇所は、第一に、監督主体に関する事項であり（第1、5、6、7、48条）、朝鮮学校の設置および廃止、教育内容に関しては総連中央が決定する権限を持つと規定された。運営費に関しても保護者と地域同胞が拠出することが示されている。第二に、授業年限や学期の開始時期等の時間に関する事項であり（第4、12条）、朝鮮学校は共和国ではなく、日本の学制と同様の学年暦で運営されることが明示された。1学年度の流れを、本国ではなく日本に合わせていることは、日本の学校への／からの進学・転入学や、日本の職業社会への接続を考慮してのことであり、朝鮮学校が言わば「日本社会的時間の流れ」から

　　学に関する規定」、「朝鮮少年団規定」、「各級学校課程案（1956〜1957学年度）」、「人民体力検定に関する規定及び人民体力検定実施要綱」、「人民学校教鞭物・実験器具基準表」が、示されている。
*53　同上、「刊行のことば」。

表2−6 「人民学校に関する規定」(1950年)と「在日本朝鮮人小学校に関する規定」(1956年)対照表

	人民学校に関する規定	在日本朝鮮人小学校に関する規定
第1条	人民学校は、市、郡、区域人民委員会委員長が、道（平壌市を含む。以下も同様）人民委員会委員長の承認を受け、設立または廃止する。	在日本朝鮮人小学校は、<u>朝鮮総連都道府県本部執行委員会</u>の承認を受け、設立または廃止する。
第2条	人民学校は、人民的民主主義の原則に則った教育教養事業を実施し、朝鮮民主主義人民共和国公民として必要な基礎的知識技能を習得熟練せしめ、以て富強な民主祖国建設に多方面で活動できる人材を養成することを目的とする。	（主語以外の変更なし）
第3条	前条の目的を達成するために、人民学校では学生たちに、次の各号を根拠とした教育教養事業を組織・実施する。 1 祖国と人民のために忠実に服務する愛国思想を培養する。 2 朝鮮民主主義人民共和国の憲法と政府政綱に基づき、学生たちの政治的教養の向上と、政治訓練強化に注力し、諸般の民主課業の意義と成果を徹底的に認識させ、国家的使命を自覚させる。 3 祖国の解放と民主独立国家建設のためのソ連の友誼的な幇助を深く認識させ、ソ連をはじめとした自由と平和を愛護する民主主義諸国との永久親善と世界の民主勢力との団結を固くする国際主義思想を培養する。 4 あらゆる非科学的思想を一掃し、科学に対する興味を貯蔵させ、科学的知識を豊富にし、すべての事物現象を科学的に認識し処理することができる能力を養成し、科学的世界観を確立する。 5 労働の意義と技術の重要性を自覚させ、生産意欲を向上させ、国家資源を愛護し、人民経済の発展に寄与できるよう教養する。 6 我が民族文化の優秀なものを究明・継承し、ソ連をはじめとした先進国家の文化を積極的に取り入れ、民主主義朝鮮民族文化を創造・発展させることができる能力を培養する。 7 自覚的に規律を遵守し、個人を人民の利益に服従させる民主道徳の実践者となれるよう教養する。	（以下の但し書きが加えられる） 4項、6項の原則に則った教育教養事業を実施するにあたって、特に以下のような点について留意する。 1) <u>帝国主義的な要素と封建的残滓、退廃的な生活様式を徹底的に排撃する。</u> 2) <u>母国語を生活用語として民族的な自覚を持つようにし</u>、民族の歴史、地理、文化、風習に関する<u>正しい知識を育む。</u>

	8　学生たちの身体発育に留意し、かれらの衛生条件を改善し、体力を増進させ、同時に勇敢性と強靭性、巧緻性を培養する。 9　学生の芸術的創発性を発揮させ鑑賞力を引き上げ、かれらの高尚な情操と健全な人民芸術の創造力を培養する。 10　学生の性別環境を考慮し、これに適切な教養を施し、特に個性に留意し、その素質を各方面に発展させる。 11　家庭及び社会との連絡を緊密に持ち、学校教育、教養の統一的成果を期する。	
第4条	人民学校の授業年限は5カ年とする。	在日本朝鮮人小学校の<u>授業年限は6カ年</u>とする。
第5条	教科目及び授業時数配当は、教育省にて制定した「教科目課程表」に拠る。	教科目及び授業時数配当は、<u>朝鮮総連中央常任委員会</u>にて制定した「教科目課程表」に拠る。
第6条	教科目の教授内容は、教育省が制定した「教授要綱」に拠る。幼稚班を設置した際には、教育省が制定した「幼稚園保育要綱および実行細則」に拠る。	教科目の教授内容は、<u>教育省及び朝鮮総連中央常任委員会</u>が制定した「教授要綱」に拠る。
第7条	教科書は、教育省にて編纂したものを使用する。教育省編纂以外の教科書を使用する場合は、教育省の承認をもらわなければならない。	教科書は、<u>教育省及び朝鮮総連中央教材編纂委員会</u>にて編纂したものを使用する。その他の教科書を使用する場合は、<u>朝鮮総連中央常任委員会</u>の承認をもらわなければならない。
第12条	学年は9月1日に始まり、翌年8月31日に終わる。学年は次の三学期に分ける。 第1学期：9月1日〜翌年1月31日 第2学期：2月1日〜3月31日 第3学期：4月1日〜8月31日	学年は<u>4月1日</u>に始まり、翌年<u>3月20日</u>に終わる。学年は次の三学期に分ける。 <u>第1学期：4月1日〜7月20日</u> <u>第2学期：9月1日〜12月24日</u> <u>第3学期：1月10日〜3月20日</u>
第48条	人民学校は、市、郡、区域人民委員会の予算で運営する。	在日本朝鮮人小学校は、<u>学父兄及び該当地域同胞たちが拠出する教育費</u>、その他予算で運営する。

註1：「人民学校に関する規定」に関しては、在日本朝鮮人総連合会中央常任委員会「『各級学校規定』及び教育参考資料」（1956年2月）より筆者作成。

註2：「在日本朝鮮人小学校に関する規定」に関しては、在日本朝鮮人総連合会中央常任委員会「"人民学校に関する規定"の実施に関して」（1956年2月）にて示されている事項より、整理を行った。下線は引用者による。

註3：人民学校の授業年限は、1953年7月11日の「人民学校、技術専門学校および大学の学制改編に関して」によって、4カ年に変更されている。

独立して存在できない事実を正しく示していると言えよう。

　第三に、教育目的に関する事項（第2、3条）であり、基本的な線としては共和国と同様の目的を持つことが示されているが、但し書きとして記されている二項——すなわち朝鮮学校の教育を実施するにあたって、帝国主義性、封建性、退廃的な生活様式（この言葉は欧米式の生活様式を指して使用されていた）を排するという思想的立場と、朝鮮語による民族の歴史、地理、文化、風習の学習をとおし、民族的な自覚と知識を育むという教育内容および教育目的が強調されていることは重要であろう。

　これらは在日朝鮮人が在日している状況を、端的に反映した文言であると言える。第1項は共和国とは異なり、資本主義社会日本において生活している在日朝鮮人の教育ゆえに意識的に目を向けなければならないものとして付言されたものであるし、また第2項は共和国の規定では言うまでもなく自明の内容であり、それゆえに共和国の学校規定においては言語化して示されないものを、明示したものである。母国語（朝鮮語）を生活用語とすること、またそれによって民族的自覚を育み、民族の歴史や文化を教えるということは、在日朝鮮人にとっては、言語化して強調するべきことであって、決して「地」の部分ではなかったのである。共和国からすれば海外公民であり、日本からすれば外国人であるという意味で、一般的な国民とは異なる位置にある在日朝鮮人が組織する、在日朝鮮人の教育機関としての朝鮮学校は、その教育を規定する際にも、国民国家が組織する国民教育にとっては自明のことを、言語化して明示する必要があったのである。

　註52に示したように、共和国からは、各級学校規定以外にも様々な教育規定が送られてきている。総連は、朝鮮学校に関わる様々な決まりや規則を、共和国の教育法制を参照しながらつくることによって、全国朝鮮学校の運営のあり方を統一していった。

(3) 三大重点課業の設定

　総連が結成大会で掲げていた「すべての青少年を共和国に忠実な息子、娘に教育する」という大まかな教育方針は、1958年に「三大重点課業」として明確化される。1958年10月、総連は、①愛国主義教養の強化、②国語教育の強

化——国語実力の向上と生活面での国語常用、③基本生産技術教育の実施——国の現実と将来に対処して科学技術教育を一層強化するという三大重点課業を当面の教育方針として決定する[*54]。無論ここで言う「国語」は朝鮮語を、「国」は共和国を指す。三大重点課業は1959年に入り一層定式化され、総連五全大会（1959年6月10～12日）の決定を受け開催された教職同第12回定期大会（1959年6月14～15日）で、正式に周知される[*55]。三大重点課業は、全国すべての朝鮮学校が共通して重視すべき教育課題となった。

　三大重点課業に基づく具体的な教育実践については後続した章で扱うため、ここでは概要を述べるにとどめたい。

　まず愛国主義教養という言葉について見よう。「愛国主義（애국주의）」とは、国を愛する姿勢や思想、祖国への誇りを指し、「教養（교양）」はそれらを育むという意味で用いられている。日本語に訳すならば、愛国主義は愛国心、愛国主義教養は愛国心の涵養、あるいは愛国心教育と言える。当時の朝鮮学校では、「教育」は教科教育をはじめとした知識等との組み合わせで用いられることが多く、対して「教養」は、科学的な知識等ではなく、道徳的な、あるいは情緒的な感情や思想の涵養等の言葉とセットで、また幼児教育を表す際に用いられている。三大重点課業として示された愛国主義教養の強化方針とは、具体的には、愛国伝統と共和国に対する意識を高めること、また祖国の書籍を読み、金日成元帥の略伝と愛国闘争を研究する活動を推進することとされた[*56]。愛国主義教養は、在日朝鮮人が帰属するとされる朝鮮民族、また特に祖国たる朝鮮民主主義人民共和国に対する愛情の涵養、そのための知識の習得を主眼に置いていた。生まれ育った国ではないが、在日朝鮮人の権利擁護を訴え、教育物資を送付する祖国としての共和国に対する情緒的な接近は、在日朝鮮人の共和国国民化による脱植民地化を目指す朝鮮学校の教育にとって、その実効性を高める促進剤であった。無論愛国主義の涵養はそれ以前から必要とされていたが[*57]、

[*54] 在日本朝鮮人総連合会中央常任委員会「総連中央委員会第15回拡大会議にて決定された1959年新学年諸準備事業に関する方針」（1958年10月）、3頁参照。総連中央委員会第15回拡大会議は、1958年10月8～10日にかけて開かれている。
[*55] 「教員たちの主体確立し教育の質、量の提高へ」『朝鮮民報』1959年6月20日付。
[*56] 在日本朝鮮人教職員同盟「教同第12回定期大会文献集」（1959年6月14～15日）。
[*57] 例えば、在日本朝鮮人教職員同盟中央常任委員会「教同第23回　拡大中央委員会決定書」（1956

三大重点課業によって明確に方針化され、より積極的に推進されるようになったのである。

続いて国語教育の強化について見よう。国語講習所から始まった朝鮮学校にとって、国語＝朝鮮語がその教育の中核を占めていたことは言を俟たない。授業は勿論、すべての教育活動を朝鮮語によって実施していた朝鮮学校では、朝鮮語の素養は、正に愛国心の程度と置換され、学校のみならず「生活面での国語常用」、あるいは生活の全てにおいて（すなわち通学路や家庭においても）国語を用いる「国語生活化」が目標とされた。それによって「立派な朝鮮人」となることが目指されたのである。国語教育の強化に関しては、教員の指導性を高め、学生たちが自覚的に国語を愛用するために「国語常用運動」を行うこととされた。

上記二つと比した時、基本生産技術教育の強化という教育方針は、やや距離を置くように思われるかもしれない。この基本生産技術教育とは、1950年代中盤の共和国において、初等教育および前期中等教育に導入された基礎的な職業教育、技術教育のことである。共和国において60年代中頃までに「全般的9年制技術義務教育」の完全実施が目指されていたため、それに従い、朝鮮学校でも基本生産技術教育の強化が掲げられることになったのである[*58]。基本生産技術教育を強化する目的は「先進的な科学技術を習得させ、帰国したら即時に祖国の有能な建設の担い手として貢献できるように」するためとされており、50年代後半に帰国の気運が高まったことと関係している。基本生産技術教育は、まさに直接的に祖国に貢献する力を育むものとして、当時の朝鮮学校において、愛国主義教養および国語教育と並び、重要な位置を占めていたのであった。

総連中央教育文化部は、三大重点課業の実践指導のためのセンターを設置し、三大重点課業に沿った成果を上げた学校を模範学校として表彰したり、すべての学校で「金日成元帥愛国活動研究室」を開設させるなど、具体的な対策を立

　　年8月21〜22日）、28-29頁。
[*58]　そのため、最初に基本生産技術教育の実施が謳われたのは、1956年のことである。在日本朝鮮人教職員同盟中央常任委員会「教同第23回　拡大中央委員会決定書」（1956年8月21〜22日）。

てた*59。こうした総連中央の方針に従い、各学校においても、「金日成元帥愛国活動研究室」や「祖国研究室」、基本生産技術教育を行うための木工室や機械工作室の整備が取り組まれ*60、また共和国の書籍を読む運動が展開されている*61。

　以上のように、教科書、教育規定、教育方針をはじめ、1950年代中盤以降の朝鮮学校は、共和国の教育を順次移植しながら、その教育を再編していった。しかしこの移植が想定通りに「うまくいったか」と言えば、必ずしもそうとは言えない。比喩的な表現を続けるならば、移植は常に拒絶反応を生み得るものである。朝鮮学校に移植された共和国の教育は、どのような矛盾や葛藤を顕現させることになったのだろうか。

---

*59　総連中央教育文化部「1960〜1961学年度　新学年度準備事業組織要綱」（作成時期不明。内容から1960年1〜2月に作成されたものと推察される）、11頁。
*60　宋枝学「愛国主義教養を強化するための金日成元帥愛国活動研究室を組織運営することについて」『中央教育研究』第11号（1960年2月1日発行）、36-48頁。
*61　在日本朝鮮人教職員同盟中央委員会「教同中央委員会第39回拡大会議決定書」（1960年12月3〜4日）。

第 3 章
矛盾の顕現

　教育の移植に伴い現れ出た矛盾として、本章では朝鮮学校における基本生産技術教育実践を取り上げる。

　1957 年から三大重点課業の一つとされた基本生産技術教育とは、1950 年代中頃の朝鮮民主主義人民共和国において、初等教育および前期中等教育に導入された基礎的な職業教育、技術教育のことである[*1]。共和国では 1950 年代後半〜60 年代にかけて、戦後復興と工業化という国家的な経済成長政策の下、そのための技術力を保有した労働力を輩出することが全ての学校に求められ、基本生産技術教育が実施される。そしてその経済的要求は基礎技術教育にとどまらず、高度な専門分野の技術者養成を目的とした技術学校の義務化までに及ぶが、この政策は大衆の支持を得られず、結局技術学校は普通教育機関化し、義務教育の内容は基礎技術教育を行う普通教育へと収斂していった。金智洙(キムジス)は、こうした一連の流れをまとめて「結局技術義務教育制は、その名前だけが残り、実質的な内容は消えたまま、1957 年に導入された基礎技術教育が、一般教育機関である中学校と高等学校で強化される形式で 1967 年教育改革が達成されたのであった」と評している[*2]。

　朝鮮学校において基本生産技術教育が推進されたのは 1956、7 年〜1962、3 年頃と決して長くはないが、本国の教育政策を正にそのまま移植するものであったからこそ、その試みは、朝鮮学校固有の教育とはどういったものかという問いを、関係者たちにつきつけることになる。本国の教育政策が二転三転する事態を、総連教育局や朝鮮学校の教員たちも注視していた。朝鮮学校の教員、子どもたちは、本国とはあらゆる条件が異なる中で、この基本生産技術教育に

[*1] 共和国における基本生産技術教育に関しては、1940〜60 年代の共和国教育制度史を、一次資料を駆使することによって詳細に描き出した金智洙（2005）に詳しい。
[*2] 金智洙（2005）、225 頁。

どのように向き合っていたのか。以下、見ていくことにしよう。

第一節　基本生産技術教育の移植と実践

(1) 祖国建設のために

　朝鮮学校において基本生産技術教育の実施が提唱されるのは、共和国で基本生産技術教育の実施方針が出された1956年4月の直後、同年8月のことである。この対応の早さは、総連中央や教職同が共和国の教育政策を指針として意識していたことを示している。

　教職同は、8月21～22日にかけて開かれた第23回拡大中央委員会にて、共和国で基本生産技術教育が推進されている現状を指摘し、「未来の祖国建設に参加する担い手たちを養成する私たちの学校では、どのような難関があろうとも〔祖国の教育政策および要求を〕可能なものから着手していかなければなりません」とした[*3]。そして朝鮮学校においても「当面着手しなければならない問題」として、第一に、「基本生産技術教育に対する理論及び実践的な研究が必要」であること、第二に、自然科学系教科では、教育と生産労働とを結びつける意識を持ち、実験・実習を強化すること、そのために実験・実習機材を整備する必要があること、第三に、初級学校においても中高級学校との連携を意識し、社会科学偏重教育を是正し、算数および自然科目の教育を強化することが掲げられた。1957年に開かれた第1回全国教研においても、扱うべきテーマとして「7. 基本生産技術教育に関するもの――①生産技術教育に関する理論と実践対策、②中高級学校実施方法、③小学校での準備」が掲げられていた[*4]。

　それ以降も「教科指導において、祖国と現実が要求する愛国主義思想に基づいた科学技術教育に重心を置かなければならない。中・高級学校では、教授と生産を結びつける「基本生産技術教育」を創造的に実施することに一層努力し、

[*3]　在日本朝鮮人教職員同盟中央常任委員会「教職同第23回拡大中央委員会決定書」(1956年8月21～22日)。

[*4]　「教育研究大会準備のために」『民族教育』第2号 (1956年10月10日発行)、20-21頁。

高級学校では「工業科」を設置する」(1958年6月)[*5]、「特に祖国の現実に照らし合わせた時、生産労働と結びついた教育を強化し」、各級学校では工作室、作業室を「必ず設置」し、特に「各高級学校では条件が整うごとに工業課程を設置する対策を講究する」(1959年2月)といったように[*6]、基本生産技術教育は強力に推進されていく。

　総連中央や教職同の教育方針において共通に読み取れるのは、基本生産技術教育実施の正当性を祖国建設と強く結びつけているということである。共和国でもやられているから朝鮮学校でもやろうという単純な理由付けではなく、祖国建設に直接参与する人材としての能力を涵養するために基本生産技術教育が必要なのである。共和国への帰国が現実味を帯びていく中、こうした理屈によって、朝鮮学校においても、共和国で推進されているものと基本的には差異の無い基本生産技術教育の実施が目指されていくことになる。

(2) 厳しい教育環境と教員たちの工夫

　基本生産技術教育は「学校全体的な事業として」、すなわち全ての教員が一丸となって取り組まねばならない教育だとされていた。だが、事実上その中心的担い手は自然科学教員たちであった。基本生産技術教育を実施していくうえでは、様々な実験器具や工具、材料、また木工室、金工室等の整備が求められるが、教職員の給与を支払うことさえままならない状況下で、それらの教材や施設が充分に備わっている学校が少なかったであろうことは想像に難くない。

　総連中央も、「祖国で強調している生産技術基礎教育を日本においても実施できるように、実験実習器材と施設整備に一定の予算を充当するであろうし、各級学校では共和国にて制定された『直観教鞭物、実験器材、実験薬品基準目録』を義務的に備える必要が」あるとしながら、しかし朝鮮学校の財政状況を踏まえて「なんでも購入し、使う考えばかりせずに、教育計画の一環として簡単な教鞭物、教具などは子どもたちと共同製作する努力を怠ってはならない」

[*5]　在日本朝鮮人総連合会中央教育文化部「1958/9 学年度年間事業計画書　教育関係」(1958年6月)、3頁。
[*6]　在日本朝鮮人教育者第3回大会「1959年新学年度準備事業を成功させるために」(1959年2月26〜27日)、「1959学年度の事業方向」より。

としている*7。財政難に伴う厳しい教育環境は、教員たちの創意工夫によって乗り越えられなければならなかった。

　教材を自主製作する例を相生朝鮮初級学校の教員たちの実践報告から見てみよう*8。同学校は1945年に創立された学校であるが、相生地域には「在日朝鮮人の絶対数が少なく、また裕福な暮らしをしているわけでもなかった」ので、創立以来学校運営は困難を極めた。実験器具や標本を購入することもままならない中、教員たちは理科授業の目的を充分に達成できないことに頭を抱えていた。特に手を焼いていたのは第4学年の「人体」に関する単元であった。「人体の内臓」に関する子どもたちの理解を促すうえで、教科書の挿絵は不鮮明すぎたし、かと言って同校には人体標本もなかった。一般に用いられている教材は3500円と高価で、学校財政上簡単に手が出せるものではなかった。そのため「人体」の単元は、言葉だけの説明に終始していた。

　そこで教員たちは「人体」に関する掛け図を自分たちで製作することにする。朝鮮学校の取り組みを積極的に支持してくれる在日朝鮮人に紙や画具、拡大機を購入するための資金600円を借り入れ、模写する元の教材は、同校教員の息子が日本の高校で使っている教科書を借りた。教員不足により週に30時間以上授業を受け持つ教員がいる中で、教員たちは昼夜を隔てず掛け図の作成作業に取り組んだ。臓器の模写はとても骨のいる作業であったが、およそ3週間の時間を費やし、ついに22枚の掛け図が完成する。相生ハッキョの教員たちは、手作りの掛け図を使用して、教育の質を保とうとしていた。

　第1回全国教研で発表された、広島朝鮮初級学校リョ・サンホの実践報告も興味深い*9。リョは学校に「実験道具がいくつかのアルコールランプと試験管、フラスコ1つしかなかった」状況で、どのように実験・観察を展開したかについて報告している。「フラスコがない場合はビール瓶のようなもので実験は容

---

*7　「総連中委第1回会議に提出された　1956新学年度準備事業総括報告と1957新学年度準備事業方針（上）」『朝鮮民報』1956年11月17日付。1956年10月24〜26日にかけて開かれた総連中央委員会第7回会議における報告書の「二、学校施設整備と拡充のために」より引用。

*8　相生朝鮮初級学校パク・パングン「理科教育と直観物教材」（1957年6月22〜23日）。これは第1回兵庫県教研で発表されたものである。第1回全国教研で発表されたキム・ヨンソクの報告も、同じ学校の同じ事例について述べられている。

*9　広島朝鮮初級学校リョ・サンホ「初級学校自然科授業で得たいくつかの経験」（1957年7月28〜31日）。

易に可能である」とし、ビール瓶を用いて空気の膨張を示す実験を行い、「水の濾過実験」では濾過紙が無い場合も砂と古綿を用いて実施する、「蒸留水を作る実験」では焼酎の作り方を見学する、「空気の圧縮性と弾性」に関しては子どもたちがつくる紙鉄砲を用いる等々[*10]、彼は「原始的で」、「幼稚で不正確であるが、周辺の廃物を利用して若干の努力で器具を集めれば、初級学校で扱われる実験は可能である」として、実験教材の不備に対応した。

しかしビール瓶でフラスコを代替することなどできるのだろうか。ビール瓶では試薬の色が確認できないし、また計量も正確にできないため、意図した学習の目的に支障を与える可能性もある。リョ自身が述べるように、それは「幼稚で不正確」な実験器具であった。しかしそれでも、自然科学に関する/をとおした学びを子どもたちに提供するためには、実験は必ず行われなければならない。リョはこうした認識の下、「周辺の廃物」と「若干の努力」を駆使して、自然科学教育の質を保障しようとしていたのである。

こうした教員たちの経験は、第1回全国教研自然科学分科で共有されている。同分科会の全体討議では、「理科教育において実験器具、直観物教材は絶対に必要なものだが、初級学校の全て、中級学校の一部の教科書で扱われている実験・観察の大部分は、お金をかけてその器具を購入しなくても、教員の情熱と廃物を利用して、もしくは製作することによって、充分実施することができる」ことが確認されている[*11]。どの学校も充分な施設・実験器具などなかった。そのような環境下でも、教員が情熱を持って取り組めば、ゴミさえも実験器具として再利用でき、また製作のために活用することができる。これが1950年代後半の朝鮮学校自然科学教育の現状であった。

教材製作の経験は、全国教研の実践報告が終了した後に開かれた東京中高教員たちによる実験演示や[*12]、東京中高主催の「帰国実現 理科展示会」（1959

[*10] 報告では他にも第5学年にて扱われる9つの実験が紹介されている。
[*11] 『民族教育――在日本朝鮮人学校 第1回教研報告集』（1958年5月15日発行）、45頁。
[*12] 同上、45頁参照。東京中高の実験室にて行われた実験は「うさぎと鶏の解剖法と実験」、「簡単な植物のプレパラートの製作法と顕微鏡の操作法」、「水の電気分解」、「空気成分の分析」等、実験内容は物理、化学、生物分野と多岐に亘った。これらは実験器具が充分に備えられていない地方の教員たちにとって大きな助けとなったという。

年10月）*13、東京で開催された「第1回全国教鞭物展示会」（1960年2月）等*14、様々な場で共有されていった。

　もっともこうした教員たちの取り組みにも限界はあった。1958年に示された「初級学校教鞭物、実験器具最低備置基準表」から初級学校の自然科学教育に必要な教材として示されていたものを抜粋すると、表3-1のようになる。さらにそれらが自主学校の初級学校にどれ程備えられていたかについての調査統計を表3-2に示す。表中の「実験器具」という項目に具体的に何が含まれるのかは定かではないが、愛知や大阪、兵庫といった比較的在日朝鮮人の多い地域においても、理科教具が充分に整っていなかったことが分かる。一方中高級学校に関しては、「中・高級学校理科実験器具最低備置基準表」に、中高の自然科学系教科書に示されている実験や科学的な探究を行うために必要な実験器具303点が示されているが*15、これも充分には備えられていなかったと思われる。

(3) 基本生産技術教育の実際

　こうした厳しい教育環境下で、教員たちは基本生産技術教育と向き合うことになった。

　地方および全国教研では、各校での取り組みが報告されている。1958年の第2回全国教研では、「熱機関学習と見学学習について」（東京中高、林光進）、「実習場を設置する上での私の意見」（愛知中高、キム・スヒョン）、「養鶏技術を主とした基本生産技術教育」（姫路初級、カン・バンジュン）、「基本生産技術教育に関する問題点」（神戸中高、ムン・ドッキ）などが発表された。また、地域

---

*13　東京朝鮮中高級学校「帰国実現　理科展示会」（1959年10月18日）、パンフレットを参照。この展示会は「民族教育の三大重点課業の一つである基本生産技術教育の有効性を一般の在日朝鮮人に余すことなく示すこと」と同時に、「学生たちが日々培ってきた力を生活に身近なもので具現化する経験を与える」という目的の下行われた。

*14　在日本朝鮮人教職員同盟中央委員会「教同中央委員会第38回会議決定書」（1960年3月）、9頁。1960年2月21日に開かれ、4地方、24点の教材が出品された。ここでは各地朝鮮学校教員たちが製作した教材が展示され、それらの製作方法や、それらを用いた授業方法の経験が共有されている。

*15　在日本朝鮮人教育会、在日本朝鮮人教職員同盟「教育会第4回定期大会、教同第11回定期大会文献集」（1958年）、29-41頁、「中・高級学校理科実験器具最低備置基準表」参照。単価が示されていないものも多いが、示されているものの総額が約56万円となる。

別の教研でも、「基本生産技術教育と理科実験計画表」(神奈川県（学校不明）、オム・ソナク）*16、「理科実験経験をとおして感じた点」(横浜初級、カン・ビョングク）、「理科教育へのいくつかの提起と初級中学校物理実験計画表」(神奈川中高、ユン・ヒョンウォン）、「中高基本生産（木工）体系と工作室建設計画」(同校、ハン・ドンフィ）、「初級学校工作体系」(大和初級、宋相見ソンサンギョン）、「児童の学力向上のための事業」(南武初級、任栄子イムヨンジャ）*17、「基本生産技術教育を当面実施する初歩的な過程での経験と所見」(神戸中高理科分科）*18等が発表され、各地で多くの実践経験が共有されていった。1959年12月25～26日にかけて開かれた第3回東京教育経験発表大会（於東京中高）でも、全46編の報告の内、基本生産技術教育に関するものが8編報告されている*19。

とは言え、これらの報告を見た限りでは、自然科学教育における実験・観察を重視した実践と何が異なるのかと問われると、明確には返答できない実践が多い。平たく言えば、ほとんどの実践は、自然科学教育の実践を、基本生産技術教育と言い換えているに過ぎないように見える。もちろん、電気に関する単元において共和国の電力事情を交えて授業を行うといった、朝鮮学校ならではの実践も散見されるが、それは必ずしも基本生産技術教育と言わなくとも良いものであろう。

共和国における基本生産技術教育は、理論学習とともに、実習を取り入れた基礎的な技術教育を行い、かつその学習のプロセスと成果を、具体的なモノの生産につなげることを目的としていた（「生産と教育の結合」、「労働と教育の結合」）。筆者が朝鮮学校における基本生産技術教育の実践を、一般的な自然科学教育の実践ではないかと感じてしまうのは、施設、設備が十分でないために、実習はもちろん実験や観察も十分に行えていないためではなく、基本生産技術

---

*16 オム・ソナク「基本生産技術教育と理科実験計画表」(1959年4月3～4日）。第2回神奈川教育方法研究会で報告されたもの。所属する学校は不詳である。
*17 いずれも第3回神奈川教育経験発表会（1960年1月6～7日）の基本生産技術教育分科で報告されている。
*18 兵庫県第3回教育経験発表会（1960年2月28日開催）で発表された報告。
*19 『中央教育研究』(1960年2月11日発行)、「第3回東京教育経験発表大会を終えて」、20頁。①直接的愛国主義教養を主題にしたテーマ12編、②国語科を軸にした学力向上を主題にしたテーマ23編、③基本生産技術教育を主題にしたテーマ8編、④芸能・体育科を主題にしたテーマ3編の計46編の研究報告がなされた。

表3-1 初級学校教鞭物、実験器具最低備置基準表（1958年）

種別	実験器具及び直観物の内容	数量	価格(円)	種別	実験器具及び直観物の内容	数量	価格(円)
標本	岩石標本50種	1組	3000	実験器具および器材	ルーパー×5	3個	90
	金属標本15種	1組	1500		ルーパー×10	1個	140
	総合標本 無生物 1）砂、石炭、原油で作ったもの 2）鉱物質肥料 3）土壌の種類 4）害虫駆除薬	各1部	製作		室内温度計	1個	70
					室外温度計	1個	70
					上皿天秤	1個	1500
					メスシリンダー100cc	1個	145
					メスシリンダー500cc	1個	235
	総合標本 生物 1）種（穀物、花草、野菜、雑草） 2）昆虫の発育（蚊、ハエ、蜂、蚕） 3）各種果実及び穀物 4）農業害虫とその加害	各1部	製作		解剖器（10点）	1個	1000
					アルコールランプ	50個	60
					試験管	50個	300
					試験台	1個	30
					試験管ばさみ	1個	300
	押し葉標本 1）色んな形の葉 2）色んな形の根 3）色んな花 4）雑草	各1部	2000 (製作)		試験管たわし	2個	30
					漏斗	2個	80
					ビーカー 500cc、1000cc	1組	150
					ガラス板	0.5Kg	100
					ゴム管 1m		100
	剝製標本 1）鳥類：雁、たか、かもめ等	各1部	製作		ペンチコック	2個	40
					ろ過紙 11cm	1束	60
					リトマス紙	1束	40
	液浸標本 1）カエルの発育 2）へび（ヤマカガシ、マムシ） 3）魚類（ニシン、イシモチ、タチウオ、等）	各1部	2500 1800 2000		フラスコ（三つ口200cc、平300cc）	1組	200
					試薬瓶	10個	350
					標本瓶	10個	5600
	骨格 1）魚類骨格 2）うさぎ骨格 3）哺乳類の脊椎骨	各1個	2500 4500 1500		ピペット	1個	350
					冷却機360	1個	450
					蒸発皿90	1個	35
					金物アミ	2個	30
模型	人体外構造（男子4尺 解剖27） 1）胴体（筋肉及び内臓） 2）耳の構造（B型）	各1個	28000 3000		支持台	2個	200
					棒、バネばかり	2個	1000
					乾電池	6個	1000
	水車	1組	5500		モーター（組立用）		
	蒸気タービン	1組	5200		磁石（棒、馬丁型、電磁石）	3個	860
	機関車ピストン	1組	7000		ベル	1個	300
	風力計小型	1組	3500		ブザー	1個	240
	小型雨量計A	1組	1600		電話機構造説明器	1個	2400
	圧力計（アネロイド型）	1組			レンズ	6個	1000
掛け図および地図	動物掛け図				プリズム	1個	500
	動植物図鑑	1組	1200		光源	1個	1100
	地球儀	1個	2500		音叉（三弦器モノトローム）	1個	1500

試薬	過マンガン酸カリウム	1ポンド	500	教具	実験器具整理箱	4個	製作
	硫酸	1ポンド	500		幻灯機	1個	2200
	塩酸	1ポンド	500		顕微鏡（500倍）	1個	2500
	酢酸	1ポンド	500	その他	昆虫標本箱	3個	2400
	苛性ソーダ	500 g	560		動植物化石	1組	3500
	炭酸ソーダ	500 g	400				
	石灰水	1ポンド	300				
試薬	食塩	1ポンド	200				
	ホルマリン	1ポンド	400				
	アルコール	1ポンド	300				
	アミノ酸	1ポンド	1600				
	亜鉛（粒）	300 g	360				
	水素炭酸ソーダ	1ポンド	700				

典拠：「初級学校教鞭物、実験器具最低備置基準表」（1958年）より、筆者作成。
註：価格の欄に「製作」となっている項目は、製作することが推奨されていたため、価格が表記されていない。
　　また原資料における空白は、そのまま空白とした。

表3-2　自主初級学校　理科教具備品一覧表（1958年4月時点）

	東京 12校	千葉 2校	栃木 1校	愛知 9校	静岡 1校	京都 1校	大阪 10校	兵庫 14校	岡山 2校	山口 2校	広島 4校	愛媛 1校	計 59校
顕微鏡	31		2	2	1	1	2	7			1	1	48
標本模型	279			9			8	79			4	1	380
実験器具	952	3	27	54	20		53	204	15		17		1345

典拠：「自主初級学校施設及び備品一覧表（1958年4月現在）」より作成。

教育の核たる、「生産と教育の結合」、「労働と教育の結合」が観察できないためである。

当時の教員たちが一番頭を悩ませたのも、まさにこの「教育と生産・労働の結合」問題であった。いくつかの実践例を挙げながら、この問題への対応を見てみよう。

「教育と生産・労働の結合」問題

まず、教職同中央の事業総括報告書において高く評価され[20]、『中央教育研究』においても紹介された、愛知朝鮮第九初級学校オ・イルファンの実践報告「私たちの学校のうさぎ飼育経験」を見てみよう[21]。

愛知県内の朝鮮学校では、「祖国の各級学校学生」が「うさぎ飼育、唐胡麻〔生産〕等を広範に組織し、社会主義建設に直接、生産によって貢献するため、学生1人当たり〔うさぎを〕30羽ずつ飼育」しようとしていることにならい、一つの学校で100羽以上ずつうさぎを飼育することが決定された。愛知第九初級では他校に先んじて、1958年6月よりうさぎ飼育が取り組まれていた。うさぎ飼育の意義は「学生の実際的労働機能および熟練を培養し、かれらを実践的生産活動へと準備させる」こととされた。

子どもたちはうさぎ飼育に取り組む中で、生物学的なうさぎへの理解を経験的に深めていったばかりでなく、うさぎのエサを確保する草刈りを計画的に実行する段取りや、学校敷地内のどこにうさぎ舎を建てれば飼育する人間にとっても、うさぎにとっても適切な環境となるのかといった、動物を飼育・管理するうえでの技能も習得していったと、オは述べる。

オの実践は、実験・観察を重視する自然科学教育実践にとどまらない。彼は、飼育したうさぎを、ハム工場に販売し、そこで得た利益を学校財政の足しにするという。学校での種々の生産活動が、自然科学的な学びにとどまらず、実際の経済的利益を生んでこそ、基本生産技術教育たりうるというのが、オの主張

---

[20] 在日本朝鮮人教職員同盟中央委員会「中央委員会第37回会議に提出する事業総括報告及び当面の任務」(1959年11月6〜7日)。
[21] 愛知朝鮮第九初級学校オ・イルファン「私たちの学校のうさぎ飼育経験(1)」『中央教育研究』第11号(1960年2月1日発行)。同実践報告は、1959年になされたものと推察される。

であった。

　だが、朝鮮学校が日本に存在するゆえに、朝鮮学校における生産活動をとおして共和国経済への直接的な貢献を子どもたちに実感させることは極めて難しい。そのためオは、飼育したうさぎの肉を売り、そのお金を学校財政に還元することによって、子どもたちに自身の生産活動が、例えば学校設備が更新されるといった直接的な経済的利益を生んでいることを実感させようとした。そこで実感させようとしていたのは「労働を費やして生産されたうさぎの肉が金になる」という経済的利益ではなく、「そのお金が朝鮮人を育てる朝鮮学校にとっての利益となっている」という自身が属する社会への生産労働をとおした貢献を含む経済的利益であった。ここでの社会とは、祖国と繋がる朝鮮学校であり、また在日朝鮮人社会である。これがオが見出した、朝鮮学校における「教育と生産・労働の結合」のあり方であった。

　実は、基本生産技術教育の推進に関しては、教職同中央も強化方針制定の当初から、若干の戸惑いを持っていた。

　　　生産労働と教育を結びつけることは、祖国と違い難しい条件にあると言えます。しかし可能な範囲で、うさぎ飼育等、または一人の学生が一つの技術を学べるようにという観点で、学校付近の工場、企業と連携した運動を起こしたり、学校内においても可能な設備を用いて、〔基本生産技術教育を〕行う必要があります。

　これは1959年6月の教職同第12回大会における決定書からの引用である[22]。共和国とはそもそも社会制度そのものが異なる中で、「教育と生産・労働の結合」が成り立ち得るのかという問いを含んでいる。実際、愛知第九初級学校でも、保護者や教員から、「生産教育の意義は分かる」が、「祖国の事情と日本の条件は異なる」、「草を刈ることに割く時間を、学習に回した方が…」といった否定的な意見も出ていたという。同校での取り組みが、実質的にどれ程の利益を生んだのかは分からないが、1961年時点でも「〔愛知の教員たちは〕県

---

*22　在日本朝鮮人教職員同盟「教同第12回定期大会文献集」(1959年6月14〜15日)。

的な規模でうさぎと鶏を飼育し、一定の成果を上げている」と評価されており*23、こうした取り組みは継続していったものと考えられる。

一方、朝鮮学校における「教育と生産・労働の結合」のあり方を、ラディカルに批判する教員もいた。オの実践報告が掲載された次の『中央教育研究』第12号（1960年5月）には、朝鮮学校の基本生産技術教育が抱える問題を正面から扱った論考が掲載されている。1959年12月の第3回東京教育経験発表大会で発表された東京朝鮮第11初級学校リュ・ヨンビンの「初級学校基本生産技術教育の方向性」である*24。オの報告と同じく、地方教研で発表された報告を全国誌に載せていることから、リュの報告もまた、教職同中央として全国の朝鮮学校教員に共有されるべきものと判断されたと言える。以下その主旨を確認しよう。

リュはまず「批判、是正しなければいけないいくつかの問題」として、第一点目に理科教員だけでなく学校全体として取り組んでいかなければならないことを確認した後、以下のように続ける。

> 第二に「基本生産技術教育」を実施するといって、うさぎや鶏を大量に購入し、これらの生存を保障してやる作業で、それらしく捉えたり、学校作業に学生たちを動員してスコップやつるはしの仕事をさせて満足したりする等の概念。このような概念は大変形式主義的で教員の自己満足にはなるが、学生たちに正しい生産基本と正しい労働観を与えることができないと思われる。従ってこの概念を「基本生産技術教育」における冒険的形式主義または左傾的概念と規定したい。

リュは、先に見た愛知の実践に代表されるような基本生産技術教育に対し、「大変形式主義的」、「教員の自己満足」であり、「学生たちに正しい生産基本と正しい労働観を与えることができない」と、厳しく批判している。リュは、共

---

*23 在日本朝鮮人教職員同盟中央委員会「教同第13回定期大会に提出する事業総括報告および今後の方針」（1961年5月20〜21日）、44頁。
*24 リュ・ヨンビン「初級学校基本生産技術教育の方向性」『中央教育研究』第12号（1960年5月25日発行）、36-49頁。

和国の新聞や雑誌に紹介された5カ年計画中の共和国の児童たちが、うさぎや唐胡麻を育て、大人たちに大きく助力したという報道を見て、「私たちも一度うさぎを飼ってみよう」とする朝鮮学校が各地に多発したが、「これらの現象を正しいと見ることは、全くできない」と批判する。

> なぜなら私たちの児童が置かれている社会での生産および労働は、無計画的な商品生産になってしまうからである。勿論、だからと言って、うさぎ飼育に全面的に反対するというわけではない。〔中略〕しかし、うさぎ飼育をすることによって、基本生産技術教育の形式だけを整えたり、大量的飼育によりこれらを市場に販売してしまう教育は、一種この〔日本〕社会の商品生産と、そのための誤った労働概念を学生たちに植え付けることにならないだろうか?
> 〔中略〕私たちの児童が住んでいるこの場所では、人間の労働力が一つの商品にしかならず、仕事に対する意欲を持てば持つほど、人間らしい人間は搾取の鉄鎖でぎゅうぎゅうに縛られてしまう。こうした中で、私たちの児童たちに労働を愛する品性を持たせることは、非常に難しいことの一つである。

こうした日本社会理解の下で基本生産技術教育に取り組んでいるのかと、リュは問うているのである。この指摘は、朝鮮学校が、あるいは在日朝鮮人が資本主義社会である日本に存在している以上、解決困難なアポリアでもあった。日本で行うあらゆる労働が、「誤った労働」となってしまうのであれば、共和国で行われているような「教育と生産・労働の結合」を核とした基本生産技術教育を行うことは、原理的に不可能である。リュは、市場経済的価値を必ずしも伴わない、学校生活の中で子どもたちが独自の掃除道具をつくりあげるといったことこそが「正しい労働」であると論じ、朝鮮学校における「教育と生産・労働の結合」を見出しているが、これはもはや、共和国で実施されている基本生産技術教育とは小さくない懸隔があるものと言わざるを得ないだろう。

三大重点課業の内、在日朝鮮人が置かれた実情に即し制定された国語教育強化方針や、愛国主義教養強化方針と異なり、基本生産技術教育は共和国で制定

された教育政策である。学校現場での具体的な取り組みの経験は、その移植が困難であることを、次第に明らかにしていったのであった。

　無論基本生産技術教育の実施が困難であった原因は、こうした理論的問題のみではない。1960年1月の神奈川中高の実践報告では、「普通科一年では機械の基本、すなわち手工、金属の熱処理、旋盤作業等を、講義〔形式〕のみで行っていました。また週1時間と実習の時間を充分に確保できない中で、学生の興味は失われ、暗記学習になっていきました。今学年度になってもこの現実は変わりません。私たちの学校には工業科があるにも拘わらず基礎的な設備を備えられていないことは、大きな問題」であることが報告されている[*25]。さらに、教員が工業および農業に関する基本的な知識と技術を身に着けていない問題も指摘されている。基本生産技術教育に関する専門知識を有する教員と、設備の不足。これらは共和国において技術学校計画が頓挫したこととも、また相似形を成していた。総連中央も、こうした問題に対処すべく技術教育に必要な知識・技能を授ける場として、東京と大阪に夜間技術学校（仮称。期間6カ月。電気、機械、化学の3学科）の設置や、夏休み期間に現職教員に対して技術教育講習会を開くといった組織的な対策を構想していたが[*26]、これが実現することはなかった。

　こうして三大重点課業の一つとして掲げられた基本生産技術教育は、1963年頃から、その姿を消すことになる。以降、総連中央や教職同の教育政策においても、また教員たちの実践報告においても基本生産技術教育の言葉を見つけることはできない。それは共和国における技術義務教育制の内実が徐々に明るみになっていったこととも関わっているが、より本質的には、本国の教育をそのまま朝鮮学校に移植することの難しさが、広く経験的に認識されていったためであったと言えるだろう。

[*25] 神奈川朝鮮中高級学校ユン・ヒョンウォン「理科教育へのいくつかの提起と初級中学校物理実験計画表」（1960年1月6〜7日）。これは第3回神奈川教育経験発表会で発表された実践報告である。

[*26] 総連中央教育文化部「1960〜1961学年度　新学年度準備事業組織要綱」（1960年1月）。

第二節　見据えていた将来

　基本生産技術教育の推進方針が消滅する背景には、原理的な難点や実施上のハード不足のほかに、もう一つ大きな原因があった。

　共和国流の基本生産技術教育の推進は、共和国へ帰国した後の子どもたちの生活や労働と関連づけられることによって、その意義が見出されていた。そのため、先のリュ論文においてもそうであったように、たとえ日本において教育と生産労働を結びつけた基本生産技術教育が実現できなくとも、それは共和国社会で生きていく力を身に着けるうえでは有益だとされていた。50年代中盤に祖国との紐帯が一層強まる中、帰国後の「祖国建設」に寄与する力を育む基本生産技術教育は、こうした意義づけがあったため、国語教育および愛国主義教養と並んで、朝鮮学校教育の重要な位置を占めることができたのである。

　だがそもそも当時の朝鮮学校の子どもや保護者にとって「帰国して直接祖国建設に貢献する」ということは、どれほど現実的なこととして捉えられるものだったのだろうか。基本生産技術教育の意義づけが、在日朝鮮人らの生活や将来像と乖離するものであれば、これを推進する合理性は失われてしまうはずである。いくつかの資料を用いて、この点について見てみよう。

　基本生産技術教育が推進され始めた1957年、第1回東京教育研究大会において発表された「児童たちの家庭環境と民族教育に対する学父兄たちの意識調査」では、朝鮮学校に子どもを就学させていた保護者たちが持つ、子どもやその家族の将来像を垣間見ることができる[27]。「学校に対する意見」欄に記入された保護者たちの声の一部を、以下に記そう。

- ・現在、父母の希望通りに行かないことが多い。故郷に行きたくても行けず、共和国にも行けない実情であるので、故郷に行っても使える教育と、日本でも生きていける教育を研究して、行ってくれ！

---

[27] チョン・ヨンファン「児童たちの家庭環境と民族教育に対する学父兄たちの意識調査」（1957年5月）を参照。調査は同年3月初旬から15日にかけて行われており、171戸中、129戸の保護者たちの回答を得ている。意見欄には53名が記入している。

・祖国統一後、帰国する予定である。だがまだその時期が不明である。これから上級学校は日本の学校で充分な科学技術学を習得させるため、日本語の勉強をもう少し教えてくれたらありがたい。
・日本の上級学校に進学できるように教えてくれ！
・最高学校〔大学のことだと思われる〕は日本学校に送る予定。日本語、日本歴史、日本地理をもう少し教えてくれたら嬉しい。
・教科書問題に関し、良い悪い、難しいのみではなく、具体的に日本にいる条件と実力に照らして編集する必要がある。
・日本学校を希望する人たちの理由はそれぞれ多少異なる点があると思われるが、その主な要因は実力問題にあると思う。私たちの最高学府〔＝朝鮮大学校〕も日本の優秀な学校に対し、引けを取らない全ての条件を備えることによって、青少年の学力を保障できれば、父兄たちも安心して小学校から大学校まで、朝鮮学校に送るだろう。また、朝鮮中学校卒業後、日本の大学に入学できる実力と道を保障するため、当局との対外接触が求められる。
・我々が日本に暮らす限りは、日本語をしっかりと知っていなければ、どの工場にも就職できないため、それを良く考え、日本語をきちんと教えてくださればと思います。

　共和国に帰国したいが出来ない、統一したら帰国する、日本で暮らしていく、日本の学校へ進学する、日本の工場へ就職する、故郷でも日本でも生きていける教育を行ってくれ……。保護者たちの学校への要望は多岐に亘るが、その根底には、様々な制約の中で、朝鮮半島（故郷あるいは祖国）に行くか、引き続き日本で生活していくか、確定できない在日朝鮮人の現実がある。帰国への道が開かれていないこの時点においては、特に日本の学校や社会に接続していくうえで支障のない教育を行ってくれという要望が目立つ。保護者たちの子どもたちを「立派な朝鮮人に育てたい」という思いと、日本でも充分に生活していけるような能力を身に着けてほしいという思いは、矛盾することなく並立していたと言える。朝鮮学校の教育は、常にこうした保護者や子どもたちの現実を踏まえて、つくられていたのである。祖国建設のための力を育むためと位置づ

けられた基本生産技術教育は、保護者たちの支持や理解をそう簡単に得られるものではなかったことと推察される。

　子どもたちは自身の将来をどのように見据えていただろうか。表3-3は、1959年の全国の高級学校卒業予定者の進路希望、1954～1958年の東京朝高卒業生の進学・就職状況、1961年の全国の高級学校卒業生の進路をまとめたものである。

　まず帰国運動の絶頂期である1959年11月段階の高級学校卒業予定者の進路希望を見ると（表3-3の①）、およそ30％が帰国を希望していると回答している。全体の約1/3であるため、この数は決して少ないとは言えないが、少なくとも絶頂期においても7割の高級部卒業予定者たちは、今後も日本で生きていくことを展望していた。

　続く表3-3の②は、1954年～58年までの東京朝鮮中高級学校卒業生902名の内、進学・就職した675名の状況をまとめたものである。ここで、共和国の大学へ進学した者は24名（4％）となっている。正式な帰国船が無かった時期には、祖国への進学を希望する生徒に選抜試験を実施し、年4～5名程が、日本に来たソ連の船等を用いて、帰国していたという。帰国して祖国の大学へ進学することは、選ばれた者だけが可能な狭き門だったのである[*28]。大部分の東京朝高生にとって、卒業後に帰国するという選択肢は現実味のないものであった。

　また帰国が可能となった1961年の高級学校卒業生の卒業後の進路（3-3の③）を見ると、帰国して進学した者は全体の11％であり、その他のおよそ9割は日本での進学・就職となっている。在日朝鮮人全体として、1960年および61年にほとんどの帰国者が集中しており、朝鮮学校の帰国生が集中するのもこの時期である。ただしこの時期においても、帰国生の数は就学者数全体の1～2割に過ぎない。

　各学校の『学校沿革史』を用いて調べられる範囲ではあるが、当時の就学者

---

*28　1958年10月の総連中央教育文化部の要綱では「祖国進学希望者は、特に政治思想性が強く、学力、体力が優秀で、祖国に進学するまで何カ月でも何年でも忍耐強く待ちながら準備できる学生に限定して推薦すること」とされている。総連中央教育文化部「1959新学年度準備事業　組織要綱」（1958年10月27日）、参照。

表3-3　朝鮮高級学校生徒たちの進路希望および卒業後動態

①高級学校卒業予定者進路希望（1959年）

	進路希望	希望者数（名）
進学	共和国	149（25%）
	朝鮮大学校	70（12%）
	日本の大学	41（7%）
	小計	260（43%）
就職	教員（3カ月養成）	162（27%）
	組織活動	5（1%）
	企業体	54（9%）
	小計	221（37%）
家業、家事従事		78（13%）
その他		4（1%）
帰国（進学を除く）		29（5%）
未定		13（2%）
計		605名

②東京朝高卒業生動態（1954～58年）

状況	内訳（名）
大学進学生	約256（38%）
大学院生	約15（2%）
大学卒業生	約50（7%）
祖国進学	約24（4%）
組織活動家	約80（12%）
各級学校教員	約180（27%）
技術者	約70（10%）
合計	675名

③高級学校卒業生進路（1961年）

状況	内訳
帰国して進学	11%
朝大進学	21%
日本の大学進学	9%
教員	16%
組織機関	22%
個人企業	4%
家事	10%
その他	7%

典拠：①総連教育文化部「1959-1960学年度各高級学校卒業班進路希望調査統計表」（1959年11月）より作成。本調査は全国9つの朝鮮高級学校に通う生徒605名を対象に行われた調査である。
②東京朝鮮中高級学校「学校案内　学生募集要綱1959～60学年度」の「高校卒業生動態」より作成。1948～58年までの同校高級部卒業生（902名）のうち、675名（およそ75%）の状況が記されている。この数は、進学・就職した卒業生のみを対象としていると考えられる。
③在日本朝鮮人教職員同盟中央委員会「教同第13回定期大会に提出する事業総括報告及び今後の方針」（1961年5月21日）の「高級学校卒業生の進路」より作成。本調査は1961年3月の東京、神奈川、愛知、神戸の高級部卒業生298名を対象に行われた。
註：網掛けが帰国と関連する項目である。

数に占める帰国者数の割合を年度別に整理したものを表3-4に示そう。

　全ての学校ではなく、また地域ごとの差も無視できない（特に60～61年の福岡県および山口県での割合は全体のそれより10ポイント近く高い）が、実際に帰国した者、あるいは帰国できた者が全体として決して多くなかったことが、ここから読み取れるだろう。

　基本生産技術教育が消滅する背景には、こうした当時を生きる在日朝鮮人たちが置かれた現実や、見据える将来像があった。1961、2年になり、帰国の盛り上がりが徐々に落ち着き、1～4%程度の子どものみが帰国する、すなわち逆に言えば、ほとんどの子どもたちが（差し当たりは）帰国せずに日本で生活していくということが明らかになってきた今、「帰国して直接祖国建設に貢献する」という意義づけは広範な支持を得られるものではなくなった。内実が骨

表 3-4 帰国者数の割合 (1957 ～ 1965 年)

年度	初級学校			中級学校		
	就学者数	帰国者数	割合	就学者数	帰国者数	割合
1957	2422	0	0.0%	2410	1	0.0%
1958	2446	0	0.0%	2435	0	0.0%
1959	3420	244	7.1%	3025	270	8.9%
1960	4825	1004	20.8%	4824	661	13.7%
1961	4605	678	14.7%	5408	550	10.2%
1962	4356	79	1.8%	4990	251	5.0%
1963	3995	67	1.7%	4539	97	2.1%
1964	4271	42	1.0%	4322	79	1.8%
1965	4079	69	1.7%	4026	74	1.8%

年度	高級学校			全体		
	就学者数	帰国者数	割合	就学者数	帰国者数	割合
1957	1469	4	0.3%	6301	5	0.1%
1958	1559	4	0.3%	7414	4	0.1%
1959	1987	75	3.8%	9837	589	6.0%
1960	2693	156	5.8%	12122	1821	15.0%
1961	2454	402	16.4%	12218	1630	13.3%
1962	2735	144	5.3%	11720	474	4.0%
1963	3450	88	2.6%	12260	252	2.1%
1964	4012	70	1.7%	12413	191	1.5%
1965	4644	116	2.5%	12749	259	2.0%

典拠：以下の学校の『学校沿革史』中の就学者数および帰国者数より筆者作成。埼玉初級、西東京第一初中、東京中高、愛知中高、京都中高、東大阪中級、堺初級、城北初級、大阪福島初級、東大阪第三初級、東大阪第四初級、東大阪第五初級、神戸中高、伊丹初級、高砂初級、飾磨初級、西播中級、西脇初級、川辺初級、宝塚初級、網干初級、有馬初級、広島第一初級、下関初中、九州中高、小倉初級、八幡初級、福岡初級の計 28 校。
註 1：ただし以下の学校・年度に関してはデータが欠けている。埼玉初級 (1957 ～ 1960)、東大阪中級 (1957 ～ 1960)、堺初級 (1957 ～ 1958)、城北初級 (1957 ～ 1959)、下関初中 (1957 ～ 1958)、小倉初級 (1957 ～ 1958)、八幡初級 (1957 ～ 1958)、福岡初級 (1957 ～ 1959)。
註 2：東京中高の帰国者数は 1959 および 1960 学年度に関して中級部と高級部が分別して記されていなかったため、全て中級部の帰国者数として計算した。

抜きにされている現実の側面からも、また大義名分としても、基本生産技術教育を掲げる積極的意味は希薄化していったのである。

朝鮮学校が各種学校認可取得運動に本格的に取り組み始めるのも[*29]、また次

[*29] 教育会の第 7 回定期大会（1964 年 6 月）において「今後我々は未認可自主学校に対し「学校設置認可」と未認可県教育会の「法人化」を獲得する事業を強力に展開していきます。学校設置認可と県教育会法人化は我々が当然持たなければならない神聖な権利であり、これは教育事業

章で見るように在日朝鮮人用の教科書が編纂されるのも1963、4年頃であり、基本生産技術教育の強化方針が消滅していく時期と重なっている。朝鮮学校は、帰国事業という大きな出来事を経ることによって、むしろ、日本にある教育機関であり、日本に住む朝鮮人の子どもたちのための教育を行っていくという性格が改めて確認されたのである。

こうして1956年頃から推進された基本生産技術教育は、1963年前後に朝鮮学校の教育の中から姿を消していった。教育を、ある共同体に所属する人々が、その共同体の未来を見据えて取り組む集団的な営みと捉えるならば、未来の共同体構成員の再生産にとって必須ではないと判断された内容は、自然に淘汰されていくと考えられる（逆に必要と捉えられたものは次々と取り入れられていく）。基本生産技術教育は、在日朝鮮人の見据える未来にとって、必須のものではなくなっていったのであった。

本国教育の移植は、破壊された教育体系を再構築するうえでも、また脱植民地化が求める国民国家性を活用するうえでも、1950年代の朝鮮学校にとって非常に有効な選択であった。ただし移植は、朝鮮学校の教育を祖国と同様なものにすること——言わば「教育を祖国化」することとイコールではない。1950年代後半の朝鮮学校で見られた「教育の祖国化」は、置かれた現状、想定された将来に接する中で、「教育の祖国化」そのものを自壊させる多くの矛盾を生じさせることになったのであった。

だが矛盾の顕現は発展の契機でもある。朝鮮学校はこうした矛盾に直面したからこそ、その矛盾を解消するための教育——脱植民地化のために国民国家性を動員するが「祖国化」するのではない在日朝鮮人の現状を踏まえた教育——を試行錯誤の中で創造していくことになる。こうした対応の具体相に、朝鮮学校における脱植民地化のための教育の特徴が見出せるはずである。続く第4章では、1963年の教科書改編を取り上げよう。

において最も重要な事業の一つです」とされている。それ以前にも各種学校認可取得の運動課題は示されているが、「最も重要な事業」、「神聖な権利」とまで位置付けられたのは、この大会以降である。在日本朝鮮人中央教育会常任理事会「在日本朝鮮人教育会第7回定期大会　文献集」（1964年6月）、26頁。

第4章
教科書の創造

第一節　本国教科書の限界

　第2章で見たように、全国の朝鮮学校では1954学年度から、共和国の教科書の翻刻使用が始まった。朝連の強制解散と学校閉鎖措置によって、新たな教科書を編纂するための体制が整わない中、共和国への帰国も見据えながら、共和国教科書の翻刻版が用いられることになったのである。

　翻刻教科書の使用は、祖国と「同等な水準」の教育を担保すると積極的に評価されもしたが、一方、その内容に関して、実際に教科書を使用する教員たちから疑問の声が上がっていなかったわけではない。

　1954年12月28日、東京では「新学年度教科書刊行に関する討論会」が開かれた[*1]。討論会には都内の朝鮮学校（当時は都立朝鮮人学校）の教員が参加し、翻刻教科書をめぐる様々な問題を議論している。ここで、討論会に参加したある教員は、討論の内容を以下のようにまとめている。「①私たちが住んでいる日本という具体的な環境に合わない。日本の生活と■■〔解読不能〕、内容の程度が高くて難しく、量が多く、すべて教えられない。②国旗と肖像を教科書から抜いた方が良い。民団系の学生を包摂する上で邪魔になっている。③挿絵に戦争に関するものが多い。平和教育を行う上で支障となる。④南北統一に対する願いを持たせるような教材がない。そのため祖国の呼び掛け文〔호소문〕を支持する教材を入れる必要がある。⑤教科書の内容が日本の労働階級に承認される内容にならなければならない。共和国教科書をもってしては、支持を得

---

*1　「1955年度用教科書編纂出版および当面のその使用に関する討議資料」という文書資料に付されたメモ書きより。このメモ書きには、「新学年度教科書刊行に関する討論会」で出た意見や、討論会に参加したメモ作成者の感想などが記されている。作成者、作成年は不明であるが、「朝教組」といった単語があることから、都立朝鮮人学校の教員が、1955年初頭に作成したものと推察できる。

ることができない」*2。

　このメモからは、翻刻教科書に関する都立朝鮮人学校の教員たちの評価の一端が見て取れる。都内朝鮮学校の教員たちが政治体制の支持や所属団体を問わず、広く在日朝鮮人の子ども全体を教育対象に据えていたことや、平和教育、南北統一を志向するための教育の実施を目指していたこと、また「日本の労働階級」からの「承認」を意識していたこと等が窺えるが、特に注目したいのは第一点目である。「私たちが住んでいる日本という具体的な環境に合わない」。当然のことではあるが、共和国の教科書は、共和国で生活する子どもたちのためにつくられた教科書である。教員たちは、翻刻教科書が日本で生活している朝鮮学校の子どもたちに適さない側面があるということを、教科書の使用経験から見出し、その問題点を共有していたのであった。

　メモには、「日本での我々の教育は、共和国公民としての教育教養を与えることなのではなく、共和国公民になるための教育教養を与えるものである」という朝教組書記長の発言も記されている*3。共和国で日々生活をしている共和国在住の子どもたちへの「共和国公民としての」教育と、旧宗主国日本において「共和国公民になるため」の教育とは異なっており、後者である朝鮮学校が前者の教科書を使用する矛盾について指摘したものと捉えられよう。

　討論に基づき、朝教組委員長は「現実的な政治情勢を見ると、教科書問題を考慮せざるを得ない為、この教科書は使うことができない」と述べ、「3学期からは他の教科書をプリントして使用する」ことが決定された*4。1954年末の都立朝鮮人学校は、10月の都教委からの学校廃止通告を撤回するために交渉を繰り返しており、都教委の都立朝鮮人学校廃止理由の一つに「偏向教育」が挙げられている中、朝鮮学校側が翻刻教科書を使用できないとした決定の背景に「政治情勢」があったことは確かである。とは言え、討論の内容を踏まえるならば、祖国と「同等な水準」の教育を担保させるものとして民戦によって高く評価されていた翻刻教科書の使用を中止する建前の理由として「政治情勢」

---

*2　同上、メモ書きより。
*3　朝教組とは、1950年11月末に結成された東京都立朝鮮人学校教職員組合の略称である。東京都立朝鮮人中・高等学校の教員として有名な梶井陟は、朝教組結成大会における日本人教師側の議長を務めている。詳しくは、梶井（1966）を、参照されたい。
*4　前掲、メモ書きより。

をあげているとも捉えられる。

　翻刻教科書が朝鮮学校の教育に適合していないという現場の声を受け、総連中央においても、朝鮮学校の教育にとって、より適切な教科書を作成するための対策が、次第に本格化する。1956年10月24日～26日にかけて開かれた総連中央委員会第7回会議で、新たな教科書を編纂するための方針が決定される[*5]。翻刻教科書の使用開始から、わずか3年のことである。これを受け、11月2日には初級学校の教科書編纂委員会が、8日には中高級学校の教科書編纂委員会が開かれる。会議では「共和国の教科書をそのまま使用するうえでは、学制、季節の差異、学生の日本語常用と社会環境の差異等、考慮しなければならない点が多い」との認識の下[*6]、「祖国教科書を日本の現実にどのように創造的に利用するのかという問題が討論」された。各校種の委員会は、その後分科（科目）別に会議を行い、11月23日に再び全体の編纂委員会が開かれ、意見が集約された。

　編纂委員会は「こうした問題〔教科書改編の問題〕は、独立国家国民＝共和国公民としての教育教養を行うという基本観点から考慮される問題である。そのため教科書によっては、特に初級学校低学年においては、語彙分量、挿絵等、考慮する点が少なくない。こうした点を改編するうえでは、共和国教科書が持っている科学的な体系性、高い思想性、豊富な内容を深く研究し、基本的には共和国教科書と違わない方向で編纂事業が推進されなければならない」と編纂方針を決定し、「来年度（1957学年度）の教科書問題に関しては、一部の教科書は改編もしくは学年調節を行い、残りの教科書はそのまま使用」することと

[*5] 総連教科書出版委員会「教科書編纂月報」第1号（1956年11月）。発行者名は「総連教科書出版委員会」と記されているが、第2号からは「総連教科書編纂委員会発行」と改められている。この月報は「総連教科書編纂委員会の事業の一つとして」発行が開始される（第1号の編集後記部分）。その目的は以下のように説明されている。「日本で私たちの後代を教育するうえでも、祖国教科書を創造的に利用するための貴重な経験、意見、要求が広範に提起され、これが総合的に検討され、祖国教科書を創造的に利用するための助けとならなければならない。そうすることによって、祖国の配慮に応えることができるだろう。この意味で、教科書と教科書編纂事業に対する意見と要求が提起されることを望み、投稿を歓迎する。教科書出版に対する意見、その他の意見も歓迎する」。各地朝鮮学校の様々な意見を集約して教科書を改編するために、まず、総連中央に設置された教科書編纂委員会の事業の進捗状況や討議過程を開示することにしたのだと考えられる。

[*6] 同上、1頁。

した*7。こうして1957年には、初級学校1学年および中級学校1学年の音楽教科書が「祖国から送られてきた音楽教材とその他の教材に基づき」新たに作成され、また算数教科書も「祖国から新版教科書が到着し、それに基づいて編纂」されることとなった*8。

教科書改編のスタンス

　教科書の改編、また課程案の策定といった朝鮮学校の教育内容と関わる議論や政策文書において、度々登場するのが、共和国の教育や方針等を「創造的に適用する」、「創造的に利用する」という表現である。この表現には、朝鮮学校において単に共和国と同様の教育を行えば良いということではなく、かと言って在日朝鮮人の都合だけを視野に収めた教育をするのでもない、共和国の海外公民としての在日朝鮮人の教育を行っていくべきだという意志が込められている。あくまでも本国の教育との関係性の中で朝鮮学校の教育を定位する——これが「創造的な適用」という言葉によって表現された、朝鮮学校の教育のつくり手たちに求められた教育へのスタンスであった。

　教科書改編に関する総連中央の方針にも、こうしたスタンスが明確に現れている（下線は引用者）*9。

　　教科書問題を検討するうえでの原則的な問題は、共和国の教育者が共和国の青少年に教育・教養を行ううえで、当然共和国の教科書を使用しなければならないということです。それは、どの国の教科書であっても、編纂の目的と指向性においてその国の社会、経済制度を反映しているためであります。そのため、全ての教育者〔＝朝鮮学校の教員〕は我が国家制度の素晴らしさを理解する問題と関連づけ、共和国教科書が持っている科学的な体系性と高い思想性、豊富な内容に対する深い研究を、自分自身の問題として不断に継続しなければなりません。

＊7　同上、2頁。
＊8　総連教科書編纂委員会「教科書編纂月報」第3号（1957年2月28日）。課題として提起されていた、図工や社会、体育の教科書は編纂されていない状態が続いた。
＊9　総連中央常任委員会「総連中央委員会第八回会議に提出する教育問題に関する議案（草案）」（1957年3月7～9日）。

勿論我々が共和国教科書を使わなければならず、また研究するということは、我々の教科書が持つ部分的な欠陥を指摘してはいけないとか、あるいは日本の現実に適合しないものまで、機械的に適用しなければならないということではありません。<u>問題は正反対であります。</u>

　<u>共和国の教科書を深く研究することによってのみ、それが持つ長点と不充分な点がどのようなものであり、日本という具体的な現実に創造的に適用するためには、どの部分をどのように改編しなければならないのかということが、一層明確になるでしょう。</u>こうした観点で、東京教同、朴尚得（パクサンドゥッ）教員が、初級学校教科書のすべての語彙30万個以上の調査を完成させていっている業績を、我々は大きく評価しなければならないでしょう。教科書に対するこうした具体的な調査研究事業なくして、忠実な教科書改編事業が推進されるはずがないでしょう。

　しかし一部の教員たちの中には、教科書問題を提起する際、我々の教科書をより使いやすくしようとする具体的な努力よりも、欠陥だけを先に指摘することに性急になり、ある教員たちは第三者的な立場から我々の教科書を形式的に日本の教科書と対比し、日本の教科書の優れたところだけを強調する偏向も、部分的に現れています。

　我々はこうした点に留意し、これからの教科書検討事業を次のような観点で組織しなければなりません。

　第一に、祖国で1960年を目途に全面的な教科書改編事業が推進されている実情に照らし、日本でもこれに歩調を合わせ、祖国の教科書を日本という具体的条件において一層使いやすく、実情に合うように改編する事業が、早めに着手されなければなりません。改編される教科書が出版されるまでは、現在の祖国教科書を使用し、分量が多いものは適当に削減し使えるように「教授指導要領」を作成する。また教員に対する「教授法」解説事業が広範に組織されなければなりません。

　第二に、教科書検討事業を組織する上では、東京やその他の一部の地方で推進しているように、現場の教員の貴重な実践経験と創造的な研究活動が効果的に総合されることができる集団的な組織体系が確立されなければなりません。

第三に、教科書編纂委員会組織を強化し、教科書編纂事業を全ての教員との協同事業として組織し、具体的な改編事業計画を立てなければなりません。
　教科書検討事業と並行し、各級学校教授要綱と課程案検討事業が組織、推進されなければなりません。

　朝鮮学校の教育は、共和国の教育者が共和国の子どもたちを共和国の教科書を用いて行うものという原則的立場を堅持しつつも、共和国の教科書を「機械的に適用」するだけではいけないし、かと言ってそれを「第三者的立場から…形式的に」批判するのもいけない。共和国教科書の長点短点を具体的かつ慎重に精査した結果をもって、共和国教科書を「日本という具体的な現実に創造的に適用」した時にこそ、原則的立場に抵触しない朝鮮学校のための教科書改編が実現するであろう。これが教科書改編事業に対する総連中央の姿勢であった。
　教科書改編にあたって、現場教員からの建設的批判を奨励し、「教科書編纂事業を全ての教員との協同事業として組織」するという方針は、規模の小さい朝鮮学校ならではの機動性を活かしたものであった。実際、現場教員らは「具体的な調査研究」を行い、その結果を発表、共有している。
　東京朝鮮中高級学校の教員朴尚得は、総連中央教育部の協力の下、初級学校新入生を対象に語彙力調査を実施し、その結果を第1回東京教研で報告している[*10]。ここで朴は、「祖国の児童に比べ、私たちの新入児童がほとんど朝鮮語を知らないという実情に合わせ、最小限、新入生用教科書は、文字の勉強を基本としたものではなく、言葉の勉強を基本に置いて編纂すること」を提起している。翻刻教科書は、朝鮮語語彙数が在日朝鮮人の子どもとは比較にならない程多い共和国の子どものために作られたものである。朴は、実態調査に基づき、まずは文字よりも言葉（書き言葉よりも話し言葉）から入ることによって、系統的な朝鮮語教育の円満な展開が保障されると判断し、そのためには初級学校1年生に限ってでも、在日朝鮮人用の教科書を編纂するべきであると提案している。そして「これ〔新入生用の教科書編纂〕に関して、すでに我々が用いてい

＊10　朴尚得「私たちの言葉と私たちの教育――いくつかの提起」在日本朝鮮人教職員同盟東京本部編『第一次東京教育研究集会　研究報告』(1957年5月)、423-429頁。

写真 4－1 「発射後の砲弾の弾道」『物理』(中 2、1957 年翻刻教科書)、83 頁

たことのある教科書、特に 1950 年度版教科書が多くの幇助をくれることを確信する」としている。つまり翻刻教科書使用以前に用いられていた在日朝鮮人による独自編纂の教科書の方が、少なくとも初級学校 1 年生にとっては適当であると結論づけている。

　他にも第 1 回神奈川教研では、初級学校国語教科書に関して「5、6 学年では戦闘記が全単元の約 20％、頁数の約 28％を占めて」いることが報告され、在日朝鮮人の子どもたちの生活現実と教科書で描かれる戦闘記との間に小さくない乖離があることが指摘されている[*11]。植民地期の抗日武装闘争や、朝鮮戦争での共和国人民軍および民衆の闘争は、ナショナル・アイデンティティを涵養するうえでは格好の材料であったが、しかしそれを差し引いても在日朝鮮人の子どもたちに戦闘記は適した教材ではないと、現場の教員たちは判断していたのであった。

　写真 4－1 は、中級学校 2 年生の『物理』教科書に示された、放物線運動に関する挿絵である。放物線運動の例として、「発射後の砲弾の弾道」が示されている。無論この例が科学的に間違えているわけではない。しかし朝鮮学校の

[*11] 鶴見教同分会「国語教科書の実情と学生が持っている能力、理解程度の実情調査」(1957 年 6 月)、参照。

子どもたちにとって、放物線運動をイメージするための適した例であるとは言えないのではないか。当時の教員たちは、こうした在日朝鮮人の生活との乖離を指摘していたのであった。

その後、初級学校の国語をはじめ、いくつかの教科書では、分量上の対策として、数個の課が削除されたり移動されたりしているが、1958年5月の段階においても、「在日本という具体的条件下での祖国教材を創造的に改編する問題は、今後の研究課題であり目標である」とされていた[*12]。1957年の教科書改編事業の方針に示されたように、総連中央では共和国の教科書が改編された1960年以降、それらを在日朝鮮人の現状に「創造的に適用する」ための教科書編纂事業が取り組まれる。1963年、ついに新たな教科書が完成する。

第二節　1963年新版教科書——「創造的な適用」の内実

1963年4月に新たに編纂された教科書は、国語（初級1～6、中級1～3）、文学（高級1～3）、歴史（初級5～6、中級1～3、高級2～3）、地理（初級5～6、中級3、高級2）、初級1学年用の算数、計24種である。

総連中央教育部は新教科書の発刊に際し、「1963～64学年度　新版教科書の取り扱いに関する要綱」（以下「要綱」と略記）を出し、その編纂主旨、使用上の注意等について周知している。「要綱」によれば、民族教科を中心とした教科書がまず編纂された理由は、「まさにこのような科目は、祖国の眩い社会主義建設の姿と燦爛たる歴史、文化、自然、地理に対する認識を在日朝鮮青年に与えることによって、社会主義愛国主義教養をどの科目よりも、一層強化できるために、優先的に編纂することになった（1学年算数は、それをとおして主に母国語発展を期することに意義があると見た）」とされている[*13]。理数系科目や外国語科目よりも、いわゆる民族教科とされる教科が共和国国民として必要な認識を一層育むものと判断されたため、それらの教科書が優先的に編纂されたという。翌1964年には理数系の教科書も新たに編纂、出版されている。

[*12] 総連教科書編纂委員会「教科書編纂会報」第6号（1958年5月15日）。
[*13] 在日本朝鮮人総連合会中央常任委員会教育部「1963～64学年度　新版教科書の取り扱いに関する要綱」（1963年4月）、1頁。

1963年新教科書以降は、奥付から「翻刻印刷」という表記が、また表紙の次のページに記された「朝鮮民主主義人民共和国教育省批准」といった表記や執筆者名の表記がなくなり、編纂は「総連中央常任委員会教科書編纂委員会」となった。編纂委員会のメンバーは不詳であるが、例えば1958年、翻刻版の教科書がない『音楽』教科書の編纂に関し、「音楽教科書の発刊は東京教同〔教職同のこと〕の音楽教員たちが中心になり、数年間に及ぶ集団的研究により得た成果だ。特に徐庭協(ソジョンヒョプ)教員をはじめとした数人の教員たちの特別な努力により結実した」とされていることなどから[*14]、学友書房の職員、朝鮮大学校の教員とともに、教育経験の豊富な学校現場の教員も編纂に携わっていたと考えられる。新教科書では、フォントサイズも以前より大きくなり、表紙もカラーになった。冒頭に教科書内容に即したいくつかの写真が掲載されているものもあり、子どもたちにより親しみやすいつくりとなっている。

「要綱」は新教科書について、「祖国から遠く離れた異国で勉強するという実情」を考慮してつくられたとしている[*15]。新教科書の編纂の際になされた考慮とはいかなるものであったのか。翻刻教科書から新教科書への移行に伴う教科書の内容的な変化を三つの面から捉え、「創造的な適用」の内実を探ってみよう。

(1) 在日朝鮮人の視点、生活の導入

内容的な変化の第一は、在日朝鮮人の視点、在日朝鮮人の生活が扱われるようになったことである。「要綱」では、「祖国の建設の姿、祖国での生活内容を教科書に反映する一方、日本での同胞たちの生活、日本の実情も多く反映し」、例えば国語教科書は、以下の3つを主たる教材のテーマとして編纂したとされる[*16]。

　①祖国の生活を内容とした教材（祖国の社会主義建設の姿、祖国の人民と特に在日同胞の生活を反映して、祖国に対する愛情と民族的自負心を培養する）

[*14] 総連教科書編纂委員会「教科書編纂会報　第6号」(1958年5月15日)、8頁参照。
[*15] 「要綱」、1頁。
[*16] 同上、1頁。

②日本での同胞、学生の生活を内容とした教材（在日同胞、学生の生活の中で、祖国を憧憬し、祖国を愛することができる内容の教材を選択し反映した）

　③立地条件に関係なく、共通で学ぶことが出来る教材（すなわち、我が国の歴史と文化、自然、地理に関する教材を念頭に置いたもの）

　立地条件とは、どこに住んでいるかという意味である。①、②に示されているように、教科書内容の大きな軸として「祖国」というテーマが置かれてはいるが、その「祖国」を眺める主体・目線は在日朝鮮人になり、また在日朝鮮人の生活や歴史を描く教材も扱われるようになった。

　具体的な例として国語教科書を見ると、以下の様な課が新設されている。朝鮮学校への編入生を題材にした「スンジャさんを迎えて」や「祖国から来た手紙」（初2）、「新校舎落成の日」（初4）、『社会の勉強』教科書（1953、4年頃に作成。第8章で詳述する）で扱われていた「私たちはなぜ日本に住むことになったのか」（初5）、共和国からの教育援助費と奨学金に関する「教育費をもらった日」（初6）、「ウリハッキョ」、「大運動会」（中1）、「帰国船を迎え」、「在日本朝鮮人総連合会」（中3）、帰国船に関する「新潟の埠頭で」（高1）、「総連が歩んできた日々」（高2）、「国語講習所」（高3）等、在日朝鮮人や朝鮮学校の歴史、また民族団体を扱った内容の課が新たに設けられている。

　さらに、新設という対応ばかりでなく、翻刻教科書と同様のタイトルであるが、内容を在日朝鮮人に合わせて変更している課もある。例えば初級学校2年生の国語教科書には「私の姉」という課がある。翻刻教科書（1961年）では、「私の姉はトラクターの運転手」であり、「姉は模範トラクター運転手として国から勲章を」もらい、そのような姉を「誇りに思う」私が描かれているが[*17]、新教科書の「私の姉」では、「私の姉は朝鮮大学に通って」おり、「勉強を頑張れと手紙を送って」くれたり、夏休み等で「家に帰って来た時に楽しいお話をたくさんしてくれて勉強もよく手伝ってくれる」、というストーリーに変わっている[*18]。家族について語るという同様のテーマではあるが、共和国に住んで

[*17] 『国語　初級学校第2学年用』（学友書房、1961年）、66頁。
[*18] 総連中央常任委員会教科書編纂委員会『国語　初級学校第2学年用』（学友書房、1963年）、36

いる「私」から、日本で生活する「私」に主人公を変え、その内容を在日朝鮮人の生活に接近させようとしていることが分かる。

また、翻刻版国語教科書の「ラジオ」という課では、「お母さんが工場で、仕事を頑張ったと国から賞でもらった」ラジオから「はるか遠くのモスクワからのニュース」が聞こえ、「ソ連に勉強しにいった兄にもっと会いたく」なる「私」が描かれているが、新教科書の同じ題目、同じ挿絵の課では「お父さん」が「百貨店で購入したラジオ」から「平壌中央放送局」の歌声が聞こえ、「勉強してラジオの秘密」を明らかにしようと決意する「私」が描かれている。私が置かれた生活環境が、共和国から日本のそれへと変化していることが分かるだろう。

さらに、在日朝鮮人の視点の導入や在日朝鮮人の生活を取り入れるという編纂方針は、挿絵に登場する建物や人々の服装、髪型、また教材で扱われる子どもたちの遊びの選定にも貫かれている。すなわち「形式の上では、できるだけ祖国のものを基本に据えた。遊戯は主に祖国で行うものを基本に、服装、挿絵の背景も祖国のものを扱う方向にした。しかし一部の建物、服装、髪型は在日同胞のものを扱い（その際は端正な服装を選んだ）、内容上不可避な場合には、日本の背景を扱った（実例として、初級1学年の国語、算数での女性教員、女子学生の服装と髪型、初級2学年国語のかくれんぼの挿絵といったものを挙げることができる。）」という[*19]。教材内容の言わば「背景」部分に関しても、共和国のものだけでなく、在日朝鮮人の子どもたちに、より馴染みのあるものを取り入れる工夫がなされたのである。

このように新教科書では、翻刻教科書では扱われていなかった在日朝鮮人の歴史やその生活に関わる内容を取り上げ、また共和国での生活や人々の視点で描かれた教材を在日朝鮮人のそれへと移すことをとおして、在日朝鮮人というテーマが教育内容に台頭することになる。これは翻刻教科書が想定している共和国の生活と在日朝鮮人のそれとがあまりに乖離していたためにとられた方法的な対処であった（日本では私の姉が模範トラクター運転手として国から勲章をもらうことはない）が、同時に在日朝鮮人、また朝鮮学校就学経験者としての共

－37頁。
[*19]「要綱」、2頁。

通認識や記憶を、教科書によって生成・強化・維持する機能も有していたと言える。

(2) 漢字表記の再開

　第二に、教科書を記述する文字の変化である。1950年代の共和国では、漢字使用を徐々に廃止していく方針がとられていたため、翻刻教科書では漢字が一切登場しない。しかし新教科書では、ハングルを基本的な記述言語としながらも、新出概念や日本語の固有名詞を漢字で表記することになった。朝連期の教科書でも適宜漢字が用いられていたが、そうした記述方式が再開されたのである。漢字表記再開の理由は以下のように説明される[*20]。

　　漢字問題では、初級3学年国語以上およびその他の科目（1学年算数除外）で、漢字を混用した。それは在日同胞が、南半部〔朝鮮半島の南側、韓国のこと〕と手紙のやり取りをし、実際漢字を使用していること、日本の教科書で漢字を使っており、日本語をとおして漢字を知っているという事情と関連する。
　　漢字の範囲は、初級国語3学年～6学年の漢字は、日本の小学校1～4学年で習う漢字の範囲を用い、中級国語1学年～3学年では、日本の小学校5学年～中学3学年の漢字範囲を用い、高級文学では、制限を設けず、漢字を使用した。日本の当用漢字を参考するにあたっては、もちろん我が国〔共和国〕の漢字導入方式に従い、補充、削除を行った。
　　このように国語、文学で採用した漢字を基準として、隣接科目では、学年を一つ下ろして漢字を適用した。例えば、中級1学年の朝鮮史では、初級6学年までの国語教科書に出てくる漢字を扱った。しかし隣接科目では、当該科目の特性を考慮して（例えば地名、人名、国名）多く補充し、一般叙述と関連した箇所では多くの漢字を扱うことはしなかった。
　　頻度数が高い漢字は高級学年に上がるにつれて漢字比重が多くなることを考慮し、約10回程度出たら、再びウリクル〔ハングル表記〕に戻した。

[*20] 同上、2-3頁。

漢字は日本で用いられている略字を扱った。

　漢字表記に関しては、実はかねてから日本語科目担当の教員たちによって意見提起がなされていた。第1回東京教研では「共和国では漢字を全廃する方向に進んでおり、それと反対に漢字を徹底的に教えるということは若干矛盾のようなものを感じる。しかし現在、漢字をすぐに廃止できない日本の実情を理解し、日本の全ての出版物が漢字を文章の重要な表現手段として使用している以上、私たちもまた、学生たちに充分な漢字読解力を付与しなければならない」と議論されている[*21]。多くの在日朝鮮人の故郷である南朝鮮地域の人々と手紙のやりとりをする際に使用するという理由も興味深いが、日本で生活する在日朝鮮人にとって漢字の習得、使用、それによる思考は避けては通れないものだったのである。

　漢字を全廃する共和国の方針を見据えながらも、学校以外の日常生活で触れるほぼ全ての文字が日本語の文字体系であり、多くの子どもたちの第一言語が日本語であるという現状を考慮し、教科書記述内容の理解を促進するためにも、教科書をハングルのみで記述するのではなく、漢字表記を織り交ぜるという記述スタイルが再び導入されたのであった。ただし、いくら上のような現状があっても、ひらがなやカタカナ表記が採用されているわけではないことには注意されたい。朝鮮学校の教科書はあくまでも、ハングル表記を基本とした教科書である。基本的にはハングルで記述されながらも、要所が漢字で記述され、しかしひらがなやカタカナは用いないというスタイルが、「創造的な適用」のあり方であった。

　教科書で取り扱われたり、あるいは取り扱われない漢字の種類も、朝鮮学校教育の固有性を示しており興味深い。以下は「要綱」で示された初級学校国語教科書の漢字に関する説明である[*22]。

　　初級学校国語では、3学年から漢字を混用した。漢字は3学年で27字、
　　4学年で80字、5学年で114字、6学年で158字の新しい漢字を扱い、総

[*21] 在日本朝鮮人教職員同盟東京本部「第一次東京教育研究集会　研究報告」(1957年5月)、189頁。
[*22] 「要綱」、6頁。

じて379字である。漢字は日本学校の国語1～4学年間の新出漢字を基準としたが、次のようなことを考慮し補充、削除した。

・補充したもの——常用的な単語（「人民」において、「民」は補充的に扱ったものだ）、祖国と特に関連した単語、すなわち国名、首都名、地方名（朝鮮、平壌等）。

・削除したもの——仕方なく削除したものが大部分である（例えば「石」は、既に3学年で扱えるが、「石」自体では朝鮮語で使われず、また他の字と合わせた単語として使おうとすれば、その字はまだ学んでいない漢字であるため、仕方なく削除した）。こうしたものには、日本語では漢字一文字で使われるものが多く該当する（耳、鼻…）。

朝鮮学校の教科書においても、日本の小学校1～4学年で学ぶ漢字が使用されるが、しかしあくまでも教科書記述言語は日本語ではなく、朝鮮語である。そのため、朝鮮語の中の漢字語の単語は漢字で表記することができるが、上記のような石、耳、鼻といった、朝鮮語では漢字表記のない固有語の単語を記述する際には、その漢字が学年相当のものであっても用いることはできなかった（無論それらの漢字は、日本語の授業で扱われている）。逆に、「朝鮮民主主義人民共和国」や首都「平壌（ピョンヤン）」等、朝鮮学校の教科書の文脈において頻繁に用いられる漢字に関しては、学年範囲外のものであってもその使用が求められたのであった。

(3) 日本社会や自然の取り扱い

第三に、日本社会や日本の自然に関する内容が取り入れられたことである。

地理教科書

まずは地理教科書を見よう。新しい地理教科書は「在日朝鮮学生が日本で生活していることを考慮して、日本地理を独立的な題目として設定し教科書を編纂した」とされ[23]、「地球編」、「朝鮮半島編」[24]と並行して、「日本編」が設け

---

[23] 「要綱」、24頁。
[24] ここでは「朝鮮半島編」と訳出したが、直訳すれば「私たちの国（「우리 나라」（ウリナラ））編」

られ、日本地理が扱われるようになっている。83頁の教科書の内、15頁が日本地理に充てられ[*25]、三学期の16時間が配当された[*26]。扱われているのは「位置と大きさ」「自然条件」「住民と都市」「工業」「農業」「水産業」「運輸」の7テーマである。

　日本の地理や経済が扱われるようになったのは、在日朝鮮人が生活している日本社会に関する必要な知識を獲得させるためであるが、その記述のトーンも興味深い。例えば以下のようである。

　「東京（人口980万）は日本の首都であり、政治、経済、科学、文化、交通の中心地である。東京の政治的中心地は千代田〔ハングル表記の後「（千代出）」と漢字表記。以下同様の記述は〔※〕を附す〕区であり、商店街となっているのは銀座〔※〕である。大森〔※〕、蒲田〔※〕は工場地帯で、上野〔※〕には公園、美術館、動物園等がある。大阪は日本4大工業地帯の一つで「煙の都」と呼ばれてきた。紡績、金属、機械工業が発展しており、色々な日用品も多く生産する。大阪は江戸〔※〕時代から商業の中心地で住民中85％以上が商業と工業に従事する」、「日本はアジア資本主義国の中でも最も工業が発展した国である」、「日本は世界でも水産業が発展した国の一つである。海で囲まれた日本沿海に暖流と寒流が流れているため、様々な種類の魚が多く捕れる」、「日本は四方に広がる各地域を連結し違う国と貿易をするために、海を通した交通がはやくから発展した。大きな港としては横浜、神戸、大阪、長崎等がある」。

　このように『地理』教科書では、次節でみるようなイデオロギーに基づく価値的な評価（例えば同じ教科書で共和国を扱った章のタイトルは「富強な我が祖国」、韓国のそれは「日々衰退していく南朝鮮経済」となっている）はもちろん、在日朝鮮人にゆかりの深い地であってもそうしたことが触れられず、言わば「淡々とした叙述」が続く。

　　と記されている。軽重の差はあるが教科書で扱われているのは朝鮮半島全体の地理であるため、このように訳出した。後述する在日朝鮮人が直面する「ウリ（私たち）」問題というアポリアとも関わるが、「우리 나라（私たちの国）」は、文脈に応じて、共和国を指したり、あるいは朝鮮半島全体を指すこともあった。

*25　総連中央常任委員会教科書編纂委員会『地理　初級学校第6学年用』（学友書房、1964年）、69－83頁。
*26　「要綱」、24頁。

「要綱」では日本編に関し、「科学的深さよりも、生活上必要な日本の地理の知識を与えることを目的とした」旨が示されており[*27]、資本主義よりも社会主義が優れているという判断を含む「科学的深さ」よりも、必要最低限の「日本の地理の知識を与える」ため、こうした淡白な叙述になったのかもしれない。
　またここには、「日本」に関わるものを教育内容として取り上げる際の、ある種の警戒も存在するのではないかと考えられる。そもそも地理は、国語、歴史と並んで、朝鮮学校の教育内容の中核である民族教科を構成する科目として位置づけられてきた。学校閉鎖の際、転校先の日本の学校や特設学級、あるいは公立朝鮮学校において、在日朝鮮人らがその実施を強く求めたのが国語、歴史、地理であったし、また日本政府が公立学校内での実施を禁じたのもそれらである。朝鮮半島の経済や自然を扱う地理科目は、朝鮮学校の子どもたちの共和国国民としてのナショナル・アイデンティティを育むうえで、極めて重要な科目として位置づけられていたのである。
　新教科書においてもそれは同様で、「要綱」では各教科書において共和国の自然を取り扱う目的が明示されている。国語科では「祖国の悠久な歴史、燦爛たる文化、美しい山河、繁栄する今日の共和国北半部のすがた…〔中略〕…、祖国の山河と遺物に関する紀行文を講義しながら、教員は常に祖国の風土、気候、地理的位置に対して明確な理解を持ち、日本の自然と対比的に認識させてあげることによって、学生が世界で一番住みよく、美しい祖国を持っているという矜持を持てるようにしてあげなければならない」とされている[*28]。
　初級学校の地理教科書に関しても、「初級学校5、6学年「地理」の自然の取り扱いでは、自然要素の因果関係とその利用の側面よりも、祖国の山河の美しさとそこに宿っている愛国的な話をとおして、興味と共に理解させ」、「自然地理的な内容が獲得されるように」するとし、またそうした山河等の様々な自然が、共和国労働者たちの憩いの場や学生たちの臨海学校の場として有意義に利用されていることも含め教授すべきことが示されている。純粋な朝鮮半島の自然に関する知識を獲得させるのではなく、祖国の風景への美しさ、住みやすさといった肯定的な価値と結びつけた教授が求められたのは、遠く日本で生まれ

---

*27 「要綱」、25-26頁。
*28 「要綱」、11頁および18頁。

育った子どもたちに共和国国民としてのアイデンティティを育むためであった。
　逆に言えば、日本の自然に関する学習においては、こうしたことは求められない。むしろ日本の山河の美しさやその有効利用のあり方が、子どもたちのナショナル・アイデンティティと結びつかないよう、警戒さえしなければならない対象であったことだろう。そのため、少なくとも教科書記述のレベルでは、先述のような必要最低限の事実のみが取り上げられていたのではないだろうか。日本で生活している以上、朝鮮学校の教科書においても日本に関する様々な内容を取り上げなければならないが、すべての教育内容は、子どもたちを朝鮮人に育てる方向に、意識的に集約されなければならなかったのである。

日本語の位置

　同様の問題と最も密接に関わるのは、言わずもがな日本語科目であった。共和国には日本語教科書は存在しないため、日本語教科書は朝鮮学校用のものを独自に編纂する必要があったが、翻刻教科書使用が開始される時期、朝鮮学校にその余力はなかった。そのため、例えば1956年当時で言えば、「「日本語」教科書は今年編纂できなかったため、臨時で」日本の出版社の教科書を用いることが決定されており、中教社（初級学校）、教育出版社（中級学校）、大修館出版（高級学校）等、日本の出版社が発行する日本語教科書が使用されていた[*29]。
　日本の出版社発行の日本語教科書を用いることは、あくまでも「臨時」の措置とされていたが、結局1969年に学友書房から『日本語の勉強』という日本語教科書が発刊されるまで、朝鮮学校ではそれらが用いられていた。そのため総連中央は、それら教科書を用いて行う日本語教育に関して、ある種の「注意」を促していた。以下は1961学年度の課程案実施要綱における「課程案に関する説明」より、日本語に関する箇所を抜粋したものである[*30]。

　　（初級学校）
　　　5）日本語は〔日本の出版社発行の〕「日本語」教科書を取り扱うが、そ

[*29] 在日本朝鮮人総連合会中央常任委員会「教科書使用に関する解説――主に中高級学校に関して」（1956年3月2日）。
[*30] 総連中央教育文化部「1961/1962学年度課程案実施について」（1961年）、「課程案に関する説明」。

の教科書をそのまま教えるのではなく、五十音からはじまり、6年間で当用漢字を全部理解し、現代文を読んで書ける程度に教育する。したがって、<u>日本語教科書をとおした生活指導を行ってはならない</u>。日本語の取り扱いにおいては、全部を教えるのではなく、以上の観点から、<u>外国語として、文字と読み書きに堪能させることを基本とする</u>。

(中級学校)
　2) 日本語は、日本語教科〔書〕を使用するが、日本語教授目的を明白にし、次の点に留意する。
　・日本語は、<u>外国語として現代の日本語を解読し叙述できるようにする</u>。
　・日本語をとおして、<u>情緒教養や、その他の生活指導を行うのではない</u>。
　・<u>日本語教科書を全部教えるのではなく、取捨選択して教える</u>。

(高級学校)
　2) 日本語は日本語教科書を使用するが、<u>取捨選択して使用し、現代文を充分に解読でき、若干の古文を理解する程度に教える</u>。
　・日本語をとおして学生たちの<u>情緒教養や文学感情や、生活指導をするのではない</u>。
　・<u>日本語は外国語として取り扱い、外国語として教授する</u>。

　　　　　　　　　　　　　　　　　　　　　　　　(下線は引用者)

　このように全ての校種の課程案において日本語は、その「外国語」としての位置づけを強調されており、朝鮮学校の日本語教育は、あくまでもその技能的な側面の育成のみを図っていた。日本の教科書で扱われる日本の文学作品やあるいは日本人の主人公、日本に関する主題は「取捨選択」され、それらを通した情緒教育や、「このように生きることが素晴らしいことだ」といった生活指導、または日本の伝統・歴史・共通の記憶に通ずる古典の学習は、忌避されたのである。それは、そうした日本的とされる要素が、朝鮮人の育成にとって有益でない、あるいは時に阻害しうるものと判断されていたためであろう。こうした日本語教育に対するある種の警戒は、朝鮮学校で教えられる他の外国語教

育には見られないことであり、第一言語とアイデンティティとの強い繋がりを窺わせるものである。

　新教科書が出版された1963年からはすべての校種で教育出版社の日本語教科書が用いられることになった。そして上記教科書内容の「取捨選択」も、1963年からは総連中央が削除箇所を決定している[*31]。

　総連中央は、「私たちの民主主義民族教育の目的を達成するうえで阻害となるか、あるいは不適当な題目を次の原則と基準により削除する」とした。すなわち取捨選択の原則は、「民主主義民族教育の基本目的と教養目的に適合しなければならないし、日本語が持つ外国語としての教材内容が同胞生活の実情に合い、助けとなるもの」であり、削除基準は「①ブルジョア思想（あらゆる不健全な思想）が込められた、特に社会主義、愛国主義教養を阻害する教材、②米帝と資本主義、帝国主義に対する憎悪を麻痺させる教材、③非科学的な思想、迷信、宗教を扱った教材、④日本の古典、方言および日本固有の文学形式（俳諧、和歌、狂言等）によって構成された作品とそれらに対する解説、⑤日本政府の教育教養目的があまりにも明確で、朝鮮学校の学生の民族的主体と自覚、矜持を高めることを阻害する教材（日本国民の教養と礼儀を扱ったもの等）、⑥漢文、漢詩と漢字に関する教材（朝鮮の漢字、漢文教育を阻害するもの）、⑦初級日本語教科書において読書指導に関する単元（朝鮮図書の読書指導を阻害するもの）」となっている。

　具体的に1963年の日本語教科書から扱うべきでないとされた内容とその理由は、表4-1のようになる。

自然科学系の教科書

　日本の自然が扱われるようになったのは、自然科学系の教科書においても同様である。初級学校の自然教科書は、1964年に第4～6学年用のものが新たに編纂されているが、これらは1966年に再び改編され、以降1973年まで同様の教科書が用いられる。自然教科書における事実上の新教科書は1966年教科書と見るのが妥当であろう。しかしなぜ2年という短期間しか64年教科書は

[*31] 在日本朝鮮人総連合会中央常任委員会教育部「各級学校用日本語教科書の取り扱いについて」（1963年4月27日）。

表4-1　各校種の日本語教科書よ...

初級学校　（教育出版社）			中級学校	
学年	題目	理由	学年	題目
1	おかあさん、ただいま	挨拶、礼節教育に混乱を来す	1	詩。日本語。
	あおい　そら	日本の名節を過度に扱っている	2	ガンジー
	わたしの　なまえ	日本式の名前を奨励することになる		「16歳の日記」抄
	うさぎと　かめ	劣った友だちに対する立派な友情が欠如		山の背比べ
	いっすんぼうし	個人英雄主義を称賛。支配階級を肯定		古典
	うらしまたろう	労働愛好精神を麻痺。怠慢性を助長する		俳句と短歌
	たなばた　さま	迷信が扱われている		ある朝
2	ガラスのかお	あまりにも感傷的（センチメンタル）	3	「悲母観音像」を見て
	おじいさん　さがし	あまりにも日本的（民族的）な話		「つれづれ草」
	いろいろなカルタ	内容が貧弱。日本の遊戯を宣伝		ことばのあそび
3	三びきの　やぎ	個人利己主義的。他者を愛する心が欠如		日本の古典
	グリム　どうわ	内容が非現実的であり、祖国図書奨励に支障を来す		和歌と俳句
	ピノキオ			狂言武悪
	「白雪ひめ」のお話	支配階級に対する意識的な抵抗がない		「西遊記」の世界
	エジソンの　小さいとき	米帝に対する憎悪を麻痺させる憂慮がある		「思惟の像」
	グローブ	ブルジョア的スポーツ（野球）に対する興味を醸成		漢詩を味わう
	夕づる	分量が多く、内容的に有益ではない		
4	まほう	非科学的である		
	子ぶたと　りんご	共同財産愛好の心、暴力に対する反抗の心を麻痺		
	本の話	社会発展法則に対するブルジョア的イデオロギー		
	野口英世	米帝と独占資本家に対する幻想		
	小さい神様	日本の天皇制と迷信が扱われている		
5	マナスルの日章旗	民族的主体と矜持を喪失させる		
	夏休みの読書について	提示された書籍がブルジョア的で、祖国書籍の読書に有害である		
	わたしたちのための世界			
	東京オリンピック決定の日	内容が日本の児童本位である		
	奈良の秋	民族的主体の確立に有害である		
	つり	内容が悲観的で憂鬱だ		
	日本の文字	日本の文字と日本のローマ字に集中している		
	海のたより	ブルジョア的資本主義を称賛		
	福沢諭吉	ブルジョア民主主義者を扱っている		
6	詩と生活	無思想的な詩の指導		
	せんこう花火	あまりにも日本的情緒を扱っている		
	夏休みの学習	朝鮮の図書読書に支障		
	古典の世界	日本教育本位である		
	物語－老博士	主体確立に有害である。宗教が扱われている		
	南極の記録			
	日本のことば	主題が初級教育に不必要である		

註1：在日本朝鮮人総連合会中央常任委員会教育部「各級学校用日本語教科書の取り扱いについて」（1963年4...
註2：「理由」の欄が空欄な箇所は、削除理由の記述がないものである。

第4章 教科書の創造

除された内容一覧（1963年）

（教育出版社）		高級学校　（教育出版社）		
理由	学年	題目	理由	
本の教育目的に集中（日本語に対する愛情）	1	漢文の訓読		
害な無抵抗思想		漢学の伝来と儒教		
本の方言が扱われている（教養的意なし）		短歌の伝統		
題があまりにも特殊		出来事	勤労階級に対する蔑視	
		伊豆の踊り子	ブルジョア思想が濃厚である	
		細雪		
人に対する軽視		現代の詩		
教的である		漢字の構造		
		日記と紀行		
養的な意義がない		随筆文学		
		俳諧		
		いなかのことばと都会のことば	日本語に対する特殊な問題を扱っている	
		指示語		
		駒のいななき		
教的色彩が濃厚である		中国の詩		
		五重の塔	封建思想が濃厚である	
	2	再び歌よみに与える書		
		近代短歌		
		写生ということ		
		近代俳句		
		文章表現	あまりにも特殊な問題を扱っている	
		物語文学		
		評論と語録		
		「仁」について	儒教思想	

日）より、筆者作成。

用いられなかったのか。64年と66年教科書の記述の違いを確認してみよう。

まずは1964年教科書である。64年教科書には、特に生物、地学領域の内容を扱う際、共和国の山や川、動植物が頻繁に登場する。一例として64年教科書、第4学年の「22. 平原と高原」の「3. 低地と高原」の記述を示そう[32]。ここでは「私たちの国の自然地図と半球自然地図を開いて、高さを表示した色をよく見てみましょう」という叙述で導入部が始まり、低地、窪地、台地、高原についての定義が挿絵を用いて3頁に亘り示された後、以下のように続く。

> 私たちの国にはケマ高原、ペクム高原、リョンソ高原等、広い高原があります。今日、私たちの国の台地と高原は立派に開発され、そこにたくさんの国営農場と牧場が建つようになりました。この農場ではじゃがいも、砂糖、大根、ホップ等を植え、羊、牛、馬、豚等の家畜を飼い、人民たちの生活をよりよくしています。

「私たちの国」として共和国の自然が紹介されるのみならず、それを利用した共和国国民の生活ないしは政府の政策について触れられている。続く「3.〔ママ〕山の利用」においても同様に、共和国の山と関連させて鉄道やトンネルの建設事業や、山に住む動植物、工場や農場の労働の状況等が紹介されている。挿絵として「ケマ高原の牧畜」「ヘサンのホップ農場」「カンゲ盆地の町並み」「電気鉄道」「林産鉄道」が写真で示され、「山の斜面が果樹園になる」という写真では共和国労働者たちの姿が紹介されている。

他に第4学年「24. 渡り鳥」では「私たちの祖国では毎年の4月の第一週目を「鳥の保護週間」として設定しています。この週間に鳥を保護する様々なことをします」といったものや[33]、第5学年の「1. 地球上の水」[34]や「18. 色ん

---

[32] 総連中央常任委員会教科書編纂委員会編『自然（4）』（学友書房、1964年3月25日）、161-172頁参照。

[33] 前掲、1964年『自然（4）』、173-174頁参照。

[34] 総連中央常任委員会教科書編纂委員会編『自然（5）』（学友書房、1964年3月25日）、5-30頁参照。取り扱っている河川や湖は全て共和国のものである。

な動物」[*35]、第6学年の「9. 岩石と鉱物」といったように[*36]、1964年自然教科書で生物および地学領域関連の内容で対象としている自然は、ほとんど共和国のものである。地理教科書同様、共和国の自然を教材の中心に据えることによって共和国国民としての認識の育成が図られていたと言えよう。

　しかしこうした教材選定の姿勢は、翻刻教科書と本質的には変わりがないものである。実際、1964年教科書では、日本の自然は殆ど扱われていないか、相対的に少ない記述であったり、もしくは簡易な問題として扱われている[*37]。これは在日朝鮮人の実情に即した教科書を編纂するという、新教科書編纂の方向・要求と充分に合致していない。分量過多の問題もあるが、この内容と要求の不一致が、64年教科書が2年しか扱われず、66年に新たな自然教科書が編纂された主たる要因だと推察される。

　実際1966年から8年間使用されることになる1966年自然教科書では、物理および化学領域の教材は64年教科書のものが受け継がれているが、生物および地学領域の内容は大きく改編されている。66年教科書から新たに加わった第6学年の「10. 火山と温泉」の記述を以下に記す（漢字表記の単語は太字にする）[*38]。

　　10. 火山と温泉
　　日本には火山と温泉が多いです。火山や温泉はどのようにできるのか見

[*35] 同上、131-137頁参照。捕鯨船の写真や、共和国で保護している動物について取り扱っている。
[*36] 総連中央常任委員会教科書編纂委員会編『自然（6）』（学友書房、1964年3月25日）、118-137頁参照。例えば花崗岩の使用用途として、テドン江の河川敷や千里馬銅像が紹介されている。
[*37] 例えば1964年『自然（4）』、80-82頁参照。ここでは「11. 平面図と地図」の「4. 地図」において、地図の見方に関する記述があった後に問題と課題が設定されている。問題は「私たちの国の自然地図から次のようなことを調べなさい」として四つの質問が提示されている。質問は以下のようなものである。「①山の頂と峠はどのように表示されていますか？②海とその深さはどのように表示されていますか？③ピョンヤン、ハムン、ヘサン、ポチョンボ等の都市の大きさはどのような記号で表示されていますか？④ピョンヤンからペクトゥ山まで旅行するには、汽車でどこまで行かなければならないし、自動車ではどれくらい行かなければならないですか？（自動車の道に沿って、糸をあてがってみて計算します）」。その後に課題として「日本の地図を見ながら汽車に乗り、東京から新潟に行くにはどの方向にどれくらいの距離を行かなければならないのか調べなさい」（太字は漢字表記）とあるのみである。ちなみに新潟は共和国への帰国船が出航していた場所である。
[*38] 総連中央常任委員会教科書編纂委員会編『自然（6）』（学友書房、1966年3月25日）、74-76頁参照。

てみましょう。

　1. 火山

　浅間山、三原山、阿蘇山等の火山からは今も引き続き煙がでています。なぜこのような火山ができるのか見ましょう。

　土の中の深いところには岩漿〔マグマ〕というものがあります。岩漿は水蒸気をはじめとした色々な気体と、冷めると岩石になる溶岩からできています。岩漿に入っている気体は、土のわずかな隙間を貫き噴出することがあります。この時には気体と共に溶けた溶岩も流れ出ます。流れ出た溶岩は冷め、固い岩石になりますが、この岩石には蜂の巣のように小さな穴がたくさんできます。これは溶けた溶岩が冷める時、その中に入っていた気体が抜け出ていったためです。

　火山が爆発する時には溶けた溶岩のかたまりが空中に飛び散ることもあります。これが空中で冷め、落ちながら様々な大きさと形になります。これを火山弾、火山礫、火山灰に分けます。

　〔中略〕

　火山には現在煙を噴いているものもありますが、以前に煙を噴き、止まったものもあります。浅間山、三原山、阿蘇山等のように現在も煙を噴いている火山を活火山と言います。ペクトゥ山のように昔噴火したことが知られているが、現在は煙を噴いていない火山を休火山と言います。トゥリュ山のように山の形や岩石により噴火したと推測されるが、いつ噴火したのかわからない火山を死火山と言います。

　64年教科書では主として共和国の自然が扱われていたが、このように66年教科書では、日本と共和国、両方の自然に関する内容が扱われるようになったのである。

　このこととも関連するが、1966年教科書のもう一つの特徴は、そこで扱われている内容が、日本の学習指導要領で示される内容と、ほぼ同様のものとなったことである。1966年自然教科書で取り扱われている内容とその配列は、翻刻版のそれと大きく異なっている。翻刻教科書では、第4学年で植物、保健

と衛生、動物、人体、第5学年で水、空気、第6学年で電気、有用鉱物、土壌についてといったように教育内容の領域が、学年別に明確に区分されていたが、新教科書では、物理、化学、生物、地学領域の内容が各学年に散りばめられており、スパイラル・シークエンスとなっている。

以下の表4-2は、1966年自然教科書で取り扱われている内容を示したものである。網掛けした第4学年の「1. 桃の花」、「4. カエル」、第5学年の「2. 挿し木をしよう」、第6学年の「16. 宇宙の征服」を除く全ての内容が、日本の学習指導要領で扱うべきとされた内容と同様のものとなっている。

このことから、新自然教科書の教材選択に際しては、日本の理科教育のそれ

表4-2 1966年自然教科書と1958年学習指導要領との内容の対比

1966年　自然　初4		1966年　自然　初5	1966年　自然　初6
1 桃の花	23 タンパク質	1 花	1 レンズ
2 じゃがいも	24 飲食物と栄養素	2 挿し木をしよう	2 酸性とアルカリ性（日→5）
3 温度調査	25 膨張と収縮	3 種子の発芽	3 体の構造と機能
4 体と衛生	26 生物の冬越し	4 光	4 植物の根、茎、葉
5 カエル	27 水蒸気	5 魚	5 山林
6 磁石（日→3）	28 氷	6 摩擦	6 地球の公転と季節
7 北極星	29 塩水	7 星（日→4）	7 カビとキノコ
8 ニワトリ	30 ポンプ	8 伝染病	8 繊維
9 蝶	31 電流	9 寄生虫	9 電動機
10 かいこ		10 稲	10 火山と温泉
11 水中で育つ草		11 雲と雨（日→6）	11 岩石
12 天秤とメスシリンダー		12 風	12 鉱物
13 海辺の生き物		13 土（日→4）	13 金属
14 水をきれいにする方法		14 バネ（日→6）	14 機械と器具
15 動物		15 振り子（日→6）	15 電気がする仕事
16 沈むものと浮くもの		16 音	16 宇宙の征服
17 川水の流れ		17 熱伝達	
18 空気（日→6）		18 燃焼と空気	
19 果実と種子が茂る		19 酸素と炭酸ガス	
20 渡り鳥		20 木炭と石炭	
21 デンプン		21 太陽、地球、月	
22 油		22 電磁石	

註1：朝鮮学校で用いられた『自然』（学友書房、1966年）第4～6学年の教科書、及び1958年版学習指導要領理科編より作成。
註2：網掛けの単元が、朝鮮学校においてのみ扱われている内容。
註3：(日→○)の数字は、1958年学習指導要領で扱われている学年を示す。(日→6)ならば、学習指導要領では第6学年時に扱うように示されている内容である。

が多分に参考にされたと言って良いだろう[*39]。こうした傾向は、中級および高級学校における自然科学系科目にも同様に見て取れる傾向である。

1966年自然科学系教科書の内容は、日本の学習指導要領で示された内容とほぼ同様のものとなり、また具体的な対象としても日本の山河等の自然が扱われるようになった。そして同時に、脱植民地化の重要な要素たる山河や風景をとおした国民としての共通の記憶・感情の生成という重要な役割の一翼を担う科目でもある自然科学系教科書は、朝鮮半島の自然を扱うことも手放していないのであった。こうした対応も正に、新教科書においてなされた「創造的な適用」を示していると言えよう。

以上のように、翻刻教科書から新教科書における変化は、①在日朝鮮人の視点、在日朝鮮人の生活や歴史を扱った内容が取り入れられたこと、②漢字表記が再開したこと、③日本社会や自然が扱われていること、この三点に整理することができる。これが1960年代初頭の教科書編纂において反映された「在日朝鮮人の実情」であり、朝鮮学校の教員をはじめとした多くの関係者の力によって実現した「創造的な適用」の具体相であった。

第三節　教科書内容の社会的規定

「新版教科書の取り扱いに関する要綱」には、63年に改編された各教科書の使用上の留意点が細かく記されている。そこからは教科書の編纂過程において直面した苦悩や、あるいはまたそれを乗り越えるための工夫が読み取れる。本節ではそれらから、朝鮮学校の教育と、社会との関係を見ていきたい。ここで言う社会とは、祖国としての共和国、日本社会、そして冷戦構造を指す。

(1)「私たち」とは誰か——祖国と在日朝鮮人

第一に、教科書記述で登場する「私たち（우리＝ウリ）」が指し示す意味の問

[*39] 無論、教育内容の細部は日本の教科書と異なる。例えば第6学年における、てこの学習について、日本の教科書（教育出版の『新版　標準理科』(1965年)、東京書籍の『新編　新しい理科』(1965年)）と比較してみると、いずれも力のモーメントに関する学習を行うという学習の主旨は同じであるが、支点にはたらく力の取り扱い方が異なる。また日本の教科書では第4学年時において、既にてこに関する基本的な内容が扱われているが、朝鮮学校の教科書にはそれがない。

題である。「要綱」の初級学校国語教科書の取り扱いに関する留意点、第一点目には、以下のことが示されている[*40]。

　　生活内容に準じた教材の取り扱いについて留意しなければならない。すなわち学生が現在日本で生活している実情で祖国の生活を内容とした教材、その中でも教材本文の主人公が「私、私たち」となっている教材に対する取り扱いにおいてである。
　　実例として、4学年の「私たちの村の春」では、日本での生活内容も反映されているし、祖国の生活内容も反映されている条件下で、〔学生たちは〕この「私たちの村」を、すなわち自分が住んでいる村や、あるいは日本にあるどこかの村として捉えうるだろう。授業者〔＝教員〕は、学生がこのような誤解をしないように留意しなければならない。そのため、こうした場合には、この教材が祖国の人々の生活を見せてくれているということを、必ず強調しなければならない。そのため、祖国にいる「私たち」と、日本にいる「私たち」を明確に見分けられるようにしてあげなければならない。
　　次に、2学年の「湧き水」といった教材である。この教材は、自然に関することを詠った詩であるが、その自然がどの国の自然を詠ったものであるのかが、明確に示されていない。こうした場合には、その教材が追及している目的、すなわち「湧き水」では美しい自然を見せてあげようとしていることを看破し、そのため、これはすなわち祖国の自然であるということを正しく認識して授業に臨まなければならない。（下線は引用者）

主人公が「私」や「私たち」となっていて、かつ本文からはそれが祖国の人々やその生活なのか、あるいは日本のそれなのかが判断できない場合、当該教材における「私」「私たち」が、祖国にいる「私」「私たち」なのか、日本にいる「私」「私たち」なのか、子どもたちが「明確に見分けられるようにしてあげ」ることが、教員に求められている。続く「湧き水」の課にかかる説明か

[*40] 「要綱」、8頁参照。

らも明らかなように、これは愛国意識の涵養や祖国への情緒的接近という教材目的の達成のために求められた指導であった。豊かな生活や、美しい自然はすなわち祖国のそれであって、子どもたちがそれらを日本の生活や自然だと「誤解をしないように」しなければならないのである。

ここで「祖国にいる「私たち」と、日本にいる「私たち」を明確に見分けられるようにしてあげなければならない」とされていることに留意したい。朝鮮学校の教科書の読み手である在日朝鮮人の子どもたちは、日本で暮らしており、祖国にはいない。だが祖国の人々は他者としての「かれら」ではなく、同一集団内への帰属を指す「私たち」という言葉で表現される。在日朝鮮人である「私たち」は、日本にいる「私たち」でもあり、同時に祖国にいる「私たち」でもある。すなわち、一方では日本にいる在日朝鮮人としての「私たち」を、祖国にいる「私たち」と区別しながら、同時に「私たち」は祖国の一員、共和国の公民であるということを、子どもたちに認識させなければならなかったのである。一体「私たち」とは誰なのか。朝鮮学校の教科書は、この問いを避けては通れない。そのため、この点に関し、子どもたちに混乱を来さないようなペダゴジー上の配慮が求められたのであった。

確かに教科書記述における「私たち」という言葉は厄介であったように思われる。例えば初級学校5学年用の国語教科書を見よう。同教科書には、在日朝鮮人の形成史を主題とした「第8課 私たちはなぜ日本に住むことになったのか？」という課が新設されている[*41]。その記述を一部抜粋しよう[*42]。

> 「私はなぜ日本に住むことになったのか？」 みなさんはこのような考えをもったことがあるでしょう。このような疑問を持つのは、まず私たちが日本人ではなく、朝鮮人だからです。今日本には60万に及ぶ同胞たちが住んでいます。8.15解放前には240万という、とてもたくさんの同胞が住んでいました。なぜこのように多くの同胞たちが、愛しい故郷と祖国を離

[*41] その記述内容の類似性から、1953、4年頃に作成された教科書『社会の勉強』の「日本に住んでいる朝鮮同胞」をベースに作られた教材であることが分かる。同教科書の内容については、第8章にて論じる。

[*42] 総連中央常任委員会教科書編纂委員会編『国語（初級学校、第5学年用）』（学友書房、1964年）、33-38頁。

れ、日本に来て住むようになったのでしょうか？
　〔中略〕
　在日同胞たちの故郷は南朝鮮でしたが、帰らず、日本に残っていました。在日同胞たちの生活は依然として困難でした。金日成元帥はこのような私たちを憐れみ、1959年12月から帰国船を送ってくださいました。既に多くの同胞たちが、異国暮らしの悲しみと苦労を永遠に洗い流し、恋しい母なる祖国の懐に抱かれ、幸福な生活を送っています。
　今、私たちはたとえ祖国からは離れて暮らしていても、希望に満ちた明日をみつめ、共和国の旗の下で誇らしい生活を送っています。

　ここで想定されている「私たち」は、「朝鮮人」で「日本に来て住むようになった」「在日同胞」、つまり明らかに在日朝鮮人を指している。祖国からは離れて暮らしているが、祖国の旗の下で誇らしい生活を送っている、日本にいる「私たち」が教材の主人公であり、その点は明確である。
　だが続く第9課は、「私たちの家にいらっしゃった元帥」となっている[*43]。タイトルからも明らかであるが、祖国にいる「私たち」の家に金日成が訪れた内容となっており、教材の主人公は、祖国にいる「私たち」である。日本にいる「私たち」の家に金日成元帥が訪れることはまずない。前後の課で「私たち」がいる物理的な場は、全く異なるのである。
　翻刻教科書にも同様の主題を扱った課として、「金日成元帥が学校にいらっしゃった日」がある[*44]。これらを比べると、翻刻版は散文、新教科書は散文詩となり形式は異なるが、主人公である私の学校あるいは家に金日成が訪れ、主人公が金日成の前で一生懸命勉強することを決意するという主題は両教科書で同様であり、また物語の場も共通して共和国に設定されている。
　しかし二つの教科書において「私」の性格は大きく異なる。翻刻教科書の「私」が（具体的な叙述もなく当然に）祖国で生まれ育った「私」であるのに対し、新教科書の「私」は、「私は祖国で習った最初の歌を元帥の前で声の限り歌いました」、「そして微笑みながらのお言葉　「まだウリマルが不慣れだろ

[*43] 同上、39-41頁。
[*44] 『国語（初級学校、第5学年用）』（学友書房、1960年）、96-100頁。

う」」、「元帥が悲しみの多い異国の地から私たちを祖国に呼んでくださった」といった叙述から判断できるように、帰国者という設定になっている。つまり新教科書の主人公は、以前は日本にいた「私たち」であったのであり、現在は祖国にいる「私たち」なのである。

　主人公を在日朝鮮人帰国生に設定することによって示されようとしたのは、日本で暮らす「私たち」と祖国にいる「私たち」は生活や環境の面で確かに異なるが、しかし共和国国民であるという点で同じ「私たち」たりうるのだということではないだろうか。「私たち」を共和国の人々と在日朝鮮人とに区別しながら統一視するという方法は、子どもたちに、自分たちは日本で暮らしているけれども、共和国国民であるということを認識させるために要請されたペダゴジーの一つでもあろう。

　朝鮮学校の教育に求められたのは、単なる朝鮮民主主義人民共和国に関する学習ではない。その国を祖国と呼ぶ「私たち」とは、一体何者であるのかという問いが、常に突きつけられる。そうした祖国との関係の中で、朝鮮学校の教育はつくられていったのである。

(2) 「弱い表現」の採用——日本社会からの評価

　第二に、一点目とも関わるが、教科書記述に用いる用語や表現の問題である。「要綱」に示されたいくつかの留意点を挙げよう。

> 　国語文学の教材は、一般的に在日学生の立地条件を考慮し、客観的叙述形式をとった。例えば、「私たちの党」を「朝鮮労働党」とした。そのため教員はこの点を留意して講義しなければならない。万一この点を留意しなければ、学生は、ある外国のことを習っているような感覚を抱きうる[*45]。

　在日学生の立地条件を考慮し、国語文学の概観、作品分析、文学理論、文章法理論、論説文では、「共産主義教養」の代わりに、「社会主義」、「愛

[*45] 在日本朝鮮人総連合会中央常任委員会教育部「1963～64 学年度　新版教科書の取り扱いに関する要綱」(1963 年 4 月)、16 頁。

国主義」を使った*46。

　日本で使用する教科書ということを考慮し、「共産主義建設」「党の赤い戦士」「独裁」等の術語を避け、弱い表現で叙述したが、これらについては、授業の過程で強調して叙述することができる*47。

　新教科書では、「私たちの党」は「朝鮮労働党」に、「共産主義教養」、「共産主義建設」、「党の赤い戦士」、「独裁」といった共和国で使われるような表現は避けられ、「社会主義」や「愛国主義」といった「弱い表現」で記述する方針が採られた。こうした記述方針が採られたのはなぜなのか。その理由は不詳だが、推察できる最も単純な理由は「在日学生の立地条件を考慮し」という説明にあるように、日本で生活する在日朝鮮人の子どもたちにとって馴染みのない用語・表現の選択が避けられたということであろう。少なくとも、社会主義、愛国主義という言葉の方が、子どもたちにとって、より「弱い表現」であり浸透しやすいと判断された側面はあったことだろう。

　しかし上に引用した留意点が興味深いのは、教科書の記述ではそうした用語・表現は用いないが、具体的な授業の過程では、それらを教えなければならないと示されていることである。「客観的叙述形式」に則って、「「私たちの党」を「朝鮮労働党」」と記したが、それでは子どもたちが祖国のことではなく、「ある外国のことを習っているような感覚を抱きうる」のであり、それは共和国国民としての意識を育てようとする朝鮮学校の教育にとって避けなければならない事態であった。だが客観的な記述により、そうした学習の質が落ちうることが教科書使用以前から予想できていたのならば、客観的な記述ではなく「私たちの党」という言葉を用いることもできたはずである。弊害の可能性が予想されていたにも拘わらず、「客観的叙述形式」が採用され、また「弱い表現」が用いられたのは、一体なぜなのだろうか。

　ここでその理由の一つの可能性として提示したいのは、「日本社会の眼差し」の影響である。朝鮮学校は設立以来、常に日本社会の中にあり、日本社会から

---

*46　同上、17頁。
*47　同上、23頁。

の主としてネガティブな視線を受け続けてきたが、その視線への対応が、新教科書における表現・用語使用の変化としても表れたのではないかと考えられる。

朝鮮学校は1961年頃から各地朝鮮学園の法人設置認可および各種学校認可取得に本格的・組織的に取り組みだす[*48]。合法的な運動を活動原則とする総連からしても無認可の朝鮮学校を放置するのは好ましくなかったし、帰国事業が一段落する中で、本国よりも日本で生活していくための教育を行う学校としての期待がより高まっていったことが、この時期に各種学校認可取得運動が教育運動の中心課題となっていく背景に存在する。税制上の優遇措置および学割の適用といった財政的な恩典と社会的承認を得て、さらに日本学校への進学資格上の制限を今後改善していくためにも、日本における学校としての法的地位の相対的安定が求められ、教育内容における学習指導要領による制限のない各種学校の法的地位取得が全朝鮮学校的な課題として設定されたのである。

周縁とは言え、日本の学校教育制度に入り、日本の公的な認可をもらうことを目的とする以上、朝鮮学校側はこれまで以上に日本社会からの評価を意識せざるを得ない。私立各種学校設置認可基準に教育内容に関する事項は存在しないが、都立朝鮮人学校期のようにマスコミが屈折した形で朝鮮学校とその教育内容を取り上げ[*49]、認可反対の世論が形成される事態は、朝鮮学校にとって好ましいものではない。全国的に取り込まれる認可取得運動が、教科書記述の問題で足を掬われる可能性が僅かとは言え存在するのならば、その記述の仕方を一部変更し、危険性を未然に摘んでおいた方が良いと判断された可能性は充分

[*48] 在日本朝鮮人教育会中央常任理事会「在日本朝鮮人教育会第6回定期大会　決定書」(1961年6月)。
[*49] 1952年、都立朝鮮人学校の廃止に向けた動きが登場する中、読売新聞は朝鮮学校に対する意図的な印象操作を積極的に開始する。特に1952年7月〜8月にかけての報道は極めて多く、かつ質的にもスキャンダラスなものであった。以下にそれらを列挙すると、「校内で火炎瓶製造？　第一朝鮮人学校(日暮里)を急襲」(7月15日)から始まり、「赤い朝鮮人に食われる血税　既に一千億円支出　生活保護も日本人の四倍」「警視庁　捜査費の一年分　メーデー、5.30　両事件に使ったお金」(8月7日)、「警官2万5000が待機　明日の8.15記念日　3つの集会、王子特に厳戒」(8月14日)、「朝鮮学校の日本人教官追放闘争　"スパイだ"と吊し上げ　生徒が殴る、ける　連日の脅迫、投石に都内を轉々」(8月20日)、「朝鮮学校　私は"気違い病院"と呼ぶ　インターで朝礼　つるし上げに日を暮す　朝鮮学校教務主任の手記」「校舎で祖防隊も訓練　朝鮮人学校では何が教えられるか」(8月22日)、「朝鮮人学校の実態はこうだ　日本人教官匿名座談会　赤い教練の拠点　"公立"をなぜ取消さぬ？」(8月24日)、「極左の指令で動く朝鮮人学校　無視される法規　手ぬるい当局に批判の声」(8月26日)、「社説　朝鮮人学校と当局」(8月27日)と続く。

にあり得る。そして実際、取り入れられた「弱い表現」の効果は、授業をとおして打ち消されることが、内部的には求められている。

つまり、「弱い表現」が採用された背景には、朝鮮学校に通う子どもたちにとってより馴染みやすい表現を使おうという教育方法上の意図ばかりでなく、日本社会に攻撃の材料を不必要に与えないためという運動的要求も影響していたと考えられるのである。1965 年、金日成は朝鮮学校の教育方針について以下の様に述べており、こうした推察はあながち的外れなものではないと思われる[50]。

> 日本の反動たちが総連学校を弾圧しようとするのは不当な策動です。<u>総連では日本の反動が総連学校の教育内容をもって批評するからといって、恐れを抱き、総連学校を灰色の学校に作ってはなりません。</u>日本の反動が総連学校の教育内容について批評をすれば、かれらに、我が共和国は社会主義、共産主義を建設する国だ、社会主義、共産主義を建設することは我々の国策だ、それなのに我々がどうして同胞子女に国策を学ばせずにいられようか、我々は我々の国策を違う国の子どもに教えるのではなく、我々朝鮮の子どもに教えているのだと、言わなければなりません。
> <u>勿論教科書において日本人に刺激を与えうる表現は考慮しなければなりませんが、</u>社会主義的教養内容を退けてはなりません。総連は同胞子女の中で社会主義的愛国主義教養をしっかりと行わなければなりません。総連学校でウドゥンプルモイン〔우등불모임〕のようなものはやらない方が良いです。抗日武装闘争の時期には家がなかったため仕方なくウドゥンプル〔우등불=たき火〕を使いました[51]。(下線は引用者)

日本政府による朝鮮学校に対する不当な弾圧・批評に屈する必要はなく、また朝鮮学校が祖国としての共和国の国策に準じた教育を行っていることに何等

---

[50] 金日成「総連の核心隊列を強化し総連事業において主体をしっかりと立てることについて」(朝鮮労働党創建 20 周年　在日朝鮮人祝賀団と行った談話) 1965 年 9 月 30 日。
[51] 朝鮮学校では臨海学校等の際に行われるキャンプファイアーを「ウドゥンプルモイン」と呼んでいた。抗日闘争時にたき火を焚いて暖をとっていた金日成が想起する「ウドゥンプルモイン」とは意味上のズレがあり、そのため「やらない方が良い」という評価がなされたのだと考えられる。

悪びれる必要はないとの原則的立場を確認しつつ、「教科書においては日本人に刺激を与えうる表現は考慮しなければなりません」とも指摘している。この談話は1965年に行われたものであるが、1960年代初頭に在日朝鮮人らが同様の判断をしていたとしても不思議ではないだろう。

1960年代中盤においても外国語科である日本語、英語、ロシア語の教科書は朝鮮学校独自の教科書が作られておらず、日本語は日本の出版社のものを、英語とロシア語は共和国のものを翻刻して使用していたが、後者に関しては第1回教育方法研究大会（1965年）の外国語分科討論において「祖国教科書そのままであるため、敵に私たちの民主主義的民族教育に対する攻撃の口実を与えうる内容もある」と指摘されている[*52]。ここでも「敵」、すなわち朝鮮学校に対し批判的な立場をとる行政や人々を念頭に置いた教科書改編が訴えられている。

このように朝鮮学校の教科書は、共和国の教育方針や在日朝鮮人の実情のみならず、日本社会からの評価――特にその攻撃――を考慮に入れて作成されざるをえない。子どもたちを共和国国民として育てあげるうえで在日朝鮮人の実情を考慮するということと、日本社会の敵視と攻撃に対処するという二つの要求が重なる地点で、「弱い表現」が選択されたと考えられる。

(3) 冷戦・分断イデオロギーの継続

最後に指摘しておくべき問題は、第三期教科書においても、冷戦・分断イデオロギーが引き続き色濃く存在していることである。これは特に社会科の教科書において顕著である。

1990年代および2000年代の朝鮮学校の歴史教科書編纂に携わった康成銀（カンソンウン）は、朝鮮学校の歴史教科書の性格を三つの時期に分け、整理している（康成銀2003）。第一期（解放直後〜1955年）は「在日朝鮮人による朝鮮史研究の成果に基づいて」作成された教科書であり、続く第二期（1955年〜1992年）の教科書は「祖国から送ってきた教科書や資料に依拠して編纂された」教科書、そして

[*52] 作成者不明「外国語分科教育方法研究会討論まとめ　1965年7月29〜31日」、参照。全11頁からなる本資料には朝鮮大学校の用紙が用いられていることから、教育方法研究大会の助言者あるいは終了後のまとめを担当した朝鮮大学校関係者が作成したものと推察される。

第三期（1993年～2003年改訂版）の教科書は「南北朝鮮、海外の同胞が共有することができる「統一教科書」を目指した」として、「特に冷戦・分断イデオロギーの影響が強い現代史の記述を大幅改訂した」と述べている。

康は1955～1992年までに用いられた教科書の特徴を以下のように述べる。

> この時期の朝鮮史教科書は祖国での歴史研究の成果が最大限に反映されることにより、他律論、停滞論を払拭し、社会発展の法則（五段階）が内在的に貫徹した歴史、朝鮮歴史の自律的な発展という点を強調するようになる。しかし、植民地史観の克服を第一義的な課題とするなかで独自的な発展という側面だけを浮き彫り的に強調したため、東アジア地域の政治・文化交流という国際的契機は他律論に繋がると警戒され、捨象されてしまった。いわば朝鮮歴史を一国史的に完結する歴史のように描いているのである。また、冷戦・分断イデオロギーの影響を受け、近現代史が特定した政治的立場から記述され、近現代史の多様な側面を軽視もしくは捨象しているのである。

　康による評価は妥当であろう。1963年の新歴史教科書による教育目的は以下のように示されている。すなわち、「悠久な歴史と文化を持つ私たちの祖国に対する高い矜持と自負心の培養、外来侵略者を反対し戦った我が人民の英雄主義と愛国主義教養、あらゆる搾取と搾取階級に反対し、堅実に戦った祖先の階級闘争の思想教養、富強な社会主義祖国に対する矜持と愛情、社会主義制度の素晴らしさに関する教養を与え、朝鮮労働党と金日成元帥の領導の賢明性と正当性を教え、朝鮮歴史の過程をとおし、社会発展に関する合法則性を明確に把握させること」が、歴史教育の目的とされた[*53]。伝統や偉人の活躍から愛国心を育もうとする意図は国史教育全般に共通しているものと言えるが、現代史教育の行き着く先が、社会主義制度、朝鮮労働党の政策、金日成の指導の正当性とされていることは、一つの特徴であると言える。これが朝鮮史の他律史観、停滞史観を克服するという志向性と共振するように機能していた。

＊53「要綱」、19頁。

1960年代初頭、朝鮮労働党はソ連の現代修正主義を警戒しており、50年代後半〜60年代初頭には社会主義陣営における朝鮮労働党の自立性を強調していた。こうした政治判断が歴史叙述にも影響を及ぼしている。1963年新教科書では「最近世史〔現代史〕の始まりとしての8.15解放の事変を、従来はソ連軍隊による朝鮮解放と、国際情勢から始めていたが、8.15解放における主体的力量の役割と国内情勢から始めることによって、8.15解放直後の我が国の歴史叙述を、主体の立場から叙述した。モスクワ3相会議決定、ソ米共同委員会等は、国際協約であり、国際的な会議という意味で冗長な叙述は避け、朝鮮人民の主体的な闘争の歴史を叙述しながら、その事実を簡単に言及」するとしており[*54]、50年代の教科書に見られるような「偉大なソ連軍隊による朝鮮の解放と民主基地創設」といった単元が修正[*55]、ソ連軍による朝鮮の解放という叙述を止揚し、金日成を中心とした朝鮮人の闘争が強調された。朝連期の社会教科書における「悪徳な日本帝国主義は、ソ連を先頭にした連合国に無条件降伏をし、我らの朝鮮も解放されました」といった叙述に見られる歴史観とは、大きく異なる歴史像が教育されるようになったのである。

　康が述べるように、こうした朝鮮史の一国史的叙述とともに、冷戦・分断イデオロギーの影響も大きかった。韓国（とも言わず、韓国政府を認めないという立場から「共和国南半部」、「南朝鮮」といった呼称が用いられていた——これは韓国においても同様で、「北傀」、「北韓」といった呼称が用いられている）の政治、経済、教育、文化等のすべては否定の対象であった。朝鮮半島において、共和国と韓国が冷戦イデオロギーの下、分断・対立している以上、特に近現代史以降の歴史叙述には、冷戦・分断イデオロギーが如実に表れざるを得なかった。

　地理科目では、朝鮮半島全体の地理を対象に、その自然と経済発展に対する知識を与え、特に朝鮮労働党の経済政策の正当性を認識させることが目標とされており、教科書では北朝鮮地域のみならず、南朝鮮地域に関しても扱われている。1963年地理教科書の改編主旨の一つは、「朝鮮半島の政治行政区分に関し、従前の教科書では南半部行政区域を国内教科書〔＝共和国の教科書〕と同

---

*54 同上、22頁。
*55 『朝鮮歴史（下）』（共和国教育図書出版社、1956年6月30日発行。総連教科書編纂委員会により1957年1月15日に翻刻）、53-56頁。

じように、従前行政区域そのままにしていた。しかし今回新しく編纂した地理教科書では、解放後傀儡徒党によって改編された行政区域に依拠しながら叙述した。なぜならば、現南朝鮮行政区域を我々は認めていないが、現在日本に居住している在日同胞の大部分の故郷は南朝鮮であり、手紙を交換する場合もあるためである」と、説明される[*56]。

　言わずもがな韓国政府が敷いた行政区域を認めないという立場は、分断に基づく政治的対立の所産である。しかし在日朝鮮人の故郷の大部分が南朝鮮地域にあり、故郷の人々との手紙のやり取りのためには正確な行政区域の理解が必要であるため、それらを教えるという言明は、素朴な理由ではあるが、在日朝鮮人の実情を加味することによって、教科書叙述における冷戦・分断イデオロギーが一定程度緩和されうる可能性を示しているとも言える。たとえ国際的な冷戦構造の下、両国家が政治的に対立しているとは言え、多くの在日一世の朝鮮人の故郷は南朝鮮地域であり、それを扱わないことは、心情的にも憚られたことだろう。故郷を南朝鮮地域におき、祖国を北朝鮮地域に建国された共和国であるとする在日朝鮮人の複雑さが、教科書にも現出しているのである。

　朝鮮半島から物理的な距離を置いて生活する在日朝鮮人には、冷戦・分断イデオロギーを相対化する可能性が秘められていたと言えるかもしれないが、共和国支持を表明する朝鮮学校の教育が、当時そこから自由になることは難しかった。地理教科書には故郷への心情と順接させる形で、「南半部」の農地や食料状況の凄惨さを描き、韓国政府の政策を批判し、それと対比させる形で共和国政府の政策の正当性を謳うという論法が多く見られる。「要綱」では、地理教科書を用いて、以下のような指導が行われなければならないことが示されている。

　　中級学校朝鮮地理では、初級学校とは異なり、自然要素の分布とその因果関係、各地域に対する自然地理的な分析を中心に据えながら、共和国北半部での自然条件の合理的利用と南半部地域での略奪的利用を対比して教えることが必要である。〔中略〕共和国南北半部の対比では、平野地方を

[*56]「要綱」、24頁。

説明するには平野の基本特徴を説明し、次に灌漑体系と治山、治水事業に重点を置きながら、北半部平野はすべて黄金畑に変わり、南半部平野は荒れ地に転落したということを、社会制度の性格から説明しなければならない[*57]。

　　各科目をとおした住民編では、共和国南半部人民生活の零落を生動的な〔具体的でリアルな〕資料をとおして明確に認識させなければならず、なぜ南半部の人民が飢餓に苦しまなければならないのかに関する根本的な問題を理解させなければならない[*58]。

　南朝鮮地域への郷愁を一つの基盤に、韓国の自然が「略奪的」に利用され大地が荒れ地と化した様を提示し、その根本的な原因は社会制度にある（社会主義制度がより良い生活を保障できる）とすることによって、共和国政府の経済政策の正当性を強調し、その優位性を教育することが目指されていた。在日朝鮮人のルーツとしての朝鮮半島が南北に分断され対立しているという状況は、このような形で教育に顕現していたのであった。
　ただし急いで補わなければならないが、朝鮮学校の社会科科目の教科書において否定的に描かれるのは、韓国政府であって、「南朝鮮人民」ではないということである。特に反政府を掲げる韓国の市民運動は積極的に評価されている。初級学校6学年用の歴史教科書では、李承晩（イスンマン）政権を打倒するに至る1960年の「4月人民蜂起」（韓国では4.19民主革命あるいは4.19学生運動などと呼ばれる）を取り上げ、その顛末を叙述し、「最も英雄的に戦ったのはソウル市の学生、市民たちであった」として、韓国国民たちの民主化を求める反政府闘争を肯定的に評価している[*59]。想定された敵はアメリカに追従する韓国の政権であり、同一民族としての「南朝鮮人民」ではなかったのである。

[*57] 同上、27-28頁。
[*58] 同上、29頁。
[*59] 在日本朝鮮人総連合会中央常任委員会教育部『初級朝鮮歴史6年』（学友書房、1963年）、113-117頁。

こうして朝鮮学校の教科書は、1960年代前半に、本国の教科書を主たる参照軸として置きつつ、日本において朝鮮人を育てるための様々な工夫が取り入れられたものとして、創造されていった。

総連初代議長である韓徳銖は、朝鮮学校教職員たちの集まりにて、以下のように述べたことがある*60。「〔教員たちは〕不断に祖国を知る努力を行うことによって、それを日本に創造的に適用することができる人材にならねばならない。私たちの前には先輩がいないため、私たちが創造者にならなければならない」。この言葉は見事に朝鮮学校の教育の性格を言い当てている。日本において朝鮮人を育てるための教育は、本国における教育をそのまま移植して成立するものでもなければ、居住国である日本の教育をなぞるだけでも成り立たなかった。朝鮮学校の教育のつくり手たちは、本国、日本社会、在日朝鮮人社会との関係の中で、試行錯誤を繰り返しながら、目の前にいる在日朝鮮人の子どもたちのための教育をつくっていったのである。

教科書の創造にみられる朝鮮学校の対応は、朝鮮学校における脱植民地化のあり様を、よく表していると言える。だが、これはあくまでも、教育のつくり手側の対応に止まる。朝鮮学校における脱植民地化をより深く検討するためには、教育実践レベルにおける、教える側と学ぶ側との相互作用に目を向けなければならない。

教育とは、設定した意図が、常に貫徹する営みであるとは限らない。むしろつくり手の意図は、受け手である子どもと相対することによって、多くの場合、貫徹されない。その意味では教育は常に「失敗」に開かれているが、その「失敗」の中でも、なお人は育っていく。朝鮮学校においても、それは同様であった。続く第5章では、子どもたちを「立派な朝鮮人」に育てるうえでの最も重要な要素の一つとされた国語教育の意図が、貫徹されない状況と、その中で進行したと観察できる脱植民地化の様態を検討していこう。

---

*60 在日本朝鮮人教職員同盟中央委員会「中央委員会第37回会議に提出する事業総括報告および当面の任務」1959年11月6〜7日。

第5章
生まれ出る言葉

　本章では1950年代中盤から60年代中盤までの国語教育実践を検討することをとおして、朝鮮学校における脱植民地化のあり方を探っていく。行論を始めるにあたり、キーワードとなる「ウリマル」という言葉について若干説明しておきたい。本章では多くの実践報告を引用するが、その際、原文にて「우리말（ウリマル＝朝鮮語で「私たちの言葉」、すなわち朝鮮語のこと）」と書かれている言葉は、そのまま「ウリマル」と表記した。ウリ問題の複雑さについては第4章にて指摘したが、ウリマルを朝鮮語と訳すと、朝鮮語を客観視するニュアンスが加わってしまい、的確な訳ではないと判断したためである。関連して、1950年代に「国語常用」として表現されていた言葉も、60年代頃から次第に「ウリマル常用」や「ウリマル生活化」という表現に変わっていくが、それらも「私たちの言葉生活化」や「朝鮮語生活化」と訳さず、そのまま「ウリマル」を用いた。本章では、朝鮮学校のウリマルを学ぶ－教える実践から、朝鮮学校における脱植民地化の様相を描いていきたい。

第一節　国語常用の取り組み

(1) 二重言語環境と教員の実力

　朝鮮学校の前身が国語講習所であったことからも明らかなように、朝鮮学校において国語＝朝鮮語教育はその教育の根幹を成している。国語習得の重要性は、朝鮮学校設立当初から関係者の中で広く共有されていた。1957年の第1回全国教研の開催を前後して、朝鮮学校における国語教育を科学的な考察に基づいて組織していこうとする動きが顕著になっていく。

　その嚆矢となったのが、1957年6月、教職同の機関誌である『中央教育研

究』に掲載された朴尚得の論文である[*1]。同論文は、同年5月に開かれた東京地方教研での発表に若干の修正が加えられたものである。当時東京朝鮮中高級学校の教員であった朴は、総連中央教育部の協力の下、初級学校新入生を対象に語彙力調査を行っており、その結果が報告されている。

　論文冒頭で朴は、スターリンによる言語に関する定義を引きながら、各民族の固有語は民族の伝統風俗等を反映する民族性を支えるものであり、「そのため、学生の言語発展は、かれらの心理的能力、特に思考力を発展させ、科学的知識と世界観を拡充し、さらには民主主義的思想と愛国主義思想および民族性を教養するうえで、最も重要な手段の一つとなる」と、国語教育の重要性を述べる。そしてそれゆえに朝鮮学校における国語教育は、国語教科だけの問題ではなく「学校教育全般において最も重要な問題の中の一つ」であると、その位置づけを示しつつ、「特に国語がそのまま日常語となっていない私たちには、言語問題が学校においてのみならず、家庭においても極めて重要に取り扱われなければならない」と指摘する。

　この調査は、初級学校1学年の国語教科書において、最も頻出する単語上位10個——우리（私たちの）、간다（行く）、나라（国）、온다（来る）、집（家）、좋다（良い）、봄（春）、모두（みんな）、학교（学校）、어서（早く）——を選び、これらについて口頭で質問し、その理解程度を探るものであった。1957年4月20日時点で、北は室蘭、南は下関の15校、291名の調査結果を入手、対象者は入学後1～2週間の初級学校1年生であった。調査の結果、全問正解は3名（この内1名の出生地は朝鮮。朝鮮で出生した子どもは全体で5名）、全問不正解は51名、男子は平均2.5個、女子は平均3.1個、合計2.82の単語を知っているのみであった。また、一番正解率が高い語彙は「学校」で、77.3％、低いのは「国」で、5.15％であった。

　朴は、この調査結果を共和国のチョン・ムナン教員の調査と比較して、朝鮮学校の子どもたちの朝鮮語語彙数が少ないこと、および二重言語環境下では言語発達が阻害されるという、アメリカとイタリアの研究を示しつつ、「こうした事実〔朝鮮学校の児童の朝鮮語語彙数が少ないこと〕は祖国にいる児童に比べ、

[*1] 朴尚得「私たちの言葉と私たちの教育——いくつかの提起」『中央教育研究——祖国の平和的統一と民主民族教育の発展のために』（1957年6月発行）、参照。

日本に住む私たちの児童たちの頭が悪いということに原因があるのではなく、日本で住む私たちの児童の言語環境が二重になっている、すなわち国語が朝鮮語であるにもかかわらず、日常語は日本語であるという点に原因があるということは、証明する必要すらない事実である」と述べている。

　朴が強調したのは、在日朝鮮人の子どもたちを取り巻く「二重言語環境」であった。朝鮮学校という時空間をいくら朝鮮語で溢れた環境に作ろうとも、子どもたちが学校以外で身を置く環境は日本語で敷き詰められた世界である。ゆえに、朴の論文で使われている言葉を用いるならば、子どもたちのみならず教員も含め、在日朝鮮人の「日常語は日本語である」のであり、朝鮮語は国語であるのに非日常語なのであった。これから論じていくように、ここで指摘されたこの問題は、1960年代以降も、引き続き解くことのできないアポリアとして、朝鮮学校の国語教育の前に屹立することになる。

　さて、朴は上記の調査結果をもって、三つの問題提起を行っている。第一に、「在日同胞みなさんが、私たちの後代の正しい発展のために、家庭での二重言語環境の解消のために、国語を常用することを提起する。周知のように、教育は、ただ学校でだけ行われるものではなく、社会でも行われ、特に家庭での教育を行ってこそ、各児童の正しい発展が保障されるものである。このように家庭で国語が常用されることは、大きな教育的保障となる。全ての同胞たちが、積極的に国語を常用しなければならない」として、朝鮮語習得にマイナスの影響を与える二重言語環境を解消するために、特に家庭での朝鮮語使用を呼び掛けた。こうした提起が翌年の「国語常用」方針に繋がっていると見ることができる。

　第二に、教員たちに対し、児童たちの言語実態を調査することが呼び掛けられている。実際、例えば第1回全国教研の国語教育分科会で発表された24の報告の内、14の報告が、国語常用問題と国語実力実態調査とを関連付けて論じたものであった[*2]。この傾向は、全国教研に先立って開かれた地方教研でも同様であり、例えば東京教研の国語分科会の報告では「実践記録が主ではなく、

---

*2　「第1回教育研究中央集会経過報告」『民族教育――在日本朝鮮人学校　第1回教研報告集』(1958年5月)、参照。

実態調査が主であった」と指摘されている程である*3。国語教育を組織的・科学的に取り組んで行くうえで子どもたちの言語状況の把握は、必須のことであった。

そして第三に、前章で見たように、在日朝鮮人の子どもたち専用の国語教科書を編纂しなければならないことを提案している。

立ちはだかる壁

朴尚得が指摘した朝鮮学校の国語教育の難しさは、他地域の教員たちも直面している難問であった。例えば1957年6月、神奈川地方教研にて神奈川中高ハン・ベウォンは以下のように述べている*4。

> 日本にいる朝鮮人は、そのほとんどがウリマルで文章を書き、朝鮮の文字を読み、またウリマルで話すことができない実情である。かれらのほとんどは、私たち民族の言葉を奪われた状態になったのである。こうした状態が続けば、〔子どもたちは〕ウリマルで私たちの文化と科学を自分のものとすることができないのみならず、日本語を知らない自分の父母や祖父母とのコミュニケーションも充分にできないようになる。私たちが民族教育を行うのは、失われたウリマルを再び取り戻す教育であると同時に、奇形的な民族感情と精神から、完全な朝鮮人としての感情と精神を培養する教育として、意義があるためである。
>
> しかし私たちの生徒が直面している生活環境が、国語よりも日本語が生活用語としての絶対的な優位を占めている現実の中で、ウリマルと文字を完璧に体得し、それを用いて祖国の文化と科学を理解し、ひいては朝鮮人としての感情と精神を持つ人間として育てるうえでは、あまりにも困難が多い。〔中略〕特に、国語である「朝鮮語」と外国語である「日本語」との、互いに異なる二つの言語形態が混立している中で、完全な朝鮮語を教

---

*3 在日本朝鮮人教職員同盟東京本部『第一次東京教育研究集会　研究報告』(1957年5月)、「国語分科会報告（討論要旨）」、494頁参照。朴の実践報告もここに収められている。

*4 神奈川朝鮮中高等学校ハン・ベウォン「国語教育の難点」(1957年6月)、参照。これは第1回神奈川教育研究大会の文学分科で発表された実践報告である。学校名は「中高級学校」であったと思われるが、原資料に基づき、ここでは「中高等学校」と表記した。

育するには、あまりにも大きな隘路がある。

　子どもたちを朝鮮人に育てることを目的とした朝鮮学校において、国語教育が果たすべき重要な役割と意義が確認される一方、「完全な朝鮮語」を教育し、それらを「完璧に体得」させ、それを用いて教育することは難しいのではないかという経験に基づく疑問が、率直に投げかけられている。朝鮮人に育てるために朝鮮語の習得が肝要であるが、しかしその朝鮮語を十分に習得・使用することができない。ハンが述べる「隘路」は、朝鮮学校設立以来、おそらく多くの教員たちが頭を悩ませてきた問題でもあったことだろう。

　第1回全国教研で発表した広島のパク・スリョンも、「子どもたちは、どの面を見ようとも、ウリマルより日本語が断然発展して」いると子どもたちの言語能力を評し、同様の認識を示している[*5]。また「父兄たちが日本で生活していくうえで、あえて国語を学ぶ必要性を大きく感じていない」ため、家庭において積極的に朝鮮語を使用しておらず、国語の発音や生活用語の習得においても限界があるのではないかと指摘した。

　1957年の地方および全国教研では、家庭での朝鮮語使用状況を調査したものが少なくない。表5-1は、東京教研でのそれらをまとめたものである。これらの調査結果からは、1957年時点で家庭において朝鮮語を使用している親、子どもは決して多くなかったことが見て取れる。朴尚得が、わざわざ家庭での朝鮮語使用を強調していたのは、こうした家庭における言語使用状況があったためである。親世代でさえも、日常的に用いる言語の多くは日本語であったのだ。

　さらに広島のパク・スリョンの報告では、「教員たちの発音が正確ではないということも、児童の国語発音を授業で正しく指導し、是正できない弱点」であることが指摘されている。朝鮮学校の国語教育を考えていくうえで、この点は非常に重要である。すなわち、教員たちの第一言語も日本語である場合が多く、「正確」な朝鮮語の発音をはじめとした「正しい」国語を指導するうえで、少なくない支障があると認識されていたのである。1955年に開かれた教職員

[*5] 教同広島県本部パク・スリョン「国語科指導での体験といくつかの難点」『在日本朝鮮人学校第1回教育研究中央集会総括報告集』（1957年）、参照。

表5−1　家庭における朝鮮語使用状況
　　　　（1957年調査）

①子どもたちの家での国語常用	
朝鮮語を全く使わない	108名（29%）
朝鮮語をたまに使う	227名（59%）
使えと言われれば仕方なく使う	23名（5%）
常に使う	31名（7%）

②父母の朝鮮語読解力		
	父	母
きちんと読める	66名（52%）	26名（20%）
たどたどしく読める	41名（32%）	54名（42%）
全く読めない	11名（8%）	37名（27%）
無回答	11名（8%）	12名（9%）

③家での会話		
	父母	子
朝鮮語を常に使う	17名（13%）	1名（1%）
日本語と混ぜて使う	83名（64%）	69名（54%）
日本語のみ使う	23名（18%）	52名（40%）
無回答	6名（5%）	7名（5%）

典拠：①は、東京朝鮮第一初級学校　チョ・ウンリョン「生活指導に関して」、第1回教研東京大会（1957年）生活指導分科、②および③は、東京朝鮮第七初級学校　チョン・ヨンファン「児童たちの家庭環境と民族教育に対する学父兄たちの意識調査」、第1回教研東京大会（1957年）生活指導分科より、筆者作成。

夏期講習会の総括書には、このことを端的に示す以下のような指摘がある。講習会の主催者である教職同の鄭<ruby>求一<rt>チョングイル</rt></ruby>は、参加者たちが書いた感想文に対し、以下のようなコメントを残している[*6]。

　児童たちの教授教養事業において、その基本となり、また要求される「母国語」を正しく指導するということは、既に誰もが納得するところであります。そのため、私たちは児童たちを教授教養する教員という立場から文章を一つ書くときにおいても、私たち自身が語法（綴り、文法）に合うように表記しなくてはならないはずですし、黒板に字を書く時、あるいは作文を指導する時にも誤謬がないようにし、常に正確な母国語を指導しなければなりません。
　ですが、今回たくさんの先生方が書いた「感想文」を見ると、数人の先生たちを除き、多かれ少なかれ誤謬がありました。この誤謬（文章構成および表現、綴り、文法）を私たち自身がすぐに是正しなければなりませんし、母国語を指導する際の諸般の誤謬を各職場で互いに指摘し、討論し、研究し、誤謬をなくすようにしなければなりません。そのため母国語指導における更なる発展を期待しながら、感想文で見られた諸般の誤謬について、ここで指摘することにします。

[*6]　東京朝鮮学園講習会編纂委員会「教職員夏期講習会総括」（1955.7.25−8.3にかけて行われた教職員夏期講習会の総括書）（1955年8月5日）、参照。

第5章　生まれ出る言葉

　話し言葉においても、書き言葉においても、教員たちの朝鮮語には少なからぬ「誤謬」があった。このように、家庭では日本語を使い朝鮮学校においてのみ朝鮮語を使うという二重言語環境、および教員たちの朝鮮語もままならないという二つの状況が、国語＝朝鮮語をとおした朝鮮人の育成を目指す教員たちの前に、立ちはだかっていたのであった。

(2) 国語を話させる難しさ

　こうした中、三大重点課業が示され、全国の朝鮮学校で国語常用運動が展開することになる。実践報告から当時の国語常用の取り組みを覗いてみよう。

　まずは尼崎朝鮮中級学校のキム・オククンの実践報告（1960年2月）を見よう[7]。キムによれば、同校の3分の2の生徒は尼崎市内の公立朝鮮学校出身であり、国語習得の面においては、大きく後れをとっていた。こうした現状を認識していたにも拘わらず、教務主任である自身も職員会議等の場で「「国語常用がまだよくできていないが、その原因は大体我々教員の努力不足とともに、教員と学生の間の有機的な連関性が希薄であるという点〔＝コミュニケーション不足〕に起因しているものであるので、今日からはウリマル常用をしない学生に対しては、従来のようにじっと傍観して過ごすのではなく、その時その場で学生たちを正しく教育教養してください」等々、言うだけ」であって、具体的な対策を立てていなかったという。

　生徒たちは、同校教員たちを、①生徒たちが日本語を使っても何も言わない先生、②生徒たちとも日本語で話す先生、③「うるさくウリマル常用！ウリマル常用！とわめいている」先生とに分けて認識し、「③の教員が、学生同士で話している所を通る時は、その教員がある距離に近付いたら話を中断し、その教員が過ぎ去るまで話を中断する」ようになっていた。生徒たちは教員の目を気にして、使用する言語を使い分けていたり、あるいは話すことをやめていたのである。生徒たちは①と②の先生を「良い先生」として慕い、③の先生を嫌った。ウリマルをうまく使えない新任教員に関しては、「私たちはあの先生よ

---

[7] 教職同尼崎朝鮮中級学校分会キム・オククン「教育経験発表報告書――学生に愛国主義教養を注入する過程で現れたいくつかの現象」（1960年2月27日）。

り国語能力は上だから」と教員を下に見る生徒もいた。また全体としては「国語常用は上級学年であるほど実践されていない」状況であったという。教員たちがただスローガンとしてだけ「国語常用」を掲げていた結果、こうした望ましくない事態が生じていると、キムは述べる。

　このような状況を打開するために、同校は大きく以下のような対策を立てる。第一に生徒たちの中に「ウリマルリーダー」を作ることである。「ウリマルリーダー」に選出された生徒らが、進んで朝鮮語を使うようにし、日本語を使っている生徒に対しては、教員からのみでなく、生徒間で注意するようにさせた。第二に、学校全体7学級の内、ウリマル常用において模範となる学級を一つ作り、その学級が全体を牽引する形で国語常用運動を進めることにした。模範学級の臨時担任となったキム・オククンの取り組みは、以下のようなものである。

- 11月1日〜15日まで：学生たちの国語常用に関する関心を学級会議、また個別に調査、その中でリーダーを発掘。
- 11月16〜30日：リーダーたちの責任感を向上させるために、ホームルーム後にその日その日の国語常用程度をかれらと共に分析し、次の日の対策を考えた。そうする中で、リーダーたちが、学級全員で国語常用にチャレンジしようとする気持ちを育てていった。
- 12月：学級38名を6つの班に分け、それぞれの班長をウリマルリーダーたちに務めさせ、班ごとに国語常用の競争をさせる。そして下校前の担任時間〔ホームルーム〕にて、1班は2班を、2班は3班をというように、それぞれの班の国語常用程度を評価していく。うまくできた個人と班は、学級全体で拍手をして讃える。また逆に悪い結果を残した学生に対しては、批判をしながらも、必ず実現できるという勇気と自信を与える。これらの作業は主に学生が行い、教員はこれらを記録する。また、学生同士で話している時、ウリマルで表現できなかったり、知らない日本語を使う場合には、その日本語を使う前に「日本語で言うならば…」と言うようにして、仕方がない時には断りを入れ、日本語の単語を使っても良いようにした。

・1月11〜25日：学生たちは国語をどんどん使っていったが、「あのー」や「えーっと」等の日本語が出る場合が多い。そのため、それらの朝鮮語「저」、「에」を用いるようにし、より質の高い国語常用を目指すように指導。また、美しい言葉を使うことの意義を学生たちに説明し、例えば友だちの名を呼ぶ時も、名前の下に必ず「○○동무〔さん、くん〕」とつけるように指導した。
・1月26日〜1月末：毎日行っていたウリマル常用程度の報告を、学生たち自身でできるようになったので、水曜日と土曜日だけ報告をもらうようにし、学生たちが教員の確認がなくとも自覚的に国語常用の努力をするようにした。また学校全体としてもこの学級を評価した。
・2月の計画：1月の国語常用における成果と欠陥を明らかにしたうえで、個別指導と学級会議、あるいは担任時間をとおして、全員で否定的な現象を明らかにし、指導する。

　キムは、10月末頃までは生徒間の会話の一切は日本語であったが、「現在〔翌年の2月〕ではウリマル常用が原則として根付き始めている」と述べている。学校では朝鮮語を使うという原則と秩序がつくられていったという。この実践にも見られるように、子どもたちにとって話しやすい日本語ではなく、学校生活のすべての過程で朝鮮語を使わせるということは決して容易なことではない。使用言語の統制には強制性が伴うことも多く、それらから逃れたり、あるいは対抗しようとする子どもを生んでしまう。子どもたちを「立派な朝鮮人」に育てるために必要とされる国語を身に着けさせるための取り組みが、教員の強制性のみに依拠して実行されるならば、民族の言葉として、あるいは共和国国民としての誇りを持って朝鮮語を自ら使用するという朝鮮学校が目指していた国語常用の目的が達成されるはずもない。しかしほうっておくばかりでも、国語常用は達成されない。国語常用という規範からの逃避やそれへの反発を最小限に抑え、むしろ子どもたち自らが積極的に朝鮮語を使いたいと思うような学級運営の仕組みをつくるために、教員たちは試行錯誤を繰り返していた。
　第2回神奈川教研（1959年4月3〜4日）で発表されたペ・インボンの実践報告からも、教員たちの試行錯誤が見て取れる。ペは横須賀市立諏訪小学校分

校での国語常用運動の取り組みについて、以下のように述べる[*8]。

> 〔1957年の〕最初の時期には、どのような理由であれ、国語常用をすることを学生たちに義務的に要求し、強調した。何よりも校内での国語常用の一大旋風を作り上げることが先決問題であったためだ。〔中略〕校内で国語常用運動が熾烈に展開する中で、いくつかの欠点と問題が提起された。学生たちに国語常用させるには、教員の意識的、組織的な働きかけが必要であり、それは良いのだが、その度を越え、強制的に〔国語常用を〕要求し推進するようになり、教員の監視がなかったり、あるいは目が届かない所では、国語を使わない学生が現れていた。

尼崎中級と似たような状況は、横須賀の学校でも起こっていたようである。そもそも同校は公立学校の分校であり、日本人教員もいる。子どもたちは当然、日本人教員と話す際は日本語を用いるし、日本人教員の授業は日本語で行われていた。学校においても「二重言語環境」が前提となっている中で、国語常用を実現することは、相当な難題であったに違いない。それでも教員たちは、国語常用を達成するために様々な取り組みを繰り返す。

同校では、国語常用運動における子どもたちの自立性を高めるために、児童自治会に国語常用部を設けることにした。国語常用部は、3年生以上の子どもに「国語常用カード」を一人20枚ずつ配り、日本語を一回使用するごとにカードを一枚取られるルールを作った。放課後の学級自治会の際に国語常用部がそれらをチェックし、学級別に成績を発表し、また学級会で反省会を行うというのである。ところが、日本語を使っていないとごまかそうとする子どもが増えたり、あるいはカードにだけ意識が傾き、それを取られないようにすることが目的化してしまう傾向が表れるようになった。ついには、一日に一言も言葉を発さないという子どもまで出るようになってしまったという。どのようにすれば、国語常用運動を「正常に行えるのか」、教員たちは悩んでいた。県内

[*8] 在日本朝鮮人教職員同盟神奈川県横須賀支部ペ・インボン「国語常用運動の指導経験」(1959年4月3〜4日)、参照。

の他の学校で行っているような国語常用競争をさせるという案も出たが[*9]、これは「教育的によくないと判断し」、実施しなかった。また「朝鮮語が分からない時は、相手に許可をもらって日本語で話すというやり方」は、結局「国語常用運動を向上させるうえでは、大きな障害となる」と判断し、行わないようにした。

　試行錯誤と度重なる議論を経て、同校教員たちが出した結論はシンプルであった。日本語を混ぜながら意思疎通や授業を行う1～2年生とは異なり、3年生以上は、国語常用を徹底するように、引き続き指導する。その際に、ある種の強制性や統制が伴ってしまうのは仕方がない。ただし、ただ強く注意したり、監視するのではなく、「子どもたちの中に入ることによって」国語常用の指導を行っていく。報告者であるペ・インボンが例示する、「子どもたちの中に入る」実践を見てみよう。

　授業の合間の休み時間、男子児童は相撲を、女子児童は縄跳びをよくやっていた。ペはその際に、ふと日本語が出てしまっていることを発見する。相撲をやっていて、例えば「足が出た！」、「上手投げでいけー！」といった掛け声など、「様々な日本語が瞬間的に無意識に続出する現象」があったのである。そこでペは、自分も一緒に児童同士の相撲を観戦しながら、「足をあっちにかけろ！」、「押せ、押せ！」、「もっと力を入れろー！」といった朝鮮語を、隣で意

[*9] 例えば、川崎市立桜本小学校分校、キム・ウジョンの実践報告「1959学年度第3回教授経験発表会国語科　国語実力引き上げのための指導経験」（1959年）では、国語常用の程度をグラフに掲示して、子どもたちの競争心を煽りながら、国語常用を促す取り組みが報告されている。ただし、同学校では国語常用競争運動だけが行われたわけではない。「日常的な説得、意義説明、グラフに違反者〔日本語を使った児童〕を記録する等、または難しい単語を説明してあげる等、多種多様な方法で運動を展開し、ある程度の成果を上げたが、どうやっても運動の波が激しく、カンパニア的にしか展開されず、日常的なものとして運動を展開できなかった。しかしこのような運動を展開する中で、過去には国語を使用したら恥ずかしがる子どもや、からかって笑う子どももいたが、それらの子どもたちも次第に国語常用をしようとする意欲」を持つようになったという。そして授業や休み時間を問わず国語常用運動の意義を論じ、授業時に新しく習った単語を教員が積極的に使うようにし、また日本語を使った子どもを注意することも引き続き行った。その内、子どもたちの間で自発的に日本語使用者に対し注意が行われるようになり、毎日放課後の時間にはその反省会を開いた。そうした中で、学校内で朝鮮語を使うことが常態として定着していったという。報告者のキムは、子どもたちが国語を常用していると「正に文字通り"朝鮮学校"らしさを感得するようになった」と、述べている。同校が公立分校の形態であることを踏まえると、この言明は興味深い。

識的に叫ぶようにした。すると児童たちも少し意識するようになったのか、次第に朝鮮語で掛け声を言うようになった。観戦だけでなく、実際に自分も相撲をとり、技の説明を朝鮮語で行い、授業では扱わない朝鮮語も教えていった。こうした取り組みを繰り返していく内に、徐々に、朝鮮語を使用することが自然なこととして、定着し始めていったという。些細なことかもしれないが、これが国語常用運動を子どもたち自身のものにするための、ぺなりの工夫であった。

　ぺは、国語常用運動を推進するうえでは、「先生の積極的な補助（助言）と厳格な点検の両方がなければならない」と経験をまとめる。日本語を使いたい、あるいは日本語が出てしまう子どもに、朝鮮語を使わせるのであるから、そこに強制性が伴うのは避けがたいことである。しかしその強制性が孕む危険性は、子どもたちに寄り添う実践をとおして、巧みに緩和されようとしていたのであった。

(3)「おかしな国語」
　ところで、ペ・インボンの実践報告中、一層興味深いのは、以下の記述である。「〔子どもたちの間では〕おかしな国語が行き交う時もある。それでも自分たち同士では充分に意思が通じているようである」。ここで言う「おかしな国語」とは一体なんだろうか。
　「おかしな国語」の例として、「내가 만 케니까」という文が紹介されている。この文を見た時は、筆者（呉永鎬）自身も意味が分からなかった。ぺは以下のように解説している。

　　「내가 만 케니까」に至っては、少し理解することが難しい。これは「내가 만켓는데」、すなわち「내가 말하지 않았는데」〔私が言っていないのに〕という意味である。こうした現象は学年が下に行くほどひどい。しかし児童たち自身が「国語常用」しようとする誠意と努力は否定できない事実である。

　つまりぺが言う「おかしな国語」とは、子どもたちが生み出した独自の言葉

であった。学校全体の取り組みの中で、国語を常用する空気——すなわち第一言語である日本語の使用を控えようとする空気がつくられていき、子どもたちも「「国語常用」しようとする誠意と努力」を持つようになった。しかしそのような中で子どもたちが使用する言葉は、日本語ではないが、「正しい国語」でもない、しかし子どもたちの間では「充分に意思が通じている」ような独自の言葉である場合もあった。それが「正しい国語」だと思っていた子どももいたかもしれないし、自然に使われるようになった言葉かもしれない。コミュニケーションを取る際にどうしても朝鮮語での言い回しが分からずに、つくりあげた場合もあるだろう。またふざけている過程で生み出され、子どもたちの間に定着していった言い回しや表現もあるかもしれない。いずれにしても子どもたちは、朝鮮語「らしい」、あるいは朝鮮語「のような」言語を自ら創造し、使っていたのである。

　ペが述べるような「自分たち同士では充分に意思が通じている」「おかしな国語」と表現した言葉を子どもたちが用いていることは、第1回全国教研の国語分科会の場でも指摘されている。そこでは「完全な国語でもなく、日本語でもない言葉」と表現され、全国的な課題として提起されている[*10]。「おかしな国語」は、程度の差こそあれ、おそらく校種や学年に関わらず、多くの朝鮮学校でも見られた現象だと考えられる。今一度確認しておくならば、朝鮮学校では国語の常用が目指されたが、日本語が第一言語であることや、教員たちも十分な指導ができないという壁が、その実現を阻んでいた。そしてさらに複雑なのは、たとえその壁を越えることができた場合でも、朝鮮学校の言語環境下で日本語が第一言語である子どもたちが生み出した「おかしな国語」という難敵と対峙する必要があったのである。

　後述するように、1960年代に入っても「おかしな国語」は引き続き各地の朝鮮学校で観察されるものである。「正しい国語」を常用する取り組みの中で、意図せぬ形で生まれた、朝鮮学校の子どもたちに独特な言葉。その具体的なあり様と評価については後述するとして、まずは1960年代に入って一層強化される、総連および朝鮮学校の国語教育方針について確認しよう。国語強化の方

[*10] 『民族教育——在日本朝鮮人学校　第1回教研報告集』（1958年5月）、14頁。

針が繰り返し打ち出されるのは、翻って、それらが引き続き解決を見ない問題としてあり続けたからに他ならない。

第二節　高まる「正しい国語」習得気運

　1950年代末葉に帰国運動が高揚して以降、在日朝鮮人の中では国語である朝鮮語学習の熱が一層高まる。それは成人教育における朝鮮語学習の盛り上がりからも確認できる。例えば1959年1月の『朝鮮民報』では「「夢のように住み良い祖国」という考えではなく、厳然たる現実的な問題として祖国に奉仕するという観点が必要だ」として、成人たちも「まずウリマルを習わなければならない」ことが、呼び掛けられている[*11]。また教職同も成人教育を、「帰国を前にした今日において」「緊急で重要な課業」として掲げている[*12]。各級朝鮮学校において三大重点課業が取り組まれる背景にも、帰国運動が影響していたことは間違いない。

　1959年12月に帰国が実現し、1960年代に入ってからも、朝鮮学校では「私たちは改編された人民教育体系を日本の現実に即して適用するための具体的な実践として、総連が提示した3つの中心課業を成果的に保障する」(1960年)[*13]、「3つの中心課業を成果的に遂行する」(1961年)ことが掲げられており[*14]、引き続き三大重点課業を中心に置き、教育の質向上が目指されていた。しかし第3章で見たように、1962〜3年頃から三大重点課業の一つである基本生産技術教育強化の方針が明示的にではないが撤回され、60年代中盤以降は、事実上国語教育と愛国主義教養の強化が、朝鮮学校教育の二本柱となっていく。

　具体的には1964年5月25〜27日にかけて開かれた総連七全大会において、「特に各級学校では、我々の教育事業において母国語教育が持つ重要な意義を

---

*11 「まず私たちの言葉と文字を習おう――「唖者」のまま祖国に行けるか…」『朝鮮民報』1959年1月8日付。
*12 在日本朝鮮人教職員同盟「教同第12回定期大会文献集」(1959年)、52頁参照。
*13 在日本朝鮮人教職員同盟中央委員会「教同中央委員会第38回会議決定書」(1960年3月23〜24日)、8頁。
*14 在日本朝鮮人教職員同盟中央常任委員会「教同中央委員会第40回会議に提出した事業総括報告および今後の方針」(1961年4月8〜9日)、23頁。

深く認識し、全ての学生がウリマルと文字を正しく使用するように、国語教育を決定的に強化しなければならない」という方針が示されてから[*15]、国語教育を強化するための様々な施策が実施される。総連の活動家たちも、「私たちの言葉と文字をもっとよく学び、正しく使おう！」という題目で、各地で講演を行い、在日朝鮮人社会における朝鮮語使用の気運を高めようと奔走した[*16]。ここでは朝鮮学校内での取り組みとして、国語等級制試験と中央国語教育方法研究会議を見よう。

国語等級制試験

1964年10月、総連中央は「各級学校教員および学生の国語習得運動と等級制試験実施に関する組織要綱」を発表する[*17]。題目から明らかなように、この要綱は朝鮮学校に対して出されたものであり、全ての学校では教員のみならず、子どもに対してもこの内容を浸透することが求められた。要綱ではまず、国語教育を一層強化する必要性を、以下の三点から見出している。「第一に、学校は母国語教育の拠点となり、真正な朝鮮の愛国者に学生を育てるうえで、母国語が基本になるためである。第二に、母国語は全ての学科学習の基本であり、学校事業において学生の成績を引き上げる基本的な鍵となるためである。第三に、総連事業の要求から見る時、学生の国語実力が低く、言語生活で欠陥が多いことによって、総連の愛国事業発展に支障を与えている」。以上を踏まえ、各学校では国語習得のための取り組みを一層強化すること、そして国語等級制試験を開始することが示された。

国語等級制試験とは以下のようなものである。同試験には7～1の級数が設定されており、それぞれの試験範囲は、7級で初級学校の国語1～2学年、6

[*15] 「総連第7回全体大会で行った中央委員会事業報告」『朝鮮新報』1964年5月26日付。

[*16] 在日本朝鮮人総連合会中央常任委員会宣伝部「講演提綱（幹部講演用）1964年第10号　私たちの言葉と文字をもっとよく学び、正しく使おう！」（1964年7月）、参照。「提綱」は、共和国の『朝鮮語大辞典』（社会科学出版社、1992年）によれば、「講演や講義の基本内容を体系立てて記した文」を指す。総連の講演提綱には、講演で話すべき内容が詳細に記されている。講演を実施する者は、基本的にはこの提綱に沿って講演する。

[*17] 在日本朝鮮人総連合会中央常任委員会「各級学校教員および学生の国語習得運動と等級制試験実施に関する組織要綱」（1964年10月1日）。以下の国語等級制試験に関する内容も全て同要綱による。

級で同3～4学年、5級で同5～6学年、4級で中級学校の1学年の国語および文法、3級で同2学年の国語および文法、2級で同3学年の国語および文法、1級で高級学校1～3学年の文学となっている。全ての学生は7級から試験を受けることと指定されている。

　試験は筆記、口頭の二つがあり、該当級数教科書範囲内で試験を行い、成績が4～5点であれば筆記は合格、筆記試験合格者のみが口頭試験に進める。口頭試験では国語指導委員2名以上が、評定する。口頭試験で5点をもらえば合格となり、合格者には該当級数のバッジを授与することになっている。試験実施時期は、毎学期末に実施することが基本とされたが、試験者数の多寡によっては随時行うことができ、1964学年度の第二学期末から実施するとされた。

　試験問題は、中央国語指導委員会で作成、配布する。試験は各県の国語指導委員会の指導の下、各学校の国語指導委員会が実施する。中央国語指導委員会の構成は、中央は教育部副部長を責任者として若干の教職同の職員、朝鮮大学校および各級学校教員たち、各県国語指導委員会は総連県本部教育文化部長を責任者に若干名の教員、各学校国語指導委員会は、学校長を責任者として若干名の教員となっている。国語指導委員会は学校での国語習得運動の全般に責任を負い、等級制試験を実施すること、また学期ごとに国語習得運動に関する総括を行い、中央に報告することとされた。指導委員は事前に該当等級に合格していることが条件となっている。

　国語等級制試験は子どもたちばかりではなく、教員にも同様に課されている。先述のように、国語教育の質を高めるためには全ての教員の国語の実力を引き上げる必要があり、また現実的に1960年代中盤段階でも朝鮮語を知らない、うまく使えない教員が決して少なくないためであった。教員たちには、翌年の総連結成10周年まで第4級以上、また1967年の八全大会までに第1級を合格することが目標として定められた。言わずもがな、教員たちがこの等級制試験に合格するためには、全学年の国語教科書の内容を詳しく把握せねばならない。朝鮮語を習得せずに朝鮮学校の教員になった人たちにとって、これは決して簡単な試験ではなかったことだろう。試験制度を義務化することによって、言わば「強引に」、朝鮮学校の国語教科書に準じた朝鮮語能力を、教員たちに身に着けさせようとしたのである。

1966年に作成された各学校の『学校沿革史』では、近年の学校事業に関する箇所で、度々この国語等級制試験の結果を指標にしながら、当該学校の教育の成果を語る叙述が登場する。例えば、神戸中高の『学校沿革史』では、「国語生活化と国語等級制〔試験の〕学習を着実に行う過程で、学生たちの母国語に対する観点が正しく立つようになり、国語学習がより強化された。また、弁論大会、口演大会、詩朗読会等を随時組織した。その結果、学生たちの国語実力が次第に高まり、今日国語等級制の合格率は、高級部7級94％、6級69％、中級部7級87％、6級58％に成長し、多くの学生たちが正確な発音で国語を使うようになった」とされている[*18]。国語等級制試験がいつまで実施されたのかは定かではないが、実際に実施され、学校内の国語習得の気運を高めていたようである。

中央国語教育方法研究会議

　中央的な国語教育強化の措置はこればかりではない。朝鮮学校の全国的な教育実践研究の場として、教育方法研究大会（略称「教方」）が、1965年から開始されることになったが、同学年度である1966年2月からは「中央国語教育方法研究会議」も開催されている。これは国語教育だけに限定された教方のようなものであった。

　第1回は、1966年2月26～27日にかけて東京朝鮮第一初中級学校および東京朝鮮中高級学校で開催されている[*19]。一日目は、実践報告全58のテーマが報告され、二日目の全体会議では、初級部低学年分科、初級部高学年分科、中級分科、高級分科、校長分科の5つの分科会議の報告がなされ、総連中央金宝鉉（キムボヒョン）教育部長が結びのあいさつをしている。金宝鉉は、「母国語教育において何よりも重要なことは、学生たちに豊富な語彙を所有させる問題と、正確な発音法を所有させる問題である。すべての教員は国語教育の重要性をしっかりと捉え、日本の実情に合った国語教育の理論を立てなければならない」と述べた。

　第1回中央国語教育方法研究会議で発表された実践報告の一部を、表5-2

[*18] 神戸朝鮮中高級学校『学校沿革史』1966年、参照。
[*19] 「母国語教育を決定的に強化しよう！——中央国語教育方法研究会議進行、東京で2月26、27両日に亘り」『朝鮮新報』1966年3月1日付。

に示した(全58編の報告の内、33編の報告原文しか確認できなかったため抜粋となる)。詳しい内容については次節にて述べるが、報告タイトルを見るだけでも、児童生徒たちにより多くの語彙を習得させるための実践や、発音を正すための実践が多くを占めていたことが分かるだろう。前者と関わって作文や日記指導を行っている実践もいくつか見られる。

　ここで使用されている「浄化(정화、다듬기)」という言葉は、先述したような「おかしな国語」を、美しいもの、正しいものにすることや、敬称をきちんと用いるなど、「正しい国語を習得させる」という意味で用いられている。「浄化」という言葉が充てられたのは、1966年に共和国の標準語である「文化語」が正式に制定されたことと関わっていると考えられる。それまで朝鮮半島ではソウルで使われている朝鮮語が標準語とされていたが、共和国ではそれとは異なる文化語を制定し、「統治階級の事大主義的で民族虚無主義的な立場や反人民的な思想観点の産物」として捉えられた外来語と漢字語をなくす「語彙純化」の方針を立て、これを一般大衆に定着させるための施策が展開する[20]。とは言え、康悠仙(カンユソン)(2014)によれば、朝鮮学校の国語教育において、教材レベルで文化語が取り扱われるのは、1970年代中盤以降のことであるため、本稿が扱っている範囲内では、文化語の影響をそれ程考慮しなくても良いものと思われる。もっとも「正しい国語」のモデルは、常に共和国の朝鮮語であったことは押さえておく必要がある。

　翌1967年1月27日には第2回目となる国語教育方法研究会議が開催され、ここでは全95編の実践報告が発表されている[21]。第2回では、討論に先立ち、初級1学年、3学年、5学年、6学年、中級3学年、高級3学年の研究授業が

---

[20] 『文化語学習』第1号(1968年、科学百科辞典総合出版社)、48頁参照。同雑誌は、雑誌名の通り、新たに作られた文化語を正確に学ぶための学習教材、雑誌である。同雑誌の「創刊の辞」によると、『文化語学習』はその内容を、①読者が文化語に対する幅広い知識を持てるように、語彙資料などのあらゆる優れた資料を紹介することによって、文化語教育とその普及、人々の言語生活において提起される理論、実践的問題をわかりやすく解説する、②語彙純化など人々の言語生活と文化語学習における経験や見本などを紹介する、③子どもたちの言語生活をより豊富で精錬させるために持ち出されるさまざまな問題を取り上げる、とされている。

[21] 「国語教育の質の改善をめざして——国語教育方法研究会議開かれる」『民族教育』1967年2月15日付。

行われ、より実践的な志向が強まったと言える[*22]。討論では「まずはウリマルの美しい発音、高低長短、豊富な表現をたくさん教え、同時に日本語発音の影響によって生まれるぎこちない〔어색한〕表現を直してあげることが重要であること」について共有認識を得たという。すなわち「日本語の影響を受けるということは、ウリマルを汚すことであり、正しいウリマル教育が難しいと考えることは、民族的主体が微弱であることから来る考えである」とされている。上述の「浄化」という表現は、この文脈に位置づく。日本語の影響を受けたウリマルは汚れたものと促えられ、それを美しいものへと修正することが「浄化」であった。

また翌日に行われた在日本朝鮮人学校模範教員集団熱誠者第2回大会では、総連韓徳銖議長が「民主主義的民族教育事業でもっとも重要な問題は国語教育であり、全教職員は正しい言葉と文字をつかう運動の先頭にたたねばならないし、その模範にならねばならない」と強調している[*23]。『朝鮮新報』上でも各学校の国語教育強化への取り組みが度々紹介され[*24]、その方法論を表彰・普及することによって、全ての学校でも国語教育強化に向けて真剣に取り組むべきという空気が醸成されていった。

このように1960年代中盤は、国語教育強化の取り組みが、朝鮮学校史上のいつよりも強力に、また組織的に取り組まれた時期であった。こうした中、朝鮮学校の教員たちおよび子どもたちは、どのように国語習得、国語生活化、国語の「浄化」に取り組んでいったのだろうか。

[*22]「母国語教育を主とした教育の質を提高——在日朝鮮人中央国語教育方法研究第2回会議進行」『朝鮮新報』1967年1月30日付。

[*23]「民族教育の一層発展を——在日本朝鮮人学校模範教員集団熱誠者大会、韓徳銖議長国語教育の強化を強調」『民族教育』1967年2月15日付。

[*24] 例えば、「1学年初授業からウリマルで——生活ですぐ使えるように国語を教えた、東京朝鮮第三初級学校教員集団の努力」『朝鮮新報』1966年7月23日付、「いつどこでも正しいウリマル——学生の自覚性を高めている東京朝鮮第三初級学校事業にて」『朝鮮新報』1967年1月16日付、「国語実力を高めた日記書き」『朝鮮新報』1967年1月19日付、「教員集団を一層しっかりと築き国語を主とした教授教養の質を高めよう」『朝鮮新報』1967年1月26日付、「学生座談会——「私はこうやって勉強しています」」『朝鮮新報』1967年1月31日付、等を参照。

表5-2　中央国語教育方法研究会議（1966年2月）にて発表された実践報告一覧（抜粋）

分科	学校名	報告者名	報告タイトル
初級学校低学年	京都朝鮮第一初級学校	リ・ウソン	1学年国語授業で得たいくつかの経験
	飾磨朝鮮初級学校	リ・ランスン	学生の会話浄化から読法指導へと発展させたいくつかの経験について
	愛知朝鮮第五初級学校	チェ・ウォルゲ	意識的読法指導で得た経験
	四日市朝鮮初中級学校	カン・ジョンフィ	初級1学年学生たちに終声の発音指導をどのように行ったのか
	川崎朝鮮初級学校	オ・ヨンリョ	国語教授における読み・書き指導経験
	小倉朝鮮初級学校	チョン・ヘンス	学生から日本語式発音を退治し正確な発音法を所有させた経験
	田川朝鮮初級学校	チェ・リョナ	学生に豊富な語彙を所有させた経験
	東神戸朝鮮初級学校	低学年集団	ウリマル使用のための国語教授での語彙指導——そこで得た経験
	姫路朝鮮初級学校	キム・ジョンシク	学生の国語習得のための事業で得た経験
	北大阪初中級学校	キム・イオク	国語生活化で得た事業経験について
初級学校高学年	東京朝鮮第五初中級学校	キム・ギスン	国語語彙調査事業にて得た経験
	東京朝鮮第六初中級学校	リ・ホンシム	表現的読法をどのように指導するのか？
	東京朝鮮第七初中級学校	ピョン・ジョンサム	叙述能力を引き上げるための日記指導で得た経験
	北関東朝鮮初中級学校	キム・ソンリョル	学生たちに生活用語を豊富に所有させた経験
	愛知朝鮮第六初級学校	ユン・ジョンファン	語彙の表現的解釈のための事業において得た成果と経験について
	園田朝鮮初級学校	チョ・フィス	教科書10回読みと国語生活化指導において得た経験
	川崎朝鮮初級学校	高学年集団	日記指導をとおして国語実力を高めた経験
	飾磨朝鮮初級学校	オム・ムイル	言葉浄化運動を国語読法指導へと発展させたいくつかの経験
	八幡朝鮮初級学校	ファン・ヨンヘ	学生に豊富な語彙を所有させるための経験
	東神戸朝鮮初級学校	高学年集団	国語発音浄化にて得たいくつかの経験
中級学校	尼崎朝鮮中級学校	コ・フィドク	教材内容をどのように理解させるのか
	東京朝鮮中高級学校	チェ・ヒャンリム	国語授業において単語解釈と表現の解釈
	西播朝鮮中級学校	ト・ヨンサン	45分授業における話し方指導
	京都朝鮮中高級学校	不明	教材を理解させるための語彙の取り扱い
	南大阪朝鮮初中級学校	キム・ムンジャ	文学授業を国語授業に転換させて得た教訓と分科成員の働き
	神奈川朝鮮中高級学校	キム・ジョンホ	叙述指導にて得た経験
高級学校	東京朝鮮中高級学校	1学年分科集団	国語読法教授において引っかかる発音指導
	東京朝鮮中高級学校	チョン・ユノク	作文授業において学生たちの叙述力と思考力を発展させた経験
	東京朝鮮中高級学校	ファン・オクペ	学生たちに語彙を蓄積させた経験
	京都朝鮮中高級学校	チョン・ヨンファ、チョン・ジェウ	教員の言語駆使が学生にどのような影響を与えているのか
	九州朝鮮中高級学校	キム・ヒョンジン	学生に豊富な語彙を所有させるための語彙指導事業において得た経験
	神戸朝鮮中高級学校	高級部国語集団	国語教授における国語生活化での発音指導経験
	神奈川朝鮮中高級学校	チョン・ファフム	叙述指導において得た経験

典拠：筆者が発見できた同会議にて発表された実践報告の原文をもとに筆者作成。
註：1966年3月1日付の『朝鮮新報』によれば、同会議にて発表された報告は全58編である。筆者は33編しか発見できなかったため、「（抜粋）」と附した。また、「校長分科」の実践報告は一つも発見できなかった。

第5章　生まれ出る言葉

第三節　脱植民地化の様態──目指される浄化、生み出される亜種

（1）生成され続ける在日朝鮮語

　朝鮮学校において、国語教育強化の方針が示され、国語の「浄化」が目指された時期、教員たちは問題をどのように把握し、それを解決しようとしたのか。1960年代中盤の国語教員たちの取り組みを見てみよう。

　1966年の（第1回）中央国語教育方法研究大会で発表された、愛知朝鮮中高級学校チョン・ヨンファ、チョン・ジェウの「教員の言語駆使が学生にどのような影響を与えているのか」は、国語教育の質を引き上げるうえで必須の課題である、教員の国語水準の問題について扱った実践報告である[*25]。チョンらは教員の国語水準を上げるために、自身ら教員集団の国語水準に関する分析を行い、以下の11点の問題を指摘している。少々長いが、当時の国語教育実践の実態を考察するうえで重要な点であるため、詳しく見ていくことにする。

　1点目は発音であり、これは三つに分けて説明されている。すなわち、①母音においては、ㅓとㅗ、ㅐとㅚ、ㅓとㅣといった発音が混同していること（例えば同じ「オ」という発音でも、ㅓとㅗでは口の形が異なる）、②平音、激音、濃音の区別がないこと（朝鮮語では、例えば日本語の「カ」の音も가、카、까と三つある）、③終声（받침）において、ㄴとㅁ、ㄱとㄷ、ㄴとㅁといった区別がしっかりできていないこと（例えば「おはよう」、「こんにちは」を意味する「안녕」は、「アンニョン」と発音するが、ここに登場する「ン」の音は、前後で異なる）の三つである。

　2点目に挙げられているのは「日本語式ウリマル」である。すなわち、ある表現を朝鮮語で言う際に、日本語を朝鮮語に直訳するような形で用いられる表現であり、「다섯명 분」、「전전 모른다」、「꿈을 보다」、「머리에 오다」などが挙げられている。「다섯명 분」は日本語で言う「五人分」を表現しようとしものであるが、正しくは「다섯명 몫」であり、「五人分」の「分」をそのまま朝鮮語読みで「분」とした所に誤りがある。同様に、「全然」をそのまま朝鮮語

[*25] 愛知朝鮮中高級学校チョン・ヨンファ、チョン・ジェウ「教員の言語駆使が学生にどのような影響を与えているのか」（1966年2月26〜27日）、参照。

読みした「전전」(正しくは「전혀」)、「夢を見る」の「見る」を、「映画を見る」という時に用いる「見る」と同様に用いる誤り(正しくは「꿈을 꾸다」)、「頭に来る」をそのまま直訳し――すなわち頭→머리、に→에、来る→오다、とした誤り(正しくは「화가 나다」)等が指摘されている。

　3点目は「タメ口」(반말)と俗っぽい言葉(속된 말)であり、これは美しい朝鮮語を教えるという目標に反した。4点目は方言である。当時の朝鮮学校は標準語に基づき教育を行っており、慶尚道や済州島の方言を使う教員は悪影響を与えるとされている。5点目は、日本語の感動詞が朝鮮語で話している時にも出てしまう問題であり、特に「えーっと」、「はい」、「あのー」、「まあ」、「あのね」といった言葉が挙げられている。こうした意識的な思考の外の言葉が朝鮮語ではなく日本語になってしまっているという指摘は、子どもたちにも同様に見られる現象であったが、無論第一言語が日本語である教員も同様であった。

　6点目は敬称であり、子どもたちが「目上の人に対し友だちのように話をしている」にも拘わらず、教員たちは気付かずに、これに対する指導を行えていないという指摘である。これが子どもや教員が朝鮮語の敬称を知らないためなのか、あるいはその他の意図があってのことなのかは、この実践報告からは判断できない。

　7点目はアクセントであり、これは二点指摘されている。一つは名古屋の地方語と関連して、語尾を上げることを、朝鮮語にもそのまま適用していること(ここでは「그래서」が挙げられており、語尾が上がると指摘されている)、二つ目はもう少し広く、特に漢字語を読む際に日本語式抑揚になることが指摘されている。ここでは周期、討論、単位、暗記といった語彙の抑揚が日本語式であることが挙げられている。

　8点目は助詞の使用法における誤りであり、これは二点目の「日本語式ウリマル」と同様、日本語の直訳による誤りである。朝鮮語と日本語の言語構造は似ている側面もあるが、一対一対応では翻訳できない助詞もあり、教員がこの判断ができないまま、直訳して朝鮮語にしてしまっているという指摘であろう。

　9点目は「言葉とも言えない言葉――日本語からの影響が大きい」と表現されており、「전화가 오고있다」、「알수가 못하다」、「계속을 시작하겠습니다」等が例として挙げられている。この誤り具合のニュアンスを、朝鮮語を解さな

い者に適切に伝えることは難しいが、例えば、「買えない」を「買うできない」あるいは「買えられない」と言ったり、「頭痛が痛い」、「電話が（動いて）来ている」と表現するような類の誤りである。

　10点目に板書の際に、ハングルの綴りの誤りが多いという点、また11点目は理数科や美術科、音楽科、体育科の授業で登場する外来語の表記や言い回しが統一されていないことが指摘されている。

　このように、チョンらの報告では、教員の母音・子音・終声の発音、日本語式ウリマル、「タメ口」、俗っぽい言葉づかい、方言、感動詞、敬称、アクセント、助詞の使用、「言葉とも言えない言葉」、板書、外来語というように、教員たちが抱える国語使用上の問題が、実に細かく指摘されている。こうした細かい点が問題化するのは、言うまでもなく、正しく、美しく、「浄化」された国語の使用が求められていたからに他ならない。教員たちは朝鮮語のアクセントに名古屋地方のアクセントが影響してしまっていることまで発見し、是正の対象としている。規範としての共和国流の正しい朝鮮語を目指せば目指すほど、それとは異なる自分たちの朝鮮語にまつわる様々な「問題」が発見されてしまう。発見された問題の解決は、容易ではなかったことだろう。教員たちでさえ、こうした問題を抱えていたのである。子どもにとって「正しい国語」の習得が至難のことであったことは、想像に難くない。

多様な「日本語式ウリマル」

　当時の実践報告で、国語習得および使用における最大の障壁の一つとして語られているのが、日本語の影響を受けた朝鮮語、先述した「おかしな国語」や「日本語式ウリマル」などと表現される問題である。いくつかの実践報告を引きながら、日本語式ウリマルとはどのようなものであったのか、そのバリエーションを確認しよう。

　1965年、第1回方の国語分科会で発表された、神戸中高リャン・ウジクの実践報告では、「学生の中で使われる、不正確な言葉、日本語式朝鮮語を退治し、国語常用の雰囲気を醸成するために授業を展開」した経験が報告されて

いる*26。ここでリャンは、生徒たちが「あの」、「えーっと」、「サボり했다」、「빌려 받았다」、「선생님가 왔다」等の言葉と、またすでに学校に来ている(와있는)学生を見て「○○くんは、오고있습니다」という点、そして教員室にて訪ねた教員がいなかった時に「○○○선생님 모릅니까?」と聞く言葉、また「아직입니다」というなど、日本式言葉」を使っていることを報告している。

　一つずつ説明しよう。「あの」や「えーっと」は、これまで述べてきたように、ふと出てきてしまう日本語の表現である。おそらく続く文章は朝鮮語で話されるのだが、発言の冒頭や間にそうした日本語が混じってしまうことをリャンは問題している。続く「サボり했다」とは、日本語の「サボる」と、朝鮮語の「〜した」という意味の「했다」を合成した言葉である。また「빌려 받았다」は、「빌리다」(借りる)と「받았다」(もらった)を合わせて、日本語の「貸してもらった」を朝鮮語で表現しようとする言葉であるが、朝鮮語は「Aに貸してもらった」といった受動態の表現はあまり用いず、「Aが貸した」という能動態の表現を用いるのが一般的である。ゆえに「빌려 받았다」は、正に日本語をそのまま直訳したという誤りであった。

　「선생님가 왔다」は、「先生が来た」という意味であるが、まず「선생님」(先生)という名詞の最後に終声があるため、助詞である「가」は、「이」でなければならない。この誤りは、日本語の助詞「が」と、朝鮮語の助詞「가」が、意味も音も同様であることから頻繁に起こる誤りである。つまりここで用いられている「ガ」という音の助詞は、日本語の「が」なのか、朝鮮語の「가」なのか、音からだけでは判断できない。また「선생님」は目上の人であるため、「美しい国語」を目指すのであれば、「왔다」(来た)ではなく、「오셨다」(来られた、いらした)という敬称を用いなければならない。よって「선생님가 왔다」は、正しくは「선생님께서 오셨다」となる。

　「○○くんは、오고있습니다」は、過去完了を意味する「와있다」(来ている)を、今こちらに向かっているという現在進行形の「오고있습니다」(来ている)にしている誤りであり、これも日本語を直訳したことによる誤りである。続く「아직입니다」は、「아직」(まだ)と「입니다」(です)を合わせた言い回

---

*26 神戸朝鮮中高級学校リャン・ウジク「国語授業において政策貫徹をどのように行ったのか?」(1965年7月29～31日)、参照。

第 5 章　生まれ出る言葉

しであるが、朝鮮語の「아직」は副詞であるため、「まだ来ていないです」というように、動詞を後ろにつけなければならないが、こちらも日本語から直訳しているため、誤った表現となってしまっている。

　このような朝鮮語と日本語の合成語であったり、あるいは日本語をそのまま訳すことによる日本語式ウリマルの例は、枚挙に暇がない。第 1 回中央国語教育方法研究大会で発表された神戸中高・高級部国語集団による報告においても、「まだ日本式朝鮮語である「빌려 받았다」、「읽어 얻었다」〔「貸してもらった」、「読んでもらった」の直訳〕等と、「아노」〔「あのー」という日本語〕、「～네」〔朝鮮語にも拘らず、語尾に「～ね」をつけてしまうこと〕等がなくなっていない」ことが指摘されている[*27]。

　北大阪初中級学校の初級学校 2 年生を受け持ったキム・イオクの実践報告でも同様に、「学生の言語生活は、ウリマル半分、日本語半分の、すなわち言うならば混合して使っているのでした。そしてそれも教室内の極めて限られた範囲でしかウリマルを使用できませんでした。例えば、「わすれ했습니다」〔「했습니다」は朝鮮語で「～しました」の意〕、「あかん이지요」〔「이지요」は朝鮮語で「ですよ」の意〕、「した입니다」〔「입니다」は朝鮮語で「～です」の意〕等、言葉の終結述語にウリマルをつけて話すということが、普通のことでした。また、言語生活がそのような状況ですので、書き能力が十分なはずがありましょうか。終声〔받침〕、分かち書き〔띄여쓰기〕等、間違い始めたら、目を当てることもできませんでした」という現状が述べられている[*28]。

　北関東朝鮮初中級学校のキム・ソンリョルの実践報告でも、「日本語式ウリマル」として、以下のような表現が挙げられている（以下、前の表現が「日本語式ウリマル」とされたもので、（　）内が報告で示された正しい朝鮮語）[*29]。 전화가 오고있다 （전화가 왔다）、6 학년에 되여서 （6 학년이 되여서）、학교에 가자 （학교로 가자）、그 동무가 했는 일 （그 동무가 한 일）、할수 못하다 （할수 없다、

[*27] 神戸朝鮮中高級学校高級部国語集団「国語教授における国語生活化での発音指導経験」（1966 年 2 月 26 ～ 27 日）、参照。
[*28] 北大阪初中級学校キム・イオク「国語生活化で得た事業経験について」（1966 年 2 月 26 ～ 27 日）、参照。
[*29] 北関東朝鮮初中級学校キム・ソンリョル「学生たちに生活用語を豊富に所有させた経験」（1966 年 2 月 26 ～ 27 日）、参照。

199

하지 못하다)、전기를 붙이다 (전기를 켜다)、그 책은 몇원입니까? (그 책은 얼마입니까?)、그림을 쓰다 (그림을 그리다) 等である。これらも助詞の用法の誤りや、日本語を直訳することに起因した誤りである。

東神戸初級の低学年集団による報告も興味深い[*30]。この報告では、同校の子どもたちの言語使用状況が、以下の様に述べられている。引用文中の〈 〉の中は原文が日本語であり、その他は朝鮮語で書かれている。

> 彼ら〔子どもたち〕の成績、趣味、行動を了解するために、かれらと一緒によく遊びもしたし、一対一で話したりもしてみました。3学年の学生たちと付き合う過程で、私はかれらが交わす話に驚かされることが、とても多かったです。「○○くん、〈むこう〉に行って遊ぼう」、「何で遊ぶ?」、「うん、〈ぶらんこ〉で遊ぼう」。またある学生が私の方に走ってきて、「先生!僕が〈ね〉、遊んでいたら〈あの〉子が〈いたずら〉して〈あそばさんように〉するんです」と、日本語なのか朝鮮語なのか分からないような言葉で話すのです。これは極少数の例に過ぎません。

注目すべきは、第一節で見た1950年代の「おかしな国語」と、以上見てきたような1960年代に指摘されている日本語式ウリマルとが、ほぼ同様のものであるということである。1950年代の朝鮮学校にも日本語式ウリマルは存在し、問題として認知されていたが、10年後の1960年代にも日本語式ウリマルは淘汰されず、生き続けていたのだ。それが子どもたち（あるいは教員も含む）の日本語式ウリマルを修正できなかったためなのか、あるいは新たに朝鮮学校に入学してくる子どもたちが生み続けていたのかは分からない。いずれの場合にしても、朝鮮学校が目指す「正しい国語」の教育の前には、常にその実現を阻む、「不純な」「亜種」としての日本語式ウリマルが存在したのであった。

加えて言うと、こうした現象は今日の朝鮮学校においても続いている。筆者は2008年2月に九州朝鮮中高級学校を訪ねたが、同学校の食堂には「誤った朝鮮語を直そう」と題されたポスターが掲示されていた。そこには「했다ちゃ

[*30] 東神戸朝鮮初級学校低学年集団「ウリマル使用のための国語教授での語彙指導――そこで得た経験」（1966年2月26～27日)、参照。

（誤り）→했어요（正しい）」と書かれていた。「했다」はやったという意味の朝鮮語である。子どもたちはこの朝鮮語に、九州地方の方言の接尾語である「ちゃ」をつけた言葉を頻用していたのであろう。そのため、食堂に大々的にポスターが作られ、その「浄化」が取り組まれていたのである。おそらく朝鮮学校の草創期である1940年代にもこうした日本語式ウリマルなるものはあったであろうし、また2010年代以降も「不完全な国語」、「日本語なのか朝鮮語なのか分からないような言葉」はあり続けるだろう[*31]。

　社会言語学の領域では、こうした在日朝鮮人特有の抑揚や表現を持つ朝鮮語を「在日朝鮮語」と呼ぶことがある[*32]。朝鮮学校では、第一言語を日本語とする人々が、朝鮮語を国語として教え学び使用する中で、常にこうした在日朝鮮語が生成されていたのである。在日朝鮮語は、朝鮮学校という教育空間と関係の中という人為的な条件の下で、意図せぬ形で生まれ出た在日朝鮮人に独特な言語である。それらが生まれること自体は否定しようがなく、おそらく朝鮮学校の教員たちも、そのどうしようもなさを自覚していたことだろう。

　それは「立派な朝鮮人」が使う「正しい国語」とは言えない、「浄化」すべき対象であった。朝鮮学校では旧植民地宗主国である日本の言語である日本語の影響を受けた「汚れた国語」によってではなく、「正しい国語」を習得・使用することによって、在日朝鮮人の脱植民地化が目指されたためである。「正しい国語」の習得と使用は、実現可能性の高低という問題ではなく、当時の朝鮮学校において、決して譲歩することが許されない原則なのであった。

　多くの在日朝鮮人の第一言語である日本語を排し、「正しい国語」を常用させることが朝鮮学校の国語教育が目指した到達点であり、それに向かって様々な実践が繰り広げられた。しかしそのような実践をいくら繰り返そうとも、純粋な「正しい国語」には到達できず、亜種としての在日朝鮮語が生み出され続けてしまう。1950～60年代における朝鮮学校の教育は、国語をめぐる規範と現実の葛藤を、常に含んでいたのであった。

[*31] ちなみに、今日の朝鮮学校の子どもたちの間では、こうした「日本語式ウリマル」を、「ウリボンマル」と呼称することもある。「ウリ」はウリマルのウリであるし、「ボン」は「日本」の朝鮮語読み「イルボン」のボンである。マルは言葉という意味である。「ウリボンマル」という言葉自体が「ウリボンマル」なのである。

[*32] 例えば、朴浩烈（2007）、等を参照されたい。

(2)「正しい国語」の習得を目指して

　しかしながら朝鮮学校の教員たちが、「正しい国語」への歩みを止めることはない。たとえ到達できない目標であっても、「立派な朝鮮人」の条件たる「正しい国語」の習得および使用を放棄するわけにはいかないのである。その放棄は、朝鮮学校の教育目的、すなわち在日朝鮮人の脱植民地化自体を諦める行為と同義となってしまうためである。それでは朝鮮学校の教員たちは、子どもたちに「正しい国語」を習得および使用させるために、どのような取り組みを行ったのか。大きく三つにまとめよう。

正攻法

　第一の取り組みは、言わば正攻法である。例えば、子どもたちに、朝鮮語で日記を書かせ、授業の際にも短文を多く作らせることによって正確な国語文法を教えること、学級および班別にウリマル生活化運動を組織し、競争を取り入れながら国語常用の雰囲気を醸成しつつ、辞典と単語帳を全ての子どもたちに買い与え、教科書で良く取り上げられる漢字語や政治の単語ばかりではなく、子どもたちの生活で用いることができる生活用語や形容詞、副詞を焦点的に教えること、子どもたちの間でも日本語式ウリマルが出た際に、互いに指摘し合うようにすることというように、問題点に対し正面から対応していくことである。総連中央によって組織された国語等級制試験やその学習に、教員および子どもを積極的に参加させることも、そうした対応であると言えよう。第1回教方以降の教育実践報告の多くが、こうしたオーソドックスな方法によって、国語教育強化の方針に応えようとしている。

　こうした対応は、対応のあり方としては単純であったが、その実施が容易であったことを意味しない。例えば以下の東京第三初級の教員による国語常用への取り組みは、正攻法の難しさを物語ってくれる[33]。同校では、1年生の最初の登校日から、あらゆる場面（授業はもちろん、案内やホームルーム等の教員が行う全ての活動）で、国語のみを用いるという方針を立てていた。ただ、前年度の1年生が2年生に進学する前にも、子どもたちは「日本語を混ぜてくださ

---

[33]「1学年初授業からウリマルで——生活ですぐ使えるように国語を教えた、東京朝鮮第三初級学校教員集団の努力」『朝鮮新報』1966年7月23日付。

い」と、教員に求めたという。朝鮮語をほぼ何も知らないまま朝鮮学校に入学してくる子どもたちに対し、朝鮮語のみで対応することが果たして妥当なことなのか、教員たちは悩んだ。常識的に考えても、例え国語とは言え第二言語として朝鮮語を習得させる以上、その学習は第一言語である日本語をベースに行う方が効率的にも良いように思える。

　しかし同校の教員たちは「子どもたちに日本語を経ることなく、まっすぐウリマルを学ばせる問題は、かれらのこれからの思考活動、精神生活に決定的な影響を与えるものであり、引くことのできない問題である」という問題意識の下、教員が子どもたちに話す言葉は、徹頭徹尾、全て朝鮮語にしようとの結論を下すに至る。入学初日、教員は朝鮮語で「みなさん、アンニョンハシンミカ」、「先生の名前は○○○です」、「今日から君たちは1年生です」、「みんなで仲良く勉強しましょう」とあいさつしたが、子どもたちは、ぽーっと教員の顔を見ているだけであった。また後ろに立っている保護者たちも不安な表情を浮かべていたという。挨拶は30分間続いたが、こうした状況は最後まで変わらなかった。

　最初の授業も朝鮮語だけで行われたが、状況は同じであった。子どもたちは悲しげな表情で教員を見つめ、また教員も同様に焦燥感に駆られたという。喉元まで日本語が出るところであったが、身振り、手振り、表情等、可能なすべての方法を用いて、何とか授業を終えたという。教員の中でも「言葉を知らない子どもたちにウリマルでやろうとしても、意思が通じず授業になるわけがない」、「初日からウリマルだけで教えるということは、やはり不可能ではないだろうか」という疑問の声が出た。しかし同校の教員たちは、粘り強く、学校で使う本やノート、カバン、帽子、靴等の日用品や、簡単なあいさつなどの朝鮮語を教えながら、国語常用実践を続けていった。そのような中で子どもたちも、生活用語から少しずつ朝鮮語を体得していったという。

　同校のこうした実践は『朝鮮新報』上では絶賛されているが、実際に子どもたちが教育内容を消化していたのかどうかは不明である。ただここで言えるのは、教科教育によって習得される知識や技能よりも、「子どもたちに日本語を経ることなく、まっすぐウリマルを学ばせる問題は、かれらのこれからの思考活動、精神生活に決定的な影響を与える」というロジックが優先されたという

ことである。教員たちも日本語を使えば容易に意思疎通ができることを知っている。しかしそうはせず、日本語が出そうになるのを、ぐっと堪えた。その我慢を支えていたのは、子どもたちを「立派な朝鮮人」に育てるためには、ウリマルによる教育でなければならないという、教員たちの朝鮮学校教育に対する信念であった。

日本語の活用

　第二の取り組みは、第一言語が日本語であることを、逆に積極的に利用しながら「正しい国語」を習得するという実践である。具体的な例を挙げよう。

　神戸中高の教員たちは、生徒たちの朝鮮語の発音上の誤謬の原因を、日本語式発音からくる影響と文法的知識の不足から見出している[*34]。同校の教員たちは、特に生徒たちの中で顕著な朝鮮語の終声の発音の間違いを、日本語の促音や撥音を用いることによって、修正を試みている。先述のように、日本語で「っ」と書かれる発音でも、朝鮮語には大きく「ㄱ」、「ㄷ」、「ㅂ」と3つの発音があり、生徒たちはこれを正確に使い分けるのに苦労していたようである。同校の教員たちは、この違いを説明するために日本語の発音を用いている。すなわち促音である「ㄱ」の終声は「がっこう（gakkou）」と言う際の「っ」であり、「ㄷ」の終声は「ばった（batta）」という際の「っ」であり、「ㅂ」の終声は「きっぷ（kippu）」と言う際の「っ」であるという風に、日本語における発音の仕方の違いを意識化させることをとおして、朝鮮語の終声の違いを認識させようとしたのである。同様に、「ん」の発音も、「ㄴ」の終声は「ほんのう（honnou）」と言う際の「ん」であり、「ㅇ」終声は「にんげん（ningen）」と言う際の「ん」であり、「ㅁ」の終声は「かんむり（kammuri）」と言う際の「ん」であることを教えた。

　このように第一言語が朝鮮語ではなく日本語であるというマイナスポイントを逆手に取って、「正しい国語」の発音習得が目指されたのである。これは朝鮮語と日本語の両方を使いこなす在日朝鮮人ならではの発想であり、正に朝鮮学校らしい工夫であったと言えよう。

[*34] 神戸朝鮮中高級学校高級部国語集団「国語教授における国語生活化での発音指導経験」（1966年2月26～27日）、参照。

家庭への働きかけ

　第三の取り組みは、国語常用に求められる言語環境を確保するために、家庭に働きかけることであった。1950年代の家庭における言語使用状況がそうであったように、60年代においても、朝鮮語を使用言語とする家庭はほとんど存在しなかった。

　実践報告から家庭の状況を覗いてみると、例えば、尼崎中級コ・フィドクの実践報告では、朝鮮名の表札を掲げる家庭が43％、父母が家庭で朝鮮語を使うのが32％、『朝鮮新報』を購読している家庭が70％、日本の新聞を購読している家庭が87％、一年に一冊以上朝鮮語の本を読む生徒が13％であったことが報告されている[*35]。東京中高チェ・ヒャンリムの実践報告では、中3生徒183名の内、初級1年生の頃から朝鮮学校の教育を受けたものは23.5％、中1からは30.5％、母親が日本人である学生が24.4％（父親のデータはない）、家庭での国語常用は、学生自身が20.7％、父母が33.3％、朝鮮語辞典を持っている学生が34.4％であったとされている[*36]。

　また、北関東初中のキム・ソンリョルによれば、彼が担当した学級の子ども21名中、10名の母親が日本人であった[*37]。地域による差はあるが、当時の朝鮮学校の児童生徒たちの中でも、母親が日本人である子どもは決して珍しくなかった。父親のエスニシティに関する言及はどの実践報告にも見当たらないが、母親が日本人である場合、朝鮮語を解さない場合が多いため、必然家庭で使用される言語は日本語が優勢となっていたことだろう。

　東神戸初級の報告でも、家庭では親も子どもも全く朝鮮語を使用しないことが報告されており[*38]、愛知第五初級チェ・ウォルゲも「大部分の家庭ではウリマルを使っていませんし、ウリ学生が、そして教員である私たち自身が言語生

[*35] 尼崎朝鮮中級学校コ・フィドク「教材内容をどのように理解させるのか」(1966年2月26〜27日)、参照。
[*36] 東京朝鮮中高級学校チェ・ヒャンリム「国語授業において単語解釈と表現の解釈」(1966年2月26〜27日)、参照。
[*37] 北関東朝鮮初中級学校キム・ソンリョル「学生たちに生活用語を豊富に所有させた経験」(1966年2月26〜27日)、参照。
[*38] 東神戸朝鮮初級学校高学年集団「国語発音浄化にて得たいくつかの経験」(1966年2月26〜27日)、参照。

表5-3　広島朝鮮中高級学校の中高級学校生徒たちの国語実力調査結果（1965年）

	民族教育を受けた年限			基礎実力	
	初級1学年から	途中から	1年前から	優等・最優等	落第
中1	51%	38%	11%	63%	26%
中2	21%	43%	36%	36%	34%
中3	20%	77%	3%	73%	14%
高1	16%	76%	8%	51%	13%
高2	5%	55%	40%	39%	34%
高3	16%	75%	9%	59%	5%
国語に対する正確な基礎知識を持った学生					21%
国語基礎知識が完全に近い学生					29%
国語実力がかなり低い学生					21%

典拠：在日本朝鮮人（第1回）教育方法研究中央大会における広島朝鮮初中高級学校、中高国語分科の実践報告「国語基礎実力および学力調査とその結果」より筆者作成。
註：朝鮮学校では四段階の絶対評価で子どもたちの成績を評価しており、上から最優等、優等、普通、落第となる。

活において半日本化している言葉をよく使」うことが述べられている[*39]。広島中高の「国語実力調査結果」も興味深い（表5-3参照）。やはり60年代中盤においても、国語常用のための言語環境を、家庭に期待することは難しかった。

だがそれでも、教員たちは家庭に対し働きかけていった。東京第七初中キム・ファスンの実践例を見よう[*40]。キムが担当した学級の児童26名の内、母親が朝鮮人73％、母親が日本人19％、母親がいない児童が8％であり、また朝鮮語を完全に使える母親は31％、少し聞く程度ならできる母親が13％、全く分からない母親が56％であった。さらに家庭では児童の名前も日本式で呼び、日常のあいさつも日本人式に行っているというのが現状であった。

キムは、家庭において、少しでも朝鮮語が飛び交った方が良いと考え、以下のようなことを行った。第一に、国語教科書の1学期分の内容を全て日本語に翻訳し、これらをコピーして全家庭に送った。これは特に朝鮮語を解さない母親に少しでも朝鮮語を分かってもらうための試みであった。第二に、社会およ

[*39] 愛知朝鮮第五初級学校チェ・ウォルゲ「意識的読法指導で得た経験」（1966年2月26〜27日）、参照。
[*40] 東京朝鮮第七初中級学校キム・ファスン「学校と家庭との連携を深め学生たちの学科実力を引き上げることについて」（1965年7月29〜31日）、参照。（第1回）在日本朝鮮人教育方法研究中央大会初級部1学年分科で発表された実践報告。

び国語の授業にて、朝鮮式の名前の素晴らしさについて教え、日本式ではなく朝鮮式で名前を呼ぶように求めた。それは父母が子をどのように呼ぶのかという大きな問題への関わりであった。第三に、「①お父さん、お母さん、よくお休みになられたでしょうか、②いただきます、③ごちそうさまでした、④お父さん、お母さん、学校へ行ってきます、⑤お父さん、お母さん、ただいま、⑥お父さん、お母さん、おやすみなさい」といった家庭で使える日常的な朝鮮語の表現を、表にして、家庭に送った。家庭における些細で日常的なあいさつだけでも朝鮮語で行い、朝鮮語への愛着を高めることをねらった。このような朝鮮学校教員による、学校の論理を家庭に浸透させる試みは、様々な地域で不断に繰り返されている。それは必然的に家庭との葛藤を生んだ。

東京第三初級のケースを見よう[*41]。同校でも家庭での国語使用を目指すウリマル生活化運動が展開されており、6年生のリ・ヤンジャは、家庭で自分の母親が日本語で話しかけてきた時は答えないという対応を取るようになった。だが朝鮮語をよく知らないリ・ヤンジャの母親は、自分の娘が自分の問いかけに全然答えてくれないため、「そこまでしなくても良いではないか」と学校にクレームを申し立てる。担任に対しても怒りをぶつけた。学校側は「宿題しろ、勉強しろと強調するよりも、お父様とお母様がウリマルを使ってくださることが、何よりの教えとなります」という立場で、子どもたちに協力してくれないかと繰り返し説得した。そうした中で、リ・ヤンジャの母親も次第に学校に協力してくれるようになったという。

『朝鮮新報』上に掲載される教育実践は成功例ばかりであるが、実際には、学校の論理の家庭への侵入を頑なに拒否する家庭もあったことだろう。自分の娘との意思疎通を阻害されたリ・ヤンジャの母親の学校に対する怒りも、至極真っ当なものであると思われる。家庭で使用される言語、すなわち極めて私的な空間における素朴な家族間のコミュニケーションの性質にまで踏み込んだ実践が繰り広げられたのは、学校側、教員たちがそうした取り組みの正しさを信じ、また正しいからこそ家庭も応じてくれるはずだという自信があったためだと思われる。

---

*41 「いつどこでも正しいウリマル――学生の自覚性を高めている東京朝鮮第三初級学校事業にて」『朝鮮新報』1967年1月16日付。

以上のような取り組みによって、「正しい国語」が習得・使用されたかは分からない。朝鮮学校の子どもたちの学校内での生活言語とも言える在日朝鮮語が、その姿を消すことも無かっただろう。しかしそのことは、朝鮮学校における脱植民地化の「失敗」を意味しない。むしろ、「正しい国語」を希求する過程で、第一言語の影響を受けた在日朝鮮語が生み出されていたことも含め、それらを朝鮮学校における脱植民地化のあり様として捉えるべきではないだろうか。

　子どもたちを朝鮮人に育てるうえで、最も重要な要素であると位置づけられた国語の習得と使用。この試みは何度繰り返しても、意図したようには「成功」せず、何らかの「失敗」に直面していた。そして、そうした「失敗」の中で、在日朝鮮人の脱植民地化は成し遂げられようとしていたのである。

第 6 章
朝鮮学校の生活綴方

　朝鮮学校の子どもたちにとって、朝鮮学校に通い学ぶこと、朝鮮人になっていくこととはどのような経験だったのだろうか。本章ではその一端を、1950年代初頭につくられた作文集から覗いてみることとする。作文には、感想文、意見文、紀行文、説明文、詩等、様々あるが、ここで取り上げるのは、子どもたちの日常生活、学校生活を綴った作文である。後述するように、少なくとも1950年代初頭の朝鮮学校では、生活綴方運動の影響を受けた取り組みが試みられていた。それらの作文からは、子どもたちが「立派な朝鮮人」になっていくうえで抱えていた葛藤や、子どもたちが置かれていた社会状況を読み解くことができる。

　以下ではまず、国分一太郎をはじめとした教育関係者や知識人、日本人教師との関わりの中で、1950年代の朝鮮学校において生活綴方が取り組まれていたことを明らかにする。続いて、本稿が朝鮮学校の生活綴方として検討する1952年に編まれた『新芽文集』を紹介したうえで、かれらにとっての脱植民地化がどのような問題として立ち現れていたのかを、作文の分析をとおして検討することにしたい。

第一節　教育関係者の関わりと生活綴方の「輸入」

　日本の知識人や市民運動が、在日朝鮮人教育の問題に関心を注ぐようになったのは、1952年夏以降、都立朝鮮人学校の私立移管反対運動が本格化したことを契機としていたとされる（小沢1973）。49年の学校閉鎖措置により都立化された朝鮮学校を、再び私立へと移管しようとする当局の動きに反対する署名運動の発起人には、上原専禄、井上清、旗田巍、矢川徳光、国分一太郎、今井

誉次郎をはじめ、学者・文化人等100余名が名を連ねた[*1]。

教育学者の動きに目を向けると、勝田守一と大田堯が、都立朝鮮人学校からの依頼を受け、1952年10月から53年1月頃にかけて、東京、大阪、兵庫、広島、岡山、山口等の朝鮮学校を直接訪れ、実態調査を行っている[*2]。10月の東京の調査には、東京大学の同僚である宗像誠也、宮原誠一も同行した[*3]。調査を基に、勝田は53年2月、日本文化人会議が主催する研究会（於東京雑誌会館）にて、「在日朝鮮人教育問題」に関し報告した。大田が「調査のあとのまとめというのを私も勝田先生もやっておりません」と回想しているように[*4]、報告の詳細は不明であるが、勝田の問題意識が「朝鮮人学校で民族教育を自主的にやってゆくことがどれだけ大きな成果になっているか」「客観的なうら付けによって確実に」していくことにあったことは確かであり[*5]、朝鮮人発行の新聞は、「科学的な調査」と「資料」に基づく報告が、日朝およそ40名の参加者に「多大な感銘」を与えたと伝えている[*6]。

勝田と大田は、日教組講師団のメンバーでもあった。53年1月に開かれた日教組第2回教研の第8分科会「平和と生産のための教育の具体的展開」には、梶井陟をはじめとした朝鮮学校の教師が参加しており[*7]、同分科会の第3小分科会で、基地、駐留軍、部落解放、沖縄奄美大島とともに朝鮮人教育の問題が議論されている。ここには勝田のほか、長田新、中野重治が参加していた[*8]。

[*1] 「朝鮮人子弟の教育を守るために（公立朝鮮人学校私立移管反対著名趣意書）」『平和と教育』1952年2号（1952年11月）、1-3頁。

[*2] 大田（1983）、128頁、および在日朝鮮人教職員組合情宣部『朝教組ニュース』1953年2月11日付参照。

[*3] 「東大教育学部勝田、太田両教授　朝鮮人学校を調査」『平和と教育』1952年2号（1952年11月）、48頁。〔ママ〕

[*4] 大田（1983）、129頁。

[*5] 勝田守一、矢川徳光、高橋磧一、渡辺威、李東準、李興烈の6名による座談会「日本教育の危機と在日朝鮮人教育の現状」における勝田の発言。『平和と教育』第2巻第2号（1953年9月）、12-13頁。

[*6] 「朝鮮人教育問題に関して研究発表会を開催　東大勝田教授」『解放新聞』1953年2月9日付、「在日朝鮮人教育問題四項目で分類報告　勝田教授研究発表」『解放新聞』1953年2月24日付。

[*7] 朝鮮学校からの参加者は梶井、李珍珪、李東準であり、全国の朝鮮学校の代表8名も傍聴者の資格で参加している。梶井陟（1927～1988）は、1950年より都立朝鮮人中学校に赴任した日本人教師。52年に都立朝鮮人学校教職員組合執行委員長を務めている。同校での経験は梶井（1966）にまとめられている。

[*8] 「在日朝鮮人教育問題　民族解放と同一問題　日教組第2回教育大会にて」『解放新聞』1953年

53年7月にウィーンで開かれた第1回世界教員会議での日本代表の報告においても、「少数集団の教育事情」として「未開放部落の教育」とともに「在日朝鮮人の子どもの教育問題」が取り上げられており[*9]、在日朝鮮人教育に関心が払われていたことが分かる。さらに57年7月に開かれた朝鮮学校教員たちの第1回教研では、長田新が特別講演を行い、閉会式では日教組代表とともに矢川徳光があいさつをしている[*10]。

このように少なくない教育関係者や知識人たちが朝鮮学校に関わっていたことが確認できるが、中でも注目されるのは、戦後生活綴方運動の牽引者である国分一太郎の関わり方である。国分は、朝鮮学校をめぐる当局の対応や朝鮮語習得をめぐる問題を、日本の教師や日本社会に対し発信するのみならず、朝鮮学校の教員養成機関や教員研修での講演、教科書編纂等、朝鮮学校の教育それ自体にも深い関わりを見せていた[*11]。

国分は、日本民主主義文化連盟傘下の日本民主主義教育協会の立場で、「敗戦の直後から、〔在日本朝鮮人〕連盟の文化・教育の面ではたらいていた李珍珪、李殷直、許南麒、…李光徹とかいった朝鮮史研究家の諸君とともに、在日朝鮮人子女のために使う日本語、算数、歴史などの教科書づくりに協力」していたと、戦後直後期における朝鮮学校との関わりを振り返っている[*12]。ここで登場する許南麒を除く3名は、1946年2月に朝連文化部内に設けられた初等教材編纂委員会のメンバーである。李珍珪は同委員会の責任者であり、50年代初頭には朝鮮学校の教員組合である在日本朝鮮人教育者同盟の委員長を務め、後に朝鮮大学校副学長、総連の教育部長、第一副議長となる。日本大学在学時の作品が1939年第10回芥川賞候補となった李殷直は、後に神奈川朝鮮中学校の校長、朝鮮奨学会の理事などを歴任した作家である。また「李光徹」は林光澈だと考えられるが、かれは49年より東京朝鮮中高級学校の校長を務めていた。許南麒は朝連文化部映画課、文化部副部長を務め、後に在日本朝鮮文学芸術家

2月9日付。
[*9] 世界教員会議日本代表団「日本教育の現状に関する一般報告書」（1953年7月）。
[*10] 『民族教育──在日本朝鮮人学校　第一回教研報告集』（1958年5月15日発行）。
[*11] 金（2004）、146頁、および東京朝鮮学園講習会編纂委員会「教職員夏期講習会総結」（1955年8月5日）、参照。
[*12] 国分（1986）、103-104頁。

同盟委員長となっており、多くの詩作を発表した詩人として知られている。52年以前から朝鮮学校ならびに在日朝鮮人団体の中心人物らと国分との間で「協力」関係が築かれていたことが注目される。

朝鮮学校の教科書編纂への協力において、国分は特に社会科の教科書の編集に「ちからをいれていた」という。「在日朝鮮人は、いつ、どんな故郷から、どのようにして、日本へつれてこられ、どういうしごとをさせられていたか？そしてどういう生活をしていたか？　いまはどういう状態でくらしているのか？」、こうした内容が在日朝鮮人の子どもを対象とする朝鮮学校の社会科の教科書において「一番大切だろう」と国分は考えていた[13]。

朝鮮学校の教科書を出版する学友書房で確認できる最も古い社会科教科書は、1953年発行の『社会の勉強』(第5および第6学年)である。奥付がなく、執筆者も明記されていないが、その記述からは国分の影響を看取することができる。例えば、第5学年の「13. 日本に住んでいる朝鮮同胞たち」の導入部は下記のようになる[14]。

> 「私はなぜ日本で住んでいるのだろう？」
> このような疑問をみなさんは持ったことがありますか？私たちがこのような疑問を持つのはとても当然のことです。どうしてそうなのでしょうか？それは言うまでもなく、私たちが日本人ではなく、朝鮮人だからです。どの国の人であれ、特別な理由なく、他の国に来て住むわけがないからです。
> しかし今日本には約60万にもなる私たちの同胞が住んでいます。しかも解放される前には240万に及ぶ同胞が住んでいました。どうしてこのように多くの同胞が日本に来るようになったのか？

国分は自身が関わった社会科の教科書は、「GHQの検閲で、その使用を禁ぜられる結果」となったと振り返っているが、内容の酷似性から、この『社会の勉強』が、国分が作成に関わった教科書だと推察できる。この課は、冒頭に示

---

[13] 同上、104頁。
[14] 社会教育研究会『社会の勉強 (5)』(1953年)、80-93頁。

された問いに答えるように、植民地期朝鮮の様子や渡日後の朝鮮人の就労・居住・就学状況が扱われ、朝鮮学校と民族学級に通う子どもたちの作文をとおして、解放後の在日朝鮮人の生活の現状を見るという構成になっている。内容はもちろん、生活を素材とした作文をとおして在日朝鮮人の生のリアリティを学ぶという方法にも、国分の影響を見ることができよう。

このように築かれていた国分一太郎をはじめとした教育関係者との人的な関わりを回路として、1950年代の朝鮮学校には生活綴方の教育方法が取り入れられていった。その背景には、生活綴方運動、生活記録運動、サークル運動が高まりを見せる時代の風潮が確かに影響していたと推察されるものの、直接的な人との繋がりも軽視できない。

例えば、国分も編集者の一人として携わっていた社会科地理の副教材『綴方風土記』（平凡社、1952～54年。全9巻）に収められたおよそ3千点の作品の中にも、都立朝鮮人学校の子どもの作文を『第三巻 関東篇』に2点見出すことができる。また、全国の朝鮮学校を映したドキュメンタリー映画《朝鮮の子》（1955年）[*15]の冒頭部には、「この映画は朝鮮人学校の子供たちが綴った生活記録です」という文が映し出され、子どもたちの作文をナレーションにして、朝鮮人集住地区の様子や家庭の生活苦が描かれている。朝鮮人であることを隠して生きようとしていた自身を内省する作文を、生徒自身がクラス内で読み上げるシーンもある。日教組第3回全国教研（1954年1月、静岡）における都立朝鮮人中高等学校教員の朴慶植による報告や[*16]、都立朝鮮人学校教職員組合が作成した冊子『民族の子――朝鮮人学校問題』（1954年11月30日発行）においても、子どもたちが自らの生活について綴った作文や、日本社会からの差別的眼差しを内面化してしまっている苦悩を綴った作文が、度々取り上げられている。これらの事実から、朝鮮学校においても生活綴方が取り組まれていたことが分かるが、多くの日本人が普段接することの少なかったであろう朝鮮学校の子どもの声が、教研の場や冊子、映画等において、子どもたちの作文を介して届けられようとしていたことも注目される。

[*15] 制作は、在日朝鮮人学校PTA全国連合会、在日朝鮮人教育者同盟、在日朝鮮映画人集団、後援は日本子どもを守る会、平和擁護日本委員会である。

[*16] 朴慶植「朝鮮人学校に於ける歴史教育」（1954年1月）、3頁。朴編（2000）所収。

朝鮮学校教員たちの第1回全国教研国語分科会でも、生活綴方が取り上げられている*17。東京朝鮮第一初級学校（荒川区）のリム・ソノクは、「進歩的な人々」による作文教育として生活綴方を取り上げ、国分一太郎『新しい綴方教室』（1951年）、阪本一郎・片岡並男・石田佐久馬・與田準一『綴方と児童生活』（1952年）、また寒川道夫の論考を紹介している。ここでリムは生活綴方を、「より良い生活を希望する意欲を起こし、新たな生活を建設する賢い智慧を磨くことによって、自由で民主主義的に解放させ、組織しようとするもの」と位置づけており、子どもたちの作文には「悲しいこと、嬉しいことの基礎となる児童たちの生活の事実」、「生活経験」、「多くの児童たちにも共鳴を与える生き生きとしたもの」が現れるべきだと報告している。分科会の全体討論においても、「人間形成の一つの教材として作文を取り扱う」ことや「児童作文集〔を作成する〕活動を学校の実情に沿って積極的に」行うことが、今後取り組むべき教育活動として合意されている*18。

　こうして朝鮮学校に「輸入」されることになった生活綴方は、具体的にどのように取り組まれていたのか。具体的な文集の検討に移ろう。

第二節　都立朝鮮人高等学校『新芽文集』（1952年）

　ここで朝鮮学校の生活綴方として取り上げるのは、『新芽文集』（原題は『새싹문집』）と題された都立朝鮮人高等学校1年生たちによる文集である（写真6-1）。

　学校閉鎖措置に伴い、1949年12月、東京都内13の朝鮮学校は東京都教育委員会が設置する都立朝鮮人学校へと移管され、東京朝鮮中学校および高等学校（同一敷地内に併設）は、東京都立朝鮮人中学校・高等学校となった（以下、同高等学校を「都立朝高」と略記する）。同校の生徒たちは、日本人教師たちが日本語で授業を行い、漢字で記されている名簿を朝鮮語読みではなく日本語読みで呼ぶことに強く反発し、朝鮮語での授業の実施や、朝鮮人講師たちの採用

---

*17　リム・ソノク「低学年に対する作文指導」在日本朝鮮人教職員同盟東京本部『第1次東京教育研究集会　研究報告』（1957年5月）、469-487頁。
*18　『民族教育――在日本朝鮮人学校　第1回教研報告集』（1958年5月）、21-22頁。

ならびに待遇改善を繰り返し求めた。のちに朝鮮文学研究者として著名になる梶井陟のように、朝鮮人生徒と接する中で、自ら朝鮮語を学び、朝鮮語で授業を実施する日本人教師も出てきた（梶井 1966）。とは言え、朝鮮人講師による授業以外は基本的には日本語で実施されていた。

『新芽文集』は 1951 学年度の高 1 生徒たちが、52 年 3 月頃に発行した文集である。51 年には警察による同校への二度の強制捜査——在日朝鮮人は「2.28 事件」および「3.7 事件」と称した——が行われたが、開設当初に盛んであった

写真 6-1 『新芽文集』の表紙

生徒たちによる日本人教師への反発も一定程度落ち着き、本文集が作成され始めた 51 年の 2 学期頃は、学校全体として相対的に落ち着きを取り戻していた時期であったようである。

『新芽文集』の「はじめに」は、この文集の性格をよく表している。一部を引用しよう。

> 私たちは、はじめは作文を書く事を何よりも嫌っていました。国語の実力もないし、できもしない文を作るために鉛筆を持ち、座り考えるということが、本当に苦手でありました。しかし仔細に考えてみる時、私たちが今〔中略〕この社会で、敵の絶え間ない弾圧をはじき返し、私たちの学校を守り、私たちの勉強をしていく現実生活は、様々に意義があり、貴重なものであることに気づきました。こう考えると、昨年の 3.7 闘争あるいは 4.24 闘争〔1948 年の阪神教育闘争のこと〕で英雄的に戦い勝った私たちの戦いは、その時だけのことと忘れられない貴重な生活だと気付くことになりました。ただ、そのような闘争からのみではなく、毎日毎日学校で勉強する生活の中にも、私たち自身が永遠に忘れてはならない重要な要素が少なくありません。
>
> 〔中略〕——自分の生活を正しく観察しよう——この考えの下、ある友だちは家でケンカした話を作文に書くようになり、先生に対する希望も作

文で書くようになった！私たちは今までの至らなかったことを、徐々に感じるようになりました。作文を不必要に難しく考えていたし、作文は文章をきれいに作らねばならないものと思っていたし、作文は誰もが書く必要のあるものではないと考えていたのです。自分が行ったことを作文に書いてみて、自分が行ったことに対する自分の考えが正しいのか間違えているのか、先生に聞いてみるつもりで作文を書くようになりました。

ここで示されているように、生徒たちは、「国語〔＝朝鮮語〕の実力」がないながらも、学校を守る「闘争」のみならず、「毎日毎日学校で勉強する」ことも含む「自分の生活」を、「正しく観察」し、それを作文で書くという営みを続けていた。互いの作文を聞いていく中で、生徒たちは「胸になぜか響くもの」を感じ取るようになっていったという。また「先生に対する希望も作文で書くようになった」とあるように、こうした取り組みの中で、教師－生徒関係も変わっていったことがうかがえる。

三学期になり、「先生が、私たちの作文ノートの中からそれらしいものを集めて本にしようと」提案する。生徒たちの中には「他人に見せるのが恥ずかしいので反対し、これへの着手を躊躇する」声もあったが、「何かの自慢」ではなく、「私たちの生活の記録として色んな友だちの前に見せることによって、私たちの様々な欠陥を注意してもらうことが、より立派なことであるという結論に至り」、文集の発刊が決まる。

そうして着手された文集づくりは、「謄写原紙を書いたのも、印刷、製本、編集、すべて私たちの力で行ったもの」とされており、基本的には生徒たち自身の力によって担われたようである。実際『新芽文集』中には、この「はじめに」を含め、教師によるコメント等は一切見られない。ただし教師による指導がなかったわけではない。収められた作文は、「一学期をとおして書いたものもあるし、何週間かかけて直したものが大部分」であり、また「国語をよく知らない友だちは、日本語で書けば、そこを先生がウリマルに直してくれ」たという。『新芽文集』には全29作品が収められており、いくつかの単語を除き、基本的にはすべて朝鮮語で書かれている。

「はじめに」からは、生徒たちが自身の生活に関する作文を書き、発表し、

修正し、互いに共有することを繰り返し、そしてそれらを文集として編むという一連のプロセスに関わることをとおして、自らの生活を見つめ直したり、内省する機会や契機を得ていたことがうかがえる。その意味で、『新芽文集』の取り組みは、少なくとも形式的な側面においては、生活綴方的性格を有していると言って良いだろう。

　それでは次に、『新芽文集』に収められたいくつかの作文を分析しながら、かれらが直面していた脱植民地化のあり様に迫ってみたい。

第三節　子どもたちにとっての脱植民地化

(1)　朝鮮語で「ありのままに書く」意味

　『新芽文集』の中には、朝鮮学校の生徒でありながら朝鮮語を十分に扱えない苦悶を綴った作文がある。「悲哀」と題されたキム・チョルの作文は、国語の時間における「実力調査の試験」に関して綴ったものである。キム・チョルは「国語を知らない人間はその国の民族ではなく、他の民族の下で生きる圧迫民族である」という教師たちが示す朝鮮人像に即し、同校に入学して2年間、朝鮮語の母音も知らない状態から必死に勉強してきた。「国語を知りたい」という「考えが頭の中で消えたことはな」かった。しかし試験用紙を見ても「手が出せない」ほど難しく、結局「白紙で出してしまった」。彼は「もう高一」なのにそのような実力の自分が「他の人の前で「私は朝鮮人だ」ということが恥ずかし」く、同時に「悲しい」と、その思いを綴っている。この作文は、朝鮮人であるのに朝鮮語ができないこと、またそれ故に朝鮮人であると自信をもって表明できない悲哀を、朝鮮語で綴ったものなのである。

　確認しておくべきは、当時の都立朝高の生徒たちにとって、朝鮮語で作文を書くということが決して容易なことではなかったことである。『新芽文集』が作られた51年当時、初等教育からの体系的な民族教育を受けて育った子どもはほぼおらず、多くは朝鮮語を十分に解せず入学しており、また一般の公立学校から編入してくる子どもも少なくなかった。都内の各朝鮮小学校の保護者に関する調査を見ても、父親の朝鮮語および日本語識字率は5〜8割程度、母親のそれは3〜4割程度、また家庭で親が日常的に使う言語は朝鮮語と日本語が

同数程度となっている[*19]。無論、朝鮮半島で出生したり、祖父母やその他の親類と同居している場合、日常の会話で朝鮮語を話し聞く機会がある子どももいたと考えられるが、朝鮮学校以外の場で、朝鮮語の文字（ハングル）を学習した子どもは稀であったことだろう。

『新芽文集』の「はじめに」にも「国語をよく知らない友だち」の存在が指摘されており、同校文芸部が中心となって発刊していた学生自治会の機関誌『学生旗』にも、「朝鮮語で思うままに書くことができない私たちが自分たちの手で雑誌を作った」と記されている[*20]。前章でも見たように、日本で生まれ育った多くの生徒たちの第一言語は日本語なのである[*21]。言葉を換えれば、朝鮮語は「母国語」ではあっても、「母語」ではなかった。

朝鮮学校における生活綴方的教育実践が抱える困難の一つはここにある。生活綴方の方法は、自身の生活を「ありのままに」「母語」で書くことを要請する[*22]。しかし、植民地支配によって奪われた民族性を取り戻すことによって、子どもたちを朝鮮人に育てることを目的とする朝鮮学校において、国語＝朝鮮語が占める位置は絶大であった。したがって朝鮮学校における生活綴方的教育実践は、自身の生活を対象化し内省するという難しさと同時に、それを第一言語ではない朝鮮語で綴るという難しさとも向き合わなければならなかったのである。朝鮮語を話すように書けないどころか、思うように話すこともできない生徒もいたことだろう。

ただし、「国語を知らない人間はその国の民族ではな」いという本質主義的な規範と、実際の朝鮮語能力との乖離を前提としながらも、かれらの作文からは、日本社会で朝鮮人として堂々と生きたいという強い思いが読み取れる。

[*19] 東京都立第三朝鮮人小学校PTA「学校の実態と沿革史──創立第九周年・都立第五周年・校舎修理落成年記念特集号」（1954年12月24日）。東京都教職員組合連合牛沢長夫「第四次教育研究全国大会第一部会第二分科会報告書──作文指導からみた国際理解を深める教育について」（1955年1月）（（調査対象は都立第一および第二朝鮮人小学校の保護者）。朝教組「第四次教研大会第三分科会資料」（1954年11月）（調査対象は都立第九朝鮮人小学校の保護者）。いずれも朴編（2000）、所収。

[*20] 東京朝鮮高等・中学校校友会文芸部編『学生旗』第一号（1949年12月1日発行）。

[*21] 51学年度ではないが、54学年度の家庭調査に関する報告を見ると、同校生徒の内73.6％が日本で出生している。東京都立朝鮮人学校教職員組合金護経「朝鮮人学校及び日本人学校に於ける朝鮮人児童の成長過程」（1954年11月）、16頁。

[*22] 中内（1998）、188頁。

第6章　朝鮮学校の生活綴方

　チョン・ジョンスの「電車の中で」は、学校から帰る電車の中で、同校の中学生が「この文字、なんて読むのですか？」と、朝鮮語の本を指して尋ねてきたことを綴った作文である。ジョンスは「満員でないとは言え、座る余裕もないほど人が乗った電車の中で、何の恥じらいもない顔で、またしっかりした私たちの国語で質問したその振る舞いが、私には立派なものであると感じられた」と言う。少なくとも読めない文字が無いという意味では後輩よりも朝鮮語能力が優位にあるジョンスが、後輩を「立派」だと感じたのは、朝鮮学校内ではなく、小さな日本社会たる「電車の中」においても、「何の恥じらいもな」く朝鮮語を使うことによって、朝鮮人であることを体現していた後輩の「振る舞い」に対してであった。ジョンスは後輩の振る舞いを鏡にしながら、朝鮮語をただ知っているだけでなく、どのような場であっても朝鮮語を「恥じらい」なく使うという実践をとおして、「立派」な朝鮮人たらなければならないと、その思いを綴っているのである。このように朝鮮学校の生徒たちは、本質主義的な朝鮮人観をひとまず受け入れることによって、日本社会で朝鮮人として育とうとしていた。

　ただし、そうした規範を受け入れながらも、生徒たちの朝鮮語で綴る実践は、常にその規範をはみ出る。『新芽文集』に収められた多くの作品には、文法的な「誤り」が少なくない。それは単にハングルの綴りが間違えていたり、日本語の助詞を直訳しているといった、単純な「誤り」ではない。朝鮮語で書かれた作文の中に、突然ひらがなやカタカナで記された語彙が登場したり、日本語の音をそのままハングルで表記したものもある。さらに、「기ー ㄴ 다리」というように、本来朝鮮語にはない長音符を、強引にハングルに組み入れ、日本語の「なが―い橋」のニュアンスを伝えようとしていたと推察される表記も見られる。こうした独特な表記は、全国の朝鮮学校を対象に懸賞募集し、当選作品を収録した、言わば「しっかりとした」文集では確認できない[*23]。『新芽文集』が生徒たち自身の手によってつくられた作文集であったからこそ、こうした表

[*23] 朝鮮人教育者同盟編（1953）『在日朝鮮児童作文集　第2集』学友書房。作品募集期間は52年12月10日〜53年1月15日となっている。ただし、李珍珪による選後評では、「作品全体に童心が現れていながらも、在日朝鮮人の生活現実が具体的に描かれている作品であるべき」とされており、ここにも生活綴方の影響を見ることができる。

記が誤記として修正されることなく、生徒たち自身の「ありのまま」の言葉として現れ出たと考えられる。

　ここで想起されるのは前章で見た「在日朝鮮語」である。前章では主に話し言葉の次元で、子どもたちが日本語でもなく、完全な国語でもない言葉を使っていたことを確認したが、相対的に自由度の低い書き言葉の次元でも、相似した現象が起こっていたのである。ここでも「正しい国語」の習得は「失敗」している。しかしそれは脱植民地化の失敗を意味しない。むしろそうした失敗こそが、脱植民地化の契機となっていたのではないかと考えられる。例えばキム・チョルは、朝鮮語を十分に扱えない自身の「悲哀」を、拙い朝鮮語で綴った。規範と現実の中で葛藤する自分、それらを級友や教師に開示する自分とは一体どういった存在であるのか。国分一太郎が朝鮮学校の社会科教科書で肝となるべきとした問い――歴史的存在としての在日朝鮮人である自分自身へと向かう問いと通底するものが、生活綴方という方法を介することによって、一人の朝鮮学校の生徒の中にもまた、生まれていたのではないだろうか。

(2)「解放」とは何か
　『新芽文集』に収められた作品は、都立朝高生徒たちの家庭での日常や、何気ない学校生活を描いているが、それら何気ない日常の描写の端々からは、在日朝鮮人として日本社会を生きることの難しさを読み取ることができる。前掲のチョン・ジョンスの作文では、電車の中でただ朝鮮語を使うことも、生徒たちをしてある種のためらいを覚えさせることであったことが示唆されている。朝鮮人であることは、日本社会たる電車の中で積極的に表明しない方が良いということを、ジョンスは経験の中で感得していたのであろう。
　冬休みに教室を訪れた際の心情を綴った、ピョン・ヘウォンの「懐かしい教室」も、都立朝高の生徒たちが置かれた状況をよく表している。

　　靴を脱ぎ、教室の中に入り、壁に貼られている新聞と、大きく掲げられた第二学期のスローガン「強制追放を実力で粉砕しよう」「民族的規律を確立させよう」が、一文字一文字そのまま生々しく残っているし、時間割と무수통〔解読不能〕がさみしく残っている。

〔中略〕この教室に入ると、前には先生がいらっしゃって、いつも私を見ているようで、四方から押し寄せてくるあらゆる混乱と批判も、たやすく蹴散らしていける自信を持てるようになる。

　新聞や時間割とともに、「強制追放を実力で粉砕しよう」というスローガンが教室の描写として並列されていることは興味深い。このスローガンは、1951年11月から施行され在日朝鮮人の韓国への強制送還の法的根拠となる出入国管理令に反対するものであると考えられる。当時、「〔朝鮮〕学校に学ぶ生徒にとっても父兄にとっても学校問題と共に、この強制送還問題がたえず頭を離れる事のない恐怖のたねであった」*24。49年の学校閉鎖騒動や51年の警察による二度の強制捜査を経験し、また韓国へ強制送還されるかもしれない恐怖を常に感じざるを得ない生徒たちにとって、こうした政治的スローガンは、決してよそよそしい押しつけではなく、生徒たち自らにとっての現実的な問題であったと想像される。

　それゆえに「四方から押し寄せてくるあらゆる混乱と批判」という表現もまた、中身のない単なる比喩であるとは捉えられない。文集の「はじめに」に記されていたように、「戦い」は生徒たちの紛れもない「生活」の一部だったのである。都立朝高の生徒たちにとっては、戦わなければならないという非日常的な事態が、日常化していたとも言えよう。

　「若者の歩み」を書いた朴貞子（パクチョンジャ）は、そのような事態を的確に捉えている。3年前に入学した貞子は、朝鮮学校での学びや友人関係、教師関係の中で「自分の民族を愛してこれたし、自分が貧しいからといって恥ずかしさを感じな」くなり、そして何より「〔朝鮮民主主義〕人民共和国の娘だということを知った時には」「とてもうれしかった」という。貞子は「輝かしい祖国」をもった「幸福」を綴っている。だが彼女は「しかし完全な幸福感を持ってはならない」として以下のように続ける。

　　私たちが今住んでいる社会は日本社会だ。自由と独立のために叫ぶ者を

---

*24　前掲、『民族の子――朝鮮人学校問題』、18頁。

殺している事実を見る時、私たちは安心することができない。解放された私たちは、一体いつ安心できるのだろう？

朴貞子が日本社会によって殺された「自由と独立のために叫ぶ者」として具体的に誰を想定しているかは定かではない。しかし48年の学校閉鎖措置に反対する阪神教育闘争の際、警察の銃弾を受け死亡した16歳の金太一や、逮捕され獄死した朴柱範の存在を踏まえるならば、これもまた非現実的な表現ではない。朝鮮人は植民地支配から解放されたはずなのに、なぜ日本社会で安心して暮らすことができないのか。私たちは一体いつ、安心を手にできるのか。貞子は重たい問いを投げかける。

このように、生徒たちの生活を素材とした『新芽文集』は、それゆえにこそ、かれらにとっての「平和」とは何であったのかということを、我々に問いかける。先述した都立朝高に対する警察による強制捜査は、川崎で同校生徒が朝鮮戦争に関する反戦ビラを所持していたことを理由になされた。警察は、朝鮮学校には「秘密印刷所」があるとして、武装警官隊500余名と私服警察官60余名で、2月28日早朝に学校と寄宿舎を強制捜査し、教科書、教材、作文などを押収した。さらに3月7日、同校で開かれたこれに抗議する集会も、無届集会ということで、500余名の武装警官隊を再び動員している。捜査令状もなく学校に押し寄せる警官隊を阻止しようとした教員と生徒たちは警棒で乱打され、重傷者3名、軽傷者200余名という惨事となった。

50年11月末頃から51年にかけては、朝鮮戦争の勃発を背景に、朝鮮学校に対する官憲の弾圧が再び強化される時期である。例えば50年11月27日、東海北陸民事部長官コールターは、学校閉鎖措置後も教育を継続している朝鮮学校を指し、「今尚朝連の建物を利用して学校教育活動を行って」おり、「共産党の温床となり極めて好ましくない」として、これを黙認していた愛知県知事を叱責、12月にはそれらの学校を「完全閉鎖」するための措置が強行された（松下2015）。こうして執行された学校閉鎖および財産接収措置に反対したのは大人ばかりではない。当時の新聞は、「学童数十名と乱闘」「学童の抵抗線」と題し、朝鮮学校の子どもたちが接収を執行する警官隊と直接対峙していたこと

を伝えている*25。

　日本で生まれ育ったとは言え、自身らの「祖国」や故郷である朝鮮半島が戦火に見舞われる朝鮮戦争は、当然朝鮮学校の子どもたちにとって対岸の火事ではなかったことだろう。そしてそうした心情的な痛みばかりでなく、朝鮮学校の子どもたちは、警察による直接的な暴力とも対峙せねばならなかったのである。その意味で朝鮮戦争は、確実に在日朝鮮人の子どもたちの平和をも脅かしていたと言える。

　こうした直接的な暴力の経験、またその予感（「一体いつ安心できるのだろう？」）、さらに有形力は伴わないものの生活に確実な影響を及ぼす朝鮮人への差別や蔑視、明らかな不合理の数々……。平和と言うには程遠い日常を生きなければならないかれらであったからこそ、平和を希求する思いは、生活に根付く具体的なものであり、また強いものであった。

　そのような思いと、祖国・朝鮮民主主義人民共和国や、その政治思想たる社会主義との関係を、生徒たちはどのように捉えていたのであろうか。『新芽文集』には先述の朴貞子のように、朝鮮人であることを隠して生きてきた経験から、自身が祖国を持つ国民たることを、自己肯定感の大きな源泉としていることを表明するものが少なくない。とは言え、かれらの祖国や社会主義への評価は、手放しの礼賛となっているわけではない。むしろ『新芽文集』が生活綴方的であったからこそ、言わば地に足のついた評価となっているように見受けられる。「私の正月」と題された金明徳（キムミョンドク）の作文を見てみよう。

　「正月と言えば、昔からどんな人も年を一つとるということで、美味しいものを食べ、良い服を着て、楽しく過ごすのが普通」であるのに、19回目の正月を迎えた日、明徳は、こたつの中で「枕と口をつけて、やっと一日を過ごした」だけであった。そして問う。「なぜ？私は良い服を着て、楽しく遊ぶような立場になれないんだろう？」と。明徳の思索は続く。

　　それはこの社会がお金で構成されていると言っても過言でないくらい、

---

*25 「旧朝連の財産接収——県下で五か所を急襲」『中部日本新聞』1950年12月21日付。なお名古屋市役所編（1960）『名古屋市警察史』名古屋市総務局調査課によれば、12月20日の接収の際、中村区で6名、守山で7名の朝鮮人が逮捕されている。

すべてのことにお金が必要だからだ。しかし今、そのお金は私たちとは遠く離れたところにあり、それを求めようとするならば、人の目を騙さなければ見物できない。しかも60を過ぎたおじさんが一日たったの270円という日給で家庭を支えているこうした状況の中で、私がどうして良い服を着て、楽しく遊べようか…。

　良い服を着て、楽しく遊ぼうと考えること自体が、すでに良くない考えであると心を入れ替えた。そうだ、なんでもお金さえあれば解決され、お金を持った人が社会の主人公になる、このような矛盾した社会を、一日でも早く変えて、真の人民の社会を、すなわちお金がなくとも楽しく、よく暮らせて、働く人民たちがその社会の主人公になれる、そのような社会を、一日も早く建設していかなければならないということを、切実に感じた。それで本当に働く人が主人公になる社会をつくって、私の父のような人が主人公になることを考えると、父のしわだらけの顔が、私の頭に浮かんだ。

　明徳は、自身の貧困な生活を起点として、「働く人民たちがその社会の主人公になれる、そのような社会を一日も早く建設して」いこうという決意に至っている。ここには社会主義を「正解」とする朝鮮学校の教育——本書冒頭で引いた勝田の言を借りるならば「性急な政治意識の教育」——が少なからず影響していると考えられるものの、自身の生活の具体的な経験、リアリティから社会主義の理念を積極的に評価する筋道が見出されているゆえに、その希求は空虚なものとはなっていないように思われる。繰り返し弾圧され、差別され、貧困からも抜け出せない。そのような生活をしなくても良い社会を求めることは、決して不自然なことではないだろう。明徳が描く「働く人が主人公になる社会」の具体像は、家族のために必死に働く父親の笑顔なのであった。

　生徒たちは自らの生活を省察し、作文という形に整理し、互いの作文を聞きながら、在日朝鮮人として生きる自身らが置かれた社会的状況を、改めてより深く認識していったことだろう。その過程でかれらが生み出していった、「なぜ貧困から抜け出せないのか？」「なぜ解放されたのに安心して暮らせないのか？」といった無数の問いは、在日朝鮮人、そして日本社会にとっての未完の脱植民地化という課題の所在を照らし出している。

戦後日本社会で隆盛した生活綴方という教育方法が朝鮮学校に取り入れられていったのは、その方法が、朝鮮学校教育の目的である、在日朝鮮人の脱植民地化と共鳴していたためだと考えられる。植民地主義によって人々の認識に刻まれた支配関係を克服することを、人々の次元での脱植民地化と捉えるならば、それは独立国家を得たり、あるいはその国語を習得することだけで、達成されるものではない――そのこと自体がとても重要なことであったとしても。もちろん帝国主義批判を声高に叫ぶだけでも達成されないだろう。

　求められるのは、自身がどういった社会をどのように生きているどのような存在であるのかを省察することであり、それは抽象的でない自身の生と向き合うことから始められなければならない。生活綴方の方法は、正にこうした要求と合致していた。なぜ自分は朝鮮語ができないことに嘆くのか、朝鮮人であることを隠そうとしてしまうのは何故なのか、朝鮮学校はなぜ弾圧され闘わなければならないのか、未だ安心して生活することができない私たちにとっての解放とは一体何なのか……。都立朝高の生徒たちが生活綴方的実践をとおして得た気付きや自問は、それ自体が、人々の次元における脱植民地化のあり様を示すものと捉えられるのである。そして『新芽文集』という生活綴方の窓をとおして見えたのは、戦後が戦後ではない、植民地支配からの解放がすなわち安心とはならない社会を直視しながら、それでも逞しく生きようとする在日朝鮮人たちの姿であった。

　果たしてこうした事態は今日において克服されたと言えるだろうか。朝鮮学校が様々な制度から排除され、ヘイトスピーチに曝され、修学旅行で訪れた祖国のお土産は没収される。今を生きる朝鮮学校の子どもたちは、一体どのような生活を綴るだろうか。

第 7 章
朝鮮への誇り

　朝鮮学校は、子どもたちを「立派な朝鮮人（떳떳한 조선사람）」に育てることを教育目標に掲げていた。ここで言う「朝鮮人」には、朝鮮民族と共和国の海外公民という二つの意味が込められており、両者が明確に区分されているわけではない。朝鮮民族および祖国の文化や歴史の教授をとおし、それらに対する愛と誇りを持たせることによって、朝鮮人としてのナショナル・アイデンティティを育もうとしていた。第5章で見た「正しい国語」の習得も、また愛国主義教養（≒愛国心教育）の強化方針も、この文脈に位置づけられるものである。

　しかしながら異国の地にて生活する在日朝鮮人の子どもたちをして、これらが決して容易でないことは、想像に難くない。子どもたちの多くが日本生まれ日本育ちであり、「故郷」としての朝鮮半島も、ましてや「祖国」であるとする共和国も、伝聞される想像の地である場合が多かった。そのような子どもたちに、どのように祖国を感じさせるのか。どのように朝鮮民族、共和国国民としての誇りを持たせるのか。

　本章では、愛国主義教養の実践や学校行事、学校の風景等に目を向けながら、ナショナル・アイデンティティを育み、また朝鮮人であることを当然のこととして感得させるような朝鮮学校の取り組みについて検討する。

第一節　愛国伝統の学習

　1950年代～60年代中頃までの朝鮮学校において、愛国主義教養を直接の目的とする科目は設置されていない。社会科目が愛国主義教養の「中心」科目と

して位置付けられるのは1968学年度のことであり[*1]、そこから「金日成元帥革命活動」が独立し、すべての校種に科目として設置されるのは1970学年度である[*2]。それ以前は、少なくとも形式の上では、すべての教科目において、愛国主義教養が行われるべきとされていた。

例えば、1963年に改編された初級学校1学年用の算数教科書編纂の趣旨に関する説明では、「学生に民族的自負心、祖国に対する憧憬心を培養すること」が、算数教育が担う「教養」であることが示されている[*3]。具体的には「例えば教科書内容では、平壌、電車遊び、金剛山、ムクゲ、虎、雉等〔の祖国や朝鮮半島を象徴する内容〕が反映されている。〔中略〕例えば挿絵にある雉を説明するのならば「ウリナラの雉は、世界のたくさんの雉の中でも体つきが一番大きく、その毛が美しいことで有名である」というような内容を紹介すること」などが求められている。

そしてその中でも、特に朝鮮民族の歴史や地理、文化、また共和国の社会制度および現状を学ぶ歴史科目や地理科目が、愛国心を教養するうえで重要であるとされた。1960年、三大重点課業実践指導センターで愛国主義教養部門の責任者となった宋枝学は、「他の人のものはすべてよくて、自分のものは悪いと考える」「民族虚無主義」に陥りやすい、日本で生まれ育った子どもたちの愛国心を涵養するためには、「我が国の歴史的な愛国的業績を継承発展させることが重要だ」と、愛国主義教養の基本方針を示した[*4]。宋は、歴史的事象や「典型的な「愛国者」」に関する学習が、子どもたちの「愛国主義感情」を育て、「愛国主義的行動慣習」を身に着けさせるうえで有効だとし、以下のような具体例を挙げる。すなわち、高句麗古墳の壁画、高麗の青磁器、慶尚北道慶州市

[*1] 在日本朝鮮人総連合会中央常任委員会「1968〜69学年度 総連各級学校 課程案実施要綱」(1968年3月)。
[*2] 在日本朝鮮人総連合会中央常任委員会「1970〜71学年度 総連各級学校課程案を正確に執行することについて」(1970年3月)。同科目は、初級学校では1977年に「金日成元帥の幼少期」、中級学校では1977年に「金日成元帥革命歴史」、高級学校では1974年より「金日成元帥革命歴史」に変更されている。金日成と冠のついた科目は、1993〜94年の課程案改定で廃止されている。
[*3] 在日本朝鮮人総連合会中央常任委員会教育部「1963〜64学年度 新版教科書の取り扱いに関する要綱」(1963年4月)、33頁。
[*4] 宋枝学「愛国主義教養を強化するための金日成元帥愛国活動研究室を組織運営することについて」『中央教育研究』第11号(1960年2月1日発行)、36-48頁。

にある1400余年前の石窟庵、1234年に高麗で最初の金属活字を用いて書籍を印刷したこと、1592年の壬辰祖国戦争（壬辰倭乱（文禄・慶長の役））時のコブク船、実学者として多くの功績を残した朴趾源（パクチウォン）、丁茶山（チョンダサン）（丁若鏞のこと）、乙支文徳（ウルチムンドク）将軍（612年、隋による第二次高句麗遠征において、隋軍に偽りの降伏を申し入れ、撤退を開始した隋軍に追い討ちをかけ大勝利を収めた高句麗の将軍）、李舜臣（リスンシン）将軍（壬辰倭乱（文禄・慶長の役）において朝鮮水軍を率いて日本軍と戦い勝利を収めた将軍）、姜邯賛（カンガムチャン）将軍（鴨緑江を渡り侵入してきた契丹の大軍を興化鎮にて撃退した将軍）、19世紀に米国軍艦シャーマン号の大同江侵犯を撃退した朝鮮人民の英雄性、また、9世紀の赤袴賊の難、黄巾賊の難や、12世紀の亡伊亡所伊蜂起、15世紀の咸鏡道の農民戦争、19世紀平安道の農民蜂起、19世紀末の甲午農民戦争、などである。

　これらを朝鮮半島に関する単なる史実の学習としてではなく、自分たちの民族、自分たちの国の誇らしい文化および歴史として、また愛国的で継承すべき伝統として学ばせる必要があった。教員たちは、歴史教育は「愛国心の源泉」であるとしながら[*5]、日々の授業に臨んだ。ただ、強化方針制定以降の愛国主義教養で注目すべきは、むしろ授業以外の取り組みである。強化方針の制定を前後して、各地の朝鮮学校では、祖国たる朝鮮民主主義人民共和国の建国の歴史、そこにおける金日成の役割を学習するための特別な研究室が設けられた。それが「金日成元帥愛国活動研究室」である。

金日成元帥愛国活動研究室／祖国研究室の設置

　金日成元帥愛国活動研究室は「祖国研究室」とも呼ばれた。研究室は、学校における愛国主義教養の拠点として、各学校内で設置し、運営することが奨励された。教職同の事業報告や教員たちの実践報告では、研究室を利用して愛国主義教養を実施していたことが、度々取り上げられている[*6]。『中央教育研究』

[*5] 東京朝鮮学園講習会編纂委員会「教職員夏期講習会総括」（1955.7.25－8.3にかけて行われた教職員夏期講習会の総括書）（1955年8月5日）、13頁。

[*6] 在日本朝鮮人教職員同盟中央常任委員会「在日本朝鮮人教職員同盟第34回会議に提出した総括および当面方針（草案）――帰国運動と教育事業の質的発展のために」（1959年4月18～19日）、参照。実践報告としては、例えば、西神戸朝鮮初級学校「祖国研究室を通した愛国主義教養事業報告書」（1960年1月6日）など。

に掲載された宋枝学の解説を参照しながら[*7]、金日成元帥愛国活動研究室がどういうものであったか、確認しよう。

まず研究室は、各学校の教員たちが中心となりながら、子どもたちとともにつくることとされた。具体的には、(1) 金日成元帥の少年時代、(2) 金日成元帥を筆頭にした真正な愛国主義者たちの抗日遊撃闘争、(3) 金日成元帥の解放後の祖国建設のための闘争、(4) 金日成元帥の演説、論文、(5) 朝鮮人民の大衆的愛国主義と英雄主義、(6) 在日朝鮮人運動という6つのテーマを研究し、「学生たちの自立的研究」による内容を基に、設置することとされた[*8]。研究室の設置過程も、愛国主義教養の一環として位置づけられていたと言える。

そして研究室には、以下のような18点を備えることとした。すなわち、「1、金日成元帥の肖像画および胸像、2、愛国活動と主要闘争業績、関連する絵および写真、3、闘争年代表、4、愛国活動研究資料（各種写真、アルバム、スクラップ）、5、金日成元帥の言葉——青少年にむけた言葉、元帥が学校を訪れ残した言葉、6、各種地図と略図、7、革命活動と関連した各種図表（武装闘争、祖国光復会組織、解放後の共和国の発展図表等）、8、各種パノラマ（金日成元帥の生家、普天堡戦闘、万景台等）、9、金日成元帥の論文および演説（選集およびその他論文）、10、北半部の建設（南半部の反動的制度の本質と対比させる資料）、11、人民民主主義国家の建設資料と資本主義社会の没落危機を見せる資料、12、学校生活、13、学生作品（金日成元帥の活動を表したもの）、14、革命活動を表象した文芸作品、15、各種図書と新聞および雑誌、16、在日朝鮮人運動に関する資料、17、総連の組織事業を表す資料、18、学校にて〔共和国〕政府の教育政策を執行する上で集めた資料集、学校の伝統を知るための資料」である[*9]。肖像画および胸像、絵や写真、年表、新聞スクラップ、論文、地図、図書……、研究室内の様子がイメージできるだろうか。こうしてつくられた研究室にて、

[*7] 前掲、宋枝学「愛国主義教養を強化するための金日成元帥愛国活動研究室を組織運営することについて」。

[*8] 宋の解説では、研究室の大きさや、研究室の位置（学校の中心に作らなければならない）、スクラップの表紙の色（赤色や藍色が奨励）、開館式を盛大に行い子どもたちの印象に残さなければならないといったように、その他にも研究室に関する細かいことが多数指定されているが、ここでは省略する。

[*9] 前掲、宋枝学「愛国主義教養を強化するための金日成元帥愛国活動研究室を組織運営することについて」、41-42頁。

全校生を対象とした発表会や報告会、展示会、講演会等を開き、愛国主義教養を様々な形で実施することが奨励されている。

さらに興味深いのは、研究室を利用するにあたっての、所作が規定されている点である。つまり知識ばかりではなく、態度や行動をとおした愛国主義の涵養が目指された、あるいは研究室をとおして愛国主義を身体化させようとしていたと言えるだろう。「金日成元帥研究室にて授業や報告会、発表会等を学級単位で行う際には、最も厳粛な態度で組織しなければならない。研究室に入る前には、研究室の前に集まり整列し、服装を整え、革命歌謡を歌い入場する。入った後は金日成将軍の歌を合唱し、開会を宣言し、その内容に従って、詩の朗読、革命歌謡独唱あるいは合唱、文学作品の朗読、少年団行進曲、民青行進曲等で終える」と規定されている[*10]。さらに「金日成元帥の肖像画、抗日遊撃闘争の重要戦闘日誌等が、冒頭に収録されている」「「金日成元帥愛国活動研究手帳」を作り、〔全ての学生に〕持たせるようにする」こと、研究会での発表会や報告会における重要事項は、これに記録することとされた[*11]。研究室を利用する上での様々な決まりを作り、子どもたちを研究室に「最も厳粛な」姿勢で向き合うようにさせることによって、研究室が扱う金日成や共和国への畏敬の念を持たせることが、愛国主義教養の基盤になると考えられていたのであろう。

金日成元帥愛国活動研究室は、朝鮮学校だけでなく、総連の各県本文や支部事務所にも設置された。1963年までに全国で400の研究室が設置されている[*12]。聞き取りによれば、学校に日本人やその他の国の来客があった際、数名の代表児童生徒が、研究室に掲示されたパネルや写真等を解説する役割を担ったという。解説の際の言語は、朝鮮語、日本語、英語、また高級学校ではロシア語を用いることもあり、しかも解説を任された代表の子どもたちは、その解説内容をすべて諳んじていたという。

[*10] 同上、46頁。
[*11] 同上、47頁。
[*12] 在日本朝鮮人総連合会中央常任委員会「社会主義的愛国主義教養を一層強化することについて――総連宣伝熱誠者大会で行った総連中央韓徳銖議長の報告および大会決議文」（1963年7月1〜2日）、6頁。

第二節　朝鮮人らしい生き方の追求

　愛国主義教養の裾野は、朝鮮史や共和国に関する学習といった、知識の習得に止まらない。

　例えば、1959年5月の東京教職同の活動報告では、祖国の歴史と現状の学習とともに、祖国に手紙と贈り物を送る活動や、子どもたちに「自分の祖国」をテーマに作文を書かせたり同様のテーマで美術作品展示会を開催したこと、また日韓会談を反対するデモへの参加や、帰国実現を求める活動、日本政府に朝鮮人差別・弾圧をやめることを求める手紙を送る活動なども、愛国主義教養の成果として挙げられている[*13]。1960年代以降の教育熱誠者大会の討論や、教育方法研究大会の実践報告でも、チマ・チョゴリを着る運動、朝鮮語を使う運動、日本式名前の改名ないし朝鮮式名前を呼び名乗る運動、また「ブルジョア式生活様式」を正すことや、休み時間に野球をする子どもたちを「是正する」ことなどが、愛国主義教養と位置づけられている[*14]。

　愛国主義教養は知識だけでなく、祖国の一員としてあるいは朝鮮民族の一員として活動し、「朝鮮人らしい」日常生活を送ることを求めたのである。ここでは日本式の名前を改名する取り組みと、チマ・チョゴリを制服として着用する運動を取り上げ、愛国主義教養をより多面的に把握しよう。

(1) 日本式名前の改名——家庭の論理との衝突

　当時の朝鮮学校では、朝鮮式の名前を呼び名乗ることが奨励されていたが、

[*13] 在日本朝鮮人教職員同盟東京都委員会「第13回定期総会　活動報告および今後の方針(案)」(1959年5月5日)、36-38頁。

[*14] 例えば、愛知朝鮮第二初級学校ソ・ドククン「私は前学期に愛国主義教養をこうして実践してきた」(1961年7月28〜30日にかけて開かれた(第1回)在日本朝鮮人教育熱誠者大会における討論)、南大阪泉北朝鮮初級学校キム・ヨンリョ「総連が教育部門で提示した社会主義愛国主義教養を貫徹するために」(1962年8月23日に開かれた第2回在日本朝鮮人教育熱誠者大会における討論)や、愛知朝鮮中高級学校オ・チャンフン「首領の4月25日教示および5月3日教示を高く掲げ学生に対する社会主義的愛国主義教養事業で達成した成果と事業経験」(1963年8月22〜25日に開かれた第3回在日朝鮮人教育熱誠者大会における討論)、神戸朝鮮中高級学校オ・ジョングン「社会主義愛国主義教養で学生の民族的主体を確立するために」(同上、第3回在日朝鮮人教育熱誠者大会における討論)等を参照。

ここには二つの意味がある。

一つは、いわゆる「通名」を使用しないようにするということである。日本社会における差別や蔑視を避けるため、あるいは仕事の都合等により、民族名を隠し、「通名」と呼ばれる日本式の名前を使用する在日朝鮮人は少なくなかった。しかし朝鮮学校では、朝鮮人、朝鮮民族、そして共和国の海外公民としての誇りがあるのならば、「通名」を用いず、いついかなる時でも民族名を名乗らなければならないとされていた。愛国主義の立場からすれば、民族名の使用は当然なこととされていたのである。

もう一つは、日本式名前を改めることである。日本式名前とは、敬子や義男といった、日本人を連想させるような名前を指す。朝鮮学校では、敬子は「ケイコ」ではなく、「キョンジャ」と朝鮮語で読まれたが、日本式名前は改善の対象であった。朝鮮式名前への改名は、民族心の表れとして奨励されており、実際当時の朝鮮学校関係者の中には「昔は〇〇という名前だった」とする者が少なくない。

朝鮮式名前に改名させる取り組みを、群馬朝鮮初級学校チャ・ヨンヒの実践報告から見てみよう[*15]。教員生活2年目で群馬に赴任することになったチャは、自身が担当する学級の名簿を見て衝撃を受ける。「日本学校からの編入生と日本式の名前」が非常に多かったためだ。「この学生たちは社会主義的愛国主義教養も不足していることであろうし、〔中略〕朝鮮人という認識も不足しているのではないか」と考えたチャは、子どもたちに「これから立派な朝鮮人になるのだとすれば、〔中略〕名前も日本式名前を捨て、朝鮮人の名前を持たなければならないのではないか？」と問いかけ、改名に関する討論会を開いた。

討論会が終わり、日本式の名前を持つ子どもたちは、「朝鮮の名前に直してください」と、チャに改名を求めてきた。チャは「名前は直してあげるので、家に帰ってお父さん、お母さんにどのような名前に直せば良いのか聞いてきなさい」としたところ、あくる日、4人の子どもが「お父さん、お母さんは良く分からないと言うので、先生が直してください」と言ってきた。ただ1人、何も言ってこない子どもがいた。どうしたのかと聞いてみたが、「何の言葉もな

[*15] 群馬朝鮮初級学校チャ・ヨンヒ「社会主義的愛国主義教養で主体を確立することに対する私の経験」（1963年8月22～25日）、参照。

く、全く答えてくれなかった」。この子どもは普段は活発であるのに、改名に関する討論以降、様子がおかしい。「おそらく家で何か問題があったのだろう」と感じたチャは、連絡帳に改名に関することを記したが、親からの返答はなかった。子どもはますます元気が無くなっていった。

そこでチャは意を決し、子どもの家庭を訪問し、直接改名を求めることにした。丁度父親が夕飯を終えた頃だったようで、上がりなさいと言ってくれた。部屋に入り他愛もない話を始めた。頃合いを見計らって、最近お子さんが学校で元気がないのだが、家で何かあったのかと尋ねてみた。すると父親は顔を赤らめながら、「先生は子どもたちに文字などを教えているのでしょう、何のために名前を直せとしつこく言ってくるのか」と問い、「「〔外国人〕登録証」も「チャン・グッカン」〔グッカンは「菊江」の漢字を朝鮮語で読んだ時の音〕であるし、幼い時から使っていた名前をわざわざ直す必要はない。先生はそんな心配はなさらずに、子どもたちに文字などをしっかり教えてください」と言って、チャの話を聞こうとさえしなかった。菊江は死んだように部屋の隅に座っているだけであった。また、日本人の母親は朝鮮語が分からず黙っていたが、父親が日本語を混ぜて話すため内容を分かったのか、「菊江は私がつけた名前です！」と怒りを露わにしてきた。この日はこれ以上話しても埒が明かないと判断したチャは帰路に就いた。怒りと悔しさと悲しさ……、様々な感情が織り交ざり、チャは涙を流した。

第5章でも見たが、当時の朝鮮学校においても、国際結婚をしている家庭の子どもは珍しくなかった。群馬初級の菊江も父親は朝鮮人だが、母親は日本人であった（チャによれば、群馬初級の母親の5割が日本人であったという）。そうした家庭に生まれた子どもの名前が菊江であった。朝鮮学校に通っている菊江は、朝鮮学校ではこれを朝鮮語の音で読み、「グッカン」としていたが、愛国主義教養の強化が謳われていた朝鮮学校では、「菊江」は日本式名前として矢面に立たされることになったのである。朝鮮学校側の論理で言えば、自分が何者であるかを表す名前が、日本的であることは好ましいことではなく、朝鮮人らしい名前を用いてこそ、その子どもは「立派な朝鮮人」であり「愛国的」であるということになる。

こうした朝鮮学校流の愛国の論理を、チャは家庭に持ち込むが、父親からは

「幼い時から使っていた名前をわざわざ直す必要はない」、また朝鮮語を解さない母親からも「菊江は私がつけた名前です！」と撥ね除けられた。親の立場からすれば、自分たちがつけた子どもの名前を、愛国主義云々を語る学校の先生に改名しろと言われたからといって、「はい、改名します」とならないことは当然のことであるとも言える。それぞれの家庭にはそれぞれの家庭の論理があり、それが朝鮮学校の愛国主義教養の論理と共鳴するとは限らない。「先生はそんな心配はなさらずに、子どもたちに文字などをしっかり教えてください」という父親の言明は、子どもの名前という家庭の領分に、学校が介入してくるなという、家庭側の強い拒絶を表している。

　菊江の両親と朝鮮学校教員チャの間で起こった衝突は、愛国主義教養の論理と、在日朝鮮人の生活の論理とが、時に衝突する可能性があることを示している。朝鮮式名前への改名をすんなりと受け入れた子ども、家庭もあっただろうが、群馬の菊江のような例は、実際には少なくなかったと思われる。日本で生活している在日朝鮮人が、その娘や息子の名前を「日本式」につける可能性は充分にあり得る。それは通名を意識した場合もあったであろうが、そうした意図とは無関係な場合もあったことだろう。朝鮮学校には無数の菊江が存在しえたのである。こうした例は、第5章で見たウリマル生活化の論理を家庭に持ち込んだ、リ・ヤンジャの例とも相似形を成している[*16]。

　ちなみにその後、同校の教員たちは、延べ12回この家庭を訪問し、説得を続けた。その結果、菊江の名前は教員に一任されることになったという。クラスのみんなが朝鮮式名前に改名する中で、菊江本人が改名を強く望んだのかもしれない。こうしてチャが担当した学級の子どもたちの中で日本式名前を使っていた14名の子どもは、全員朝鮮式の名前に改名したのであった。

(2) チマ・チョゴリ制服の着用——子どもたちの主体性

　教員の実践報告という資料の制約上、日常生活全般に関わる愛国主義教養の実践は、どうしても教員たちが「させた」側面が強調されてしまう。しかし、朝鮮史について学ぶこと、金日成について学ぶこと、朝鮮式名前に改名するこ

[*16] ちなみにではあるが、リ・ヤンジャという名前は、漢字で「李洋子」と書くと思われる。家庭における朝鮮語常用を試みたこの児童の名前は「日本式名前」だったのである。

と、いずれにおいても、子どもたちの主体性を軽視することはできない。1960年代初頭に愛国主義教養の成果として評価されていたチマ・チョゴリを着る動きにおいても、それは同様である。

韓東賢（ハントンヒョン）（2006）は、チマ・チョゴリが女性教員の仕事着として、あるいは女子生徒の制服として着用されるに至る経緯と、実際それらを着用していた者たちへのインタビューをとおして、単に民族の象徴を与えられるのみではない、彼女らのエージェンシーを描き出している。韓によれば、1957年の教育援助費の送付や、1959年末の帰国運動の盛り上がりを背景に、朝鮮学校の子どもたちが祖国を一層近くに感じる中、1960年前後から制服としてチマ・チョゴリを着用する女子生徒あるいは女性教員が現れ始める。チマ・チョゴリの着用のはじまりは、総連の決定や学校の校則といった強制によるものではなく、当時の制服であったセーラー服を嫌だと感じた生徒や、民族性を着衣によって表現したいと思った生徒、あるいは朝鮮学校の学校生活をとおして民族を学び、その経験に依拠しながら女子生徒たちにチマ・チョゴリの着用を勧めた女性教員など、数々の下からの実践にあった。

写真 7-1　京都朝鮮中高級学校文芸部『燈台』第 3 号（特別号）、1963年 12 月

こうした小さな実践が、次第に『朝鮮新報』や、帰国船を歓送する場などをとおし肯定的に広まり、1963年頃にはチマ・チョゴリ制服が多くの朝鮮学校で導入され、緩やかに制度化されていったという。当時、チマ・チョゴリが学校制服として着られることは、本国である朝鮮民主主義人民共和国においても、また韓国においても見られないことであった[17]。彼女たちは、1960年代の日本に住む朝鮮人女性という位置から、1920年代の朝鮮半島における改良チマ・チョゴリに民族の伝統を見出し、チマ・チョゴリ制服を作り着用することによって、

---

[17] 韓東賢（2006）、54-57 頁。

第7章 朝鮮への誇り

自らのエスニック・アイデンティティを表現していたのであった。

　当時の女子生徒たちの作文の中にも、チマ・チョゴリ制服を主題としたものがいくつも見られる。京都中高文芸部が発刊していた『燈台』という文集（写真7-1）から、二つの作文と、一つの詩を引用しよう（いずれも日本語で書かれている）。

　　「私と朝鮮の服」　中二　金美連[*18]

　　私は、祖国について、何か聞かれると、いつも、早く帰国して私の目で実際に祖国の姿を見たいと答えています。ずっと前は、こう思ったことがあります。「まだ見たこともない朝鮮に、どうしてあこがれられよう」と。でも今は、朝鮮という国は私達の祖国だのに、なぜあこがれなかったのかと思うと、私は自分で自分が恥しく(ママ)なって来ます。

　　今平壌は、ビル、アパートが毎日のように建っています。私たちは大変うれしく元気づけられます。私の父母は、まだ祖国へ帰るつもりはないようですが、私はとっても祖国に帰りたいのです。高校になったら、一人でも帰国が出来ると聞いています。祖国を見ると同時に、祖国の土をふむということは、在日朝鮮だれもがのぞんでいることだと思います。私達は、朝鮮から送られてくる映画をよく見ます。画面で、祖国の美しい風景や、そして人民達の幸せな姿を見ることができる。そんな祖国の姿を見ると、私は祖国の人がうらやましくなってきます。

　　私は朝鮮人だからといってちっとも恥しく(ママ)思ったことはありません。電車の中や外を歩いていても、朝鮮の服だとじろじろと見る人がいますが、そんな人はまだ朝鮮のことをよく知らない人たちだからでしょう。きっとそうだと思います。私は朝鮮の服を着るのが好きです。ちっとも恥しく(ママ)ありません。私は朝鮮の服を着るとうれしく、何かすきっとして、誇りたかくなってきます。

[*18] 京都朝鮮中高級学校文芸部『燈台』第3号（特別号）、1963年12月、10頁。

「わたしの制服」　　林吉淑(リムギルスク)*19

ふり返るともう　一年も前のことになる　あの時は…
少し恥ずかしい制服　他校の学生はだれも着ていない制服　わたしたちだけの制服
だれが見ても一目で朝鮮の学生だとわかる制服
ちょっぴり気になる制服　道を歩く人々が振り返ってみる　電車に乗るとたくさんの視線を感じる
上着は短く　胸からスカートになっているチマ　おかしい服だと見ているのだろうか　ちょっといやな感じ

でもこの服は　朝鮮人だけの着る服　猿まねの上手な日本人も真似ることのできない服
私の母が着ていた　祖母も、そして祖先も着ていた　歴史と共に歩んで来た服
李朝の古いカラーの中にも　日帝の圧迫の下でも　朝鮮人民の苦難の中でいっしょに斗ってき来た服
なんてすてきなんだろう　見るなら見なさい　「とってもすてきでしょう！」

すばらしい制服　私たちだけの制服　朝鮮人の匂いのする制服　みながうらやましがって眺める制服
みなの視線をからだに感じて　今日も　電車に乗る　みなはわたしを通して光かがやく《祖国》を見ている

ふり返るともう　一年も前のことになる　あの時は…
少し恥ずかしい制服　ちょっぴり気になる制服
でも　今は　とってもすてきな制服よ！

*19 京都朝鮮中高級学校文芸部『燈台』第4号（詩特集号）、1964年6月、26－27頁。

第7章　朝鮮への誇り

「「チョゴリ」であり祖国の服」　中一　孫初枝(ソンチョジ)[20]

　私が小学校へ通っているときは、日本の教育を受けていました。そして、日本文字、歴史、地理などを習ってセーラー服を着て通っていました。時々、朝鮮の服を着て通っている人を見ました。そして、そのたびに、「ここは日本の学校なのに、朝鮮の服を着たり、朝鮮の名前を呼んだりするのかなあ」と思った。また、「別に民族学級といっても、朝鮮の服なぞ、きなくてもよいのに」と思ったりしました。

　そして小学校を卒業して、家族の人にすすめられて、朝鮮中学校に入学した。そしたら小学校の時のことを思い出した。そして、実際に自分が朝鮮の名前を呼んだり呼ばれたりしても、何も思わなくなった。このごろでは、当り前〔文章がここで途切れている〕。

　そして今度は、チョゴリを着るのに、カガミの前で着てみたら、朝鮮人らしく、自分でもよく似合っていて、さっぱりしてきた。他の国とぜんぜんちがう服なので最高にええなあと思った。皆がこの制服を着て朝礼をしたら、きれいだろうなあと思う。それなのに、先輩の中には、日本の服を着て学校へ通っている(ママ)。こんな人達を見ると、なぜ、ちゃんとした朝鮮の服があり学校の制服があるのに着ないのか、不思議です。

　〔中略〕新しく入学する一年生が入ってきて、チョゴリをみんなが着て学校へ通ってくるように、今の中学一年や二年・三年の人達が〔チョゴリを〕きて学校に通うようにしたい。全生徒が、学校で決められている制服を着られるように、そして一年生が見ても先輩のまねをして、新入生も皆がチョゴリを着るようになってほしい。だから、学校の制服と我が民族の美しいチョゴリとをみんな理解出来るようになったら良い。そして、これからは、学校の制服であり、美しい祖国の服を皆が着るように、新入生によい影響をあたえるように努力するつもりです。

　女子生徒たちは、チマ・チョゴリ制服を、「朝鮮の服」、朝鮮民族の「歴史と共に歩んで来た服」、「祖国の服」などと表象し、それらを着用する自身が朝鮮

---

[20] 京都朝鮮中高級学校文芸部『燈台』第7号（特別号）、1964年12月、9–10頁。

人たることを誇らしげに綴った。「きれい」、「美しい」、「すてきな」といった民族衣装への肯定的評価を朝鮮民族への肯定的評価へと結びつけ、朝鮮人であることを恥じない自己が描かれている。視覚的に民族を表現する民族衣装を纏っている以上、チマ・チョゴリを着用して通学する生徒たちは、常に日本社会からの眼差しを直接的に受ける経験を経る。他者の目に晒されることによって、一層自身が朝鮮人であることは際立つ。「見るなら見なさい「とってもすてきでしょう！」」や、あるいはチマ・チョゴリ制服着用を広めることを「よい影響」と捉えているように、そうした経験の中で、民族の服、祖国の服を愛する気持は一層深まっていった。女子生徒たちにとって、チマ・チョゴリを学校制服として着用するということは、正に日常的な民族実践、愛国実践の一つなのであった[21]。

自身の思いではなく、朝鮮式の名前に改名させられた子や、チマ・チョゴリ制服を着せられた子もいたかもしれない。家庭との衝突も少なくなかったことだろう。けれども子どもたちは、日々朝鮮名を呼ばれ名乗る中で、また日々民族衣装を着用する中で、日本において朝鮮人として生きていくことと向き合いながら、それぞれの意味を見出していったのではないだろうか。

第三節　朝鮮人としての経験

朝鮮学校には、日本で生まれ育った在日朝鮮人の子どもたちに、自分たちが朝鮮民主主義人民共和国の海外公民であること、朝鮮民族であること、朝鮮人であることを当然なことと思うための、あるいはそのことに誇りを持たせるた

---

[21] 韓東賢（2006）では男子生徒の制服についても触れられている。韓は、女子生徒がエスニシティをあからさまに強調するチマ・チョゴリ制服を着用していたことだけをもって、女子生徒だけが外部との関係の中でエスニシティを担っていたと断ずるのは早計であるとしており（210-213頁）、この指摘は興味深い。朝鮮学校男子生徒が着用していた詰襟の学生服や、三ペンマークの校章が、外部への朝鮮学校の生徒＝朝鮮人であることの発信記号には十分なりえたし、実際1960年代には朝鮮学校男子生徒に対する暴行事件が多発している（在日朝鮮人の人権を守る会準備会（1963）、参照）。朝鮮学校の男子生徒と日本学校の男子生徒との抗争の存在は、いわゆる伝統的な民族とは異なる位相から、男子生徒にも朝鮮人であることを強く意識させる客観的状況が存在したことを示唆しており、またそうした状況が男子生徒たちの振る舞いを規定していった側面もあるだろう。

めの様々な仕掛けが施されている。愛国主義は「学校の教授教養のすべての過程をとおして」、また「自分の故郷と学校、家庭、周りの人に対する…愛情を基礎にして、祖国愛にまで体系的に発展させる」べきものとされていた[*22]。それは、朝鮮学校を一歩外に出た日本社会には、それらを育むための資源（情報や関係）が圧倒的に不足していたためである。

　本節では、朝鮮学校で見えるもの、聞こえるもの、感じるもの、また朝鮮学校における時間など、朝鮮学校の学校生活全般において、子どもたちに祖国的なるもの、民族的なるものを感得させる様々な経験に目を向けることとしたい。言葉を換えれば、授業よりも意図のレベルは低いものの、ナショナル・アイデンティティを育むうえで小さくない影響を与えていたと考えられる、朝鮮学校における朝鮮人としての経験を描いてみたい。

写真7−2　京都朝鮮第一初級学校の壁新聞(1961年)。タイトルは「分団壁報2」(写真左)、「分団壁報4　第6号」(写真右)である。分団とは、学年やクラスを指しており第二分団が作った壁新聞と、第四分団が作った壁新聞、という意味である。それぞれ作成者の名前が「主筆〇〇〇（名前）」と示されている。綴りを間違えている単語もいくつか見られる。

[*22] 在日本朝鮮人教職員同盟中央常任委員会「教職同第23回　拡大中央委員会決定書」(1956年8月21～22日)、28-29頁。

写真 7-3　東京朝鮮中高級学校における数学の授業風景（1959 年）。写真中央上部、黒板の上には金日成の肖像画が掲げられている。他に、「帰国祝賀」、「帰国実現万歳！」、「国語常用しよう！」、「愛国心」といった言葉が並ぶ。当時は男女別でクラスが編成されていた。

(1) 風景

　まずは朝鮮学校の風景に目を向けよう。子どもたちが一日の多くを過ごす学校は、視覚的にどのような情報やメッセージを発信していたのか。

　朝鮮学校の教室や職員室には、比較的小さな金日成の肖像画が掲げられている。入学式や卒業式、学内のど自慢大会（노래자랑모임）や学芸会、少年団の入団式等の際には、比較的大きな肖像画が用意され、金日成の胸像が置かれる場合もあった。運動場や校舎のてっぺんには、共和国の国旗が掲げられている。教室内には、日本地図ではなく、朝鮮半島の地図が飾られ、時間割をはじめ、校舎内のあらゆる掲示物はハングルで書かれている。写真 7-2 は、京都朝鮮第一初級学校の壁新聞（1961 年）である。子どもたちが作成した壁新聞には、共和国の国旗が描かれている。

　また、1960 年前後から各学校には校舎の壁や、教室の中に様々なスローガ

第 7 章　朝鮮への誇り

写真 7-4　広島朝鮮中高級学校の授業風景 (1966 年)。写真中央には、「日本語百回より、ウリマル一回」というスローガンが貼られている。生徒たちがチマ・チョゴリ制服を着用していることも分かる。ちなみに写真上部のスローガンは、「ウリマル試験に向けて、皆授業時間に積極的に参加しよう」と書かれているが、第 5 章で見たような、日本語式ウリマルの誤りがある。

ンが掲げられた。その内容は、「朝鮮は一つだ！」、「全ての力を祖国の平和統一促進へ！」といった南北統一に関するもの、「みんなが模範生になろう！」、「新しい民主朝鮮のために常に学んで準備しよう！」（朝鮮少年団のスローガン）、「美しい我らの言葉と文字をいつも使う立派な学生になろう！」、「国語常用しよう！」といった子どもたちの学習や民族性に関するもの、「栄光なる朝鮮民主主義人民共和国万歳！」のように常に掲げられるものや、「帰国実現万歳！」といった時宜に沿ったもの、また「学生たちの第一の任務は学習だ！」や、「愛国心は自分の祖国の過去をよく知り、自分の民族が持つ優秀な伝統と文化と風習をよく知ることからのみ、生まれるものです」という金日成の言葉など、様々であった。すべて朝鮮語で書かれたスローガンは、民族性や国民性を喚起

写真7-5 城北朝鮮初級学校の第二回秋期運動会の様子（1962年）。校内が共和国の国旗で彩られていることが分かる。

写真7-6 大阪福島朝鮮初級学校の運動会の様子（1962年）。写真は招待校（どこだかは不明だが大阪府内の中級学校あるいは高級学校の生徒だと思われる）によって民族舞踊である農楽舞が披露されている場面である。

第 7 章 朝鮮への誇り

写真 7−7　九州朝鮮中高級学校の運動会の様子（1962 年）。写真は集団体操の一コマであり、共和国の国旗等にも見られる五芒星を表現している。

写真 7−8　小倉朝鮮初級学校の第 3 回運動会の様子（1963 年）。写真前方の子どもたちが持っている旗は、共和国の国旗である。

写真7−9　大阪朝鮮第五初級学校の第3回運動会の様子（1963年）。写真は同校の母親たちによる競技。

写真7−10　京都朝鮮中高級学校の体育祭の様子（1964年）。写真は集団体操の一コマで、共和国の国旗がはためく様子を表象している。

する内容のものが多かった。写真7-3は1959年の東京中高、写真7-4は1966年の広島中高の教室の風景である。

学校行事

　運動会や学芸会などの学校行事の際には、普段よりもたくさんの国旗が学校を覆った。運動会の様子を、写真7-5〜10に示そう。

　こうした学校行事の場で、保護者や地域の在日朝鮮人は、子どもたちが朝鮮語を使って司会をし、歌い、劇をする姿、民族衣装をまとい、民族舞踊を舞い、民族楽器を演奏する姿など、普段家では見ないような姿を見て——多くの家庭では日本語が使用言語であったことを思い起こされたい——、子どもたちが少しずつ、「立派な朝鮮人」に育っていっていると感じていたことだろう。朝鮮語や共和国の国旗、民族文化で包まれた学校空間は、保護者や地域の在日朝鮮人に対しても、朝鮮学校では朝鮮人として堂々といられるということを、感じさせたかもしれない。

　また、学校合同で行われる大規模な公演への出演も、共和国の海外公民であることや、祖国への誇りを強く感じさせる場であったと思われる。その最たる例として、1965年5月と11月に行われた、集団体操「祖国に捧げる歌」と、1966年12月に上演された「祖国の陽光のもとに」を挙げることができる。

　集団体操「祖国に捧げる歌」は、1965年5月28日、総連結成10年を記念した大会にて上演されたマスゲームである。東京駒沢陸上競技場で行われたこの行事には、関東地域の朝鮮学校の生徒8000名が参加し、約3万名が観覧した。観客席の対となる客席には数千名の生徒たちが「背景板」と呼ばれる人文字を作った。背景板には、「朝鮮民主主義人民共和国万歳！」、「慶祝　総連結成10周年」、「在日同胞は団結しよう」、「民主主義的民族権利を擁護しよう」、「祖国への往来の自由を実現しよう」、「教育援助費および奨学金40億」、「金日成元帥　ありがとうございます」、「祖国統一のために」、「日韓会談反対」といった人文字が、共和国や朝鮮学校、帰国船等の絵と共に映し出され、グラウンドではその他の生徒が器械体操、組体操や民族舞踊を披露した。朝鮮学校で最初の試みとなる、8000名規模の集団体操を見た観客たちは、大きな感動を得

たという*23。

　1966年12月13、14の二日間上演された「祖国の陽光のもとに」は、在日朝鮮人の中等教育実施20周年を祝し、千駄ヶ谷の東京都体育館にて行われた歌と舞踊からなる公演で、「(大)音楽舞踊叙事詩」と呼ばれた。この公演には朝鮮大学校の学生、関東地域の朝鮮初中高級学校の児童生徒、その他の芸術家たち3000名が出演しており、構成は、合唱1000名、管弦楽団200名、舞踊2000名であった。公演内容は、植民地支配から始まり、植民地期朝鮮人の抗日闘争、共和国の創建、総連の結成、学校建設、今日の姿というように、朝鮮民族の歴史の中に朝鮮学校を位置づけたものであり、上演時間はおよそ2時間であった*24。

　二日間で、在日朝鮮人3万6400名、日本人1万3000名、ソ連、中国、キューバ、ポーランド、チェコスロバキア、ブルガリア、アフガニスタン、パキスタン、オーストラリア、モロッコ等、14カ国100余名の駐日大使等、延べ5万人ほどが観覧した*25。公演を観覧した日本学術会議の林要や滋賀大学学長の三輪健司は、中高級学生および朝鮮大学生によって構成され、開演から終演まで舞台の両端で立ち続ける合唱団の姿を見て、「あの長い時間、微動だにせず、直立不動で立ち続けた大合唱団の一つの事実を見るだけでも、在日朝鮮人の民主主義的民族教育の成果がどれほどすばらしい実を結んでいるのかが分かる」といった感想を述べている。また北海道教育大学学長の城戸幡太郎も「この公演を観覧しながら、在日朝鮮公民の誇らしい民族教育の将来の発展を見た。このように在日朝鮮公民の民族教育の成果は、朝鮮人民との友好親善を望む日本人の喜びでもある」と、公演と朝鮮学校の教育を結びつけながら、それらを評価している*26。

---

*23 「集団体操「祖国に捧げる歌」を行う――総連結成10週年祝賀大会にて　3万群衆の大歓呼と拍手、感動の坩堝」『朝鮮新報』1965年5月31日付。
*24 「在日本朝鮮人中等教育実施20周年記念音楽舞踊叙事詩「祖国の陽光のもとに」が、今日から上演される――東京都体育館にて13、14両日にわたり公演」『朝鮮新報』1966年12月13日付。
*25 「5万名の観衆が絶賛――音楽舞踊叙事詩「祖国の陽光のもとに」を成功裡に公演、総連中央韓徳銖議長の招待で14日夜には日本各界人士と外国の来賓1万3千余名が観覧」『朝鮮新報』1966年12月16日付。
*26 「大音楽舞踊叙事詩を観覧した日本各界人士たちと駐日外国の友たちの談話」『朝鮮新報』1966年12月16日付。

第 7 章　朝鮮への誇り

　このような大規模な行事は、教育の成果を保護者や地域の在日朝鮮人に示すための学校行事という枠を超え、在日朝鮮人の存在、総連の組織力、朝鮮学校の教育等を日本社会に向けて発信するという対外事業的性格を強く持つものでもあった。公演の時代背景には、朝鮮学校の法的認可運動と外国人学校法案反対運動があり、朝鮮学校の教育がどのようなものであるかを、日本社会に広く発信する必要があったのである。
　両公演の主力であった東京朝鮮中高級学校の、ある教室に貼られた生徒作成の壁新聞には、以下のようなことが記されている[27]。

　　中等教育実施 20 周年を熱烈に迎えよう！
　　この日は正に、私たちの学校が設立した日でもあります。あらゆる弾圧と抑圧を振り払い、異国の地、日本でも我々の民族教育が雄壮に花咲いています。これからも継続されるだろう日本政府の様々な蛮行に、全てのものを捧げ、今日まで戦ってこられた総連の活動家と父母たちに対して、溢れんばかりの私たちの感謝の思いを、ようやくこの日に伝えることができるのです。催される「大音楽舞踊叙事詩」には私たちのすべての熱意を発揮し、これを成功させるために一つになって立ち上がりましょう！　その代わり学力向上の両立も忘れないようにしよう！

　最後の文章からは、授業時間を削って、公演の練習が行われていたことが示唆される。そうした中で行われる行事に、どういう気持ちで参加しなければならないのか、生徒たちが生徒内で確認し合っていたことが窺える。こうした行事は、自分たちが朝鮮人として育ちゆく場である朝鮮学校を守り抜いてきた人々への「感謝の思い」を伝える場でもあったのである。
　朝鮮学校の子どもたちは日常の風景として、共和国の国旗や朝鮮半島の地図、金日成の肖像画を目にしていた。日本社会では目を引くそれらは、かれらの目には特別なものではなく、朝鮮学校における日常的な、当たり前の風景として映っていたことだろう。翻ってそうした当たり前の風景は、自身が当たり前に

---

[27] 東京朝鮮中高級学校『学校沿革史』（1966 年）の写真より。

朝鮮人であるという認識の素地を形成していたと考えられる。また公演等の学校行事では、自身らの民族性・国民性を積極的に提示し、それを鑑賞されることを経験していた。鑑賞する主体が在日朝鮮人の場合、同じ「ウリ」であること、つまり共通性が強調され、日本人ほか在日朝鮮人でない場合は、自身らが共和国の海外公民であること、つまり鑑賞主体との違いが強調されていたと考えられるが、いずれにせよ「見る－見られる」関係に基づく経験は、自身らが朝鮮人であるという感覚や思いを強める一つの契機となっていたことだろう。

(2) 歌

　続いて聴覚の側面、とりわけ歌に注目してみよう。当時の入学式、卒業式などの場では、どういった歌が歌われたのであろうか。今日の朝鮮学校では校歌が歌われることが多いが、当時はいくつかの学校を除き、校歌は存在しなかった。多くの朝鮮学校で校歌がつくられるのは、1980～90年代のことである。

　聞き取り調査によれば、当時歌われていたのは、「金日成将軍の歌」や「愛国歌」であったという。「金日成将軍の歌」は、1946年7月、リ・チャン作詞、キム・ウォンギュン作曲の歌で[*28]、抗日パルチザン金日成将軍の朝鮮独立のための活動を讃えた内容となっている。また1947年、パク・セヨン作詞、キム・ウォンギュン作曲の「愛国歌」は、朝鮮民主主義人民共和国の国歌であり[*29]、朝鮮半島の自然の美しさ、歴史、文化を讃えた内容となっている。共和国政府樹立以前の作品であるためか、「朝鮮民主主義人民共和国」という語はなく、国家を表す言葉は「祖国」や「朝鮮」という語が選択されている。

　1950年代の初級学校の『音楽』教科書を見ると[*30]、4年生を除くすべての学年で「愛国歌」の楽譜が教科書の最初のページに掲載されている。4年生は、最初に「金日成将軍の歌」があり、続いて「愛国歌」が掲載されている。また

[*28] 社会科学院主体文学研究所（1988）、333頁。
[*29] 社会科学院主体文学研究所（1993）、752頁。
[*30] 記載がないため、正確な出版年は分からない。しかし内容や教科書の保存状態から、1947年に朝連初等教材編纂委員会が編纂した教科書と、1963年に総連教科書編纂委員会が作った教科書との間、すなわち50年代中頃に作られた教科書だと推察できる。1960年、61年にも同じ内容の教科書が出版されている。だが第4章で見たような、共和国の翻刻教科書であるかどうかは、判別できない。

第 7 章　朝鮮への誇り

　1963 年以降に編纂された初級学校の『音楽』教科書においては、目次に記されることなく、「金日成将軍の歌」と「愛国歌」の楽譜が、全ての学年でどの歌よりも最初に掲載されている。1964 年作成の中級学校用の『音楽』教科書(1 学年用および 2、3 学年用)においても同様のことが確認でき、目次の次のページに「愛国歌」と「金日成将軍の歌」が掲載されている。編入生が多かった当時、どの学年に編入しても、二つの歌を学べるように、あるいはその楽譜を確認できるように施された工夫と考えられ、二つの歌が朝鮮学校において占めていた位置を窺わせるものである。学校行事において繰り返し歌われたこれらの歌をとおし、共和国国民としての共通の文化を体得させ、国民としての同一性がつくられようとしていた。

　渡辺裕は、戦前の日本の校歌が「学校への帰属意識や愛校心にとどまるものではなく、郷土への帰属意識や愛郷心、さらには国家への帰属意識や愛国心ともつながるような性格づけをされていた」ことを指摘している[*31]。日本の学校の校歌は、戦後になってつくり直されたり、あるいは皇国史観を示す単語が置き換えられ、上記の性格は薄まっていったが、そうした傾向と対比してみると、当時いくつかの朝鮮学校でつくられ歌われた校歌は、むしろ強く在日朝鮮人と祖国とを結び付ける歌詞になっている。

　以下に、東京朝鮮中高級学校の校歌(1952 年に作成。作詞林光澈、作曲崔東玉(チェドンオク))[*32]、愛知朝鮮中高級学校の校歌(1956 年に作成。作詞作曲は不明。前身である中部朝鮮中高等学校の校歌(1954 年)も併せて掲載する)[*33]、神戸朝鮮中高級学校の校歌(作成年、作詞作曲共に不明。1959 年頃には既にあったことが確認できる)[*34]の歌詞を引用しよう。

[*31] 渡辺(2010)、152 頁。
[*32] 東京朝鮮中高級学校「学校案内募集要項　1958 年度」等に、歌詞が掲載されている。作成年に関しては、東京朝鮮中高級学校「東京朝鮮中高級学校創立 60 周年記念　関連資料まとめ」(2006 年)を参照。
[*33] 愛知朝鮮中高級学校『学校沿革史』(1996 年)、参照。この沿革史は、これまで本稿が扱ってきた 66 年に一斉に作成された『学校沿革史』ではなく、1996 年に再び全国の朝鮮学校で共通の様式で作られた沿革史である。ただし、様式はほぼ同様のものである。
[*34] 神戸朝鮮中高級学校『学校沿革史』(1966 年)中に添付された写真より。写真には白いペンによって手書きで「校歌」と書かれており、併せて「帰国する友を熱烈に歓送する！　在日本朝鮮青年同盟　神戸朝鮮中高級学校委員会」と記されている。沿革史の写真が貼られた外枠には「校舎全景(1958 年 11 月)」と記されているが、帰国が実現したのは 1959 年 12 月以降であるため、

【東京朝鮮中高級学校の校歌】（1952年）
1番
白頭山　勢いよい力　済州島　南まで　三千万が一つになり　新しい旗を掲げた
朝鮮の息子、娘が　その星の光を帯びて　学びの道に闘う　六十万　民主の城砦
輝くその名　東京朝鮮中学校　その名前も燦爛たる我らの高等学校

2番
偉大な共和国の新しい歴史響き渡り　世界の平和陣地　赤い血で守り
朝鮮の息子、娘が　その旗を支え　学びの道に出る　六十万の先方隊列
輝くその名　東京朝鮮中学校　その名前も燦爛たる我らの高等学校

【中部朝鮮中高等学校の校歌】（1954年）
1番
東方に輝く月　闇夜に放たれた
抑圧の中に流した血も　桎梏の鎖も
若者の情熱を乗せ　中部朝鮮中学校

2番
燦爛たる文化に包まれた　人民の新しい国
引っ張っていこう我らの同胞　押していこう我らの祖国
若者の情熱を乗せ　中部朝鮮中学校

【愛知朝鮮中高級学校の校歌】（1956年）
栄光な祖国の地に平和の声高らかに　燦爛たる未来は我らの前に開かれた

校歌とメッセージが書かれたのは、それ以降と思われる。

自由な世代に羽ばたいていく我ら　学びの道で首領の前に誓おう
　輝くその名　愛知朝鮮中級学校
　誇らしいその名　愛知朝鮮高級学校

　【神戸朝鮮中高級学校の校歌】
　我が祖国の美しい人民の山河に　先祖の深い思いが燃え上がる
　忠直なその後代がここに集まり　民族の誇りを固く守る
　悠久な歴史は我らを呼ぶ　団結しよう　神戸朝鮮中高級学校

　校歌の存在を確認できなかった学校が多かったため、全体の傾向を見出すことは不可能だが、今日の朝鮮学校の校歌と比べると、共和国を表象する表現が多用されており、逆に学校が所在する地名や地域を示す表現が、あまり使われていないことが、当時の校歌の一つの特徴であるように思われる。国歌や校歌、また授業などの場で学ぶ朝鮮民謡や、民族器楽クラブが奏でる音楽も、自身らが朝鮮民族であり、共和国の海外公民であるという認識を持つうえで、小さくない影響を与えていたことだろう。

(3) 休校日
　続いて1960年代の朝鮮学校の休校日に注目してみたい。朝鮮学校の学年暦は、一学期（4月～7月）→夏休み（8月）→二学期（9月～12月）→冬休み→三学期（1月～3月）→春休み→一学期……というように、共和国ではなく日本のそれと基本的には同様の流れで、一年間の時間の流れが編成されていたが、休校日だけは異なっていた。
　学期中に休校となる日には、休校となるだけの特別な意味が付与されており、その日がなぜ休校となるのか、あるいは何を祝す日なのかが、子どもたちに教えられる場合もあっただろう。わけても朝鮮学校の休校日は、日本の学校とは異なるものであり、朝鮮学校の子どもからすれば、自分たちだけが休みになる特別な日であった。ここに言う「自分たち」とは朝鮮学校に通う者であるし、また共和国国民としての「自分たち」である。
　子どもたちの中には、例えば休校日となる9月9日を、共和国政府が樹立し

表 7-1　朝鮮学校の休校日（1960〜61 年、1966 年、1968 年、1970 年、1974〜75 年、1977 年）

	4月15日	5月1日	5月5日	5月25日	6月1日	6月6日	8月15日	8月16日	9月9日	10月10日	1月1日	2月8日	学校創立
1960 年	■	■					■		■		■		1960 年
1961 年	■	■	■				■				■		1961 年
…													
1966 年	■	■	■		■		■				■		1966 年
…													
1968 年	■	■	■		■		■				■	■	1968 年
…													
1970 年	■	■	■		■		■				■	■	1970 年
…													
1974 年	■	■	■		■		■				■	■	1974 年
1975 年	■	■	■		■		■				■	■	1975 年
…													
1977 年	■	■	■		■		■				■	■	1977 年

註 1：網掛けが、休校日に指定されていた日。

註 2：各年の出典は以下の通り。1960 年：総連中央教育文化部「1960/'61 学年度課程案」(1960 年)。1961 年：総連教育文化部「1961/1962 学年度課程案実施について」(1961 年)。1966 年：総連中央常任委員会「1966〜67 学年度課程案実施要綱」(1966 年 2 月)。1968 年：在日本朝鮮人総連合会中央常任委員会「1968〜69 学年度 総連各級学校課程案を正確に執行することについて」(1968 年 3 月)。1970 年：在日本朝鮮人総連合会中央常任委員会「1970〜71 学年度　総連各級学校課程案を正確に執行することについて」(1970 年 3 月)。1974 年：在日本朝鮮人総連合会中央常任委員会「総連各級学校課程案を正確に執行することに関する要綱」(1974 年 3 月)。1975 年：「総連各級学校課程案 1975〜76 学年度」。1977 年：在日本朝鮮人総連合会中央常任委員会「要綱－1977 学年度　総連各級学校課程案を正確に執行することについて」(1977 年 3 月)。

註 3：他の学年度の課程案も確認したが、休校日が示されているのは、上記の年度のみであった。

た日としてではなく、単に「「9.9節」は休みになる」とだけ認識し、その意味を理解していない者もいたと考えられるものの、普段暮らしている日本社会の秩序が平日として動く中（例えば親の仕事や、電車・バスのダイヤ等）、朝鮮学校に通っている自分たちだけが休日の秩序で過ごす経験、または反対に日本社会では祝日だが朝鮮学校は休みでないという経験は、自分たちと日本社会との境界線を認識せしめたことだろう。

　表7-1は、1960〜77年までの課程案より、休校日が確認できた8年をまとめたものである。

　順を追って見ていくと、まず4月15日は、金日成の誕生日（1912年4月15日）である。今日では総連関係の多くの団体が休業日となるが、朝鮮学校において休校日と指定されたのは1970年代前半のことである。ただし70年代以前に、誕生日が公開されていなかったわけではなく、金日成の生誕を祝す行事等は行われていた。

　ヨーロッパや社会主義諸国における祝日である5月1日は、労働者の日（メーデー）であり、61年以降の朝鮮学校では休校日となっている。日本では祝日ではない。5月5日は1948年に制定された子どもの日であるが、メーデーとは逆に、61年以降の朝鮮学校では休校日ではなくなった。5月25日は1955年の総連結成日、6月1日は1949年11月、モスクワで国際民主女性連合会が制定した国際児童節、6月6日は1946年に結成された朝鮮少年団の結成日である。

　8月15〜16日は、植民地支配から解放された日として祝日に指定されていたが、そもそも夏休み期間であるため、1967〜68年頃の課程案から、記載が消えていると推察される。夏休み期間であるが、学校に集まり、日本の祭のような「8.15夜会（ヤフェ）」と呼ばれる解放を祝う催しや集まりが持たれることもあった。9月9日は1948年の共和国創建記念日であり、1966年以外のすべての年で休校日となっている（66年だけ指定されていない理由は不明）。10月10日は、朝鮮労働党の前身である朝鮮共産党北部朝鮮分局が1945年に発足した日であり、朝鮮労働党の党創建記念日とされている。

　年が明けて1月1日は正月で休みだが、8月15日と同じ理由で1960年代中盤以降は、休校日と指定されることはなくなった。2月8日は、共和国の軍隊

である朝鮮人民軍が結成された日（1948年）である。今日の共和国では朝鮮人民軍のルーツは植民地期の抗日パルチザンにあるとされ、その結成日である1932年4月25日が朝鮮人民軍の創建日であるとされている。

　また、学校創立日は全ての年に休校日となっていることが確認できる。とは言え、閉鎖や統廃合などもあり、学校が創立された日を決定するのは、容易ではなかったと考えられる。

　60年代の休業日期間を除く休校日は、メーデー、国際児童節、共和国創建日、朝鮮人民軍創建日、学校創立日であり、学校創立日以外は共和国で祝日とされているものを採用していた。それは朝鮮学校における時間の秩序を共和国のそれと同調させる取り組みであった。70年代以降には、金日成の誕生日、朝鮮少年団結成日、朝鮮労働党創建日等が休校日として制定され、共和国との時間の同調性は一層強められていった。

(4) 運動

　当時朝鮮学校に通っていた人々に話を聞くと、多くの人が朝鮮学校ないし在日朝鮮人の権利保障を要求するデモや抗議活動に参加したこと、あるいは警察と対峙した経験などを語る。かれらの学校の記憶は、このような「運動」と分かち難く結びついている。

　写真7-11および12は、デモ行進に参加する京都中高の生徒たちの姿である。

　写真7-11において掲げられたプラカードには「帰国即時実現」、「…あなたも私も帰ろう！」、「…撤去せよ！」といった重々しい言葉が並べられているものの、それらの言葉とは対照的に、街中を行進する子どもたちの顔はどことなく緊張感に欠けた面持ちである。また写真7-12は、日韓会談を反対するデモ行進を行う子どもたちと教員たちが映った写真であるが、遠足にでも行くかのような和気あいあいとした雰囲気が伝わってくる。

　一般的に学校教育とは親和的とは言えない「非日常」的な運動に、子どもたちは長い年月、頻繁に参加し続けた。否、せざるを得なかった。第1章で見たように、学校閉鎖措置を強行する警察に体を張ってバリケードをつくり、役所の前で青空教室を行い抵抗の意を示した。また、第9章で見るように、公立朝

第 7 章　朝鮮への誇り

写真 7−11　帰国実現を訴えるデモ行進に参加する京都朝鮮中高級学校の生徒たち（1959 年 4 月）

写真 7−12　「韓日会談粉砕」のプラカードを掲げデモ行進をする京都朝鮮中高級学校の生徒たち（撮影時期不明）

鮮学校に通う子どもたちは、市から支給されたノートの受け取りを拒否し、日本の学校名が記された卒業証書を破り捨てた。そして朝鮮人教師の採用、朝鮮語による授業の実施、民族教科の授業時数の増加を求めた。また、第10章で見るように、各種学校認可取得運動や外国人学校法案反対運動の際にも、子どもたちは葉書による陳情や街頭での署名活動、デモ行進、あるいは県知事との交渉の場に参加した。教育権獲得や朝鮮学校存続のために闘ったのは、大人ばかりではなかった。

　こうした中で、朝鮮学校の子どもたちにとって、運動へ参加することは、次第に日常的な経験となっていったのではないだろうか。当時の朝鮮学校の子どもたちにとって、運動への参加は別段緊張することでもない、正に朝鮮学校に通う者としての当然のことだったのである。第6章でも見たように、言わば「非日常が日常化」している状況を生きることが、朝鮮学校の学校経験の一つであった。

　もちろん子どもたちの運動へのコミットメントは、朝鮮学校のカリキュラムには存在しない——すなわち朝鮮学校が本来的に意図し組織化しようとした教育とは異なる。そもそも克服すべき課題への集団的アクション（運動）の必要性は、予測不可能な場合が多いばかりでなく、朝鮮学校にとってはそうした課題の存在自体が望ましいものではないことは言うまでもない。だが例えば、デモ行進や集会への参加を日本の政治状況や日韓会談等に関する理解を深める好機と捉え、型にはまらない学習を組織した教員もいたことだろう。また実際に街頭でビラを配り、署名を求め、在日朝鮮人の教育権を訴え、日本人と接する中で、少しずつ自身のアイデンティティを問い返したり、形成していった子どももいるかもしれない。もとより運動参加の「教育的効果」を測定することは容易ではないが、自主的なものであれ、義務的に課されたものであれ、運動に参加するという経験は、日本社会において在日朝鮮人が置かれた状況を認識させ、そのような日本社会で生きる朝鮮人である自分を、否が応でも感じさせたことだろう。

　以上のように、朝鮮学校では愛国主義教養をはじめとした意図的な働きかけはもちろん、朝鮮学校を媒介として生まれる朝鮮人としての様々な経験をとおして、朝鮮なるものへの誇りを感得させようとしていた。朝鮮に対する肯定的

な情報が不足しているどころか、官憲による弾圧、社会における朝鮮人への差別的な言動、対応が繰り返され、朝鮮に対する肯定的感情を抱くことが難しい状況の中で、日本で生まれ育った子どもたちに朝鮮人としての誇りを持たせる。このことに朝鮮学校がどれほど成功していたのかの判断は難しいが、そうした難題への取り組みを、朝鮮学校における脱植民地化の取り組みとしておさえておきたい。

第8章
明滅する在日朝鮮人史

　国民教育とは、共通の文化と記憶を教え、ナショナル・アイデンティティを付与し、国民をつくる教育であると定義できる。これまで見てきたように、朝鮮民主主義人民共和国の国民化をとおした在日朝鮮人の脱植民地化を目指す朝鮮学校においても、国民教育が実施されていたと言える。共通の文化においては、例えば国語を習得・使用する過程で在日朝鮮語なる朝鮮学校に独特な言葉が生まれていたわけであるが、共通の記憶はどうだろう。

　前章でも見たように、朝鮮半島の歴史、共和国の国史等がその中核を構成していたが、同時に在日朝鮮人たる我々の記憶、在日朝鮮人の歴史も、在日朝鮮人の共通の記憶を構成しているはずである。自分たちがどうして日本で生まれ育ったのか、自分たちが学ぶ朝鮮学校はどのように守られてきたのか。朝鮮半島の歴史や国史には必ずしも含まれない、あるいはそれらとは相対的に独自な在日朝鮮人の歴史を学ぶことは、朝鮮学校の子どもたちのアイデンティティを形成するうえでも、重要なことであったと考えられる。本国と重なりながらも相対的独自な在日朝鮮人史の教育は、朝鮮学校に独特な脱植民地化を生む一つの要因でもあった。

　だがそれ故にこそ、在日朝鮮人史の教育は、本国とのある種の緊張関係を孕むものであった。本章では、在日朝鮮人史教育の変遷を辿りながら、朝鮮学校における在日朝鮮人史の位置について考察する。

第一節　在日朝鮮人としての共通の記憶

　確認できる限り、朝鮮学校の教科書において在日朝鮮人史が本格的に扱われるのは、第6章でも触れたように、国分一太郎がその編纂に関わっていた、またはその関わりが影響したと考えられる1953年頃に作成された初級学校社会

科目の教科書である『社会の勉強』(第5学年用と第6学年用)が初めてである。筆者が閲覧したこの教科書は学友書房に所蔵されているものであるが、奥付が存在せず、出版年や出版社、編纂主体が確認できないが、表紙に「社会教育研究会」と記されている。扱われている内容や用いられている資料、「解放から8年」という記述から、1953年に作成され、遅くとも1954年には出版されたものと考えられる。

朝連期の多くの教科書と同様に、『社会の勉強』にも教科書の末尾に「教師用ノート」が付されており[*1]、ここに「社会科教育目標」が記されている。第5学年は「取り扱った中心課題は次の三つのテーマである。1. 戦う祖国の現実、2. 国際連帯性の強化(特に中・ソとの)、3. 在日同胞と日本。そしてこの三つのテーマの根本になっているのは、高尚な愛国心と反戦平和思想である」、第6学年は「取り扱った中心課題は次の四つのテーマである。1. 金元帥と朝鮮民主主義人民共和国、2. 世界の現実と国際連帯性の強化、3. 日本の実情と在日同胞の生活、4. 私たちが歩んでいく道。そしてこの四つのテーマの基本になっている目標は、高尚な愛国心と反戦平和思想である」とされており、共和国、中国およびソ連を中心とした世界情勢とともに、いずれにおいても在日朝鮮人は主要なテーマとして位置づけられている。以下、その記述内容を見てみよう。

在日朝鮮人の形成史・生活史

第5学年の『社会の勉強』において在日朝鮮人の学習として設置された単元は、「13. 日本に住んでいる朝鮮同胞」と「14. 靴を磨く少年」であり、教科書の最終部分にあたる。「13. 日本に住んでいる朝鮮同胞」の内容は、大きく解放前と解放後に分かれており、以下のような記述から始まる[*2]。第6章でも

[*1] 金徳龍(2004)は、1947年出版の『初等国語1』、『初等算数1』などの教科書において、こうした教材の編纂意図や内容説明が細かく記されていることを指摘している。金はこれに対し「教材を媒介にして、各地に散在していた初等学院の授業の進行上の統一性をなんとか保持しようとした努力の証」だとしており、大いに首肯できる指摘である(54頁)。推察するに、民戦期においても引き続き教授要綱や教師用指導書を作成する力量は充分ではなかったため、53~54年頃に作成された『社会の勉強』にも従来の方法が用いられたのだと思われる。

[*2] 社会教育研究会『社会の勉強(5)』、80-81頁。

触れたが、改めて確認しておこう。

　「私はなぜ日本で住んでいるのだろう？」
　このような疑問をみなさんは持ったことがありますか？私たちがこのような疑問を持つのはとても当然のことです。どうしてそうなのでしょうか？それは言うまでもなく、私たちが日本人ではなく、朝鮮人だからです。どの国の人であれ、特別な理由なく、他の国に来て住むわけがないからです。
　しかし今日本には約60万にもなる私たちの同胞が住んでいます。しかも解放される前には240万に及ぶ同胞が住んでいました。どうしてこのように多くの同胞が日本に来るようになったのか？それは誰よりもみなさんのお父さん、お母さん、お兄さん、お姉さんがよく知っていることでしょう。おじいさん、おばあさんがいらっしゃる人は、もっとよく分かることでしょう。
　私がここで、一言でその理由を述べるならば、それは朝鮮人が自分の国、自分の故郷に住めなかったためです。なぜ住めなかったのでしょうか？それは朝鮮の現代歴史を少しでも知っている人ならば、誰でもみな分かるはずでしょう！

　冒頭の「私はなぜ日本で住んでいるのだろう？」という問いに象徴されるように、正に自分自身の存在と関わる問題として、「多くの同胞が日本に来るようになった」経緯、「〔自分の国、自分の故郷に〕住めなかった」状況を学ぶことが位置づけられている。そして「朝鮮の現代歴史」、「おじいさん、おばあさん」との関係、すなわち歴史的文脈の中で、この問いへの回答が探られていく。
　この単元はその後、1910年の併合、朝鮮人の満州や日本への移動、日本での生活等を描いていく。日本での朝鮮人の生活に関しては、くず屋、北海道の炭鉱、鉄道・トンネル工事といった就労状況や、賃金差別、借家拒否が写真とともに紹介されている。また多くの子どもが学校に通えず、「幸い日本学校（その時は朝鮮学校は一つもなかった）に入学した場合も、日本の友だちは遊んでくれず、「朝鮮人、にんにく臭いよ」と、いじめられるばかりでした」とい

った、植民地期の在日朝鮮人の子どもたちの姿も描かれている。

1930年代以降は、第二次世界大戦、日本の中国東北地方への侵略、太平洋戦争について触れ、特に太平洋戦争以後に多くの朝鮮人を「強制徴用し、日本に連れてきて、炭鉱や飛行場工事、防空壕掘り、軍需工場といった仕事」に就かせたことに焦点が当てられている。例として福岡県三菱勝田炭鉱が取り上げられており、過酷な労働から逃げ出そうとした朝鮮人労働者が、日本人労務係によって暴行を受け、死亡した事件が紹介されている。

続けて「悪徳な日本帝国主義は、ソ連を先頭にした連合国に無条件降伏をし、我らの朝鮮も解放されました」として、1945年以降の記述へと移る。「日本は米国の植民地となり、軍隊を再びつくり、朝鮮、中国、ソ連を侵略するつもり」であるため、「その日〔祖国解放〕から8年が過ぎた」が、在日朝鮮人の生活は「太平洋戦争以前と変わりない、とても困難な状態に」あるとする。そして「友だちの作文をとおして、その実情を見てみましょう」として、2編の作文が取り上げられている。一つは都立第一朝鮮人小学校文京分校に通う5年生ホ・ケスンの「安定所に通うお母さん」で、日雇いで働く母親の苦しい姿と戦争反対の署名運動に邁進する決意を綴った作文であり、もう一つは滋賀県内の滋賀里小学校内の民族学級に通う5年生パク・チュノンの「飛行場」である。公立朝鮮学校と公立学校内の民族学級の子どもたちの作文が取り上げられているのは、学校閉鎖後間もない時代状況を表してもいる。「飛行場」の全文は以下のようである。

> 私の家の前には、米国の奴らの飛行場があります。ある日学校に行く道で見ると、家を二つ建て、その中に色んな物を入れていました。その家の中を詳細に見ると、朝鮮地図があり、ラジオもあり、電話もありました。奴らはその日から、私たちが住んでいる家から出ていけと言います。なぜ出なければならないのかと聞くと、この家を壊して飛行場をもっと大きく作ると言います。
>
> 私の家の前には日本人たちが農業を営んでいるのですが、その人たちの畑も奪い、飛行場を作るそうです。日本人たちは、自分たちの畑をあげられないと言うので、お金をあげるから売ってくれとしました。しかし農民

たちは、お金はたくさん持っていてもすぐに無くなるが、田畑は持っていれば自分たちが死ぬまで残るから売れないと、反対しています。それで私たち朝鮮人と一緒に闘っています。あの飛行場がはやく無くなってこそ、朝鮮の戦争が終わるでしょう。

「米国の奴らの飛行場」の拡充に伴い、立ち退きを迫られている朝鮮人と日本人が「一緒に闘ってい」る姿が描かれながらも、「朝鮮の戦争が終わる」ことを願うチュノンの立場性が際立っている。第6章でも見たように、子どもたちにとって朝鮮戦争は他人事でないばかりでなく、目に見える形で自身の生活に影響を与えるものでもあったのだ。

続く「14. 靴を磨く少年」は、児童雑誌『少年少女の広場』1948年9月号に掲載された、満州から引き揚げた日本人少年Aの作文を、朝鮮語に翻訳して紹介するという内容になっている。作文では、満州から帰国して国内を転々としながらも、貧しい生活に屈せず生きていく少年とその家族の姿が描かれている。作文の前には、以下のように学習のねらいと掲載理由が記されている[*3]。

> 私たちはこの作文をとおして、貧しい日本国民の生活と、我々同胞の生活が別に違わないということを感じることでしょう。私たちはこの作文を読んで、このような少年がどうして生まれたのかということ、こうしたことをなくすために、私たちはどうすれば良いのか、そして今の日本の状況はその時からどのように変わったのか、ということを深く研究してみる必要があるように思います。そのため〔この作文を〕ここに掲載しました。

作文の後には「研究問題」として、「この少年はどうして中国で育ち、なぜ中国から日本に帰ってきたのか？」、「日本はどうして太平洋戦争を起こしたのか？ 戦争の結果、どうなったのか？」、「日本国民は今、どのような生活をしているのか？ 自分の家の近所の日本の友だちと討論しよう」が提示されている。在日朝鮮人と日本人の状況の共通性から、戦争と植民地支配、またそれに

---

*3 同上、95頁。

伴う移動が人々の生活に及ぼす影響について、深められようとしている。

第6学年の『社会の勉強』では、「11. 在日朝鮮同胞の生活」、「12. 平和署名運動実践記録」、「13. 新しい勉強」が、在日朝鮮人をテーマとした内容を扱っている（またその前段階の学習として「10. 私たちが住んでいる日本」が置かれている）。

「11. 在日朝鮮同胞の生活」は、5つの短い節からなっている。第一節「来たくて来たのか？」では、「私たちは故郷の地が嫌いで来たのではない。どれだけ故郷で暮らしたくとも暮らせなくて、日本の地に渡ってきたのだ。私たちの美しい祖国、豊かな大地は、すべて日本帝国主義の欲張り盗賊たちに奪われ、こうして渡ってきた同胞は日本各地に散らばった」として、1929年の在東京朝鮮人の職業構成、1928年の在東京朝鮮人の出身地、1949年の県ごとの在日朝鮮人数の統計等が掲載されている。第二節「同胞たちの職業」、第三節「不安な生活」、第四節「警察の弾圧」では、解放後の在日朝鮮人の同時代的な生活状況が、写真や挿絵とともに生々しく記述されている。窓ガラスも割れた六畳一間に家族5～6人で暮らし、日雇い労働でなんとか生計を立てる家族、雨の日は天井から水が滴り落ちる中、畳で勉強している子どもたちの様子、また、濁酒造り、飴作りで生計を立てている朝鮮人に対する警察の取り締まりについて扱われている。

このように『社会と勉強』では、在日朝鮮人の形成史や生活史が扱われており、そこでは教育目標で示されていた「反戦平和思想」のもとに、在日朝鮮人と日本人の貧困と連帯が強調されていたと言える。

朝鮮学校の歴史

第6学年の『社会の勉強』では、朝鮮学校に関する記述も少なくない。「11. 在日朝鮮同胞の生活」の第五節では「育ちゆく民族教育」として、以下のように記述されている[*4]。

「私は朝鮮人だ！」「私は朝鮮民主主義人民共和国の国民だ！」「私は帝

---

*4　前掲、『社会の勉強（6）』、98-99頁。

国主義者の侵略戦争を反対し平和を愛する！」
　このような自信と自覚を持たせ、私たちの言葉、私たちの文字、私たちの歴史を教えてくれるウリハッキョ〔私たちの学校〕が、解放後500余校も作られた。1948年日本政府は朝鮮学校を弾圧した。しかし私たちは学校を、命を懸けて守った。1949年には朝鮮人連盟を強制解散させ、全国のウリハッキョを強制閉鎖させようとした。しかし私たちは闘い、ウリハッキョを守った。これからも私たちは命を懸けてウリハッキョを守るだろう。祖国もそれを大きく期待している。
　お母さん、お父さんたちもウリハッキョで講習会をしている。日帝時代に学ぶことが出来なかった私たちの文字、私たちの言葉、私たちの歴史、祖国の事情を知ってこそ、輝く私たちの共和国の国民になれると考え、集まった同胞たちだ。

　閉鎖措置に抗い学校を守り抜いた歴史、学校で行われている成人教育等を、植民地支配および祖国と関連づけながら、朝鮮学校が担っている機能を端的に示した記述だと言える。ここでは「ウリ（私たちの〜）」という言葉が多用されており、朝鮮民族・朝鮮半島・共和国と結びつけられた在日朝鮮人という「ウリ」が構築されていることが注目される。
　続く「12. 平和署名運動実践記録」は、1951年6月から8月15日まで続いた「救国月間平和闘争」期間に、広島県呉市の朝鮮学校の子どもたちが、20人で12万の署名を集めた運動の実践を記録したものである。在日朝鮮人運動を子どもの目線から描いたこの教材は、朝鮮学校の子どもたちに運動の主体たれというメッセージを送りながら、在日朝鮮人運動史を理解させることをねらっていたと考えられる。
　最後の「13. 新しい勉強」は、日本の学校へ転入学することになる児童に宛てた教員の手紙という記述形式が採られている。手紙では、転入学することになる児童の父親が「ウリハッキョはあまりにも政治的で、さらには「アカ」を作る学校」としたことへの教員による反論が展開され、転入学を食い止めようとする説得が続けられる。その内容は、在日朝鮮人という集団が身を持って歴史的に経験してきた「住みよい」社会ではない日本社会——在日朝鮮人は定職

に就けず、苦しい生活をし、警察による弾圧も受けなければならない社会——、その日本社会を是認し、そこに適応するための教育を行う日本学校へ転入することの意味を問い、朝鮮学校で「より良い社会」を作るために、ともに学んでいこうというものである。

　この手紙がフィクションであるかどうかは不明だが、「ウリハッキョはあまりにも政治的で、さらには「アカ」を作る学校」であるという保護者の批判や、日本学校への進学を希望する子どもが存在することが、教科書で扱われていることは興味深い。そうした批判や子どもの存在を正面から受け止めながら、朝鮮学校への進学を奨励しているように読める。手紙の後には、以下のような「研究問題」が設定されている[*5]。

　　〈研究問題〉
　　○民族教育とは何か？　日本の教育と比較して討論しなさい。
　　○私たちは6年間、どういった勉強をしてきたのか？
　　○4.24、10.19とはどのような日か？
　　○進学問題について討論しなさい。
　　○ウリハッキョ分布図を見て、どの地方に多く、少ないかを討論しなさい。

　4.24とは1948年の阪神教育闘争のことであり、10.19とは1949年の学校閉鎖令が出された日である。つまりこの設問では、在日朝鮮人が朝鮮学校を守ってきた歴史および子どもたちが実際に朝鮮学校で過ごした経験という過去の軸と、日本の教育との対比および地域間の差異（朝鮮学校が多い地域もあれば、存在しない地域もある）という今日的な軸から、朝鮮学校の「民族教育」とは何かを考えさせ、そのうえで、日本の学校への転入学をはじめとした「進学問題」、つまりは子どもたちの未来について考察を深めることが、ねらわれている。第6学年の教育目標として示されていた「私たちが歩んでいく道」、すなわち子どもたちの進路を、朝鮮学校の歴史と関連づけて深めていくことが求められていたことが分かる。

＊5　同上、122頁。

以上のような『社会の勉強』の内容からは、在日朝鮮人の子どもたちを「立派な朝鮮人」に育成するうえで、民族・国民としての歴史だけでなく、在日朝鮮人の形成史や生活史、朝鮮学校の歴史から構成される在日朝鮮人としての共通の記憶が継承されようとしていたことが、読み取れる。

第二節 「61年8月講義」問題

だが、その後も継続的に朝鮮学校の教科書において在日朝鮮人史が扱われていたわけではない。次に、1960年代の在日朝鮮人史教育を検討する際に避けては通れない「61年8月講義」問題について検討しよう。

1966年に作成された各学校の『学校沿革史』を読むと、1961年以降の記述に「8月講義」、「8月提綱」に関わる問題が度々言及されている。

> 1961年8月講義が歪曲伝達されて以降、学校内の一部の指導教員は、教員の中に総連中央に対する不信を蔓延させ、総連の唯一指導を拒否することによって、教員集団内に残っていたグループ的傾向と自由主義的傾向を温存させた。こうして1961～2学年度3学期に入ってから、教員集団内では人事問題をもって、互いに気の合う教員同士で集まり噂話をし、否定〔的現象〕を黙過し、互いに誹謗中傷する現象、困難に勝てず教鞭を投げ捨て、愛国隊列から足を引く現象が発露された[*6]。

> 1961年に行われた8月講義を歪曲伝達された幹部教員が、これを教員たちに伝達することによって、一部の堅実になれなかった教員は、教員集団に総連中央を誹謗中傷する等、厳重な現象が発露した。しかしそういった否定的現象と戦うことができなかった。こうして、学校に総連の方針が貫徹されなかったことによって、多くの後果[*7]をもたらした[*8]。

[*6] 京都朝鮮中高級学校『学校沿革史』、1966年。
[*7] 「後果」(후과)とは、朝鮮語で「後に現れる良くない結果や影響」という意味である。『朝鮮語大辞典』(1992年、社会科学出版社)、参照。
[*8] 神戸朝鮮中高級学校『学校沿革史』、1966年。

8月講義以降の学校の実践は、8月講義を正しく捉えられなかったため、様々な否定的現象を発露させました。結果、総連方針に対しても無関心な傾向が現れ、特に総連中委29回会議決定の真実を正しく把握出来ず、総連組織を疑い、総連中央を正しく見ることができませんでした。「韓徳銖議長を領導核心とした」という言葉が伝達された時、一部の教員の中では「金日成元帥を領導核心にするという言葉は聞いたが、韓徳銖議長を領導核心とするという言葉は、いつから出るようになったのか？」と反駁する現象も現れました。

　こうした古い思想が教員集団に発露し、特には幹部教員たちの思想観点がしっかりと立っていなかったため、一部の教員の中で自分の事業に対し栄誉と確信を持てず、ついには総連中央に対する確固たる信頼を持てずにいました。ある女性教員は家庭と学校の仕事の間に矛盾があるため学校を辞めたいとしたり、またある男性教員は帰国したいとしたり、大学に行きたいとしたり、こうした考えが常に頭の中を巡っていました。教務委員会単位でも、正しくない思想潮流があり、家族主義的な傾向が存在し、教務委員会の統一団結に少なくない阻害をもたらしました。教員集団は表面的には明朗で仲良くしているように見えながら、内部には以上のような少なくない弱点を内包していました*9。

　『学校沿革史』の叙述構成を規定した文書「叙述体系」を見ると、「2. 総連結成以後の時期」の「(2) 1961年総連6全大会以後、1966年4月までの学校教育の方針と民族教育の権利を守るための闘争」の「① 1964年7全大会までの教育事業の状況」の部分に、「1961．朝鮮労働4回大会、総連6全大会、8月講義」とあり、8月講義をめぐる問題は学校の沿革史に記述すべき内容として指定されている。どういった内容を記述すべきなのかという指定がないことから、1966年4月段階では、既に8月講義をめぐる問題の評価が、差し当たり確定していたと考えられる。

＊9　福岡朝鮮初級学校『学校沿革史』、1966年。

上掲の8月講義をめぐる問題に関する各学校の『学校沿革史』の叙述からは、当時の朝鮮学校文書が過激な表現を多用する傾向を差し引いても、8月講義をめぐって少なくない混乱が生じていたことが見て取れる。8月講義が正しく伝達されず、また一部の人間が正しく講義の真髄を理解できなかったために、総連中央に対する不信、疑心が生まれ、韓徳銖議長を批判する者も現れ、教員たちは動揺し、辞職する教員も現れたという。

　この8月講義問題に関しては、朴慶植（1989）において、「いわゆる「八月提講〔ママ〕」をめぐる問題」という節が設けられ、触れられている*10。1949～60年3月まで東京中高で社会科教員として勤め、また60年4月からは朝鮮大学校文学部歴史地理学科の教員となった朴は、この8月講義を直接聞いた経験を綴っている。朴はこの節の冒頭で8月講義を以下のように説明している*11。

　　1958年朝鮮問題研究所長、翌59年総連初代人事部長に就任した金炳植は、議長韓徳銖の姪婿という姻戚関係を利用して、権力への野望を抱き、韓徳銖個人を中心にした「在日朝鮮人運動史」を作成、これを全組織幹部たちの学習資料とし、かれ自身も総連中央学院などで講義を行ったりした。
　　しかし共和国当局はこれが韓徳銖偶像化の内容になっていることにおどろき、金炳植を人事部長から解任させ、「運動史」の内容を是正した。こうして副議長李季白、人事部長安興甲、宣伝部長朴在魯を中心とした中央幹部が総連中央学院に合宿して作成した是正のための資料が「八月提講〔ママ〕（講義）」と呼ばれるものである。

本章では、ここで触れられているような1960年代中頃から始まる所謂「金炳植（キムビョンシク）問題」（あるいは「金炳植時代」、「金炳植策動時期」、「金炳植事件」などと呼称・形容される場合もある）を詳述することはできない。ここでは1950年代末葉の「在日朝鮮人運動史」講義はどのようなものであったのか、そして61年

---

*10　朴慶植（1989）、406-409頁。朴は「제강」を「提講」と訳しているが、正しくは「提綱」である。先述のように『朝鮮語大辞典』（社会科学出版社、1992年）によれば、「講演や講義の基本内容を体系立てて記した文」という意味である。
*11　朴慶植（1989）、406頁。

8月講義によってその内容がどのように是正されたのか、さらにそのことが特に朝鮮学校の教育にどういった影響を及ぼしたのかという問題を扱っていくことにする。

(1)「在日朝鮮人運動史」講義の実施

朴慶植が言う「韓徳銖個人を中心にした「在日朝鮮人運動史」」以前にも、民族団体の活動家や朝鮮学校の教員たちは、講習会等の場で、在日朝鮮人運動や在日朝鮮人に関する学習を行っていた。

例えば1955年7月25日〜8月3日、東京の初級部教員たちの夏期講習会では、授業研究をメインとした学年別・科目別の分科会ばかりでなく、「総連方針についての学習」も行われている*12。総連中央の呉聖師(オソンサ)、パク・ロホ、李珍珪が講義を行い、その後講義内容を定着させるための討論の時間が設けられた。「討論の中心点」としては、「転換の意義」、「転換による方向および過去の誤謬」、「教育路線に関する基本的な任務」が挙げられており、講習初日の午前10時15分から午後5時30分という長い時間が「総連方針についての学習」に割かれている。

また、1956年7月、教職同東京が発刊した学習資料に「在日本朝鮮人問題 李珍珪編」がある*13。これは当時総連中央教育部長であった李珍珪が編んだ19頁からなる資料であり、以下の様な構成となっている。

    1. 渡航歴史
      (1) 在日朝鮮人の人口変遷表
      (2) 第一期(1915-18)の特徴
      (3) 第二期(1922-24)の特徴
      (4) 第三期(1932-1937)の特徴
      (5) 第四期(1940-43)の特徴

---

*12 東京朝鮮学園講習会編纂委員会「教職員夏期講習会総結」(1955年8月5日)、参照。講習は東京朝鮮第7小学校で開かれた。ちなみにこの講習会では、国分一太郎が「どんなにしたらば、子供達に実力をつけることができるか、どんなにしたら子供たちに、よい勉強をさせることができるかということ」をテーマに講演を行っている。

*13 在日本朝鮮人教職員同盟東京本部「在日朝鮮人問題 李珍珪編」(1956年7月)、参照。

(6) 戦後期（1945–1956）の特徴
2. 在日朝鮮人の人口分布状態
　(1) 在日朝鮮人の県別分布表（1956.1月末現在）
　(2) 六大都市における朝鮮人人口
　(3) どこに集住しているのか？
　(4) 在日朝鮮人の本籍別人口表
3. 在日朝鮮人の生活実態
　(1) 在日朝鮮人はなぜ日本に来たのか？
　(2) 日本に来てからはどういった職業に就いたのか？
　(3) 在日朝鮮人と日本人との労働賃金の比較
　(4) 在日朝鮮人生活保護適用統計
　(5) 居住の状態
　(6) 保健状態
4. 在日朝鮮人の文化教育状態
　A．解放前の状態――同化奴隷政策強行
　B．解放後の状態――民主主義民族教育実施
在日本朝鮮人運動年表（1910–1956）[*14]

　また同資料末尾には「在日朝鮮人問題参考資料」として以下のような資料が紹介されており、李もこれらを用いて、同資料を作成したと思われる。書誌情報の内容と形式はバラバラであるが、そのまま記そう。

在日朝鮮人問題参考資料
1. 日本における反帝朝鮮民族運動史　金斗鎔著　昭22　郷土書房刊
2. 歴史学研究特集号　『朝鮮史の諸問題』中、在日朝鮮人問題（林光澈）1956年7月（岩波書店）
3. 在日朝鮮人の生活実態――東京都江東区枝川町の朝鮮人団居住地域における調査（日朝親善協会）1951.11

[*14] 「年表」の項目は、年代、在日朝鮮人人口数、朝鮮、日本、国際、在日朝鮮人関係、となっている。

4. パンフレット「民族の子」──朝鮮人学校問題　東京都立朝鮮学校教職員組合　1954.11
5. 在日朝鮮人運動　篠崎平治著　令文社（豊島区駒込二の301　昭和30年2月刊　¥180
6. 在日朝鮮人運動の転換に関して　韓徳銖著　学友書房　1955.4刊　¥40
7. 国会図書館雑誌　レファレンス　1956-3　NO.62
　　日本における朝鮮人学校　藤尾正人〈非売品〉
8. 日本にいる朝鮮の子ども──在日朝鮮人の民族教育　李東準著　春秋社　1956　¥180
9. その他　雑誌〈新しい朝鮮〉、〈平和と教育〉、〈新朝鮮〉、〈民主朝鮮〉等
　　　　通信──〈朝鮮通信〉（日刊）　日文
　　　　新聞──解放新聞（朝鮮文）　隔日刊
10. 岩波全書〈朝鮮史〉旗田巍　1951刊　¥160
11. 朝鮮民族解放闘争史　朝鮮歴史編纂委員会　三一書房　1952　¥390
12. 金日成選集　第1、2、3巻　三一書房
13. 朝鮮労働党　第三次大会──中央委員会報告　学習書房　1956　¥120

　その構成が示しているように、「在日本朝鮮人問題　李珍珪編」は植民地期から1956年に至る在日朝鮮人の状況を理解するための多様かつ詳細な資料が収められた資料集である。資料集編纂の目的は不詳だが、在日朝鮮人の歴史、現状に関する学習の際に活用されたと推察される。
　ただしここでは、ストーリーとして在日朝鮮人史を描いているわけではなく、また韓徳銖の名前は、同資料末尾に付された年表の「在日朝鮮人関係」の項に「韓徳銖氏民戦第19中央にて在日朝鮮人運動転換を主張」と出るだけであり、韓徳銖個人を中心においた内容構成とはなっていない。「参考資料」中の韓徳銖の資料も、特異な位置を与えられているわけではない。総連結成直後期には、韓徳銖の「在日朝鮮人運動の転換について」の学習が謳われていたが[*15]、56

---

*15 同演説は1955年3月19日付の『解放新聞』が全文を掲載し、紹介している。さらに、学習文献として書籍化された（朝鮮語版と日本語版）。『解放新聞』は、「この本は在日朝鮮人運動の基本原則を明示しており、この文献の学習は、在日朝鮮人運動を正しく発展させるための指針と

年時点では在日朝鮮人問題や在日朝鮮人史の学習において、韓徳銖個人の存在が強調されることは、あまりなかったと考えて良いだろう。

総連は1957年に入り、その組織体系を変更する。総連中央委員会第8回会議（1957年3月7～8日）および同第11回会議（1957年10月10～12日）において組織体制確立の問題が討議され、11回中委では指導体制を議長団制から首席議長制に、地方本部は委員長制にすることが決定される[*16]。これを受け、総連四全大会（1958年5月27～29日）で規約が改正され、議長、副議長制が導入され、議長に韓徳銖、副議長に李心喆、黄鳳九、李季白が選出されている[*17]。

議長制への移行に伴い、総連における韓徳銖の指導体制は一層明確化されていった。総連内部には新体制への不満も一部存在し、組織としての活動の質を低下させうるこうした不満を解消することが、組織としては急務となった。また同時に、韓徳銖指導体制の正当性を確保することも、これまで以上に求められることになった。こうした中で「在日朝鮮人運動史」講義は作成され、総連の活動家を養成・再教育する総連中央学院と地方学院を中心に、講義が実施されていった。

現時点において「在日朝鮮人運動史」講義の原資料は発見できていない。しかし、当時講義を受けた人物がその内容を詳細に記した「ノート」を見ることができた（呉圭祥氏提供）[*18]。以下に、1959年5月4日、8日、13日の3回に分けて行われた韓徳銖による「在日朝鮮人運動史」講義の構成を示す。

　　第 ・章　在日朝鮮人形成の歴史的考察とその特徴

　　　　なる」「学習文献」として、同年4月16日付『解放新聞』から、連日紹介している。
* 16　呉圭祥（2005）、50-51頁。また「総連中央委11次会議開幕、総連綱領基準に全ての行動を統一——中央集権制をより強化、大衆利益に一層徹底的に服従しよう」『朝鮮民報』1957年10月15日付、参照。
* 17　「大会で選出された新役員たち」『朝鮮民報』1958年6月3日付。
* 18　在日朝鮮人運動史研究者である呉圭祥氏は、30年間に及ぶ資料調査の過程で、当時講義を受けていた人物がその内容を記した「ノート」を入手している。無論これは講義そのものではないが、「在日朝鮮人運動史」の原文や原稿が発見されていない以上、朴慶植（1989）が「韓徳銖個人を中心にした在日朝鮮人運動史」と評した「在日朝鮮人運動史」講義の内容を垣間見せる資料として、極めて貴重なものであることには変わりないだろう。このノートには、他に「国際情勢と南朝鮮情勢」（講師、朴在魯。以下（　）の中は講師名）、「組織問題」（羅燻琫）、「教育問題」（李珍珪）、「在日朝鮮人教育史」（李珍珪）の講義記録がある。

第一節　旧韓国時代の朝鮮人
　　第二節　植民地時代の朝鮮人
　　第三節　共和国公民時代の朝鮮人
　第二章　祖国の独立と民族的権利のために（1910〜1937）
　　第一節　民族的覚醒とマルクス・レーニン主義思想の普及
　　第二節　各種の大衆団体の組織と協議体の形成
　　第三節　朝鮮共産党日本総局とその解消
　　第四節　朝・日人民の共同闘争
　第三章　祖国の民主化と民主的民族的権利のために（1945年8月15日〜1949年9月8日）
　　第一節　解放と朝鮮人聯盟結成
　　第二節　三相会議決定支持としての政治方針の樹立と実践
　　第三節　四月連席会議参加と総選挙および共和国創建
　　第四節　朝鮮人聯盟の解散
　第四章　祖国解放戦争の勝利の為に
　　第一節　解放戦争の勃発と愛国組織の再建
　　第二節　闘争の先鋭化と指導上の誤謬
　　第三節　停戦後の政治方針の決定的誤謬
　　第四節　運動の転換と民戦の解体
　第五章　祖国の平和的統一と民主的民族権利のために（1955年〜現在）
　　第一節　朝鮮総連の結成
　　第二節　運動の大衆化と宗派の台頭
　　第三節　四全大会以後の統一の強化
　　第四節　共和国への帰国運動の展開

　「ノート」によれば、講義の冒頭で韓徳銖は、①講義は完成されたものではない、②過去（日本での運動）は宗派[*19]の巣窟になっていたので伝統にはならない、③我が国と連結した時期については統一点を明らかにしようとする、と

[*19] ここで言う「宗派（종파）」とは、一般に使われる教義等を等しくする1つの教団といった意味ではなく、同一集団内において個人や分派の利益を追求し、革命運動を分裂破壊する集団や分

述べたという。同講義は官憲資料をベースとしてはいるが、1900年頃から50年代後半までを、在日朝鮮人運動史として体系立てて整理し論じたものであり、小さくない意味を持つものであったと言える。

「ノート」を見る限りでは、韓徳銖が自身の功績について述べた記録はない。ただ、解放以降の総連結成に至る歴史を論じた箇所では、路線転換に反対する者を名指しで「宗派主義者」、「宗派活動」と批判しており、この運動史講義に韓徳銖の指導体制の確立という目的があったことは確かだろう。金炳植をはじめとした他の者が行った講義では、韓徳銖の在日朝鮮人運動における役割をより強調した講義がなされたと言われる。同時期の総連中央学院では、在日朝鮮人運動史の参考資料として白水峯論文（1952年4月）も配布されており[20]、このことも韓徳銖の活動の正当性を強調する取り組みが行われていたことを傍証してくれる。

「在日朝鮮人運動史」講義は、総連活動家のみを対象に行われていたのではないと考えられる。総連中央教育文化部による「1960/1961学年度教科課程案」には、他の年度の課程案には見当たらない記述がある。中高級学校の各科目の授業時数を示した表の下には、「※2：在日朝鮮人運動史は、課外に集中的に学習を組織する」と記されている[21]。これは、中高級学校において、在日朝鮮人運動史を扱う科目はないが、課外の時間を利用して、それを学習させな

　派のことを指して用いられる言葉である。共和国や総連文書において、特定の人物や集団を批判する際に、例えば「宗派分子」などと用いられることもあった。
[20] 「在日本朝鮮人運動史参考資料「愛国陣営の純化と強化のために――社会民主主義の路線と傾向を排撃する」（白水峯論文）」（1959年5月）。同論文は、日本共産党との共闘を主軸に置いた当時の民戦の運動方針を、特にその指導層に焦点を当てて批判したものである。韓徳銖は後に、白水峯は自身のペンネームであると語っている。ただし、使われている用語などから推測し、これを共和国の関係者が執筆したものとする見解もある。筆者の力量でこれを判断することはできない。また、資料によって本論文の提出時期は異なっている。日本共産党民族対策部の機関紙『北極星』1952年6月10日付紙上にて紹介されたものは、1952年4月6日となっているが、後に総連中央学院で「在日本朝鮮人運動史参考資料」として配布された資料では、1952年4月28日に発表されたとされている。この日付はサンフランシスコ講和条約発効の日であり、日本国籍を喪失し、制度的にも外国人となった在日朝鮮人からの提起である、という論文の基本スタンスを示しているのかもしれない。上掲の『北極星』において、同論文は「われらの陣営を思想的にも組織的にも大混乱に導く極めて悪質な内容をもっているもの」であり、「このような誤った見解に対しては、力をこめて粉砕しておかなければならない」として、批判されている。総連結成の際の路線転換の論理の多くは、同論文に依拠したものである。
[21] 総連中央教育文化部「1960/1961学年度教科課程案」（1960年）、参照。ちなみに「※1」は「中

ければならないことを規定した文言であると考えられる。この課程案が1960学年度のものであり、「在日朝鮮人運動史」講義が始まったのが1959年からであることを踏まえると、1960学年度課程案にだけ特別に登場するこの規定は、中央による「在日朝鮮人運動史」講義と関連があると見て良いと思われる。生徒たちを対象に「在日朝鮮人運動史」講義を行うためには、まずは教員がその内容を把握している必要がある。先の『学校沿革史』の言及に鑑みても、韓徳銖の指導体制の正当性を強調する「在日朝鮮人運動史」講義は、朝鮮学校の教員たちを対象にしても実施されていたと考えられる。

ただし、実際に子どもたちに講義内容を教えたのかどうかは、現時点では不明である。差し当たり講義の難易度を踏まえると、同じ講義を行ったわけではないと推察されるが、生徒用に改編された在日朝鮮人運動史の学習と関わる資料は発見できていない。「在日朝鮮人運動史」講義が朝鮮学校の教員に対してもなされていたからこそ、朝鮮学校の教員たちにも、その内容を是正することを目的とした8月講義が行われたのであった。

(2) 惹起した混乱

先に経緯を見よう。朝鮮労働党による指導の下作成された8月講義によって、「在日朝鮮人運動史」講義は「是正され撤回されなければならない」と厳しく批判され、これを主導した金炳植は名指しで批判された。金炳植は一時活動を停止することになり、また韓徳銖も61年10月～62年3月頃まで、公の場に登場しなくなった。8月講義をとおして勢いを得た、反韓徳銖・金炳植派の活動家たちは、総連指導部の交代を迫り、韓徳銖の再起不能論も飛び交った。

とは言え、金日成が韓徳銖宛ての新年の祝電を1960年以降、毎年送っていることからも明らかなように、金日成の韓徳銖への信頼は厚く、金日成は度々、総連は韓徳銖議長を中心に団結しなければならないという主旨のコメントを発している。こうした中、反韓徳銖派の動きは逆に「復讐主義的」な陰謀とされ、排撃されることになる。共和国から「在日朝鮮人運動史」講義の問題は、金炳植に責任があるのではなく、方法上の問題があったということが伝えられるの

級学校実習科目は、施設が完備されていない学校では、週1時間とし、その代わりに文学の時間を1時間ずつ増やす」とされている。

が1962年11月のことである。そして結局8月講義以降の総連内部の混乱を来した原因は安興甲(アンフンガプ)にあるとされ、安は共和国に帰国することになる。当時共和国への帰国は、往来ができない一方通行のものであったため、これは事実上の総連（日本）からの追放を意味した。こうして金炳植は返り咲き、より大きな権力を握ることになった。

　このように「8月講義」をめぐる問題はやや複雑であるが、今一度簡潔にまとめるならば、①「在日朝鮮人運動史」講義の実施（1959年5月頃〜）→②その是正のために8月講義が実施（1961年8月〜）→③「在日朝鮮人運動史」講義は方法上の問題があった、すなわち8月講義による批判の無力化（1962年11月〜）、となる。

　本節冒頭に示した各学校の『学校沿革史』の叙述の意味は、こうした経緯を踏まえると、理解可能となる。各沿革史において、8月講義の「歪曲伝達」あるいは「8月提綱の正しい伝達を受けられず」とされていたのは、③の立場から②の立場（韓徳銖を中心とした在日朝鮮人運動史の整理は誤りであるという立場）を、批判しているのである。つまり、「在日朝鮮人運動史」講義のように韓徳銖の役割を過大評価してはならないという②の立場は、いや、「在日朝鮮人運動史」講義は内容というよりも講義の方法に問題があったのであって（＝「歪曲伝達」されたのであって）、韓徳銖議長が在日朝鮮人運動において担ってきた役割は大きく、我々の団結の中心だとする③の立場によって「総連組織を疑う」ものとされ、批判されたのである。

　そもそも教員たちの中には①の「在日朝鮮人運動史」講義を受けた者もおり、②、③と解釈が二転三転することは、正に混乱であっただろう。また、②の段階から着任した教員や、③以降に入った教員たちにも少なくない影響を及ぼしたことだろう。『学校沿革史』で示されているような「動揺」や「内部分裂」があり得たことも首肯できる（ただし全ての教員が在日朝鮮人運動の中心云々の問題に関心があったとは限らない）。

　さて、それでは次に、こうした事態を生んだ61年8月講義の内容を見よう。しかし我々の関心は韓徳銖や金炳植がどのように批判されたのかというところにあるわけではない。8月講義は、そうした問題とは次元の異なる重要な問題を提起している。端的に言えば、朝鮮労働党によって作成された8月講義は、

在日朝鮮人運動史そのものの存在を否定しているのであった。

(3) 在日朝鮮人運動史の否定

1961年8月から各地で行われた8月講義の内容を見よう。8月講義の提綱によれば*22、その構成は「1. 序論、2. 講義は是正され撤回されなければならない、3. 党的思想体系を徹底的に確立しなければならない」からなり、全31頁と、分量も少なくない。朴慶植（1989）は、李季白、安興甲、朴在魯(パクチェロ)を中心とした中央幹部がこの作成に携わったとしていたが、提綱を見るとその話し手の立ち位置は、総連の幹部というよりも、朝鮮労働党・共和国という位置からの物言いのように感じられる。

後述するように、8月講義では「神奈川伝統はあり得ない」といった文言が登場する。1959年12月に帰国が実現し、1960年に多くの在日朝鮮人が共和国へ帰国する中で、朝鮮労働党の党員たちが、在日朝鮮人たちが「神奈川伝統」といった言葉を使うのを耳にしたのだろうか。神奈川は韓徳銖が議長となる前に活動した地域であり、また帰国運動の契機となる集会を行った地域でもある。朝鮮労働党では「金日成同志を先頭とする共産主義者たちが抗日武装闘争期に築いた革命伝統」を正統な伝統と位置づけていたため、それとは相対的にであれ独自に設定された「伝統」を許容することはできない。在日朝鮮人に独特な「伝統」の用法に憂慮を示し、その一つの発生源である「在日朝鮮人運動史」講義の是正を求めたのだと考えられる。

以下、8月講義の内容を一部抜粋しよう。下線は全て引用者による。

> われわれは〔金日成同志を先頭とする共産主義者たちが抗日武装闘争期に築いた〕革命伝統についてほかのものは念頭にも置かないが、まして「<u>在日朝鮮人運動史</u>」とその「伝統」などありえないし、「<u>在日朝鮮人運動史</u>」<u>というのもありえない</u>。このような問題は、現在我々が革命伝統を継承するうえでも、党的思想体系を確立するうえでも<u>何等必要のないもの</u>である。ところが「在日朝鮮人運動史」という講義を設定し、これを体系づけした

---

*22 呉圭祥氏提供の「是正講義」（1961年8月）、参照。作成者は書かれていないが、これが8月講義の提綱であることは、内容上間違いない。同資料には誤字脱字が多いが、何故かは分からない。

こと自体が、党的思想観点とは因縁がないものである[*23]。

　根本的出発点から誤ったこの〔「在日朝鮮人運動史」〕講義は、それを体系づけるために、在日朝鮮人の「形成」ということに関してまず体系づけ、ここから講義を始めている。それでは在日朝鮮人の「形成」とはありえるのか？
　<u>改めて言うまでもなく在日朝鮮人の「形成」ということはありえない。</u>在日同胞は悪辣な日帝の植民地統治の結果、生きる道を失くしたか、または日帝の強制徴用、徴兵によって一時的に日本に連れられてきたのだ。よって在日同胞は祖国同胞の民族的および社会的解放闘争と不可分の関係にあるのである。
　〔中略〕それにもかかわらず「運動史」は在日朝鮮人の形成が、必然的な法則を持っているように扱った。これは主観的意図如何を不問として、<u>在日朝鮮人の「形成」が理論的に必然性を持っているように</u>結論づけた。このような問題設定は事実に合わない。講義は「在日朝鮮人運動史」を体系づけるために、あえてその源流を19世紀末（旧韓国時代）に渡日した親日分子にまで遡及するに至った[*24]。

　「運動史」は在日朝鮮人「形成」を規定し、なお不必要な「特徴」まで定式化して、その特徴を「在日朝鮮人は不安と流浪、不定着生活をし、権力を騙すことによってのみ生きることができた、その惰性により純情たりえない点」とまで言った。これは在日同胞が全朝鮮人民とともに日帝の占領に反対して戦う特徴を不当に歪曲して、流浪的現象と植民地奴隷根性的側面だけを強調する結果となった。
　〔中略〕「運動史」は、このような観点にしっかりと立たずに、不必要に在日朝鮮人「形成」を規定して国内同胞と分離させる方向を招来し、「性格の特徴」まで否定的側面を前に出し、在日同胞の愛国的な本質的側面を

[*23] 同上、5頁。
[*24] 同上、5-6頁。

正しく見ることができなかった*25。

　以上のように最初から誤った観点で出発した講義は、在日同胞の愛国的闘争を述べるうえで、これを1930年代の金日成同志を先頭とする共産主義者の抗日武装闘争と連結させない決定的誤謬を犯した。〔中略〕我が祖国が悲運に置かれた時に祖国の自由と解放のためにかがり火を掲げたのは誰だったのか？　それは金日成同志を先頭にした共産主義者たちであり、抗日武装闘争であった。金日成同志たちとその戦友たちによる抗日武装闘争は三千万国内人民とともに、異国の地の暗黒の中で呻吟する在日同胞に新しい勇気と希望を持たせ、祖国の自由と解放に対する勝利の信念を授けた。
　〔中略〕しかし「在日朝鮮人運動史」講義では、当時在日同胞の各種の愛国的闘争が、抗日武装闘争と全く関係なしに進められたように講義した*26。

　「在日朝鮮人運動史」講義では、解放後の同胞たちのこのような思想と愛国的闘争を党と首領の賢明な指導と連結しているものと見ることができなかった。講義は、解放前から「在日朝鮮人運動」という別個の体系で叙述してきた必然的延長から、解放後誰々がどこで何々の準備委員会をつくり、そうして在日朝鮮人の闘争において指導母体が創設されたと論述した。
　よって、解放後我が祖国に醸成された複雑な情勢と関連させ在日本朝鮮人聯盟が実践したモスクワ三相会議決定支持などをはじめとする正当な闘争が、党と金日成同志の賢明な指導に起因している本質を把握せずに、日本における何人かの人々の「聡明」に基づくもののように事実と合わなく提起した。もちろん講義はこの時期の南北朝鮮に醸成された情勢を結びつけて言及はした。しかし講義は、それ自体の思想的観点は、解放後在日朝鮮人の闘争が党の指導と連結されている本質を見ずに、独創的で別途の発展法則をもって展開されたように見ることにあり、根本的欠陥があったの

---

*25 同上、7-8頁。
*26 同上、9-10頁。

である*27。

　総連事業で成し遂げた全ての成果は、常に同胞の身上に温かい配慮を巡らしてくれる党と首領の配慮を離れては考えられない。〔中略〕よって総連事業のあらゆる分野では想像すらできなかった成果を上げることができたのである。事実がこうであるにも拘わらず、講義では党と首領の賢明な指導がおろそかに扱われ、何人かの役割を前面に押し出した。そして講義の中心が「民戦19回拡大常任委員会」で誰がどのようにし、総連綱領を誰が作成したとか、7回会議で誰がどのような発言をしたのかといったように、些細な問題を列挙して体系を立てようとした*28。

　「在日朝鮮人運動史」講義の誤った思想観点から流れ出て、過去我々は「総連の意図どおり」、「思考」どおりにするという言葉をよく使い、「教示」、「万歳」等をやたらと使った。「職総の意図どおり」、「民青の意図どおり」、「咸鏡北道の意図どおり」がないように、「総連の意図」もあり得ない。ただ唯一あるのは党中央委員会の意図であり思考である。
　〔中略〕我々は1930年代の金日成同志を先頭にした共産主義者たちが抗日武装闘争で築いた伝統を継承するだけである。「咸北道の伝統」、「江原道の伝統」があり得ないように、「在日朝鮮人の伝統」、「神奈川伝統」はあり得ない*29。

このように「在日朝鮮人運動史」講義は、字義通り徹底的に批判された。8月講義による批判の焦点は、第一に、金日成を中心とした抗日武装闘争に端を発する共和国国史と相対的独自に展開する在日朝鮮人運動史理解はあり得ないということである。「在日朝鮮人運動史」講義は、在日朝鮮人の形成史や特徴、またその運動の伝統を論じるが、それらは国史と分離した在日朝鮮人独自の歴史の存在を描き出す作業であるため許されないという批判が、強い調子で展開

---

*27 同上、14頁。
*28 同上、20-21頁。
*29 同上、25頁。

された。第二に、在日朝鮮人運動をも含めた朝鮮革命の指導思想は、唯一朝鮮労働党中央の思想であるということである。これは「党的思想体系の確立」と称された。そのため、それ以外の指導思想はありえず、いたずらに個人の聡明さを謳う在日朝鮮人運動史は是正されなければならないとされた。

この8月講義が「在日朝鮮人運動史」講義を作成し実施していた韓徳銖や金炳植に与えた影響に関しては既に見たが、そうした中央幹部のみならず、この講義の存在は、総連内での在日朝鮮人運動史の整理や研究それ自体を敬遠する空気をつくってしまった。

在日朝鮮人運動史研究者である呉圭祥の60年代後半〜70年代にかけての語りから、その実態を垣間見ることができる[*30]。1967年に朝鮮大学校に入学した呉圭祥は、朝鮮大学校が総連の未来の活動家を育成すると言いながらも、総連活動に関する授業はなく、卒業直前に特講という形式で、総連中央の幹部が何時間か講義をする程度であったと当時を振り返っている。卒業論文テーマを「総連事業を改善するためのいくつかの問題について」と設定した呉は、その後1971年に朝鮮大学校の教員となり、在日朝鮮人運動史を専攻することにした。しかし当時朝鮮大学校には20代前半の呉以外に在日朝鮮人運動史を研究している者はいなかった。呉は「当時の先輩たちにとって、総連事業の研究は、少しやりづらい面があった」と当時を回想している。在日朝鮮人運動史の研究に下手に手を出した場合、第二の「8月講義問題」が起こるかもしれなかったためだ。当時「8月講義問題」と言われていた中身についても、多くの先輩は語ろうとしなかったという。呉の場合は、この「8月講義問題」なるものの真相を追おうとしたことが逆に在日朝鮮人運動史研究を行う動力の一つになったと言うが、それは稀な例であろう。

8月講義の批判の焦点は、在日朝鮮人運動史を朝鮮半島における革命史および金日成の領導と切り離して体系化しようとする思想にあり、在日朝鮮人運動史を究明することや、在日朝鮮人史の学習が否定されているわけではない（在日朝鮮人民族団体内の歴史は「些細な問題」と批判されてはいるが）。しかし8月

[*30] 呉圭祥「主体的研究活動を開拓する道で」（2014年3月20日）。これは2014年3月20日に開かれた在日朝鮮社会科学者協会の学術報告会の記念講演であり、呉の自分史となっている。以下は、この講演内容を聞いた筆者のノートからの引用である。

講義の影響はそれにとどまるものではなかったのである。1960年代の総連において、在日朝鮮人運動史あるいは在日朝鮮人史に関する研究や出版はほとんどなされなかった。

第三節　在日朝鮮人史の希求

(1) 在日朝鮮人史の不在

　第一節で53、4年頃に作成されたとみられる『社会の勉強』について見たが、実は『社会の勉強』以降、1950年代中盤から60年代の教科書において、在日朝鮮人史を体系的に扱ったものは見当たらない。1953年に教科書で扱われていた在日朝鮮人史が、それ以降、不在となっている状況をどう考えれば良いだろうか。

　まず、50年代中盤から60年代前半は、翻刻教科書が使用されていた時期であったことを考慮せねばなるまい。翻刻教科書に在日朝鮮人が登場しないことは既に見たとおりである。当然在日朝鮮人史が扱われているはずもない。しかしそもそも共和国に社会という科目は存在しない。1956年の朝鮮学校版課程案実施に関する要綱においても、社会は日本語と同様に「日本という条件下で設置された科目であ」るとその位置づけが示されている[*31]。本国とは独自に編纂された社会の教科書で、在日朝鮮人史を扱うことも可能であったと考えられるが、翻刻教科書改編の方針が定まらぬ中、社会の「教科書は出さない」とされており[*32]、社会の教科書が単独で編纂されることはなかった。

　また、1950年代中盤以降、社会科目の教授目的の力点は、次第に「祖国」に推移していった。1956〜57年に初級部第4〜6学年で設置されていた社会の教授目的は「祖国に関する正確な事情、情勢等の政治教養事業を与える」こととされている[*33]。目的と時間は設定されていたが、社会の教科書は引き続き編纂されなかった。1957年の全国教研の「社会科（地理、歴史）分科会」でも、

---

*31　在日本朝鮮人総連合会中央常任委員会「課程案実施に関して」（1956年3月2日）。
*32　総連教科書出版委員会「教科書編纂月報」第1号（1956年11月）および総連教科書編纂委員会「教科書編纂月報」第3号（1957年2月28日）において、社会の「教科書は出さない」とされている。
*33　在日本朝鮮人総連合会中央常任委員会「課程案実施に関して」（1956年3月2日）。

「初級学校で取り扱われる社会科〔社会科目のこと〕とは一体何なのか。その概念を問う」、「初級学校社会科は、低学年では主に国語科において取り扱われ、高学年においては地理、歴史科で扱われるので、その指導内容を豊富にすれば良いのであり、わざわざ社会科という科目を設定し、生活指導、時事解説等の系統性のない知識を断片的に与える必要なない」といった意見が交わされており[*34]、教科書がない社会科目において何をどう教えるのかについて、現場の教員たちも少なからず困惑していた様が見て取れる。

その後、58年〜60年には社会は廃止されており、61年から再び設置される。その教授目的も「社会は衛生、祖国の事情、模範となること等を、話し合いをとおして教え、特に朝鮮語会話を正確にするようにしなければならない」(初級学校)、「社会は、衛生、祖国情勢、基礎的な社会科学知識、模範となる事実の逸話等を教える」(中級学校)とされていた[*35]。1963年に在日朝鮮人の実情に即した新版教科書が編纂された際にも、社会の教科書はつくられていない。60年代中盤にも、「「社会」授業は、1966〜67学年度「社会教授要綱」に依拠し、教授資料を収集し授業を保障する」とされており[*36]、先に見た『社会の勉強』以降、社会科目の教科書が編纂されるのは、社会が「金日成元帥の偉大な革命思想と、朝鮮労働党と共和国政府の政策に対する教養、革命伝統教養、社会主義的愛国主義教養を集中的、体系的に行う」うえでの「中心」科目だと定められる1968学年度以降のことである[*37]。筆者が確認できた範囲では、初級部および中級部の各学年の社会教科書は1970年に、高級部のそれは1971年に出版されている。

社会は在日朝鮮人史を扱う科目としては位置づけられていなかったし、教科書も編纂されなかった。63年の新版地理教科書の日本編においても、在日朝鮮人に関する記述がないことは既に見たとおりである。高級部2学年の世界歴

[*34] 在日本朝鮮人教職員同盟編『民族教育――在日本朝鮮人学校第1回教研報告集』(1958年5月)、25-26頁参照。
[*35] 総連中央教育文化部「1961/1962学年度課程案実施について」(1961年)。
[*36] 総連中央常任委員会「1966〜67学年度　課程案実施要綱」(1966年2月)。この指定は、初級学校、中級学校、高級学校と全ての校種で同様に行われている。
[*37] 在日本朝鮮人総連合会中央常任委員会「1968〜69学年度　総連各級学校　課程案実施要綱」(1968年3月)。

史科目の教科書には「第2次世界大戦後の日本」という章が設けられており、日本の労働運動や民主主義運動、朝鮮戦争、サンフランシスコ講和条約、日本共産党の活動等が扱われているが、在日朝鮮人の問題に関する言及はない[*38]。

このように1960年代の社会科関連教科書では、体系的な在日朝鮮人史の内容は扱われなかった。第4章で見たように、新版国語教科書では、総連や朝鮮学校の歴史が扱われているが、散発的であり、体系だった在日朝鮮人史教育とはなっていない。筆者は1960年代に在日朝鮮人史を含んだ社会科関連教科書が編纂されなかった背景に、「61年8月講義」問題が影響を及ぼしていたのではないかと考えている。在日朝鮮人運動史に関する本国からの強力な批判は、総連の活動家や朝鮮学校に関わる知識人らを委縮させ、教科書にその内容を積極的に取り入れることを躊躇させたのではないか。それ故に、在日朝鮮人の歴史に関する内容は、国語教科書において消極的に取り上げられるにとどまったと考えられるのである。

(2) 発掘・整理・活用・接続

だが教科書に在日朝鮮人史に関わる内容が扱われていないからと言って、教員たちが在日朝鮮人史教育を行わなかったわけではない。むしろ教科書にはないからこそ、教員たちは工夫を凝らした様々な実践を繰り広げていた。

第1回教育方法大会で報告され、その後『朝鮮新報』紙上に掲載された、九州朝鮮中高級学校の社会科教員リ・サンソプ（以下、「李」と記す）の実践を例に挙げてみよう[*39]。「父母たちが歩んできた過去を歴史教授に導入し愛国主義教養を強化した」というタイトルに示されるように、李をはじめとした九州中高教員たちは、子どもたちに愛国心を育むうえでも、在日朝鮮人の歴史を教えることが重要であることを、経験的に導き出している。

李は、報告冒頭において、同校の生徒たちの状況を以下の様に述べる。「学生たちは父母たちのこうした辛い過去と息詰まる現在の境遇をよく分かってお

[*38] 『世界歴史 高級学校第2学年用』（学友書房、1964年）、199–211頁参照。
[*39] 九州朝鮮中高級学校社会分科リ・サンソプの報告。「父母たちが歩んで来た過去を歴史教授に導入し愛国主義教養を強化した――九州朝鮮中高級学校社会分科リ・サンソプ教員の討論（要旨）」『朝鮮新報』1965年8月5日付。

らず、単に家が貧しいので、金を稼がねばならぬと、学校を中退し、大阪、名古屋等に仕事を探しにいく学生が少なくなかった」。また、「日本学校〔からの〕編入生が多い私たちの学校の学生の内面世界もとても複雑である。日本学校から編入した学生は、こうした父母の悲惨な現状だけを見て「私の父母はバカだ。朝鮮人は力が弱く、能力もない。乱雑で非文化的だ」と言いながら、日本のものはすべて良く、朝鮮を馬鹿にする民族虚無主義、事大主義思想に浸かって」いたという。こうした姿は、民族と祖国に誇りを持つ「立派な朝鮮人」とは対照的であり、李はこうした状況の改善を目指した。

1964年3月、李は、品行の悪い生徒キム・イルシクの下関にある実家を訪れた。そこでキムの母親から、キムの父親が「愛国運動」（具体的に何であるのかの明言はない）をしていたが、警察に捕まり、獄中生活を送り、ついに獄死したという話を聞いた。李がこの話を生徒たちにしたところ、いつもはうるさく、騒がしい生徒たちの目の色が変わり、李の話に真剣に耳を傾けた。それは内容が内容だけにそうだったのかもしれないが、李は手応えを感じ、生徒たちの父母や祖父母が実際に体験したことを取り入れながら、植民地期朝鮮の状況や在日朝鮮人の生活について教える授業を行っていった。同校の社会科教員集団は、生徒たちの父母の歴史と関連づけた授業が有効であるという共通認識の下、これを積極的に推進する方針を固める。1964年1学期の間には計3回合宿を開き、品行や成績の悪い生徒、延べ72名をここに参加させた。合宿期間中、生徒たちは自分の両親の過去に関する聞き取りを行い、それらを書き起こし、発表する場を設けた。

また、1964年5月中旬には、実習教育として、在日朝鮮人が働いた飯塚炭鉱調査を行った。教員3名と生徒18名で調査グループを組み、三菱および麻生炭鉱を見学した。炭鉱見学を行い、自分たちの父母世代の在日朝鮮人が、どのような環境の中で生きるために働いていたかを感じたその足で、この炭鉱で犠牲になった在日朝鮮人の遺骨を安置しているという安楽寺と観音寺（いずれも飯塚市）を訪ねた。これらの寺の死亡名簿を見ると、「半島報国隊、金本某（18歳）」などと書かれていた。確かに朝鮮人の遺骨があるようだが、名前もはっきり記録されていない。同胞の遺骨はどこにあるのかと聞くと、寺の僧は裏の倉庫から、埃のかぶったボロボロの風呂敷に包まれた遺骨箱を持ってき

た。また、名前のない同胞の遺骨は、真っ暗な寺の床にそのまま積み重ねられていた。また、別の遺骨は大きな紙袋に山盛りにぎっしりと入れられ、表紙には「朝鮮」、「朝鮮さん」と書かれていた。生徒たちばかりでなく教員たちも、こうした在日朝鮮人の遺骨の扱われ方の杜撰さを目の当たりにし、胸を痛めたという。その後、麻生炭鉱で働いていた在日一世の金老人を訪ね、植民地時代の朝鮮人の「奴隷労働」とまで言われる過酷な労働、生活体験を聞き、それを録音した。生徒たちは、植民地期の在日朝鮮人たちの生活を知り、「生きている時にそうした虐待や搾取があったばかりでなく、死んだ後の遺骨にまで虐待と蔑視を継続していることは許せない」と感想を述べた。

　同校の社会科教員たちは、こうした教育方法の有効性を再確認し、これを課外教育のみでなく、普段の授業にも取り入れることに決め、より豊富で広範な資料収集を行っていく。教員たちは、土曜日と日曜日を使って、計11回に亘り調査を実施した。ここには教員40名および学生97名が参加し、阿蘇、貝島、山野炭鉱等を見学し、安楽寺をはじめとした9つの寺にある同胞の遺骨371柱を調査、炭鉱労働の経験がある同胞との会合を18回行い、録音9個、写真430枚を収集した。こうした資料収集の過程には、普段学校での勉強に熱心でない生徒たちを意識的に選び、参加させた。収集した資料に基づく授業を受けた生徒たちに感想文を書かせ、それらも教材として活用できるようにした。

　1965年6月1日、飯塚市の三井山野炭鉱でガス爆発が起き、237名が死亡する大事故が起きた[*40]。リ・トクチョンという在日朝鮮人青年もこの事故で犠牲となった一人であった。李は18名の生徒たちを連れて、この炭鉱を見学し、続いて死亡した青年の家を訪ねた。家にはリ・トクチョン青年の祖母がおり、孫の死を嘆いて慟哭していたという。この祖母に聞き取りを行う過程で、リ・トクチョン青年の祖母と父親もまた、炭鉱で働き、苦しい生活を送っていたことが分かった。それらを録音機に収録し、学校で教材として用いた。

　社会科教員たちのこうした取り組みは、学校全体としても大きく評価され、他の分科の教員たちも、社会科で収集した資料を活用した授業を行ったという。またその過程で、同校の教員43名の父母について調べてみると、その半数以

---

*40「犠牲者、二三七人に　政府対策本部を設置　山野爆発事故」『朝日新聞』1965年6月3日付。

上が植民地時代に炭鉱、土木、軍需工場で働いた経験があることが分かった。中には苦しい炭鉱労働の過程で体の一部が不随になった親を持つ教員もいた。教員たちは自分自身の両親の経験も交えながら、授業を行った。李はこうした実践をとおして、「日本で生れ育った複雑な学生を全面的に分析、研究し、父母の昔の境遇と今日の境遇を教授教養事業に導入した時、学生の世界観形成に大きな助けを与える」ことができると、その経験をまとめている。

このように、朝鮮学校の教員たちは、たとえ教科書に在日朝鮮人史が扱われていなくとも、地域の特性に合わせて、在日朝鮮人の歴史を発掘、収集し、それらを教育に活用している。例えば江東区枝川の朝鮮人集住地区の中にある東京朝鮮第二初中級学校でも在日一世を学校に招き、朝鮮人集合住宅の建設から始まった枝川の町の形成、決して楽だとは言えない当時の生活状況、差別体験などを直接聞く場を設けている[*41]。

60年代中頃の教員たちは、こうした実践の意義を愛国主義教養の文脈から位置づけている。植民地期を生きた人々の軌跡を追い、自身の祖父母、父母世代の人々の証言をとおして在日朝鮮人史を学ぶことは、朝鮮人たちの生活の過酷さ、処遇の不当さを一層現実味のあるものとして感得させるとともに、植民地支配への理解を深めさせたことだろう。そして、そうした植民地支配を終結させるために抗日闘争を展開した金日成の活動の正当性を認識し、また今日においても在日朝鮮人の権利保障を訴え、教育援助費を送る祖国への感謝や愛情、誇りを強めることにもつながっていくだろう。その意味で在日朝鮮人史教育は、確かに愛国主義教養の一環として位置づけることができる。

だが在日朝鮮人史を学ぶことによって得られる効果は、金日成の正当性の確認や愛国心の涵養にのみ向かうわけではない。私たち在日朝鮮人の歴史は、国家の歴史に回収されるのみではなく、しかし国家の歴史とも切り離すことはできない。そうした在日朝鮮人という歴史的存在そのものの理解を深化させる機能を、在日朝鮮人史教育は持っていたはずである。「61年8月講義」の影響のためか、こうした言及は当時の実践報告等から直接読み取れるわけではない。それでも、日本で生まれ育った子どもたちを朝鮮人に育てようと、日々子ども

＊41 「「乗る馬は千里馬、使う言葉はウリマル」、全ての学生が学校と家庭で国語をよく使っている——東京朝鮮第二初中級学校事業において」『朝鮮新報』1965年7月30日付。

たちに向き合ってきた教員たちは、愛国主義教養に回収されるのみではない在日朝鮮人史教育の意義を認識していたと考えられるのではないだろうか。

　『社会の勉強』にも示されていたように、子どもたちが在日朝鮮人の成り立ちについて疑問を覚えること、知ろうとすることは「当然のこと」であった。子どもたちを「立派な朝鮮人」に育てるためには、自分たちがどのような存在であるのか、なぜ自分たちが「立派な朝鮮人」になることを目指しているのか、自身の歴史性を掴まえさせなければならない。それはたとえ教科書に記載されていなくとも、手間の掛かる課外授業を組織してでも、また「61年8月講義」問題によってつくられた空気を打破してでも取り組まれるべき課題であった。在日朝鮮人の脱植民地化を目指す朝鮮学校の教育は、在日朝鮮人の歴史を求めたのである。

第9章
公教育の境界線

第一節　公立朝鮮学校という問い

　名古屋市立牧野小学校分教場にて分校主任を務めた太田真行は、4年間の実践を振り返った「結論」として、以下のように記している[*1]。

　　分教場は純粋に朝鮮人だけの学校というのでもなければ、それかといって、勿論日本人の学校でもない。それは形式の上からは市の経営である。その必然の現れとして、日本人教師が存在するが、同時に朝鮮人子弟の学校であるから朝鮮人教師も講師として存在し、その人々も市からの俸給を受けている。事情かくの如くである以上、日本人教師もお互いに、この学校を唯「自分たちだけの学校だ」と考えることは誤りだと云わねばならぬ。
　　そうしていわば縄張り争いに落入らないで、ひたすらここに学ぶ、いたけない子らのために、お互いに持ちつ持たれつ協力して、子らのために尽くすという考えでなければならぬということが根本であろう。
　　であるからもしも「この学校は朝鮮人の作った学校で、朝鮮人子弟を容れているのだから、授業中は勿論のこと、掃除や運動場などの場合も全部朝鮮語を使うのが当然だ」とか、或は「金だけは市から貰っておいて、その内容は朝鮮人学校にすればよい」とかいう考えをもつ人があったとしたら、それでは日本人教師としては、納得のゆきかねることとなり、そこからして、日鮮教師間が割れていって、真の教育は出来ないこととなろう。それかといって教科を普通の日本人学校と同一視して朝鮮の教科目を減したり、或は又朝鮮人の先生のいることを邪魔に感じて普通の日本人学

---

*1　名古屋市立牧野小学校分教場編『私たちの歩み』（1954年2月26日発行）、47-48頁。

校と同じようにしたい人は、さっさと日本人学校に行くがよいと言いたい。同様に朝鮮人の教師も、もしこの分教場の運営を純粋な朝鮮人経営の学校としたいというなら残念ながら、その人は私立の朝鮮人学校に転任して頂く外ないと思う。この分教場の成立なり、構成の事情を考慮して日本人の教師も朝鮮人の教師もともに、子供たちのために、お互の民族的我見を殺し合うことによって、始めて、真の教育が出来ると思うのである。

冒頭からやや長い引用となったが、公立朝鮮学校である同校の位置、また同校に勤める教員たちの葛藤が凝縮された言葉だと言える。

第1章で見たように、1949年10〜11月、全国の朝鮮学校362校に対し執行された学校閉鎖措置に伴い、就学していたおよそ4万人の子どもたちには、在住校区の公立学校に転入学するよう措置が執られた。ところが転入先学校の受け入れ体制の不備といった問題から、閉鎖した朝鮮学校の校舎と校地をそのまま用いて、これを公立学校またはその分校として運営する「公立朝鮮学校」が1都1府5県に計45校、暫定的に設置されることとなった。公立朝鮮学校は、制度上は公立学校であるが、就学者は全員朝鮮人であり、日本人とともに朝鮮人も講師の身分で教鞭を執った。公立朝鮮学校の設置主体である地方公共団体の文書では、「〇〇小学校分校（朝鮮人学校）」、「朝鮮人分校」といった表記・呼称が用いられており、行政においても当該公立分校を事実上の朝鮮学校であると見做していたことが窺える[*2]。廃止時期は地域によって異なっており、都道府県別に見れば大まかに、岡山1950年、山口1953年、東京1955年、大阪1961年、神奈川・兵庫・愛知は1966年となっている。

現在、総連や朝鮮学校関係者の中での公立朝鮮学校に関する評価は定まっていない。どちらかと言えば、長い朝鮮学校史の中では僅かな期間、またいくつかの学校のことであり、取るに足らないことであるといった評価や、あるいは徹底した民族教育を実施できなかったという否定的評価が優勢なように思う。こうした評価には、公立朝鮮学校を廃止し、朝鮮人のみによる教育を行える学校形態へ移管しようという、総連および朝鮮学校内で「自主化」と呼ばれてい

---

*2　例えば、加印地方事務所長出井繁作発、兵庫県総務部長宛「高砂分校（朝鮮人学校）」について」（1951年5月31日）。

た当時の方針が影響していると考えられる。当時は、在日朝鮮人の闘争によって勝ち取られた公立学校内の民族学級も、自主学校との対比で「不充分な教育」などと評されることが多かった*3。

だが、都立朝鮮人学校と都教委との攻防過程を描いた小沢有作（1973）や、大阪市立西今里中学校に関する坂本清泉の研究（1972）、また金徳龍（2004）においても、公立朝鮮学校に対し、否定的評価ばかりがなされているわけではない。

小沢は、「朝鮮人学校の都立化とは、朝鮮人学校を「無血占領」してこれに「占領地教育」をおしつけていくことであった」としつつも、「同化教育の文脈であったによせ、外国人学校が公立学校として運営された時期のあった事実を指摘しておかねばならない」と、日本教育史上におけるその意義を示唆している*4。坂本も「公立朝鮮人学校における民族教育は、不徹底にならざるを得ない多くの問題点をはらんでいた」とするものの、日本人教員たちの中で確かに「公立学校というわく内で最大限に自主的民族教育を保障するため誠実な努力を続けた」者がいたことを指摘しており*5、金徳龍も公立朝鮮学校の「当事者である児童、教師たちは草の根的な民族問題と日々直面しながら、公教育の空間で民族教育を保持するための営みを地道に行っていた」、「同校〔名古屋市立牧野小学校分教場〕の日本人教師たちによる民族教育への取り組みの歴史は、朝日教師と児童の民族教育の経験と、こころの交流を持った数少ない貴重な実践であった」と、その肯定的側面も評価している*6。

学校閉鎖という不当な措置の結果として生まれたが、公費で運営された外国人学校でもある。朝鮮人のみによる民族教育を実施できないが、日本人教員との協力関係の下、それが志向されもした。太田の言を用いるならば、「普通の日本人学校」でもなく、「私立の朝鮮人学校」とも異なる、公立朝鮮学校がもつこうした両義性が、その歴史的評価を難しくしてきたと言える。

筆者自身、公立朝鮮学校出身者に聞き取り調査を行う過程で、評価軸の再考

---

*3 李珍珪「民主民族教育防衛闘争をより高い段階に前進させるために（上）」『解放新聞』1952年11月25日付、参照。
*4 小沢（1973）、308-309頁、および307頁。
*5 坂本（1972）、199頁、および194頁。
*6 金徳龍（2004）、126-127頁。

を幾度となく迫られた。川崎市立高津小学校分校（朝鮮人たちは南武朝鮮初級学校と呼んだ）の卒業生である呉圭祥氏（1948年生まれ）は、「公立分校でしたよね」という筆者の質問に、「それは行政側の立場でしょう。私はウリハッキョに通い、卒業しました」と声を荒げて反論された[*7]。彼にとって公立朝鮮学校は、間違いなくウリハッキョと認識されていたのであり、私の質問は、それを毀損する攻撃的で的外れなものだったのである。また、当時の資料では、公立朝鮮学校の自主化は在日朝鮮人の悲願であったと評価されている場合が多いが、明石市立林小学校船上分校（朝鮮人たちは明石朝鮮初級学校と呼んだ）に通った金二順氏（1955年生まれ）は、「〔自主化に伴い〕日本人の先生たちがいなくなった。朝大出身の若い先生が多く赴任してきたが、私は日本人の女性ベテラン先生と仲が良かったので、とても寂しかった」と、公立から私立各種学校へと移管される際の経験を語られた。尼崎市立園田小学校分校に通った許大吉氏（1945年生まれ）は、同校で働いていた教員たちについて、「その当時の私の認識は、二人〔朝鮮人教員と日本人教員〕とも同じく先生であった。それでも違いと言えば、朝鮮人教員は叱る時は厳しく、日本人教員は優しく親切な感じであった。個々人みな違うけれど」と当時を振り返った。また同校で教員をしていた金弘哲氏（1941年生まれ）も、朝鮮人のことを嫌い、分校に赴任したことを快く思っていないと見受けられる日本人教員ももちろんいたが、差別的な発言をする者もおらず、全体としては「それなりにうまくやっていた」と振り返る。

　公立朝鮮学校をめぐっては、東京都立朝鮮人中学校・高等学校における朝鮮人生徒と日本人教員との激しい対立や、警察よる暴力的かつ不当な捜査といったセンセーショナルな事実や、自主化の声が強まる50年代後半以降は「徹底した民族教育が実施できない」といった言説がとかく強調されがちであるが、それらのみに注目するだけでは、公立朝鮮学校を生きた人々の経験や、そこでつくられた関係の多くが見えなくなってしまうのではないか。そう考えるようになったきっかけであった。

　加えて言えば、地域ごとに公立朝鮮学校のあり様は、大きく異なっていた。それは、他の朝鮮学校と異なり、公立朝鮮学校の設置主体が教育委員会であり、

[*7]　神奈川県下の公立朝鮮学校に関する行政文書や新聞等の史資料を整理した貴重な研究として、大石編（2015）がある。

また地域ごとに地方自治体と朝鮮人との関係や交渉のあり方が異なっていたためである。都教委との対立が先鋭化していた都立朝鮮人学校の事例をもって、公立朝鮮学校全体を一緒くたに評価することは適当ではない。

だから、公立朝鮮学校の歴史を検討するためには、個別の地域、学校に即した実態を発掘することから始めるほかない。そこで本章では、全国で最も長い期間存続したにも拘わらず、先行研究の蓄積も無く、実態が明らかとなっていない名古屋市内の公立朝鮮学校——名古屋市立朝鮮学校を対象として、その歴史を叙述することにする。

上記先行研究で指摘されていた肯定的側面を意識しつつ、叙述の際には二つの角度をつける。第一に、日本の公教育のあり方の再考を意識する。マキー智子（2012）は、「公立朝鮮人学校の存在は「国民教育」という枠に収まらない日本の公教育の在り方を提示するもの」としている[*8]。名古屋市立朝鮮学校の存在は、いかなる意味で日本の公教育像の再考を迫り得るのか、考察していく。これは、公費で運営される外国人学校という戦後教育史上類例を見ない学校であるにも拘わらず、日本の教育行政研究や教育史研究において一顧だにされてこなかった公立朝鮮学校の位置を確認する作業でもある。第二に、地域レベルでの関係性に着目する。既往の朝鮮学校史の多くは、政府ないし文部省に代表される公権力と朝鮮学校との対抗図式で描かれてきたが、本章では、中央の政策とは時に距離を取る地方自治体の動きや、中央の意図とは異なる現実を生む基盤となったローカルな関係性に着目する。

以下ではまず、文部省主導下の学校閉鎖措置後の対応として、名古屋市において公立朝鮮学校が設置される経緯を確認する。次に設置された学校において国民教育の範疇を超えうる極めて独特な教育がつくられていったことを明らかにし、そのような学校が存続しえた要因を地域レベルの関係性に着目して検討する。そして1960年代に朝鮮人団体内部で公立廃止に向けた動きが葛藤を孕みながら登場し、それが公立朝鮮学校の「正常化」を企図する政府の意向と表見的に合致することによって、名古屋市立朝鮮学校が廃止される過程を明らかにする。

[*8] マキー（2012）、45頁。

第二節　名古屋市立朝鮮学校の設置・存続・廃止

(1) 暫定的措置としての設置

　1949年10月の学校閉鎖措置の際、愛知県内31校の学校は、設置者が朝連関係者であることによる廃校および財産接収はなく、前年10月に私立学校認可を得た26校に対して法人改組による再度の認可申請が、無認可の5校に対しては各種学校の設置認可申請が命じられた。26校の既認可の学校の内、15校（小学校9校、同分校5校、中学校1校）が財団法人愛知県朝鮮人学校管理組合連合会を結成し、期日までに文部省に法人設立認可申請を行うが、11月6日にいずれも不許可となり、申請手続きを行わなかった学校も含め、愛知県内全ての学校の閉鎖が青柳秀夫県知事より命じられた[*9]。

　他地域と同様、愛知県内の在日朝鮮人も学校閉鎖令の撤回を求めるとともに、公立学校への転入学に際する具体的な措置に関し、行政当局や近隣公立学校との交渉を行っている。愛知第三朝連小学校中川分校は、近隣の八熊小学校および八幡小学校の校長を招き、両校において朝鮮児童を受け入れる体制が十分でないことを確認、転入学措置の実現不可能性から学校閉鎖の撤回を求めた。また11月9日には、中村区の第一朝連小学校の閉鎖に伴う近隣公立学校への転入学に関して、中村区役所にて懇談会が開かれた。ここには朝鮮学校関係者とともに中村区長、中村区内12校の小学校長、PTA会長、共産党名古屋市委員会代表等が参加しており、受け入れ体制の不備や、公立学校への集団転入学、転入先学校での特設科目（朝鮮語や朝鮮史）の設置、朝鮮人教員の採用等に関して意見交換が行われた[*10]。文部省は11月1日付の通達「公立学校における朝鮮語等の取扱いについて」において、「学力補充、その他やむを得ない事情があるときは、当分の間特別の学級又は分校を設けることも差支えない」旨を

[*9]　愛知県知事青柳秀夫発、財団法人愛知県朝連学校管理組合連合会設立代表者李致五宛「〔学校閉鎖命令〕」（達第475号、1949年11月6日）。

[*10]　「受入れは不可能　日校当局政府を非難」『解放新聞』1949年11月11日付、「関係者たちと懇談会　名古屋中村小学校」『解放新聞』1949年11月23日付。11月9日には小坂井町役場でも「朝鮮人学校閉鎖に伴う懇談会」が開かれている（「朝鮮人学校閉鎖に伴う懇談会記録」（1949年11月9日）愛知県教育委員会事務局宝飯事務所『朝鮮人学校関係綴（昭和24年～27年）教育課』）。

示していた*11。愛知県教委はこれを受け「生徒、児童は原則として、居住地の学区に転入学せしめる」という立場から、「一学年の生徒、児童数が一学級を編成するに足る人員の場合は市町村長の承認あれば学級を設けることも差支へない」とし、特別学級を設ける方針は示したが、分校の設置を容認してはいなかった*12。

こうした愛知県教委の対応に対し、朝鮮学校の児童生徒らは19日、名古屋市教育委員会を訪問し、朝鮮学校の分校化、朝鮮人教員の採用、転入学先学校への集団入学、特設科目の設置等の要求を掲げ交渉に臨んだ。同日得た覚書に基づき21日午前9時、教育委員会が開かれる前に市役所を訪れた約600名の児童らであったが、千余名の警官が市役所を囲み、朝鮮人の出入りを禁止していた。5、6時間が経っても交渉が開始されないため児童らは入室を要求するが、警官はこれを鎮圧、30名が負傷し、中学生2名、小学生3名が重体で病院に搬送され、12名が検束された。この報せを聞いた日本人団体および在日朝鮮人教育防衛委員会が市役所に集まり、警察当局に抗議するとともに、児童らの要求に応えるよう求めた。交渉の末、同日午後6時半、名古屋市教委は「市内の第一、第二、第三旧朝連小学校を該当学区の公立学校の分校として認める」旨を決定するに至った*13。

こうして、旧第一朝連小学校は名古屋市立牧野小学校分教場（中村区、1950年3月2日開校）、旧第二朝連小学校は名古屋市立大和小学校分教場（千種区、1950年3月2日開校）、旧第三朝連小学校は名古屋市立西築地小学校分教場（港区、1950年1月31日開校）として設置されることになった*14。

だが名古屋市は、朝鮮人児童の近隣公立学校への転入が収容上困難なため、

---

*11 文部省事務次官発、各都道府県知事・各都道府県教育委員会宛「公立学校における朝鮮語等の取扱いについて」（文初庶第166号、1949年11月1日）。
*12 愛知県教育委員会教育長発、各学務局学務所長・各市教育委員会教育長・各市長宛「朝鮮人生徒、児童の転入学について」（愛第575号、1949年11月11日）。
*13 「千余警官児童多数を傷害　英勇な闘争の末に勝利　教委ついに要求条件を是認」『解放新聞』1949年12月3日付。
*14 開校日に関しては、名古屋市教育委員会編（1955）『名古屋市内学校便覧』を参照した。行政の呼称では「〇〇小学校分教場」であるが、在日朝鮮人らは「中村朝鮮小学校」や「千種小学校」、1955年の総連結成以降は「愛知朝鮮第一初級学校」といった校名を用いた。本章では便宜上行政側の呼称を用いる。

仕方なくこれを設置したに過ぎなかった。1954年、東京都議会からの照会に対し、名古屋市は以下のように公立朝鮮学校の設置経緯を回答している[*15]。

> 昭和二十四年十一月六日、愛知県知事から県下の朝鮮人学校の閉鎖命令が出され閉鎖学校の児童生徒については居住地の公立学校に編入するよう指令された。当時名古屋市内には中学校一、小学校三、分校三あり、種々要望があったが、同月二十一日、名古屋市教育委員会に於て、暫定的措置として教室不足のため収容上、旧第一、第二、第三朝連小学校校舎を借受け夫々該当学区小学校の分教場として使用し〔中略〕朝鮮人中学校並びに小学校三分校については、生徒児童を居住地の学校へ入学させるも其の収容に何等の支障はない点などにより借受けない事となった。其の後一分校を分教場に認めてほしいとの申入れもあったが承認されなかった。

文部省も11月24日に「分校は認めない方針である。しかし、日本人学校に収容することが不可能の場合…等には事情已むを得ざるものとして、当分の間認められる」という立場を再度確認している[*16]。少なくとも行政文書上では、在日朝鮮人が継続を求めた独自の教育——民族教育の保障という観点は全く示されていないことを確認しておきたい。とは言え、朝鮮人の子どもだけが通い、また朝鮮人も時間講師として採用されたこれらの学校において、民族教育を行う余地が十分に残されていたことは確かであった。在日朝鮮人は公立分校の設置を「戦取(チョンチ)」、「争取(チェンチ)」と表現しており、県内すべての学校の閉鎖措置が強行される中、正に在日朝鮮人らの手によって戦い取られた場が、公立朝鮮学校だったのである。それでは公立学校という枠組みの中で、具体的にどのような教育が行われていたのだろうか。

[*15] 名古屋市議会事務局長発、東京都議会議会局長宛「公立朝鮮人学校について」(收市会第三三一号の一、1954年4月30日)。
[*16] 文部省初等中等教育局長・文部省管理局長発、和歌山県教育委員会教育長宛「朝鮮人児童、生徒の公立学校受入れについて」(文庶第153号、1949年11月24日)。

(2) 公立学校における民族教育の模索

　名古屋市立朝鮮学校の教育実態を示す史資料はほとんど残っていない。公立学校本校の学校史や、愛知県ならびに名古屋市および各区教育史において分教場に関する記述は皆無であり、1950年代初頭以降に関しては県および市の警察史、『中部日本新聞』等においても、名古屋市立朝鮮学校に関する記述・記事は見当たらない[*17]。そのためここでは、牧野小学校分教場の日本人および朝鮮人教員たちの実践記録である『私たちの歩み』（1954年2月）と、1960年4月～67年3月まで牧野小学校分教場（66年4月からは愛知朝鮮第一初級学校）の教員であった裵永愛氏（ペヨンエ）（1942年生）、1963年4月～66年3月まで大和小学校分教場の教務主任を務めた金宗鎮氏（キムジョンジン）（1936年生）への聞き取り、また朝鮮人団体発行の新聞や雑誌等の資料を用いて、名古屋市立朝鮮学校の教育実態に迫ることとする。

　表9-1に、これら資料によって描出される名古屋市立朝鮮学校の大まかな様子を示した。校区、教員構成、教育内容等、様々な点が一般の公立学校とは大きく異なることが確認できる。また、表9-2に、名古屋市立朝鮮学校の児童数の推移を示した。

学校閉鎖への抵抗としての「荒れ」

　分教場設置当初、赴任してきた日本人教員に対する児童や保護者の反発は非常に激しいものであった。1950年3月に開かれた牧野小学校分教場開校式の様子を、校長渡辺甚一は「式場の空気は引きしぼった弓のよう」であり、「一触即発の気をはらんだ」緊張感のあるものであったと述懐している。児童の中には「日本人教師は反動吉田内閣の手先である」と言い、開校に際して支給されたノートを受け取らなかったり、あるいは卒業式の際に日本人教員の目の前

[*17] 例えば、開校30年記念誌『まきの』（1957年12月。非売品）、愛知県科学教育センター編（1965）『愛知県戦後教育史年表』、愛知県小中学校長会（1978）『六三制教育三十周年記念　愛知県小中学校誌』、愛知県教育委員会編（2006）『愛知県教育史第五巻』、名古屋教育史編集委員会（2015）『名古屋教育史Ⅲ　名古屋の発展と新しい教育』名古屋市教育委員会、愛知県警察史編集委員会編（1975）『愛知県警察史第三巻』愛知県警察本部、名古屋市役所編（1960）『名古屋市警察史』名古屋市総務局調査課（非売品）等を参照されたい。

表9−1　名古屋市立朝鮮学校の様子

校名	・開校式の日、「「名古屋市立牧野小学校分教場」の門札が、どうしてもかけられなかった」。(a) 22頁 ・1960年代、牧野小学校分教場の門札は「愛知朝鮮第一初級学校」であった。(b) ・「校門には愛知朝鮮第二初級学校の表札が掲げられ、スクールバスにもこれ見よがしの大きな文字で朝鮮学校名が書かれていたのである」。(d) 89頁 ・在日朝鮮人は「中村朝鮮小学校」、「千種小学校」、「第二初級学校」、「港朝鮮小学校」といった呼称を用いた。(『解放新聞』等)	
校区	牧野小学校分教場の場合、牧野小学校の学区内に住むものもいたが (e)、「市内に四校しかない朝鮮人小学校だから非常に遠方から来る」者((a)、109頁)、すなわち「名鉄電車では、知多郡横須賀町から、或は山王から、栄生から、徒歩では亀島、則武と、郊外から連区外から通学」していた子どもも多かった。(a) 130頁	
教員	構成	・1949年　牧野分教場（日7：朝3）、大和分教場（日6：朝2）、西築地分教場（日4：朝2）　(a) 20頁 ・1954年　名古屋市立朝鮮学校全体（日19：朝13）（h） ・1960年　牧野分教場（日7：朝11）(b) ・朝鮮人は2〜3名が講師として採用。その他の講師の給料は、朝鮮人教育会が賄っていた。(c) ・担任は日本人と朝鮮人が1人ずつ。実質的には講師である朝鮮人が担任であった。(b)、(c) ・校長、分教場主任は日本人。朝鮮学校の責任者を「校長」と呼んでいた。(b)、(c) ・「校長室は朝鮮人校長が占めていた」。(d) 89頁
	日本人教員たち	・1952年度の牧野小学校分教場の日本人教員は、全員が転任希望を提出した。(a) 53頁 ・「〔大和小学校分教場の〕日本人教師のプロとしての仕事ぶりは、児童の母親（オモニ）たちもよく知っていて、授業参観日には、日本人教師に相談するオモニたちもけっこういたようである」。(d) 90頁 ・大和小学校分教場の日本人教員は日朝協会の活動に関わっている者が少なくなく、「朝鮮人」としての教育に協力的な人が多かった。(c) ・担当学級の担任用の机に、わざと菊の花を飾ってくる教員もいた。(b) ・1960年代中盤には授業もなく、暇を持て余していた。定時にはみな帰宅していた。(b)
	教員間の関係	・「大和小学校分校（愛知朝鮮第二初級学校）の教職員室には朝鮮人と日本人の教師が向かい合わせの位置に二列の机を並べていた。(b) 89頁、(b) でも同様の話。 ・職員朝礼では、日本人教員が「おはようございます」、朝鮮人教員が「アンニョンハシンミカ」とあいさつした。(b) ・朝鮮人と仲の良い先生も一人いたが、他の先生とは決して親しくなかった。(b) ・「私〔金宗鎮〕は大和小学校分教場の三年間に、日本人教師の友人をつくることが出来なかった。残念である」。(d) 90頁
	教員たちの組織	・朝鮮人教員は、在日本朝鮮人教職員同盟（教職同）に所属していた。(b) ・教職同が組織する教研大会にて、実践の経験を発表している。(l)
授業	教科書	・他の朝鮮学校と同様、学友書房出版の朝鮮語の教科書を用いた。(b)、(d) 89頁。 ・日本語、算数、理科は日本の出版社が出している教科書を用いた。(b)（当時自主朝鮮学校でも、日本語教科書は日本の出版社のものが用いられている。(f)）
	民族教科の授業時数	・1950年3月、牧野小学校分教場では、1〜6年生で総じて62時間 (g) ・1954年全ての学校で1〜6年生まで朝鮮国語を週4〜5時間、4〜6年生まで朝鮮歴史および地理を週2〜4時間行っている (h)
	朝・日教員の担当科目	・日本語、算数、理科は日本人教員が担当し、その他は朝鮮人教員が担当した。(b) ・日本人教員の方が日本語の授業は上手だった。(c)

第 9 章　公教育の境界線

学校行事	卒業式	・「〔1950 年〕3 月 15 日朝鮮学校卒業式、17 日牧野小学校分教場の卒業式としたが、〔後者においては〕日本人教師の目の前で卒業証書を破り捨てた子どももあった」(a) 22 頁 ・上記 3 月 15 日の卒業式は朝鮮学校にとっては第 4 回卒業式であり、卒業生 26 名であった(i)
	学芸会	・朝鮮語の演目のみであった。(b) ・日本人教員は演目の指導ができないため、必要な小道具を時間をかけて丁寧に作った (b)。
	運動会	・1950 年代初頭には、県内朝鮮学校合同の運動会が行われていた。また、ここに日本の学校の子どもたちも招聘していた。(j) ・運動会の冒頭には、朝鮮民主主義人民共和国の国旗掲揚式があった。(k) ・紅白ではなく、朝鮮式に紅青だった。日本人の教員たちも参加していた。(b)
本校との関係		・本校との関係はほとんどなく、校長が分教場に来るのは、年に 1、2 回程度であった。(b)、(c) ・予防接種の際、子どもたちを連れて本校に行ったが、本校児童がバケツで水をかけてきた。裵永愛氏は校長室に押し掛け、事実を伝え、謝罪を求めた。その後、予防接種は分校で行われるようになった。(b)

各項目の典拠は以下のとおり。
(a)：名古屋市立牧野小学校分教場『私たちの歩み』（1954 年 2 月）
(b)：裵永愛氏への聞き取り。2016 年 7 月 12 日実施。
(c)：金宗鎬氏への聞き取り。2016 年 8 月 4 日実施。
(d)：金宗鎬（2009）『故郷はどこ　幸せはどこ──ある在日朝鮮人二世の半生』これから出版
(e)：名古屋市立牧野小学校ＰＴＡ会長伊藤善清発、名古屋市会議長横井恒治郎宛「校舎増築に関する陳情書」（陳情第 127 号、1950 年 7 月 18 日）
(f)：在日本朝鮮人総連合会中央常任委員会「教科書使用に関する解説──主に中高級学校に関して」（1956 年 3 月 2 日）、および在日本朝鮮人総連合会中央常任委員会教育部「各級学校用日本語教科書の取り扱いについて」（1963 年 4 月 27 日）。
(g)：「民族科目週 62 時間闘取　愛知」『解放新聞』1950 年 3 月 23 日付
(h)：名古屋市議会事務局長発、東京都議会議会局長宛「公立朝鮮人学校について」（収市会第三三一号の一、1954 年 4 月 30 日）
(i)：「中村小学校卒業式」『解放新聞』1950 年 3 月 23 日付
(j)：「美しい朝日親善　六百児童が参加　「名古屋」」『解放新聞』1952 年 11 月 5 日付
(k)：「各地で運動会開き　10.19 に記念闘争」『解放新聞』1953 年 10 月 29 日付
(l)：「互相経験を交流し──民族教育の質的提高に確信」『朝鮮民報』1957 年 7 月 9 日付、および『民族教育──在日本朝鮮人学校　第 1 回教研報告集』（1958 年 5 月 15 日発行）

表9-2　名古屋市立朝鮮学校の学級数、教員数、児童数の推移（1953、1957～1966年）

学年度	牧野小学校分教場 (愛知朝鮮第一初級学校)			大和小学校分教場 (愛知朝鮮第二初級学校)			西築地小学校分教場 (愛知朝鮮第三初級学校)			児童数 合計
	学級数	教員数	児童数	学級数	教員数	児童数	学級数	教員数	児童数	
1953年	8	8	194	6	7	169	3	4	143	506
1957年	6	7	236	6	7	208	4	4	142	586
1958年	6	7	229	6	7	227	2	4	133	589
1959年	6	6	261	6	7	237	4	4	176	674
1960年	6	7	313	7	7	297	4	4	225	835
1961年	6	6	276	7	6	289	6	5	227	792
1962年	6	7	243	6	6	293	6	5	201	737
1963年	6	7	228	6	7	298	6	5	203	729
1964年	6	7	217	6	7	284	6	5	194	695
1965年	6	7	218	6	7	268	6	5	172	658
1966年	6	6	203	8	8	275	6	10	167	645

典拠：1953年および1957～65年は、各年度の名古屋市教育委員会編『名古屋市内学校便覧』を参照。これらの教員数には朝鮮人講師の数が含まれていないと推察される。1966年は、「愛知朝鮮学園寄付行為申請書」（1967年2月）中の「生徒編成表」および「教職員編成表」より作成。なお66年の教員数は校長、教員、講師を含み、職員、事務員、校医を除いている。
註：1957～1959年の『学校便覧』では「分教場」という名称が用いられているが、その他の年度は「分校」と表記されている。

で卒業証書を破り捨てる者もいたという[18]。分校主任の太田真行も、授業が始まっても一人も席に座っていない状況や、児童の名前を日本語で読むとはやしたてられたこと、「日本の先生なんか行っちまえ」「日本の先生帰れ！」と叫ばれたことを、当初の子どもたちの「荒れ」として記録している。朝鮮人教員たちによって植民地支配の責任を繰り返し問われる職員室も、太田にとって心休まる場ではなかった。また『解放新聞』の報道によれば、授業開始当初、牧野小学校分教場の児童たちは日本の教科書をすべて破り捨て、朝鮮人教員による朝鮮語の授業を要求したという。西築地小学校分教場の保護者らは、メーデーの集会に児童らを参加させたという理由で朝鮮人教員の採用を取り消した日本人分校主任を糾弾したこともあった[19]。

　日本人教員によって「荒れ」や「騒ぎ」、「暴言」、「妨害」等と記録される朝

---

[18] 前掲、『私たちの歩み』、22-30頁。
[19] 「中村小学校で日人教員を拒否」『解放新聞』1950年3月11日付、「日本人分校主任を追放　名古屋で」『解放新聞』1953年7月9日付。

鮮人たちのこうした行為は、ウリハッキョとしての朝鮮学校を閉鎖され奪われたことへの怒りの表現であり、抵抗であったと捉えるべきだろう。自身らが購入した土地に建てた校舎で自前の教科書を使い、朝鮮人としての教育を行ってきた当事者たちにとって、名古屋市教委によって派遣された日本人教員たちは、ウリハッキョを強制的に閉鎖した「行政の手先」として敵対すべき対象だったのである。

　朝鮮人による「反発」の際には、朝鮮人講師の増員、朝鮮語による授業実施、民族教科授業時数の増加等が求められており、自身らが築いてきた民族教育の場をどうにか取り戻そうとする朝鮮人側の思いが見て取れる。1950年の開設からおよそ1～2年ほどは、こうした荒れた状態が断続した。1952年度の牧野小学校分教場の日本人教員全員が転任希望を提出したことは、日本人教員にとって、当時の公立朝鮮学校が如何に過酷な環境であったのかを表していよう。

人的つながりの形成
　しかし、分教場設置当初の「荒れ」は次第に落ち着いていった。その背景には、第一に日本人教員と朝鮮人教員および児童との良好な関係が徐々に築かれていったこと、第二に交渉の中で少しずつ在日朝鮮人の教育要求が実現され、民族教育の色彩が濃くなってきたことがあった。
　朝鮮人児童らの激しい抵抗に直面した牧野小学校分教場の日本人教員たちは、何よりもまず、児童たちの爪や髪を切る、朝鮮名で呼ぶ、「いただきます」のような簡単な朝鮮語を覚える等、朝鮮人児童との生活面での関わりを深めていった。ある日本人教員は「頭をなでている間に、ボタンをつけている間に、子供たちと互いに体温を感じ合っている中に、そこに授業だけでは、どうしても味はえない親しみが湧いて来て、子供と私とのつながりが之以上に深まってくるのです。そうした事は、一見つまらない事のようですが、民族をことにする教師と生徒とがつながる上で、とても大事な要素であったことが、此頃になって痛切に思われるようになりました。爪を切ってやりながら、お家の事やお友達のこと等、無邪気に語る子供たちを眺めるとき、「この子供は朝鮮の子供だ

ということを、ほとんど忘れています」」と振り返っている[*20]。児童とともに運動場の整地や下駄箱、本棚の修繕、花壇の整備、放送室の作成等、同校で「作業」と呼ばれる活動に取り組む中で、児童との信頼関係が次第に築かれていった。

　教員同士の相互理解の構築は、より難儀であったようである。学力下位層の子どもたちのために遅くまで学校に残り寝食をともにしたり、「朝鮮のドブ酒屋」へ行って杯を交わしながら議論をし、朝鮮民謡を一緒に歌う程の仲になれば、他の日本人教員から「赤がかかって来た」（ママ）と見做されることもあった。また公立学校の教員だからといって、強制送還反対署名運動や守山の朝鮮学校接収反対運動といった活動に参加できないのであれば、それは「真の理解」ではない、そうした運動に参加させることこそより重要な教育ではないかと、朝鮮人側から批判されることもあった[*21]。このような解決困難な対立や課題は幾度となく生起したが、それでも同校教員たちは同じ学校で働く教員として、互いに歩み寄りながら関係性を築いていった。学校内での児童たちの国語常用運動にも少しずつ理解が示されていった。

　大和小学校分教場においても、朝鮮人と日本人との間で、少なくとも悪くはない関係が築かれていたことが確認できる。1957年10月1日に開かれた大和小学校分教場創立10周年記念祝賀会には、在日朝鮮人100余名のほか、日本人20余名が参加し、学校の沿革が日本人教員によって報告され、10年間の教育において功労がある者として、日本人教員も表彰された[*22]。また、大和小学校分教場で教務主任を務めた金宗鎭氏は「日本人教師のプロとしての仕事ぶりは、児童の母親（オモニ）たちもよく知っていて、授業参観日には、日本人教師に相談するオモニたちもけっこういたようである」と記している[*23]。保護者たちの中にも、我が子のために尽力する日本人教員に信頼を寄せる者がいたようである。

[*20] 前掲、『私たちの歩み』、147–148頁。最後の「　」は原文ママ。
[*21] 前掲、『私たちの歩み』、27–48頁。
[*22] 「創立十年迎え盛大な祝賀式　愛知第二初級学校」『解放新聞』1957年10月10日。
[*23] 金宗鎭（2009）、90頁。

朝鮮人教員および民族教科授業時数の増加

　こうした学校内の関係性を前提に、1950年代中盤から60年代にかけて、民族教科の授業時数は増加していった。名古屋市教委は文部省の規定に従い、朝鮮語や朝鮮史等のいわゆる民族教科は課外で行うとしていた。前掲の都議会への回答では、1～6年生は国語を週4～5時間、4～6年生は朝鮮史および地理を週2～4時間、課外授業として行っているとされている。だがこれだけの時間の授業を課外に行っていたとは現実的には考えにくい。各学校内では時間割の編成や担当教員についての交渉が続き、実際には民族教科も正課同様に行われていくことになった[*24]。文部省が「小学校においては、学習指導要領において教科が限定されているから、外国語として朝鮮語、朝鮮歴史等を教えることはできない」という方針を示している以上[*25]、名古屋市教委も「民族教科は規定に従い課外で行っている」と公的には回答せざるを得なかったが、現実にはこうした市の建前とは異なる教育が行われていたのである。

　名古屋市立朝鮮学校において民族教科を担ったのは、朝鮮人教員である。表9-1に示したように、度重なる交渉の中で、朝鮮人教員の人数は徐々に増加していった。この増加分は県費負担の講師ではなく、朝鮮人の教育会が独自に採用した教員によるものである。教育会がより多くの朝鮮人教員を採用できるようになったのは、1957年から始まる朝鮮民主主義人民共和国からの教育援助費の送付により、朝鮮人教員を雇えるだけの財政を確保できたためであったと考えられる[*26]。

　当初は民族教科だけを担当していた朝鮮人教員だが、その人数の増加とともに、次第にその他の科目も担当することになっていった。60年代の牧野小学

[*24]「民族科目週62時間闘取　愛知」『解放新聞』1950年3月23日付。
[*25] 前掲、文部省事務次官発「公立学校における朝鮮語等の取扱いについて」（1949年11月1日）。
[*26] 1956年度の牧野小学校分教場の収入は、教育会費が17％（58万円）、県および市費が83％（278万円）となっている（「発展する私たちの民族教育（8）愛知第一初級学校」『解放新聞』1956年11月17日付）。牧野小学校分教場のみのデータは見当たらないが、1957年度における全国の公立朝鮮学校の収入は、教育会費が19.6％、教育援助費が24.1％、補助金等が40.2％（在日本朝鮮人教育会中央委員会「在日本朝鮮人教育会　第4回定期大会一般方針（草案）」（1958年4月30日））、また1958年度のそれは、教育会費21.8％、祖国教育費27.6％、その他補助金等が46.6％となっている（在日本朝鮮人教育会「在日本朝鮮人教育会第5回定期大会　決議書」（1959年6月14日））。各学校に配当された教育援助費は各学校の教育会が管理・使用していた。

校分教場では日本人教員は日本語、算数、理科を担当し、国語（＝朝鮮語）、歴史、地理、社会、音楽、体育、図工は朝鮮人教員が担い、学友書房から出版された朝鮮語の教科書が用いられていた。60年代中頃には、日本語の授業時数を4時間から3時間にし、その分を朝鮮語に回すことにもなったという。裵永愛氏はこうした分教場の教育状況について、「主導権は私たちにあった」と振り返っている。大和小学校分教場においても状況はほぼ同様であり、多くの授業を朝鮮人教員が担当していたため、1960年代には授業内容の次元において目立った衝突はなかったという。むしろ、日本語の授業は日本人教員の方がうまかったため助かっていたと金宗鎭氏は語る。裵永愛氏が牧野小学校分教場に務めていた60年代にも、小6担任の日本人教員が「朝鮮は遅れている国だ」といった主旨の発言をし、これに対し子どもたちが撤回を要求し授業をボイコットすることがあった。しかしそれは設置当初の恒常的な反発とは性格を異にするものであろう。

　このように学校内では、日本人教員と朝鮮人教員および児童との一定の良好関係が築かれていき、朝鮮人の育成を目的とした教育内容と方法が次第に取り入れられていったのであった。先行研究では、日本の国民教育と在日朝鮮人が求めた民族教育とが本質的に背反し、公立という形態では民族教育を実施するうえで少なからぬ制限があったことが強調されてきたが[*27]、むしろ、度重なる交渉や合議の中で、公立学校という枠組み内での朝鮮人のための教育が、対立関係を繰り返し調整しながら、模索とともに創造されていったことこそが注目されるべきだろう。こうした状況は、市教委によっても黙認されていたと言える。

(3) ローカルな関係性

　名古屋市立朝鮮学校が存続した特殊性は、岡山や東京の公立朝鮮学校の廃止過程と比した時、より鮮明となる。1950年4月、岡山県教委は「過去数か月間各分校の教育が実際は鮮主日従の教育で朝連学校の延長の如くであったのを改めて、教育は日本人教師を中心として規定通り授業し、朝鮮語、朝鮮歴史、

---

*27　金德龍（2004）、125-126頁。

朝鮮地理のみを朝鮮人教師によって行うこと」を命じるも、こうした実態が改善されず、同年9月までに県内に設置された公立朝鮮学校が廃止されている[*28]。東京都の場合も、朝鮮民主主義人民共和国国旗の掲揚禁止や、正課は日本人教員が担当し朝鮮人教員による朝鮮語の授業は課外の時間に行うこと、学校内の活動は日本語で行うこと、校長以外の者を「我等の校長」などと呼ばないこと等が都教委により求められるが、都立朝鮮人学校側がこれを拒否し、1955年3月に廃止された[*29]。

　名古屋市立朝鮮学校においても、門札やスクールバスに朝鮮学校としての校名を掲げ、運動会の際には本国の国旗が掲揚されていたことから、近隣住民もこれらの学校を一般の公立学校とは異なる学校であると認識していたことだろう。また先述のように校内では朝鮮語が常用されるばかりでなく、多くの授業を朝鮮人教員が担当し、朝鮮語の教科書が用いられていた。表見的には正に「鮮主日従の教育で朝連学校の延長の如く」だと見做され得るものであったことだろう。だが、市や県においてこれらの廃止に関する議論が行われた形跡は見当たらず、公立学校という枠組みの中で朝鮮人の育成を目的とする教育を行う学校が存続したのである。

　在日朝鮮人が名古屋市立朝鮮学校の存続を求めたのはなぜか。その大きな理由は、民族教育を実施するうえでの財政的保障を得られたためだと考えられる。学校閉鎖後も、在日朝鮮人らは愛知県内各地で無認可の形態（自主学校）で独自の教育を実施していた。だが公的保障を確保できない自主学校の運営状況は非常に厳しく、1955年の愛知朝鮮人教育会の報告でも「ついに2学期に入り豊田市の花田朝鮮小学校が閉鎖したが、このままいけば、遠からず同様の結末となる学校がまた2、3校ある」と報告されている[*30]。教員たちの給与支給もままならず、県内朝鮮学校教員たちの夏期講習会の費用が相対的に多くの給料を得ている分教場の教員たちのカンパによって賄われたり、分教場教員たちの年末手当の半額を自主学校教員たちに援助することもあった。自主学校とは対

[*28] マキー（2012）、52頁。
[*29] 小沢（1973）、389-397頁。
[*30] 愛知朝鮮人教育会、教同愛知県本部「第2回拡大中央委員会議に提出する報告書」（1955年11月26日）。

照的に、分教場の朝鮮人教員には月8700円の給与が支払われ、校舎・校地に関しても「家賃として年間約六万五千円」が市より支払われていた（いずれも1954年度）*31。

　また校舎の補強、修理費等も市費によって賄われた。都立朝鮮人学校の場合、都は校舎・施設の改善費を出すことはなかったが、名古屋市の場合、例えば1959年12月から着工される牧野小学校分教場校舎改築の費用750万円の内、名古屋市は100万円を支払い、加えて多くの資材を援助したと記録されている*32。民族教育の実施が財政的に保障される名古屋市立朝鮮学校を、あえて無認可学校や私立各種学校とする積極的理由は見当たらなかった。

　資料上の限界から、名古屋市が公立朝鮮学校を廃止しなかった直接的な根拠を明示することは難しいが、その背景には愛知県および名古屋市との間にある程度良好な関係が築かれていたことが影響していたと考えられる。例えば1955年3月8日の名古屋市会では、朝鮮学校に関する以下のようなやりとりがあった。梅村忠雄市議より、「二月の中ごろ」「朝鮮人の方がおいでになって」、「朝鮮人学校をこんど建てる」のだが、これについて市長および教育長にも「応援していただいておる」ため、「寄附をしてくれというようなことを言われた」のであるが、このことについて「朝鮮人学校と市長さんと何らか黙契があるかどうか」が質疑された。これに対し小林橘川市長は、寄附金募集の件に関わっていないとしつつも、「一昨年来朝鮮人の学校教育の問題を親しくいろいろ見て廻ったのですが、非常に気の毒な状態でありまして、何とかしてやりたいと思いますが、なかなかうまくまいりません」と答弁している*33。

　ここで取り上げられている朝鮮学校の建設とは、学校閉鎖後にも授業を継続していた中部朝鮮中高等学校の移転および校舎建設のことを指している。同校は、1953年12月に県知事より各種学校認可（個人立）を取得しており、生徒増に伴う移転および校舎建設を推進するための委員会を1954年12月2日に結成している。この建設委員会結成会議に桑原幹根愛知県知事ならびに小林橘川

＊31　前掲、名古屋市議会事務局長発「公立朝鮮人学校について」（1954年4月30日）。
＊32　「実を結んだ同胞たちの愛国熱誠　愛知第1初校校舎落成」『朝鮮民報』1960年4月20日付。なお、1959年12月23日の名古屋市会会議録において、請願「牧野小学校分教場校舎改築補助金に関する件」が異議なしで所管の常任委員会に付託されたことが確認できる。
＊33　『名古屋市会会議録第五号』（1955年3月8日）、55-62頁。

名古屋市長が出席している*34。そして建設過程には名古屋市がブルドーザーを貸し出し、これに対し同校生徒自治会が名古屋市長宛に感謝状を送っている*35。

また、1955年7月に愛知県スポーツ会館で開かれた教職同および教育会結成大会にも、県知事、名古屋市長、同教育委員長が参加しており、他にも、市から100万円の補助が下りた牧野小学校分教場新校舎落成式（1960年4月11日）には、名古屋市議会文教委員長加藤達三郎、市教育長のほか日本人の教育関係者20余名が参加している*36。

全国で4番目となる県知事による各種学校認可や、名古屋市長による複数の朝鮮学校の視察、また各種行事への行政関係者の参加や支持表明、財政支援といった事実は、在日朝鮮人と行政との間にある程度の関係性が築かれていたことを窺わせるものである。上記市会でのやりとりからも示唆されるように、民族団体や教育会を中心とした在日朝鮮人は、友好的な関係構築のために市議や地域の有力者等に度々働きかけていたと推察される。

名古屋市立朝鮮学校を含む愛知県内の朝鮮学校もまた、近隣日本学校との交流や理解促進に取り組んでいた。1952年10月22日、名古屋市瑞穂公園陸上競技場にて愛知県朝鮮人学校連合大運動会が開催された。アジア民族親善および日朝親善をスローガンに開かれたこの催しには、名古屋市立白水小学校の児童350名をはじめ、日本の小学校児童代表および教員が計600名参加しており、学校間の交流が深められた*37。1954年2月26日には、牧野小学校講堂にて「朝鮮民族教育研究発表協議会」が開かれている。名古屋市教育課長、市内各小学校長、日本学校の教員ら250余名が参加したこの集まりでは、牧野小学校分教場の教員たちによって、在日朝鮮人の生活状況や『私たちの歩み』に収められた日朝教員の取り組みが報告された。『解放新聞』は、教員たちの報告は日本人参加者に大きな感銘を与え、「〔民族教育の〕理解を得るうえで大きな収穫であった」と報じている。報告を聞いた中村区の教育視学官は「私は「ア

---

*34 「学生たちに新しい校舎を――中部朝中高校建設実行委発足」『解放新聞』1954年12月23日付。
*35 「荒無地を運動場に　中部朝中高校」『解放新聞』1955年10月29日付。
*36 「共和国の教育政策を掲げ　PTA・教同全体大会」『解放新聞』1955年7月12日付、および前掲、『朝鮮民報』1960年4月20日付。
*37 「美しい朝日親善　六百日本児童が参加「名古屋」」『解放新聞』1952年11月5日付。

カ」の教育であるとばかり思っていたが、研究会で初めて健全な平和教育だということを知った」と感想を述べた。牧野小学校分教場のこうした取り組みは、朝鮮学校教員の全国組織である在日本朝鮮人教職員同盟においても「多くの日本人たちからの支持を得」るものとして評価されている[*38]。

　このような様々な取り組みの中で築かれていった行政および近隣日本学校ないし地域住民との関係性が、名古屋市立朝鮮学校の存続を支えていたと考えられる。その関係性は、少なくとも同校の存在を否定したり、廃止を強要するようなものではなかった。そしてそうだとすれば、一般の公立学校よりも広範な校区設定や、朝鮮人教員の独自採用、朝鮮人教員による正課の担当をはじめ、在日朝鮮人の教育ニーズを大いに汲んだ極めて特殊な公立学校としての名古屋市立朝鮮学校は、政府の方針とは相対的に独自な、ローカルな関係性によって支えられていたと言えるのではないだろうか。

(4) 民族教育の徹底と公立学校の正常化──「不正常」から「不法」へ

　民族教育を実施する上である程度の制限はありながらも公的な財政保障がなされる公立朝鮮学校にとって、本国からの教育援助費の送付による財政状況の改善は大きな転機となった。さらに1959年12月からは本国への帰国が可能となり、全国の朝鮮学校就学者数は倍増する。表9-2にも示したように、名古屋市立朝鮮学校3校の就学児童数も、1953年には合計で506名であったが、1959年には674名、1960年には835名と急増した。相対的な学校運営の安定性が確保される中、1961年頃から総連中央や教育会中央は、公立朝鮮学校に対し、公立学校の枠組みから脱し徹底した民族教育を実施しようという、いわゆる「自主化」を求めるようになる[*39]。公立学校という形態では十分な民族教育が実施できないという声は、1950年代後半以降の公立朝鮮学校教員の実践報告においても散見されるものである[*40]。こうして、1950年代の岡山や東京の場合のように外部からの圧力によって廃止されるのではなく、1960年代には、

[*38] 「朝鮮民族教育の実態　第一中村小学校で研究発表会」『解放新聞』1954年3月13日付、「民族教育防衛のための地方の特徴的な闘争」『解放新聞』1954年6月26日付。
[*39] 在日本朝鮮人教育会中央常任理事会「第6回定期大会決定書」(1961年6月)。
[*40] 例えば、『民族教育──在日本朝鮮人学校第1回教研報告集』(1958年5月15日発行)、92頁所収の尼崎市立大庄小学校分校リ・ヘンイルの実践報告。

第9章 公教育の境界線

在日朝鮮人団体内部の要求として公立朝鮮学校の廃止ならびに私立各種学校認可取得が推進されたのであった。実際、大阪市立西今里中学校は 1961 年 8 月に廃止され、同時に大阪府より各種学校の認可を得ている。

　全国的に無認可朝鮮学校の各種学校認可取得および公立朝鮮学校の自主化が推進される中、愛知県朝鮮人教育会は 1964 年から法人設立および県内朝鮮学校の各種学校認可取得に向けた動きを本格化する[*41]。ただし金宗鎮氏によれば、名古屋市立朝鮮学校内部には、引き続き市立小学校の分校という形で運営していっても良いのではないかという意見もあったという。教材、設備、備品等が公費によって賄われていた名古屋市立朝鮮学校の教育環境が、自主学校のそれよりも相対的に整っていたこともその理由の一つであった。しかし教育援助費の送付と帰国事業の開始に伴い、本国との心性的紐帯が一層強まる中、「徹底した民族教育を実施するための自主化」という全国的な方針に反対するのは困難であったと推察される。名古屋市立朝鮮学校は、遅くとも 1965 年 12 月初旬には、名古屋市ならびに愛知県との交渉や手続きを始めていたことが確認できる[*42]。

　一方、同時期に日本政府も公立朝鮮学校廃止の方針を示した。1965 年 12 月 28 日、日韓会談での合意に基づき、文部省は通達「朝鮮人のみを収容する教育施設の取扱いについて」を都道府県に下達する（12.28 通達）[*43]。ここで公立

[*41] 「愛知朝鮮初級学校ら 5 校と愛知朝鮮人教育会が設置認可、法人認可を得た」『朝鮮新報』1967 年 2 月 16 日付。
[*42] 愛知県に提出された「学校法人愛知朝鮮学園寄附行為認可申請書」（1967 年 2 月）には 1965 年 12 月 10 日付の大和小学校分教場校舎寄附申込書が収められている。
[*43] 文部事務次官福田繁発、各都道府県教育委員会・各都道府県県知事宛「朝鮮人のみを収容する教育施設の取扱いについて」（文管振第 210 号、1965 年 12 月 28 日）。また、文部省は同日付で、「日本国に居住する大韓民国国民の法的地位及び待遇に関する日本国と大韓民国との間の協定における教育関係事項の実施について」（文初財第 464 号、1965 年 12 月 28 日、文部事務次官福田繁発）を発している。文部省は、在日朝鮮人の義務教育学校への就学にあたっては、他の外国籍者同様、学齢簿への記載および就学義務履行の督促を行う必要がなく、義務教育無償の原則も適用されないという立場を示していた（初等中等教育局長発「朝鮮人の義務教育学校への就学について」（文初財第 74 号、1953 年 2 月 11 日））。65 年の通達は、韓国籍・「朝鮮」籍を問わず朝鮮人に関しては、小中学校への入学を希望した場合それを認め、授業料の非徴収、教育用図書の無償措置、就学援助措置についても「日本人子弟の場合に準じ、同様の扱いとする」ことが示された。53 年段階の方針は部分的に撤回されたと言える（就学義務履行の督促は行われない。これは朝鮮人に限らず、すべての外国籍者に関し、現在においても同様である）。ただし、この方針が、在日朝鮮人の教育を受ける権利の保障という観点からなされたと評価するには留保が必要である。

朝鮮学校に関して、「教職員の任命・構成・教育課程の編成・実施・学校管理等において法令の規定に違反し、きわめて不正常な状態にあると認められる」ため、「学校教育の正常化について必要な措置を講」じ、「正常化されると認められない場合には、これらの分校の存続について検討すること」、また公立朝鮮学校を「今後設置すべきではないこと」が示された。学校閉鎖後の暫定的措置としてその設置が容認されていた公立朝鮮学校の廃止が宣告されたのである。

　確かに公立朝鮮学校の教育のあり方は、一般の公立学校を「正常」とするならば、「不正常」と観察されうるものであろう。それは朝鮮人の子どもたちだけを対象にした教育を、公立学校という枠組みで行おうとしていたからこその「不正常」さであった。そして地方行政はもちろん、文部省においてもある程度容認ないし黙認されてきたこの「不正常」さが、同通達では「法令の規定に違反」するもの、すなわち「不法」なものとされている。「不正常」から「不法」へ——。文部省にとって、公立朝鮮学校はあってはならない学校となったのであった。

　また次章で詳述するように、同通達では朝鮮学校の法的地位に関し、「学校教育法第一条に規定する学校の目的にかんがみ、これを学校教育法第一条の学校として認可すべきではないこと」、そして「朝鮮人としての民族性または国民性を涵養することを目的とする朝鮮人学校は、わが国の社会にとって、各種

　　文部省内に設置された「在日外国人教育連絡会」の責任者を務め、日韓会談においては日本の学校教育制度は「日本人の教育を目的としたもの」と主張し、外国人学校制度の起案にも関わった文部省大臣官房参事官である石川二郎は、1965年9月『文部時報』に掲載された論文「日韓協定と教育」において、在日朝鮮人が日本の学校で教育を受けることの意味を、以下のように述べている（石川二郎「日韓協定と教育」『文部時報』1965年9月号）。「韓国人がわが国の社会によく適応した調和的存在となるかどうかは、わが国社会の安定、進歩のために問題となるが、韓国人自身にとっても、その生活の安定充実が得られ、幸福な日々を送れるかどうかのわかれ道である。彼らがわが国社会に調和した存在となるか否かの基礎は教育によって培われるので、彼らとしては進んでわが国の学校に入るようにし、日本側としては彼らを日本の学校に喜んで迎え入れるようにして、幼少の時より両国子弟が生活や学習をともにし自然に親和的関係を結ぶようにすることがたいせつであると考える」、「かつて日本人であったという歴史的事情は両者〔「永住許可を受けて入学してくる韓国人」と「永住を許可された者以外の朝鮮人」〕について同様であることも考えられなければならないし、彼らを日本社会に調和した存在とするためには、わが国の学校教育を受けさせることが望ましい」と。石川の行論を支えているのは、「かつて日本人であった」という旧臣民の論理と、「日本社会に調和した存在とするため」という同化の論理である。

学校の地位を与える積極的意義を有するものとは認められないので、これを各種学校として認可すべきではないこと」が求められた。公立学校としてはもちろん、私立学校および私立各種学校としての保障も与えるべきでないとするこの通達は、朝鮮学校に対しては一切の公的保障を与えないとする日韓両政府の明確な政治的意図に基づくものであった。

　総連中央は各種学校認可を与えないとする政府の姿勢を、民族教育権を侵害する行為として即座に批判している[*44]。ただし、こと公立朝鮮学校の廃止に限っては、政府との意見が表見的に一致していたと評価せねばなるまい。すなわち総連中央および教育会中央は徹底した民族教育の実施のために、また日本政府は公立学校の正常化、あるいは朝鮮学校に公的保障を与えないために、いずれもが公立朝鮮学校の廃止を求めた。これまで見たように、名古屋市立朝鮮学校の教育は、一般的な公立学校とは明らかに異なり、また日本人教員が日本語によって行う授業があったことをはじめ、他の朝鮮学校における教育とも異なっていた。それは学校当事者たちの様々な工夫によってつくりあげられた、「○○教育」というカテゴリーにはすぐさま収めきれない、独特な様相を呈していた。そしてだからこそ、言い換えれば、民族教育と公立学校の教育、それぞれの「あるべき姿」から逸脱していたがために、同校の廃止に向けた動きは、朝鮮人と行政、双方向から推進されたのであった。こうして名古屋市立朝鮮学校は1966年3月31日をもって廃止されることとなった[*45]。

　無認可校となった旧名古屋市立朝鮮学校が各種学校認可を取得するのは、1967年2月のことである。同時期に公立朝鮮学校が廃止された兵庫や神奈川と異なり、廃止と同時に各種学校認可が与えられなかった経緯は不詳だが、金宗鎮氏によれば、認可のための手続きや準備が十分になされていなかったという。愛知県知事は認可に際し、「日本の法令・秩序に背反し公共の利害を害する教育を行わないこと」、「県費助成その他一切の援助を要求しないこと」といった条件を設置者である愛知朝鮮学園に課している[*46]。当時文部省と自民党

[*44]「在日朝鮮公民の民族教育を弾圧しようとする日本政府の通達と関連して」『朝鮮新報』1965年12月29日付。
[*45]「名古屋市立学校設置条例の一部を改正する条例案」(1966年3月23日可決)『名古屋市会決議録』(1966年)、227-230頁。
[*46] 愛知県知事桑原幹根発、学校法人愛知朝鮮学園設立代表者張一宙宛「〔愛知朝鮮学園寄付行為認

は学校教育法を一部改正し、外国人学校を文部大臣の管轄下に置き、国益や政府方針に沿わない外国人学校を閉鎖できるとするいわゆる「外国人学校法案」の成立に向けて動いていた。そのため、連日認可申請に押し寄せる在日朝鮮人の対応に困窮する地方自治体に対し、文部省は「外国人学校制度の法制化に努力中であるから、それまで各府県とも頑張ってほしい」——つまり各種学校認可を与えないように努力してほしいという立場を示していた[*47]。愛知県が課した条件の中にも外国人学校法案を彷彿させる内容が含まれていることからは、文部省通達に反し各種学校認可を与えることにはなったが、同時に制定が見込まれる外国人学校法案による統制の回路も確保しておこうという県側の意図が看取される。手続き上は不備のない朝鮮学園側の要請に応えつつ、文部省の方針にも配慮した県の対応だと捉えられよう。こうして旧名古屋市立朝鮮学校は、廃止から約1年後に、各種学校認可を取得したのであった。

第三節　ローカルな公共性

　教育基本法第1条に示されているように、日本の学校教育制度は「〔日本〕国民の育成」を目的としている。それは、とりたてて「日本民族」という民族集団を措定せずとも良い、日本社会の単一民族国民像とも連動している。それ故に、公教育を担う公立学校における教育が、創造された日本国民としての共通の文化と記憶を習得させ、日本国民としてのナショナル・アイデンティティを付与する国民教育であるという前提は、言わば暗黙の了解事項となる。1965年4月23日、第7次日韓全面会談在日韓国人の法的地位に関する委員会第26回会合において、文部省大臣官房参事官石川二郎は、日本の学校教育制度は「日本人の教育を目的としたもの」であると発言しているが、これは驚くべき

　　可通知〕」（42指令学第8-19号、1967年2月14日）。次章で詳しく見るが、認可の際に一定の条件を課したり誓約を求めることは、文部省によって朝鮮学校の認可時のみに求められた措置であり（文部事務次官発、都道府県知事・都道府県教育委員会宛「朝鮮人私立各種学校の設置認可について」（文管庶第69号、1949年11月5日））、多くの都道府県において実践されていた。
[*47] 「四日市朝鮮初中級学校の認可申請について」の「最近の文部省の方針」を参照。同資料は開示請求により入手した三重県所蔵資料である。作成日は不明だが文書の内容から1966年5～6月頃のものと判断できる。

ものではない。国家は明らかに、国民という公教育の境界線を引いているのである。

日本の学校教育制度が暗黙の前提としている国民か否かという境界線は、外国人の育成を目的とする外国人学校の法的地位問題に端的に見て取れる。外国人学校は、「1条校 vs 非1条校」という図式の下、前者になれば外国人学校固有の教育活動が制限され、後者を取れば公的な学校と認められにくく公的支援も受けにくいというジレンマに立たされてきた。その意味で外国人学校は、日本の公教育から本質的に排除されていると言える。

公立朝鮮学校の存在は、このような今日まで続く公教育をめぐる構図を転覆させ、日本の公教育が国民教育に限定されない射程を持つものとして存立可能であったことを示すものであった。名古屋市立朝鮮学校において、国民教育に収まらない教育を存立せしめていたのは、以下の二点であると考えられる。

第一に、学校内部に、教育活動や学校のあり様について、朝鮮人の教育要求が提起される回路と、朝鮮人と日本人が討議し合意形成する場が存在したことである。それらは、時に子どもたちを含む朝鮮人の激しい抗議によってこじ開けられた回路でもあり、学校に関わる日本人と朝鮮人との関係性に基づき創出され維持された場でもあった。冒頭に示した太田真行の言葉からも見て取れるように、この過程は決して平坦な道のりではなく、時に朝鮮人と日本人との対立や緊張関係、コンフリクトを生じさせるものでもあった。それでも当事者たちが学校の教育をどのようなものにしていくのかについての要求を提起できる回路と、合意形成する場が存在し、機能し続けたからこそ、閉鎖措置の残滓として暫定的に設置された公立の朝鮮学校は、朝鮮人育成のための教育内容を取り入れた「不正常な」公立学校へと、内側から変容することができたのである[48]。

第二に、このような学校を存続せしめていた地域社会の関係性である。地方

---

[48] 尼崎市立武庫小学校守部分校においても、同様の関係性が築かれていたことが示唆される。同校朝鮮人講師代表である金碩伯は、同校の実践記録が収められた分校雑誌『接点』において、以下のように述べている。「分校教育の実態や弊害を、教育理念の形式的な平面的論理で理解しようとするのは極めて危険である。分校という特殊な形態のなかで日朝両教師は、民族的立場こそ異なっていても、「子どものために」という共通のねがいから、善意と理解と相互協調で最善をつくしてきた」（尼崎市教育委員会編（1974年）『尼崎市戦後教育史』、297頁）。

自治体と近隣学校、地域住民との間で築かれた関係性が、公立朝鮮学校の経済的・社会的基盤となり、その存続を支えた。図式的に見れば、公立朝鮮学校を廃止・否認する日本政府や総連のベクトル（文部省による「正常化」、総連による「自主化」）と、存続を是とするローカルなベクトルとの際どいバランスの上に、公立朝鮮学校は成立していたと言える。公立学校としての不正常さが問題視され廃止された地域や（岡山、東京）、民族教育の徹底を強調し自主化した地域もあったが（大阪）、名古屋の場合は、両者のバランスが維持された結果、全国で最も長い期間、公立朝鮮学校が存続した。その際にローカルな関係性が担った役割は小さくない。このバランスが、前者のベクトルの肥大化によって崩れることにより、外国人のための公立学校は戦後日本教育史からその姿を消すことになった。

　国家によって引かれた公教育の境界線は、目の前にいる朝鮮人の子どもの教育を保障しようとする教員と、それをどうにか維持するために築かれた地域社会の関係性によって、一時的・部分的にであれ、引き直されていたのである。公益とはすなわち国益ではないし、外国人も日本社会の「公」をともに構成しているはずである。公立朝鮮学校とは正に、外国人を含むローカルな公共性に支えられ、またそれが絶えず立ち上がる場であったと捉えられるだろう。

　公立朝鮮学校の終焉は、日本の公立学校の「純化」を意味する[*49]。時を同じくして、国益を試金石とする「外国人学校」という新たな法的地位がつくられようとしたことは象徴的でさえある。その後、外国人学校が得られる最高の法的地位は、各種学校へと一元化・固定化されていく。全朝鮮学校の強制閉鎖という圧倒的暴力・排除の中で誕生した公立朝鮮学校が示し得た可能性は、より強力なナショナルな論理によって、潰えたのであった。

[*49] 1965年12月28日文部事務次官通達では、公立学校内に設置された特別の学級も廃止する旨が示されている。この通達を受け、京都市立養正小学校に設置された特別学級──特定の授業時間のみ抽出して編成される朝鮮人の学級である抽出学級や放課後に行われる放課後学級ではなく、終日朝鮮人だけで編成された学級──も、1967年3月末に廃止された。松下（2016）を参照されたい。

第10章
政治問題としての法的地位

　朝鮮学校は、1950年代後半以降、各地朝鮮学園を設置主体とする各種学校認可取得運動を展開する。一方、周縁とは言え学校教育法上の地位を認めることは、朝鮮学校の公共性・公益性を認めることに繋がるとされ、政府は朝鮮学校に各種学校の認可を与えることに否定的な姿勢を取り続けた。また外国人学校の法的地位をどう処遇するのかという問題は、一体どのような学校が「日本の学校」たるのかという意味も含んでいたため、朝鮮学校の法的地位問題は、文部省にとっても重要な関心事であった。こうした状況下で、朝鮮学校はどのように各種学校の認可を取得していったのか。各地での経緯が十分に明らかにされているとは言い難い状況を踏まえ、三重県の事例に即して、認可取得プロセスを明らかにすることが、本章の目的である。

　前章で見たように、文部省は日韓会談での合意に基づき、1965年12月28日に各都道府県知事および教育委員会に対し、朝鮮学校に各種学校認可を与えるべきでない旨を通達している（12.28通達）。ところが、現実としてはこれ以降に認可を取得した学校が多い。表10−1に、確認できた110校の学校の各種学校認可取得年月日をまとめた。網掛けした学校が12.28通達以前に認可を得た学校であり、37校となる。

　文部省の意に反し各都道府県知事が認可を与えていった事実に関しては、日韓間の外交問題ともなった1968年4月の朝鮮大学校（東京都小平市）の認可を引き合いに[*1]、所謂革新的な政治勢力による影響が大きかったと説明される場

[*1] 朝鮮大学校が認可された同日、韓国政府代弁人、洪鐘哲公報部長官は「共産幹部養成所として自他が共に認めている所謂朝鮮大学を正式に認可したのならば、これは日本が自ら北傀の赤化工作基地を作ってあげることになり、韓日両国の未来にとって、至極憂慮されるものが大きいと言わざるを得ない」と、談話を発表している。また17日午後、韓国陳弼植外務部次官は木村四朗七駐韓日本大使を呼び、「日本政府が朝大認可を阻止するという度重なる約束を破ったことに対し、遺憾の意を伝え、これに対し即刻的な是正がない限り、何らかの重大措置を執ること

表10−1　朝鮮学校各種学校認可取得年月日および朝鮮学園学校法人認可取得年月日一覧

都道府県名		学校名	認可年月日 初級	認可年月日 中級	認可年月日 高級	認可後の統廃合・校名等の状況（2017年1月現在）	認可	認可後の状況	典拠
	1	朝鮮大学校				1968.4.17に認可。			
東京	2	東京			1955.4.1				
	3	東京第一	1955.4.1	1962.4.10		1959年4月に中級部を設置。			『朝鮮新報』2015年8月3日付
	4	東京第二	1955.4.1	1964.5.23		1964年4月に中級部を設置。1997年4月に中級部を廃止し東京第二初級へ。			『朝鮮新報』2016年1月15日付
	5	東京第三	1955.4.1						
	6	東京第四	1955.4.1	1964.5.23		1964年4月に中級部を設置。			『朝鮮新報』2015年9月11日付
	7	東京第五	1955.4.1	1962.4.10		1960年に東京第十（12）と統合し、中級部を設置。			『朝鮮新報』2016年3月29日付
	8	東京第六	1955.4.1	1962.4.10		1960年4月に中級部を設置。1993年に東京第七(9)と校種統合し第六初級に。	(a)		『朝鮮新報』2015年2月2日付
	9	東京第七	1955.4.1	1962.4.10		1960年4月に中級部を設置。1993年に東京第六(8)と校種統合し第七中級に。2000年に東京中高(2)に統合。		(e)、(o)	
	10	東京第八	1955.4.1			2003年に閉校		(e)	
	11	東京第九	1955.4.1						
	12	東京第十	1955.4.1			1960年に東京第五(7)と統合。			『朝鮮新報』2016年3月29日付
	13	東京第十一	1955.4.1	1962.4.10		1957年に中級部併設。1961年に三多摩第一、1989年に西東京第一に改称。		(c)	
	14	東京第十二	1955.4.1	1968.9.3		1961年に三多摩第二、1989年に西東京第二に改称。1972年に幼稚班併設。08年に初級に、07年に幼稚班、16年に中級部が再開。		(g)	『朝鮮新報』2016年4月5日付
		東京朝鮮学園		1955.4.1			(b)		
神奈川	15	神奈川		1953.10.31	不明	1951年4月5日開校時の校名は横浜朝鮮中学校。認可時の校名は定かではないが「神奈川朝鮮人中学校」であったと推察される。1954年4月に高級部が併設され、校名は「神奈川朝鮮人中高等学校」となる。1957学年度から「神奈川朝鮮中高級学校」と改称したと考えられる。	(a)		1954年〜1958年の『解放新聞』における新年度の広告

320

第10章　政治問題としての法的地位

	16	横浜	1965.12.24			1999年に神奈川中高 (15) と統合し、神奈川初中高に。2006年に再び分離。	(e)	
	17	川崎	1965.12.24	1971.6.21		1971年に中級部設置。2005年に中級部を神奈川中高 (15) に統合し、川崎初級へ。	(a)	『朝鮮新報』2016年2月29日付
	18	南武	1965.12.24				(b)	『イオ』2010年7月号
	19	鶴見	1965.12.24			2006年に横浜初級 (16) に統合し、鶴見幼稚園に。	(a)	『イオ』2011年2月号
	20	横須賀	1965.12.24			1994年に横浜初級 (16) に統合。	(b)	(e)
		神奈川朝鮮学園	1965.9.21				(a)	
千葉	21	千葉	1965.12.17	1965.12.17			(a)	
		千葉朝鮮学園		1967.8.23			(a)	
埼玉	22	埼玉	1965.11.10	1965.11.10			(a)	
		埼玉朝鮮学園		1967.12.25			(b)	
茨城	23	茨城	1968.5.17	1955.12.10	1955.12.10		(a)	
		茨城朝鮮学園		1966.12.15			(b)	
群馬	24	群馬	1965.8.3	1965.8.3			(a)	
		群馬朝鮮学園		1968.3.7			(b)	
栃木	25	北関東	1963.7.12	1963.7.12		1970年に宇都宮 (26) と統合、栃木初中に。	(a)	
	26	宇都宮	1966.10.12	1966.10.29			(n)	
		栃木朝鮮学園					(b)	
北海道	27	北海道	1968.12.12	1968.12.12	不明	1982年に高級部を併設。	(a)	
		北海道朝鮮学園		1968.12.12			(b)	
宮城	28	東北	1966.7.27	1966.7.27	1970.4.10	2009年に高級部を茨城 (23) に統合し、東北初中に。	(a)	『朝鮮新報』2017年11月2日付
		宮城朝鮮学園		1966.7.27			(b)	
福島	29	福島	1971.7.30	1971.7.30			(a)	
		福島朝鮮学園		1971.12.28			(b)	
福井	30	北陸	1967.5.6	1967.5.6			(a)	
		北陸朝鮮学園		1967.5.6			(e)	
長野	31	長野	1971.6.21	1971.12.28			(b)	
		長野朝鮮学園		1971.7.30				

新潟	32	新潟	1968.11.30	1968.11.30		(a)
		新潟朝鮮学園		1968.12.2		(b)
愛知	33	愛知		1953.12.19	1953.12.19	1953年4月に「中部朝鮮中高等学校」と改称されるが、認可時の名称は不詳。1956年4月に「愛知朝鮮中高級学校」に改称。	(a)
	34	愛知第一	1967.2.14		2000年に愛知初級と名古屋第二(35)と統合し名古屋初級へ。		『朝鮮新報』2015年4月6日付
	35	愛知第二	1967.2.14		2000年に愛知第一(34)と統合し名古屋初級へ。	(a)	『朝鮮新報』2015年4月6日付
	36	愛知第三	1967.2.14		2000年に愛知第一(34)と統合し名古屋初級へ。		『朝鮮新報』2015年4月6日付
	37	愛知第四	1967.2.14		1977年に愛知第三(35)に統合、閉校。		『朝鮮新報』2015年4月6日付
	38	東春	1967.3.31	1967.3.31	2006年に中級部を愛知中高(33)に統合。	(d)	李哲秀同校校長への聞き取り(2016年)
	39	愛知第七	1967.7.29				
	40	愛知第八	1967.12.16		1998年に第一(34)に統合、閉校。	(f)	『朝鮮新報』2015年4月6日付
	41	愛知第九	1970.6.29		1975年に第一(34)に統合、閉校。		『朝鮮新報』2015年4月6日付
	42	愛知第十	1967.2.14		1990年に第一(34)に統合、閉校。	(a)	『朝鮮新報』2015年4月6日付
	43	豊橋	1967.3.31	1967.3.31	1998年に中級部を愛知中高(33)に統合し、豊橋初級に。	(b)	『朝鮮新報』2016年2月18日付
岐阜	44	岐阜	1966.9.27	1966.9.27		(a)	
	45	東濃	不明	不明	(1974年に創立) 1995年に中級部を東春(38)に統合。1998年に初級部も東春(38)に統合、閉校。	—	李哲秀東春校長への聞き取り(2016年)
		岐阜朝鮮学園		1966.9.27		(b)	
三重	46	四日市	1966.11.19	1966.11.19		(a)	
		三重朝鮮学園		1966.11.19		(a)	
静岡	47	静岡	1967.3.30	1967.3.30		(a)	
	48	浜松	1967.3.30	1967.3.30	1994年に静岡(47)に統合し閉校。		「イオ」2015年10月号
		静岡朝鮮学園		1967.3.31		(b)	

322

第 10 章　政治問題としての法的地位

京都	49	京都		1953.5.18	不明	認可時の名称は「京都朝鮮中学」。1955 年に高級部を併設し、「京都朝鮮中高級学校」と改称。高級部の認可は定かではないが、京都朝鮮中学校の学科増として取り扱われた。	(n)
	50	舞鶴	1970.12.25	1970.12.25		2005 年に閉校。	(a)
	51	京都第一	1949.11.21			2012 年に京都第三 (53) と統合し、京都初級に。	『朝鮮新報』2016 年 4 月 25 日付 (h)
	52	京都第二	1969.12.26			2012 年に京都第一 (51) と統合し、京都初級に。	『朝鮮新報』2016 年 4 月 25 日付 (a)
	53	京都第三	1969.12.26				(b)
	京都朝鮮学園			1953.5.18		認可当時は「学校法人京都朝鮮教育資団」	
滋賀	54	滋賀		1961.4.3	不明	1963 年に初級部が併設され滋賀初中級となるが、初級部の認可日は定かではない。2004 年に中級部を京都中高 (49) に統合し、滋賀初級に。	鄭想根同校校長への聞き取り (2016 年) (a)
	滋賀朝鮮学園			1968.12.28			(b)
和歌山	55	和歌山	1962.9.15	1962.9.15			(b)
	和歌山朝鮮学園			1970.2.26			(b)
奈良	56	奈良	1970.7.18	1970.7.18		1999 年に中級部を東大阪 (58) に統合し奈良初級に。2008 年に休校。2014 年に奈良幼稚班再開。	(i)、『朝鮮新報』2014 年 4 月 9 日付 (a)
	奈良朝鮮学園		1970.7.18				
大阪	57	大阪		1966.3.3			(a)
	58	東大阪		1966.3.3		1994 年に西大阪 (62) 中級部、99 年に奈良中級部、02 年に南大阪 (61)、06 年に中大阪 (59) 中級部を統合。	(i)、(j) (a)
	59	中大阪	1961.8.2	1966.3.3		2006 年に中級部を東大阪 (58) に統合。	(i)、(j)
	60	北大阪	1966.3.3	1966.3.3			(i)
	61	南大阪	1966.3.3	1966.3.3		1977 年に初級部を泉州 (71) に統合。2002 年に中級部を東大阪 (58) に統合。	(i)
	62	西成	1970.9.30	1970.9.30		1989 年に西大阪初中級に改称。1994 年に中級部を東大阪 (58) に統合、西大阪初級に。	(i)
	63	東大阪第一	1966.3.3			1991 年に、東大阪第三 (65)、第五 (67) と統合し生野初級に。	(i)

323

	64	東大阪第二	1966.3.3		1991年9月に東大阪初級に改称。	(i)
	65	東大阪第三	1966.3.3		1991年に、東大阪第一 (63)、第五 (67) と統合し生野初級に。	(i)
	66	東大阪第四	1966.3.3		1993年4月に大阪第四初級に改称。	(i)
	67	東大阪第五	1966.3.3		1991年に、東大阪第一 (63)、第三 (65) と統合し生野初級に。	(i)
	68	城北	1966.3.3		1987年6月に西成初中級 (61) に統合。	(i)
	69	港	1966.3.3		2004年に西大阪初級 (62) に統合。	(i)
	70	堺	1966.3.3		1977年に南大阪 (61)・泉大津 (72) と統合し泉州初級に。	(i)
	71	泉北	1966.3.3		1977年に泉北 (71)・南大阪 (61) と統合し泉州初級に。2010年に西大阪初級 (61) と統合、南大阪初級に改称。	(i)、「イオ」2013年1月号
	72	泉大津	1966.3.3		1993年9月に大阪福島初級に改称。	(i)
	73	福島	1966.3.3			
	大阪朝鮮学園		1961.8.2 (財団法人)		学校法人としての認可は1989.6.21	(b)
兵庫	74	神戸		1959.3.24	1972年3月で中級部を廃止。神戸高級と改称。	『朝鮮新報』2016年4月19日付
	75	尼崎	1963.9.30	1959.3.24	1975年に大島 (76) と統合し、尼崎初中に改称。	『朝鮮新報』2016年4月19日付
	76	大島	1966.4.1		1975年に尼崎 (75) に統合。	『朝鮮新報』2015年10月2日付
	77	西神戸	1959.3.24	1966.4.10	1966年に中級部設置。1999年に中級部を東神戸 (78) に統合し、西神戸初級に。	『朝鮮新報』2015年1月8日付
	78	東神戸	1959.3.24	1970.3.19	1999年に西神戸 (77) の中級部を統合、神戸初中に改称。2011年に明石 (88) を統合。	(a)
	79	西播	1967.12.28	1959.3.24	1967年に飾磨初級と統合、西播初中に。73年に網干 (80)、87年に相生 (91)、01年に姫路 (84)・高砂 (89) と統合。	同校学校要覧 (2013年)
	80	網干	1967.12.28		1973年に西播 (79) に統合。	(e)
	81	西脇	1967.12.28	1970.3.19	2002年に廃校。	呉亭鎮氏談
	82	伊丹	1966.4.1		1970年に川辺 (83)、2002年に宝塚 (85) を統合。	(e)

第 10 章　政治問題としての法的地位

	No	学校名					備考		出典
	83	川辺	不明				1970 年に伊丹 (82) に統合。	(e)	
	84	姫路	1967.12.28				2001 年に西播 (79) に統合。	(e)	
	85	宝塚	1966.4.10				2002 年に伊丹 (82) に統合。	(e)	
	86	阪神	1959.3.24				2001 年に尼崎 (75) に統合。	(e)	
	87	園田	1966.4.1				1987 年に立花 (90) と統合し、尼崎東初級は 2008 年に尼崎 (75) に統合。	(e)	
	88	明石	1966.4.21				2011 年に神戸初中 (78) に統合		
	89	高砂	1966.4.1				2001 年に西播 (79) に統合	(e)	
	90	立花	1966.4.1				1976 年に尼崎 (75) と統合 (臨時)。1987 年に園田 (87) と統合し尼崎東初級に	(e)	
	91	相生	1967.12.28				1987 年に西播 (79) に統合。	(e)	
	92	有馬	1967.12.28				1977 年に東神戸 (78) に統合。	(e)	
	兵庫朝鮮学園			1963.9.30				(b)	
岡山	93	岡山	1967.3.31	1967.3.31			2000 年に倉敷 (94) に統合。	(a)	『朝鮮新報』2015 年 6 月 8 日付
	94	倉敷	1967.3.31	1967.3.31			2000 年に岡山 (93) が統合し、岡山初中級に。	(b)	『朝鮮新報』2015 年 6 月 8 日付
	岡山朝鮮学園			1967.3.31					
広島	95	広島	1966.12.24	1966.12.24	1966.12.24		1995 年に広島第一 (96) を統合、広島初中高へ。	(a)	『朝鮮新報』2016 年 5 月 16 日付
	96	広島第一		1966.12.24			1995 年に広島中高 (95) に統合。	(b)	『朝鮮新報』2016 年 5 月 16 日付
	97	広島第二	1971.11.7				1993 年に広島第一 (96) に統合 (附属幼稚園班 (92 年) は存続、呉幼稚園に改称 (94 年)、97 年閉園。	(e)	『朝鮮新報』2016 年 5 月 16 日付
	広島朝鮮学園			1966.12.24				(b)	
島根	98	山陰	1975.10.31	1975.10.31			1999 年に倉敷 (94) に統合し、閉校。	(e)	『朝鮮新報』2015 年 6 月 8 日付
	山陰朝鮮学園			1975.10.31				(b)	
愛媛	99	四国	1969.1.27	1969.1.27				(a)	『イオ』2015 年 12 月号
	愛媛朝鮮学園			1969.1.27		1974.3.30		(e)	
山口	100	山口					2004 年に九州中高 (105) に統合し閉校。	(e)	『イオ』2015 年 12 月号
	101	下関	1967.2.18	1967.2.18			2008 年に宇部 (102) と統合し、山口初中級へ。	(a)	『イオ』2015 年 12 月号
	102	宇部	1972.3.30	1972.3.30			2008 年に下関 (101) と統合し、山口初中級へ。	(e)	『イオ』2015 年 12 月号
	103	徳山	1972.3.30	1972.3.30			2009 年に山口初中級 (101) に統合。	(e)	『イオ』2015 年 12 月号

325

			1972.3.30	1972.3.30	1978年に閉校。	(e)
104		岩国				
	山口朝鮮学園		1967.2.20			(b)
105		九州		1956.4.12	1956.4.12	
106		小倉	1966.2.2		1974年に九州高級に、また山口高級(100)を統合。	
107		八幡	1966.2.2		1968年に八幡(107)と統合し北九州初中に(中級部認可は1968.12.22)。2004年に北九州初級へ。	(a)
108	福岡	田川	1966.2.2		1968年に小倉(106)と統合	
109		大牟田	1966.2.2		1973年に筑豊初中に改称。2000年に筑豊初級。2006年に北九州初級(106)と統合	
110		福岡	1966.2.2		1974年に福岡初中(110)と統合。	
	福岡朝鮮学園			1964.8.13	1973年に福岡初中級から2004年に再び福岡初級に。	(b)

註1：1965年12月28日文部省事務次官通達以前に各種学校おより学校法人認可を取得していた学校・学園に綱掛けを行った。(37校、6学園)

註2：各記述の典拠は以下の様である。

a：日本教育学会教育制度研究委員会・外国人学校制度研究小委員会 (1972) 『在日朝鮮人とその教育 資料集 第二集』
b：在日本朝鮮人教育会中央常任理事会編 (1996) 『資料集 在日朝鮮人の民族教育の権利、263頁
c：ウリハッキョをつくる会編 (2001) 『朝鮮学校ってどんなとこ？』社会評論社
d：愛知県知事「学校法人愛知朝鮮学園の寄付行為一部変更について（通知）」(1967年7月29日。42指令学第72号)
e：呉圭祥氏提供資料。
f：愛知県知事「学校法人愛知朝鮮学園の寄付行為一部変更について（通知）」(1967年12月16日。42指令学第107号)
g：学校法人東京朝鮮学園 [2008学年度東京各級朝鮮学校入学案内]
h：松下佳弘 (2013)「占領期朝鮮人学校閉鎖措置の再検討──法的枠組みに着目して」『世界人権問題研究センター研究紀要』第18号
i：大阪民族教育60年誌編集委員会『大阪民族教育 60年誌』(2005年12月25日)
j：東大阪朝鮮中級学校創立50年記念実行委員会『東大阪朝鮮中級学校創立50周年記念誌』(2000年10月23日)
k：学校法人兵庫朝鮮学園神戸朝鮮高級学校創立50周年記念事業委員会編『神戸朝高創立50周年記念誌』(2011年10月23日)
l：中島智子 (2016)「朝鮮学校の新設・移転・統合の履歴づくりに向けて──福岡県の場合」『少子高齢化地域の存在と小規模学校の継続可能性についての総合的研究』(平成25年度〜28年度科学研究費補助金基盤研究 (C) 研究成果報告書：中島勝住、研究代表者) (2010年12月20日発行、非売品)所収
m：孫済河「ウリ (わが)・トンポ (同胞)・ウリ (わが)・トンネ (町・村) 百選」(1966年11月末頃に作成されたと推察される)
n：三重県総務課「朝鮮学校設置認可に関する (他府県調査)」1964〜65学年度
o：東京朝鮮第七初中級学校『学校案内』

326

合がある*2。朝鮮学校当事者や日本人による絶え間ない働きかけとともに、そうした革新自治体の役割を軽んじることはできないが、すべての地域が東京都と同様の状況にあったわけではないことは言うまでもない。

そこで本章では、12.28通達から1年と経たない1966年11月19日に各種学校認可を取得した四日市朝鮮初中級学校を対象に、特に三重県側の対応に着目しながらその認可プロセスを検討することとする。なお、学校閉鎖措置以後の朝鮮学校の各種学校認可には、①無認可校が各種学校認可を取得するケースのほかに、②公立学校（＝公立朝鮮学校）から各種学校へと移管されるケース（例えば東京都や神奈川県等）、③公立学校から無認可校になり、その後各種学校認可を取得するケース（岡山県や愛知県）があるが、①が量的にも多くを占め、四日市朝鮮初中級学校もこのケースに当てはまる。そのためここで対象とする三重県は一つの事例に過ぎないが、12.28通達以降に各種学校認可を取得した多くの朝鮮学校と、少なくない共通点を持つものと位置づけられる。資料としては、主に文部省の通達、三重県および四日市市所蔵の行政文書*3、朝鮮人団体作成の資料を用いる。

第一節　日本政府および文部省の立場

(1) 学校閉鎖措置後の朝鮮学校の法的地位

具体的な事例の検討に入る前に、まずは朝鮮学校の法的地位に関する政府お

　も辞さない」と警告したという（大韓民国公報部「対外秘　在日僑胞の現況と朝鮮大学認可問題」(1968年5月)、215-218頁）。その他韓国の与野党も一斉に認可決定に反対する声明を発表、専門職教員団体である大韓教育連合会も認可に反対する声明書を発表している。さらに4月19日に全羅北道の中高等学生1万3000人が集まり、全国で初となる朝鮮大学校認可を反対するデモを行って以降、延世大学や済州大学をはじめとした全国の大学生や、高校生たちもデモを行い、認可取り消しを要求する決議文と宣言文が各地で採択されている（金恩淑 (2008)、71-72頁）。

*2　朝鮮大学校の認可に関しては、朝鮮大学校が作成した「朝鮮大学校の認可問題にかんする資料(1)」〜「同(4)」が詳しい。同資料には、認可問題に関する政党、労組、地方自治体、学会、学長、文化人、新聞等の声明、談話、決議、声明、要望書、記事などが掲載されており、当時の社会的関心の広範さ、言説の特徴を見るうえで有益な資料となる。出版日は、(1) 1967年9月25日、(2) 1967年11月25日、(3) 1968年3月20日、(4) 1968年5月10日となっている。

*3　本章で用いる三重県および四日市市所蔵の資料は、申正春氏（四日市市在住）が行政文書開示請求により入手し、その一部をご提供いただいたものである。申正春氏に心より感謝申し上げたい。

よび文部省の立場を確認しておこう。朝鮮学校の法的地位は法律によって定められるのではなく、専ら通達によって規定されてきた。「通達行政」とも揶揄される政府の在日朝鮮人教育政策は*4、政策とは言い難い程一貫性が乏しいものであり、それゆえに戦後から60年代にかけての朝鮮学校の法的地位は極めて流動的で不安定なものであった。

第1章で見たように、学校閉鎖以前までに2/3にあたる朝鮮学校が、私立一条校（以下単に「私立学校」と記す）および私立各種学校（以下単に「各種学校」と記す）の認可を得ていた。その後、日本から朝鮮学校を一掃する学校閉鎖措置に伴い、文部省は今後朝鮮学校が法的認可を得ないよう、以下のような措置を講じている。

第一に、私立学校の認可を実質的に与えないことにした。1950年3月の私立学校法の施行とともに、高等学校以下の学校を設置する学校法人の所轄庁は都道府県知事となったが、文部省は通達「私立学校法の施行について」において、朝鮮学校が認可申請を行った際には「即時文部大臣に協議されたい」旨を通達しており、知事判断による朝鮮学校認可を行わないよう措置を講じている*5。その後申請を行った学校法人があったかは定かではないが、私立学校の認可を得た朝鮮学校は存在しない。

第二に、各種学校の認可においても、朝鮮学校だけを対象とした厳しいハードルを設けた。具体的には、閉鎖措置後の朝鮮学校が、各種学校認可申請を行ってきた場合に、閉鎖措置の際の該当項目を認可基準として用いることを都道府県に対し通達している*6。ここでは「旧朝連の財産…及び旧朝連の財産であるとうたがわれる施設を利用する各種学校はこれを認めない」とされており、当局の「疑い」によって認可可否が左右された。さらに、認可基準に適合する場合おいても、①教育関係法令および監督庁命令の遵守、②監督庁の実地調査を拒否・妨害・忌避しないこと、③旧朝連の主義主張の払拭、学校および関係団体が旧朝連の指導・支配下にある傾向の払拭、④教員採用については教職員

---

*4 　小沢（1973）、231頁。
*5 　文部次官発、都道府県知事宛「私立学校法の施行について」（文管庶第66号、1950年3月14日）。
*6 　文部事務次官発、都道府県知事・都道府県教育委員会宛「朝鮮人私立各種学校の設置認可について」（文管庶第69号、1949年11月5日）。

の除去および就職の禁止等に関する政令、団体等規正令に抵触しないという4点を「確認又は誓約させること」を求めた。各種学校認可の際にこうした「確認又は誓約」をとることは、正に朝鮮学校だけに課された特別な措置である。後に見るように、実際に多くの府県が認可の際、条件としての誓約をとっている。なお各種学校としての朝鮮学校を設置する財団法人の設立許可についても、文部大臣に協議することが求められている[*7]。

このように1950年以降、朝鮮学校が認可を取得するうえでのハードルは決して低くなかったが、無認可校として再開・新設された朝鮮学校の中には、1950年代に入り新たに各種学校の認可を取得した学校もあった。表10-1にも示したが、1950年代に限っても、京都朝鮮中学(1953.5.18)、神奈川朝鮮人中学校(1953.10.31)、中部朝鮮中高等学校(1953.12.19)[*8]、茨城朝鮮中高級学校(1955.12.10)、九州朝鮮中高級学校(1956.4.12)、また兵庫県内の神戸朝鮮中高級学校、東神戸朝鮮初級学校、阪神朝鮮初級学校、西神戸朝鮮初級学校、尼崎朝鮮中級学校、西播朝鮮中級学校(ともに1959.3.24)が各種学校認可を取得している。また東京都立朝鮮人学校も、1955年4月1日に各種学校へと移管されている。この内、法人立は東京(学校法人東京朝鮮学園)と京都(学校法人京都朝鮮教育資団)のみで、その他の学校は個人立の各種学校としての認可となっている。このようにいくつかの学校が各種学校の認可を取得したものの、全体

[*7] 文部事務次官発、都道府県知事・都道府県教育委員会教育長宛「学校を設置する財団法人の許可、認可及び承認等の権限委任等に伴う取扱について」(文管普第430号、1950年12月28日)。この通達の「三、各種学校を設置する財団法人の設立許可の申請に対する審査並びに許可の手続き等」の「ハ」において、「設立許可について、重要な疑義のあるもの及び朝鮮人学校を設置する財団法人については文部大臣に協議すること」とされている。

[*8] 現在の神奈川朝鮮中高級学校は、1951年4月5日に「横浜朝鮮中学校」という校名で開校する(孫済河(2010)、78頁参照)。1953年10月の認可時の校名は定かではない。認可について報道した「ついに認可争取　神奈川朝中で」『解放新聞』1953年11月19日付では「神奈川朝鮮中学校」、『解放新聞』1954年1月12日付の広告では「神奈川朝鮮人学園　神奈川朝鮮人中学校」となっている。1954年に高等部が設置されてから、校名は「神奈川朝鮮人中高等学校」となっている。同様に、現在の愛知朝鮮中高級学校の前身である「中部朝鮮中高等学校」(中部朝鮮中学校(1948.4.20開校)に高等部が設置され、1953年4月に同校名となる)も、認可時の校名は定かではない。京都の場合、学校法人京都朝鮮教育資団による『寄附行為認可申請書』(1953年3月)の原文では学校の校名が「京都朝鮮中学校」となっているが、行政の手によって「校」の部分に二重線が引かれ、校名が「京都朝鮮中学」と修正されている箇所がある。1950年代初頭の神奈川や愛知では各種学校認可時の校名に関し、一条校と同様の校名を使ってはならないという規定が、京都のように厳密に適用されなかったのかもしれない。

に占めるその数は少なく、後に見る三重県のように、文部省の方針に従い認可を与えない姿勢を堅持する府県も少なくなかった。

学校閉鎖措置後の朝鮮学校の法的地位は、実質的には公立学校、各種学校、無認可校とがあり、また新たに得られる法的地位は各種学校のみとなった。

(2) 各種学校認可の両価性

1955年に結成された総連は、朝鮮民主主義人民共和国の海外公民としての在日朝鮮人運動を合法的に展開することを活動方針とした。朝鮮学校もこの方針に従うとともに、朝鮮学校独自の教育活動の実施を確保しつつ最低限の公的保障を得るために、無認可校の各種学校認可取得を目指すことになる。その動きは、1959年に実現した共和国への帰国事業が一段落した60年初頭以降、一層本格化する[*9]。

1950年代の文部省は、朝鮮学校に私立学校および各種学校の認可を与えないという方針を示していたが、60年代にはこの方針が継続される一方、認可に関し異なる意味づけが登場してきたことが確認できる。以下は、1963年6月の自民党安保調査会における朝鮮学校の各種学校認可に関するやりとりである[*10]。引用文中の「福田」は、文部省初等中等教育局長の福田繁である（下線は引用者による）。

> 志田　在日朝鮮人の子弟の学校がありますね。それに対して北鮮〔ママ〕からいままでに一兆七千億くらいの金がきているということでありますが、最近日韓反対の問題で日本のそれぞれの学校に運動を展開させるような会合を持〔ママ〕も、相当資金が流れているような話を聞くのですが、そういう点につきましてはどうですか。

[*9] 例えば、各学校に設置され財政運営を担う教育会の全国大会（1964年6月）では、「今後我々は未認可自主学校に対し「学校設置認可」と未認可県教育会の「法人化」を獲得する事業を強力に展開していきます。学校設置認可と県教育会法人化は我々が当然持たなければならない神聖な権利であり、これは教育事業において最も重要な事業の一つです」とされている。在日本朝鮮人中央教育会常任理事会「在日本朝鮮人教育会第7回定期大会文献集」（1964年6月）、26頁。

[*10] 日本教育学会教育制度研究委員会・外国人学校制度研究小委員会『「在日朝鮮人とその教育」資料集　第一集』（1970年8月）に収められた「資料38　自民党安保調査会議事録　七、日教組対策について」（35-37頁）を参照。

福田（文部省初中局長）　私どものほうでははっきりした情報がわかりませんので、むしろ公安調査庁その他からもらうわけです。それ以上のことは…。

志田　あの学校には日本人で教員をしている者もあるように聞いておりますが、文部省ではそういうものの監督とかいうことはしないのですか。私立学校として扱うとか…。

福田　<u>あれは私立学校というか、学校教育法に基づく学校ではございませんので、全然手が出ないのです。</u>

志田　<u>監督もできないのですか。</u>

福田　そういうことです。かってにやっているということです。

志田　さっきの朝鮮人学校のことで、学校の許可をとっていないから実施されないというお話でしたが、在日朝鮮人の学校は建物もああいうふうにしっかりしたものを建てて相当大きく大学の課程までやっているのです。しかもその卒業生を、最近では抗日パルチザンに養成しているということでありますが、そういう種類の学校というものに対して文部省が監督するとかなんとかいうことはできないのですか。

福田　〔…〕われわれは民族教育をやるのだから私立の小学校で認可しろということで、これはいわゆる占領時代でもありましたが、朝鮮人問題が起きましたときにそういう運動が全国的にありまして、文部省としてはやむを得ず義務教育の段階では私立学校は認めない、各種学校ならば朝鮮の民族教育、朝鮮語、朝鮮歴史を教えてよろしいということにした。つまり各種学校でありますと、洋裁学校などと同じ格式ですから内容が一般の学校よりもルーズです。したがって各種学校で認めたわけです。〔…〕北鮮〔ママ〕系の大学とか、色々なものがありますけれども、これは<u>学校の形態をとっているようでありますが、一切こちらで認めたものでもないし、事実上彼らが自治的にやっているもののようであります。これらについては文部省も都道府県も全然手が及ばないということでございます。</u>

志田　〔…〕日本における北鮮〔ママ〕のスパイ活動の温床になっているような感じがする。

福田　だから昭和25年ごろにそういうものを<u>事実実力をもって閉鎖し</u>

 たのですが、その後にまたできたのです。これは実際問題としては治安上の問題ですから、そういう問題から片づける以外にないと思います。
  保科　どういうことを教えているかということはわからないのですか。
  福田　わからないのです。
  保科　治外法権みたいですね。
  〔中略〕
  志田　〔…〕何か特殊学校みたいなものを取り締まるものが必要はないですか。
  福田　各種学校になってくれれば閉鎖することができるのですが、全然法の対象にならない。これでは文部省ではやりようがない。
  〔中略〕
  吉江　これは文部省の問題とはちょっと違うのじゃないですか。そういう方面で議論しないと、ここで初中局長に言うてみても無理でしょう。

 ここでは、「日本における北鮮(ママ)のスパイ活動の温床になっているような感じがする」朝鮮学校の存在は「治安上の問題」であり、無認可の状態では「全然手が出ない」ため、「法の対象」として「監督」し、場合によっては「閉鎖する」ために各種学校の認可を与える（「各種学校になってくれれば閉鎖することができる」）という認識が示されている。朝鮮学校側が求める公的保障という観点とは全く対照的に、その統制を主眼に、朝鮮学校を学校教育法の枠組みに入れておく必要があるという文脈で、各種学校認可が意味づけられているのである。
 一方、灘尾弘吉文部大臣は1964年3月25日の衆議院文教委員会で、「今日行なわれておりますいわゆる朝鮮人学校、その実情から考えまして、私どもはこれが認可についてはよほど考えなければならない点があるように思うのであります。文部省といたしましては、認可の方針としていまのような各種学校というものがどんどんできるということは決して望ましいことではない、このように考えまして、方針をそのように定めておるわけでございます」と答弁しており、文部省としては従来通り認可を与えない方針を崩さないことを示した。
 文部省のこうした姿勢は、通達という形式ではないが、都道府県にも伝えら

れていた。例えば三重県の資料では「文部省においても、各種学校の認可に当っては、公益性、公共性の有無を重視するよう指摘している」とされており[*11]、公益性、公共性のない朝鮮学校に各種学校の認可を与えることはできないという説明が、認可権のある都道府県に対しなされていたことが示唆される。また、12.28通達を予告した11月の通達でも、「かねてこれ〔朝鮮学校〕を各種学校として認可することのないよう口頭でお伝えしていました」とされている[*12]。

そして1965年12月28日、「日韓会談を通じて日韓双方が〔朝鮮民主主義人民〕共和国とそれを支持する教育施設を取り締まるべきだという認識を強めていった」結果[*13]、文部省は「朝鮮人としての民族性または国民性を涵養することを目的とする朝鮮人学校は、わが国の社会にとって、各種学校の地位を与える積極的意義を有するものとは認められないので、これを各種学校として認可すべきではない」旨を、正式に各都道府県に対し通達するに至ったのであった[*14]。

朝鮮学校を合法的に監督し、統制するためには学校教育法上の学校として位置づけなければならないが、他方そのために最も周縁の学校であるとは言え、これに各種学校としての認可を与えることは、その「公益性、公共性」を認め、「国家的恩典を付与」(前掲三重県資料) することを意味してしまう。政府としては、朝鮮学校を放置せずに統制はしたいが公的保障は与えたくないというスタンスであった (No Support but Control)。朝鮮学校の各種学校認可は、統制と公的保障という両価性が特に顕著に表れる問題であったと言えよう。

各種学校として認可すべきではないことを示した12.28通達は、公的保障は与えないが統制も行わないという立場を政府が示したように見えるが、そうではない。上記両価性を解消するために——換言すれば公的保障を与えずに統制する方法として、文部大臣管轄下に「外国人学校」という法的地位を新たに創

[*11] 三重県「朝鮮人学校認可についての陳情者の主張点および主務課の意見」(1964年8月14日作成)。
[*12] 文部省管理局振興課長発、関係都道府県総務部長宛「朝鮮人学校の各種学校としての認可等について」(40管振第45号、1965年11月29日)
[*13] マッキー (2013)、41頁。
[*14] 文部事務次官発、都道府県知事・都道府県教育委員会宛「朝鮮人のみを収容する教育施設の取扱いについて」(文管振第210号、1965年12月28日)。文部事務次官は、福田繁である。

設する、所謂「外国人学校法案」が登場することになる。12.28通達の末尾に示唆されていた外国人学校法案では、「もっぱら外国人（日本の国籍を有しない者をいう）を対象として…組織的な教育を行う施設は、外国人学校とする」と外国人学校の定義を定め、そこでの教育は「わが国の憲法上の機関が決定した施策若しくはその実施をことさらに非難する教育」、「わが国の利益に害すると認められる教育を行ってはならない」と規定されていた[*15]。そしてこの規定に従わない学校に対し、文部大臣が教育の中止命令および学校閉鎖命令を下すことができるとされた。外国人学校法案は1966年以降、度々国会へ提出されたが、年をおって反対の世論が高まっていき、結果的にその制度が実現することはなかった[*16]。

　以上のような朝鮮学校の法的地位をめぐる政府方針の下、四日市朝鮮学校と三重県との間で各種学校認可をめぐる攻防が繰り広げられることになる。次節ではまず、学校閉鎖措置後、各種学校認可取得運動を展開する前夜の四日市朝鮮学校と四日市市との関係を確認しよう。

第二節　無認可校への補助金交付──四日市市の論理

　1949年10月19日、三重県内の朝鮮学校5校に学校閉鎖令が下された。四日市朝鮮初中級学校の前身である四日市橋北初等学園（四日市市阿倉川町8-30）は、学校施設の接収は免れたが、12月20日には完全閉鎖され、ほとんどの教員が逮捕、多くの子どもたちが地域の日本学校に分散入学することになった。しかし1名の教員と13名の児童は閉鎖された校舎のそばで授業を継続した。学校再開当時の状況を、許南石氏は以下のように振り返っている。「勉強というより、年上が年下の面倒を見ながら一日中遊んでいた。大人はみんな働きに

[*15]「学校教育法の一部を改正する法律案要綱について」（1966年5月13日、文第23号）、国立公文書館所蔵。
[*16] 1969年の「学校教育法の一部を改正する法律案」の82条11において「わが国に居住する外国人をもっぱら対象として組織的な教育を行う施設は、外国人学校とする。外国人学校については、別の法律で定める。」とされているが、同年に外国人学校法案は提出されておらず、また1970年以降、同主旨の法案が提出されていることも確認できない。とは言え、1971年12月13日付『朝日新聞』では、外国人学校法案を「再度提案しようと」されていることが指摘されており、1972年頃までは外国人学校法案制定をめぐる動きがあったと見られている。

出ているから、幼い子を守ってあげるのも自分たちの役目だった。知っている朝鮮語や、簡単な算数を教えたりもした。みんなで手を繋いで警察署までよく行ってね。「先生かえせ、先生かえせ」と…。いま思い出しても涙が出る。この13人が学校を守ったんだ」[*17]。在日朝鮮人らはその後、1950年5月に閉鎖された校舎を使用し自主学校として学校運営を再開した[*18]。

とは言え自主形態での学校運営は非常に厳しいものであった。そのため同校は四日市市に対し、度々教育費の支援を求めている。1951年12月20日、四日市朝鮮人小学校のPTA会は四日市市議会長宛に「朝鮮人子弟の教育費を月額三万円援助方要望について」という陳情書を提出した[*19]。陳情書は、解放後朝鮮人たちは日本帝国主義によって「うばわれた民族文化を急速に取りもどしてき」たが、「日本政府は朝鮮人学校を暴力で閉鎖し、再び朝鮮人から朝鮮語をうばおうと」している、「日朝両民族の友交はおのおの民族特有の文化を」尊重することに基づかなければならないと訴え、以下のように続く。

> 今四日市にも日本人学校にどうしても入学することを■〔一字解読不能〕っている六十数名の朝鮮人児童に対してわれわれは死力をつくして教育しており又どちらえも入学していずいたずらに不良化に向かっている多くの児童に対してもあらゆる方法で就学を進めているのでありますが何としても費用の面ではばまれている次第、市当局に於て此の事をよろしく了解善処され、良心の提携による両民族の友交の為朝鮮人子弟の教育費を毎月三万円援助されんことを一重にお願い致します。

日本学校への転入学を拒んだ子どもへの教育を実施し、また就学せず「不良化に向かっている多くの」朝鮮人児童たちの受け皿ともなり得る朝鮮学校の意義とその窮状を訴え、学校への月額3万円の援助を求めた。この陳情に対し市側でどのような対応がなされたのかは明らかではないが、翌年6月の朝鮮学校

[*17] 「朝鮮学校百物語 始まりのウリハッキョ編 vol.03 四日市朝鮮初中級学校」『イオ』2015年3月号。
[*18] 「〈特集・ウリハッキョの今〉四日市初中」『朝鮮新報』2016年8月30日付。
[*19] 在泗朝鮮人団体協議会・四日市朝鮮人小学校PTA会代表者朴東培「朝鮮人子弟の教育費を月額三万円援助方要望について」（四日市市議会議長山本三郎宛、陳情第28号、1951年12月20日）。

による陳情書では、「市当局に於ても、去る5月20日付を持って、民族教育を認め四日市朝鮮人小学校の教育費の一部分として、多大なる御支援をいただき、誠に感謝に堪えないところであります。この事実は人類史上の正義観をいやが上にも昂揚し、引いては日本教育史上に特筆すべきことであると確信する」とある[*20]。このことから四日市市当局は無認可校である四日市朝鮮人小学校への補助金を交付したと判断できる。1952年時点における地方自治体からの補助金交付は全国においても珍しく、注目されて良い。

他方、同陳情書の主たる内容は「去る月、市長の解答の中に朝鮮小学校の児童達を其の地区内の日本学校に七月末日まで分散入学する様強要する」とあったことへの反対の意志表明ならびに民族教育を継続実施するための要望であった。補助金を交付する程「友好的」であった市が、何故朝鮮学校就学児童の日本学校への転入学を「強要」したのかは定かではない。1952年6月の段階ではサンフランシスコ講和条約の発効による在日朝鮮人の日本国籍喪失に伴う就学義務に関する文部省の見解は明確化されていなかったため、市は引き続き朝鮮人児童にも義務教育諸学校への就学を督促していたのかもしれない。「四日市朝鮮学童就学（義務就学）経過」（後述する四日市市教育長作成の「私塾　四日市朝鮮人小学校について」（1952年11月29日）に添付された資料）という文書には以下のような記述がある。

　　　昭和二五. 一～三
　　外国人登録簿により義務教育該当者を調査。地区別に小・中学校へ就学するよう通知発送。
　　小学校一二六名、中学校八一名。この外に既に小・中学校に就学していたものが一〇〇名程あった。

　　各支所・出張所及び市役所から直接に発送した就学通知を拒否するものが多少あった。これらが旧朝鮮小学校教員によって阿倉川校舎を利用して非公式に教育活動を続けていた模様で、閉鎖監視責任者である三重県地方

[*20] 四日市朝鮮人小学校PTA会長朴東培「市立朝鮮人小学校建設等の陳情」（四日市市議会議長山本三郎宛、陳情第9号、1952年6月6日）。

事務所でも注意を与えているが、ききめがなく、会館接収等で却ってここに通学するものが増した傾向である。市では学籍移送は取扱はず、欠席者として処理している。

就学通知を拒否したり、あるいは欠席者として処理されている多くの朝鮮人児童が通う朝鮮人小学校に対し、その児童たちを公立小学校に入学させることを市は求めていた。朝鮮学校は市側の求めを拒否し、「四日市市橋北に在住する朝鮮人児童にも教育基本法に基づく…民族の義務教育を受ける権利があ」るという観点から、市に対し大きく二つの事項を要請している。第一に、民族教育を受ける権利を保障するために現存の朝鮮学校を公立学校の分校として認可し、かつ「公認までの朝鮮人学校児童教育費は、当然民主国家の負ふべき義務であり」、「下部組織である市当局で朝鮮人児童教育費を負担する」こと、第二に、公立分校として認可された後に「民族教育を施行する上」で「朝鮮人教員の必要性は言ふ迄もなく、これを日本人教員と一律にすることは出来ない問題であるため」、「朝鮮人教員にも差別待遇なく、正式な教員として」の待遇を保障することである。在日朝鮮人たちは、権利としての独自の民族教育の実施を認め、その費用を市費によって賄うことを求めたのである。これに対し市からの即時の応答はなく、確認できる範囲に限っても、同年10月17日に学校側は「在日朝鮮人に民族教育文化を認め一切の費用を国費で負タンせよ」という事項を含んだ陳情を行っている[21]。

朝鮮人独自の教育を継続させるための教育費交付を求めたり、あるいは公立分校としての朝鮮学校の運営を求める朝鮮学校側の度重なる陳情を受け、11月20日、市長および教育長は四日市朝鮮人小学校に対する学校視察を実施した。「度々市長宛にも市議会宛にも窮状を陳情している標記小学校〔四日市朝鮮人小学校〕の現状を」把握するための視察を終え、市教委は「これに対する市の態度を定める原案を」作成している。その内容は視察報告と視察を踏まえた教育費交付に関する「所感」からなる[22]。

---

[21] 在日朝鮮人強制追放反対闘争四日市委員会代表者鄭陽基「外国人登録更新反対その他について陳情」(四日市市議会議長宛、陳情第17号、1952年10月17日)。
[22] 四日市市教育長「私塾 四日市朝鮮人小学校について」(1952年11月29日付立案)。

まず視察報告を見ると、市が朝鮮学校の学級編成、教職員、時間割、教育内容、経費（収支の内訳）等を詳細に把握していることが分かる。「教育内容」の項では「朝鮮語の習得を第一とし、朝鮮国史、朝鮮地理によって民族意識を向上させようとするねらいをもっている。北鮮系の子弟が大体多い」と報告されている。また「運営の現状」に関しては、「一．施設　備品としては何等見るべきものなく、職員室の椅子すら破損おびただしきもの。　一．職員俸給　現実的に考へて支払不能。校長金東植は 27.4.1 就業以来無給与。職員三名は朝鮮人父兄の中に多少の余裕ある家庭を廻って食事の厄介になっている状態である。朴東培（PTA 会長）〔が〕二名を三カ月に亘って世話している。朴孝彦が残の一名を現在二カ月間世話している。今後は次々とこれらの家庭を巡回する予定という」というように、学校の窮状が具体的に報告されている。
　視察報告に続く「所感」では、教育費を交付しても良いのではないかという主旨の提言がなされるが、注目すべきはそのロジックである。以下に「所感」の全文を引用する。

　　私塾朝鮮人小学校の現状は前の如きものであるが、在市朝鮮父兄の中で、特に朝鮮語による学校教育を希望し、経済的負担に堪えて、この私塾を持続して行きたいとの念願には相当の強いものを見とることができる。
　　これらの父兄は、所謂北鮮系で朝鮮民主主義共和国を支持しているが、教育の内容は、度々従来の市長の注意によって過激なものでなく、むしろ朝鮮語の習得に重点を置いているように見受けられる。又、語学の方も相当にすすんでいるので、児童たちもその学習に興味をもつものが多く見られる。講和条約の発効と共に、文部省としても、又法務局としても朝鮮人は外国人として、その父兄に日本の学校教育法による就学の義務を負わせてはいない。正道としては、朝鮮人が財団法人を組織して私立学校を経営すべきものであるが、現状としてはその財力を有していない。しかし四日市朝鮮学校は、土地・建物の物的資産においては相当額のものを有しているので、この方法による学校経営も不可能ではない。
　　只、現状としては中央の方針も明示せられないので、ここしばらくその教育を十分に監視し、中正を誤らぬものたらしめるため、経営費の一部を

経営体であるPTAの事業費にでも寄附してやることができればよいと思う。

　尚、市立山手中学校に在学中の中学生は毎週二回夜学に出席して、朝鮮語の習得に努力している。

　「所感」における補助金交付を是とする論法には、いくつかの特徴を見出せる。第一に、朝鮮学校の教育内容が市の許容範囲内のものであると判断している点である。市は、朝鮮学校の保護者は朝鮮民主主義人民共和国を支持しているが、教育内容は「過激なもの」ではなく、「朝鮮語の習得を第一とし…民族意識を向上させようとするねらいをもっている」と評価している。仮に朝鮮学校の教育が、市側が想定していたような「過激なもの」であったと判断されたならば、教育費を交付しようとはならなかったであろう。教育内容が市にとって許容範囲内のものであることが公費を支出するにたる教育機関であることの条件となっているとも捉えられるが、重要なことはその基準が何であるのかが明確でなく、市側の恣意に委ねられているということである。

　第二に、朝鮮人子弟の教育を保障する法的な責任は市側にはないという前提である。先述のように1952年5月の段階では、市は朝鮮人保護者に対し子どもたちを就学させる義務があるとして就学通知を発送したり、朝鮮学校に対し就学者たちの転入学を要請していたが、11月の段階では文部省および法務局の見解に則りながら、日本国籍を喪失した外国人としての朝鮮人には就学義務を負わせていないという立場に変化している。すなわち、法的には在日朝鮮人子弟の就学に関し市当局が責任を負う必要はなくなり、朝鮮人の教育に関しては「朝鮮人が財団法人を組織して私立学校を経営すべき」であり、それが「正道」であるという立場である。民族教育を受ける権利は教育基本法によって保障されており、そのための費用は公的に賄われるべきであるという朝鮮学校側の主張は一顧だにされておらず、行政としての責任は放棄されている。このような前提に立ったうえでの、施恵的とも言える教育費の交付であった。

　第三に、監視の論理である。「所感」は、学校を継続したいという当事者たちの強い思いや、朝鮮語の習得に興味を持つ児童の姿、また学校運営状況の厳しさに理解を示しながらも、最終的には「その教育を十分に監視し、中正を誤

らぬものたらしめるため」、教育費を交付するとしている。無論、ここに朝鮮学校に対する同情や在日朝鮮人の教育機会を保障しようという考えが一切働いていなかったとは言い切れないが、教育費の交付が行政による監視回路の確保と強く関連づけられて正当化されている点は見逃せない。このような三つの特徴は、朝鮮学校の公的保障をめぐる議論の通奏低音を成すものとして、今日に至るまで度々観察可能なものである。

　ともあれ、四日市市は1952年12月、法的には無認可の「私塾」であった四日市朝鮮人小学校に対し、学校運営費の補助を決め、経費の支出を開始した[*23]。1957年の警察庁の調査資料においても、交付機関を「四日市市長」、名目を「私立学校教育振興補助金」として、「学校の補助金として月額20,000円支出」されていることを確認できる[*24]。この補助金が何年度に交付されたものであるか、あるいは継続的なものであったのかは定かではないが、少なくとも四日市朝鮮人小学校が各種学校の認可を得る前であったことは確かであり、注目される。四日市市が「私立学校教育振興補助金」の範囲を法的な私立学校に限っていなかったのか、あるいは朝鮮学校に限った特別な措置を施していたのかは現時点では不明である。だがいずれにせよ、自主学校として無認可の状態で運営を再開した同校の存在は、当局によって「黙認」されていたという評価にとどまらず、さらにすすんで限定的・部分的であれ、公的に認められていたと評価して良いだろう。四日市市が補助金を交付していた事実は、三重県も把握していたと考えられる。

　同校は1955年4月に学校名称を「三重朝鮮人小学校」に改称、中学校を併設し、1957年4月には「四日市朝鮮初中級学校」に改称して、学校としての規模を益々拡大していった。1950年代中盤以降、四日市朝鮮初中級学校は、各種学校の法的地位取得に向けて、本格的な運動を展開する。

---

*23　四日市市編（2001）『四日市市史　第19巻』、455頁。
*24　マキー（2014）、110頁。典拠は、警察庁警備局警備第二課「外事月報」（1957年6月）（『在日朝鮮人　大学生・学校問題』九州大学韓国研究センター森田芳夫文庫、J-10-18)。ちなみに、1959年の教育会第五回定期大会でも、補助金を獲得した三重県の運動経験は、すべての都道府県で見習うべき模範とされ、紹介されている。在日本朝鮮人教育会「在日本朝鮮人教育会第5回定期大会　決定書」（1959年6月14日）、19頁。

第10章 政治問題としての法的地位

第三節　各種学校認可をめぐる三重県の対応

四日市朝鮮初中級学校が各種学校認可を取得するまでの経緯を簡潔に示すと下記のようになる。

- ・1946年9月1日、四日市橋北分校として、創立。
- ・1948年12月15日、文部大臣宛、財団法人設立認可申請。
- ・1949年10月13日、申請却下。
- ・1956年4月30日、知事宛、学校法人設立認可申請。
- ・1957年3月、文部省と協議の結果、申請却下。
- ・1963年11月5日、知事宛、準学校法人設立および各種学校設置認可申請。
- ・1963年12月中旬、金龍玉ほか数名、認可について総務課長に陳情。「年末のことでもあり、来年になってから調査したい」旨回答。
- ・1964年3月中旬、「早く認可されたい、知事に会見したい」との主旨で再び陳情。県は「認可については、文部省が難色を示している。今は議会開催中で知事に会うのは困難である」旨回答。
- ・1964年4月13日、総務課学事係は文部省管理局に「朝鮮人学校の認可について（協議）」という題で、認可の適否について協議するために問い合わせ。
- ・1964年4月16日（※1）、全国主管部課長会議において、文部省が態度を表明。認可は与えない、他方認可申請勧告および停止命令を適用する考えもない（黙認の意）。このことに関し、各府県への協力を要望する。
- ・1964年7月28日、在日本朝鮮人三重県教育会による陳情。その際に四日市朝鮮初中級学校および学校法人三重朝鮮学園設置認可に関する要請文が添付。
- ・1964年8月3日、総連三重県本部委員長、支部長ほか数名が総務課長に陳情。早期認可、知事との会見を陳情。
  ：三重県によって、他府県の認可状況および経緯に関する調査が実施。
- ・1964年8月6日、総務部長との会見の予定が、当日の朝、県側の都合により取り消しとなる。
- ・1964年8月13日、総連組織部長らが再び陳情。
- ・1964年10月14日、「朝鮮人学校の生徒等からのハガキ陳情」、親9通、生徒17通の計26通が知事宛に送られる。
- ・1965年8月18日、総連三重県本部委員長ほか7名が県知事に陳情。
- ・1966年4月20日、四日市朝鮮初中級学校保護者代表が「朝鮮人学校の認可に関する要望書」を提出。
- ・1966年4月22日、私学審議会による四日市朝鮮初中級学校の現地調査
- ・1966年7月18日、1966年度第二回私学審議会において各委員の意向聴取。「大半の委員が条件付で認可したらとのことであった。」
- ・1966年9月1日、準学校法人の設立および各種学校設置の再認可申請。（63年の認可申請の内容が、65年のそれと相違しているため）
- ・1966年11月2日、第三回私学審議会に諮問。他府県の認可経緯、条件、設置主体等調査のため継続審議となる。
- ・1966年11月12日、第四回私学審議会に諮問。誓約書をとることを条件に認可を可と

> する答申。
> ・1966 年 11 月 16 日、学校法人三重朝鮮学園の理事長金龍玉が、誓約書を知事宛に送付。
> ・1966 年 11 月 19 日、準学校法人三重朝鮮学園設立、四日市朝鮮初中級学校の各種学校としての設置認可。

典拠：①三重県総務部総務課「㊙朝鮮人学校について」（記述内容から 1964 年 8 月に作成されたものと考えられる）、②三重県総務部総務課「朝鮮人学校の認可申請について」（1964 年 12 月 11 日審議会に提出された資料）、③「四日市朝鮮初中級学校の認可申請について」（三重県所蔵資料、作成部署不明（おそらく総務部総務課）、記述内容から 1966 年 5 月に作成されたものと考えられる）、④「認可申請の内容」（三重県所蔵資料、作成部署不明（おそらく総務部総務課）、記述内容から 1966 年 11 月 19 日の認可以降に作成されたものと考えられる）。
註：（※1）の日付は、①では 4 月 16 日、②では 4 月 20 日となっている。

　本節ではまず、1964 ～ 65 年までの三重県側の対応とその特徴を析出し、続いて 1966 年以降に認可に向けた動きが加速する要因について検討する。

(1) 文部省方針の貫徹

　1956 年の学校法人設立認可申請が翌年に却下されて以後、四日市朝鮮初中級学校は 1963 年 11 月に再び認可申請を行う。しかし県側の反応は芳しくなく、認可手続きを保留し続け、またそうした対応の説明および手続きの早期開始を求める朝鮮学校側の陳情さえも拒否したり、あるいは面会した場合も明答を避けた。同年 12 月から 1 年間の間にも総連三重県本部や在日本朝鮮人三重県教育会（以下「教育会」と略記）のメンバー、学校の校長や教務主任等が 10 回以上県庁を訪問し陳情を行っており[25]、また子どもや保護者らも陳情書を送って手続きの開始、学校の認可を繰り返し求めた[26]。途切れることのない朝鮮学校

---

[25] 三重県総務部総務課「朝鮮人学校の認可申請について」（1964 年 12 月 11 日審議会に提出された資料）。

[26] 陳情書の内容は、「私達在日朝鮮公民の正当な民族的権利である教育は、日本政府の不当な差別待遇によっていまだその法人化を認められておりません。／最近でも群馬に続いて京都で「知事認可」があったのです。良識と人道をモットーとされる知事様が、早急に認可の許可をして下さるよう強く要求します。」、「今日依然として四日市朝鮮初中級学校の認可が許されない為、朝鮮人学校学生たちはたくさんの苦痛を受けている。度かさなる私達の要請が早く許可されんことを願います。」、「知事殿！／学校認可についてお願いする次第であります。他の県では認可が下されているのに、私達の県にかぎって認可されないとは残念に思います。早く認可されるよう……。」、「"四日市朝鮮初中級学校に対する認可の件"、いかがお取り計らってみられるでしょうか〔ママ〕。開校以来県下の同胞達が正しい子弟の教育に注いできた努力は、今こそ認定されるべきと思います。一日も早い認可の許可を願っております。」、「田中知事殿／今まで二度三

側の働きかけを受け、三重県も 1964 年に入り、文部省への問い合わせ、他府県の状況に関する調査、対応マニュアルの作成といった動きを見せ始める。

　朝鮮学校の各種学校認可に対する三重県の立場は、基本的には文部省の意向に従って認可を与えないというものであった。三重県総務部総務課作成の「㊙朝鮮人学校について」（記述内容から 1964 年 8 月作成と推定される）では「数年前から各種学校として認可申請がなされているが、文部省の方針に沿って保留している」として、県が沿うべき文部省の方針を下記のように整理している。

文部省の態度 (S38.5.20 大臣決裁)
(1) 学校教育法 1 条に規定する学校としての認可は行わない。
(2) 各種学校として認可することは適当でないとの態度を堅持している。
(3) 学校法人、準学校法人の認可は行わない。
(4) 朝鮮人学校（高校程度の各種学校）卒業者を留学生とみなして大学入試を認めることはできない。

朝鮮人学校に対する文部省の意向 (S39.4.16 全国主管部課長会議における振興課長答弁より）
(1) 国会でも問題となった（S39.3.25 第 46 国会衆議院文教委）が、朝鮮人学校は単純に教育問題として片付けられぬ要素をもっている。
(2) 永住のための教育とは無関係に民族教育（祖国の教育）が行われていることに問題がある。
(3) 民族教育は否定しないが、国家的恩典を与える必然性がない。
(4) 国際的慣例からみても他に例がない。
(5) 既に認可されたものもあるが、戦後の混乱期ならともかく、今後は認可すべきでない。但し学校教育法第 84 条（類似行為を行っている者への申請勧告と停止命令）を適用する考えはない（黙認の意）。
(6) 都道府県に文書通達したいが政治的反響もあるので検討している。

度にわたって私達は四日市朝鮮初中級学校の認可についてお願いして参りました。そして今日又お願い申し上げます。教育は百年の計とやら。何とぞ四日市朝鮮初中級学校の認可を下さいます様。」といったもので、直接知事宛に認可を訴える内容であった。

　　　　早期に通達し得るよう考える。

　具体的な経緯は不明だが、1963年5月20日付文部大臣決裁として示された4項目は、基本的には50年代の文部省の方針と同様であるものの、各種学校認可に関しては「適当ではない」として、1条校や（準）学校法人の「認可は行わない」よりも緩い表現となっている。先述のように個人立による各種学校認可を得た学校が既にいくつかあったことから、このような表現が用いられていたのだろう。後掲の表10-3にもこの大臣決裁の内容が示されているが、ここでは、一条校の認可を行わない理由として、民族教育を目的とする朝鮮学校が「我国の公教育を行うにふさわしい場として」認められないことが、また各種学校の認可を与えることが適当ではない理由として、朝鮮学校の教育内容が「我国の公益に合致しないおそれが多分にある」ことが挙げられている。12.28通達や外国人学校法案を髣髴させる論法が、既に63年時点で地方行政に下ろされていたのである。

　また、1964年4月16日の全国主管部長会議において示された文部省の意向も注目される。ここでは都道府県に対し文部省の意向を早めに通達をもって明示したいが、通達にすれば「政治的反響」があるためそうはできないという文部省の立場が確認できる。この振興課長答弁に関しては他の資料でも、文部省から「各府県の協力方要望があった」と記されている[*27]。三重県がそうであったように、各地朝鮮学校が各種学校認可取得に向けた働きかけを強める中、他府県も規定に則り文部省の判断を仰いでいたが、政治的反響を警戒した文部省は、文書通達ではなく、内々に各府県に対し文部省の意向に従うよう求めていたのであった。

　その際文部省は、朝鮮学校を認可することが単純な教育問題ではなく、政治問題、国際問題、治安問題の位相にあるという認識を隠していない。だからこそ、「民族教育は否定しない」にも拘わらず「国家的恩典を与える必要性がない」という結論が導かれる。他方で1948、49年のような、一定の条件を満たす教育機関への各種学校認可申請勧告と教育の停止命令を適用する考えもなく、

---

*27　三重県総務部総務課「朝鮮人学校の認可申請について」（1964年12月11日審議会に提出された資料）。

「黙認」の立場を採ったのは、在日朝鮮人側の大きな反発を回避しようとしていたためと思われる。このような文部省の意向に従っていたからこそ、三重県も認可申請を「保留」し続けたのであった。実際、朝鮮学校の陳情に対する三重県の対応には、文部省の方針が見事なまでに貫徹されていた。表10−2に示した資料は、1964年7月28日に行われた教育会理事金成達ほか5名による陳情の内容と、それに対する総務課の意見をまとめたものである。朝鮮学校側のあらゆる申し立てを、文部省の意向に従って棄却していることが分かるだろう。

上記陳情のおよそ2週間後にも、総連三重県本部組織部長らが陳情を行っている[*28]。ここで朝鮮学校側は、認可申請に必要な事務手続きに不備がないにも拘わらず、なお認可を与えないという県の対応は民族教育を行う権利の侵害であり、不当だと指弾した。政府からいかなる方針が下ったにせよ、行政手続き上問題がないようであれば、権限がある知事が認可の判断を下すべきだという主張である。また朝鮮学校の教育は、日本に住む者としての教育と帰国のための教育という二重の性格を持つものであり、「日本政府に反対するものでも何でもない。日本の政策下で教育して行きたいと思っているのだから、最小限の権利は認めてもらいたい」と訴えた。

これに対し県側は、学校設置認可は国からの機関委任事務であるため、国の意向を無視することはできないと従来の説明を繰り返し、また県がこれ以上対応するのは難しいため、文部省へ働きかけてみてはどうかと、交渉の継続を拒否する提案を行っている。さらにここで注目されるのは、「教育体系は、日本人を教育するためにある。その中に異質なものが含まれるのはおかしい。したがって、皆さんの立場で民族教育をやってもらえばよいのではないか」という発言である。そもそも日本の学校教育体系は日本人のためのものなのであり、したがって「異質なもの」としての民族教育を行う朝鮮学校に各種学校認可を与えること――すなわち「国家的恩恵を附与することに問題がある」のである。

日本の学校教育制度は日本国民のためのものであるため、それを朝鮮学校に適用することはできないという極めて排他的な発想は、他の三重県資料からも

---

*28 三重県総務部総務課学事係「朝鮮人学校設置認可に関する陳情（供覧）」（1964年8月14日付起案）の「朝鮮人学校の認可に関する陳情記録」

表10-2　三重県総務部総務課「朝鮮人学校に関する陳情」

陳情年月日	昭和39年7月28日
陳情者	在日本朝鮮人三重県教育会理事　金成達　外5名
陳情要旨	朝鮮人子弟のための県内唯一の教育機関たる朝鮮人学校（創立昭和23年、現在小・中学部生徒■■人〔黒塗り〕）は、認可を受けるべく鉄筋3階建の新校舎を建設中につき、当該学校を準学校法人各種学校として早急に認可してほしい。

陳情者の申立事項およびこれに対する総務課の意見

申立事項	総務課の意見
1．県内朝鮮人子弟に民族教育を施す唯一の学校でありながら、認可が得られぬため次の点で困っている。 （1）生徒募集及び生徒の転入に支障がある。 （2）国鉄の学割が貰えず生徒は大人の普通定期券で通学している。 （3）公認学校でないため、卒業資格が認められず卒業者の進学、就職等に支障がある。 （4）校具、教具等の購入に物品税がかかる。	1．朝鮮人学校の認可については、昭和25.3.14文部事務官通達に基づいて文部省と協議する必要があるので、本申請についてはS.39.4.13総第355号をもって協議書を提出。文部省は正式回答を避けているが、あらゆる機会を通し「認可すべきでない」という方針を明かにしている。その要旨は、「国内に永住する見込の外国人が、外国のための民族教育を行っているところに問題がある。民族教育は否定しないが、認可なり、国家的恩典を与える必要性がない」ということである。
2．学校設立後、既に16年の実績があり、認可申請も今に始まったことではない。無認可校として放置しておくことは、法的にもおかしいのではないか。	2．無認可各種学校に対する認可申請命令については、学校教育法第84条に規定されているが、朝鮮人学校は、適用外として放置すべきとされている。
3．認可校にふさわしくするため、無理をして校舎の新築をしている。認可について父兄も真剣である。若し認可が受けられないと困ったことになる。	3．隣接市町村に寄附金を求めているとの情報が入っている（公安調査局からの連絡）。
4．朝鮮人子弟に日本の小学校、中学校へ入学する途が開かれているといっても、朝鮮人のための教育は行われていない。朝鮮人を日本人化するための教育には反対である。 朝鮮人としての誇りをもって日本国民と親善を図り、朝鮮人としての立場で日本社会に貢献するのが本筋だ。帰国者に母国語等民族教育を行う必要もある。	4．諸外国でも、外国人のために民族教育を行う学校を認可している事例のないことを文部省は指摘している。また、北鮮〔ママ〕との国交も開かれていない。 （注）四日市の朝鮮人学校は北鮮系〔ママ〕に属する。
5．文部省から通達が出ていても、他府県で既に認可されたところが17校もある。認可権限は知事にあるのだから、県において善処し得るはずだ。また、文部省との協議の必要があっても、前向きの姿勢で臨んでもらえば可能性があるはずだ。 6．近いうちに、知事に会って実情を訴えたい。	5．教育行政は機関委任事務につき、国の方針を無視できない。他府県の状況は別添資料（■■■〔解読不能〕）のとおりであるが、何れも圧力に屈して「各種学校としてなら…」ということで認可したようである。しかし、現在は朝鮮人学校は認可すべきでない旨を文部省が会議において明言しているので、今の時点で認可を考えている県はないようである。

典拠：三重県総務部総務課「朝鮮人学校に関する陳情」（作成年月日に関する記述はないが、1964年7月28日～8月頃に作成されたと推察される）

確認できる*29。だがこれは何も三重県オリジナルなものではない。文部省は朝鮮学校の各種学校認可に関し、「各種学校を規定した学校教育法第83条は日本国民の育成をめざしたもので外国人学校を各種学校として認可してきたことは、あくまでも便宜的な措置であって本来の姿としては、外国人学校を各種学校として認可するのは適当でない」という立場を地方自治体に対し表明していた*30。こうした論法は、先述の1964年4月全国主管部長会議にて下達されたものと推察される。

このように、朝鮮学校の各種学校認可をめぐる動きへの三重県側の対応は、徹頭徹尾文部省の方針に従ったものであった。三重県は、中央が生み出した各種学校認可を与えないという方針とそれを根拠づける排他的な言説とを、一切緩和することなく、また四日市朝鮮初中級学校固有の状況を斟酌することもなく、朝鮮学校と直接相対する場において、それらを正確に引用・再現し、実行していたと言える。これが、単純な教育問題として片づけられない、従って厄介な政治問題と見做された朝鮮学校認可に対する三重県の対応のあり方であった。

他府県の状況

ところで1964年時点における他府県の認可状況はどのように把握されていたのだろうか。行政にとって「前例」の存在は重要な位置を占めており、四日市朝鮮初中級学校の認可問題に直面していた三重県も、この時期に他府県の認可状況を詳細に調査している。前掲表10-2の資料中に示された「他府県の状況」を調査した「別添資料」がそれである。総務課はこの調査に対し「何れ

---

*29 例えば、三重県総務部総務課が作成した内部資料「朝鮮人学校の認可申請について」（1964年12月11日審議会に提出された資料）の「総務課の意見」にも以下のような記述がある。「学校教育法に規定する学校は日本国民のための教育制度である。外国人のための民族教育を行う朝鮮人学校が、学校の名称を用い、類似行為をしていても、日本の教育制度とは異質のものであって、基本的に学校教育法に基づく学校であるとは解釈しがたい。もし朝鮮人学校が学校教育法にいう各種学校の一種であるとしても、国家的立場から見て、国内に永住する見込の外国人を対象として民族教育を行う点に大きな問題があるので、これを公認したり国家的恩典を付与することは困難である」。

*30 「四日市朝鮮初中級学校の認可申請について」（三重県所蔵資料、作成部署不明（おそらく総務部総務課）、記述内容から1966年5月に作成されたものと考えられる）。

〔の府県〕も圧力に屈して「各種学校としてなら…」ということで認可したようである」という部分のみを引き取り意見をまとめているが、同調査結果は各種学校認可に関する各府県の多様な対応を示すもので、極めて興味深い。表10-3に調査結果を示そう。

この調査では1964年7月までに認可が下りていた11府県の内、神奈川、愛知、福岡を除く8府県が取り上げられている。この内、東京や大阪のケース、すなわち公立学校から各種学校へ移管したケースは、三重県と状況が大きく異なるが、特に三重県と同じように朝鮮学校が県内に1校（または2校）しかなく校種も初中級学校である和歌山県、滋賀県、茨城県、栃木県の調査結果は、三重県にとっても参考となったことだろう。

滋賀県（1961年認可）は「文部省に再三協議したが、態度が明瞭でなく又朝連〔朝鮮総連のことと考えられる〕の要望が強く結果条件付で認可した」、和歌山県（1962年認可）は「各種学校としてなら基準に合致しているし、他府県の認可例もあり、文部省の態度も明瞭でない、又地元教育委員会の希望とあって、当初無認可の方針であったが、条件付きで認可した」、栃木県（1963年認可）は「文部省に協議すると共に認可した他府県の実情調査の結果、他県の例もあるし、各種学校ならと条件付で認可した」としており、これらの県では、認可当時において文部省の態度が明瞭でないという理解の下、他府県の前例もあることから、1950年3月14日の文部省通達に従い関係法令の遵守や補助金を望まないことといった条件を付けて認可していることが分かる。三重県と同様、学校法人立として認可した兵庫県では「37年学校法人化の申請があり、結果民族教育はしない、又善隣友好の精神に則り諸法令を守る旨誓約書を取り認可した」（1963.9.30学校法人認可）とされている。「民族教育はしない」の詳細は不明だが、法人認可も前例があったことが確認された。

このような他府県の「前例」を把握していた三重県であったが、その立場は揺らがなかった。1964年8月の陳情で朝鮮学校側が要請していた田中覚三重県知事との面会が実現したのは、およそ一年後の1965年8月18日のことである[31]。ここで学校側は認可についての配慮を要請したが、田中知事は朝鮮学校

---

[31] 三重県総務課学事係「朝鮮人学校の認可に関する陳情」（1965年8月22日付起案）、参照。添付された名刺から確認できる朝鮮学校側の参加者は、総連三重県本部委員長、総連三重県本部宣

設置認可の問題が政府レベルの外交問題であることを確認し、従来の県側の対応と同様、知事権限での処理が難しい旨を表明、さらに次回以降の朝鮮学校側との交渉を打ち切っている。

県下市町村への働きかけ

　県との交渉が打ち切られた朝鮮学校であったが、引き続き三重県下の市町村議会に対しても働きかけていたことが確認できる。例えば1965年8月30日には、教育会会長金龍玉が「学校法人三重県朝鮮学園設立の認可及び四日市朝鮮初中級学校設置に関する請願」を鈴鹿市議会議長に提出している。県に認可するよう要請してほしいという主旨の請願を受けた鈴鹿市教委は、三重県教委に対し以下の点についての回答を求めている[*32]。すなわち、「1. 四日市朝鮮初中級学校は北鮮系か南鮮系か〔ママ〕。南鮮系である場合は日韓条約が批准され、関係国内法が発効された時点には取扱方が変るか。2. 県教育委員会で認可を受けながら今日なお保留されている理由は何か。3. 他府県で認可されている事実の確否と、認可されている場合の根拠法規について」の3点である。

　また、同年12月1日には上野市議会からも、朝鮮学校の認可に関し「県当局において十分な調査と検討を加え、人道的見地にたってこの種の学校法人の認可を認めるよう善処方を要望する」要望書が県に提出されている[*33]。四日市

　　伝部長、総連三重県本部組織部長、在日本朝鮮人三重県教育会会長金龍玉、総連四日市支部委員長の5名であるが、記録には「総連三重県本部委員長他7名」と記されている。田中覚県知事、吉川茂彦秘書課長、広田稔学事係が知事応接室にて対応している。

[*32] 鈴鹿市教育委員会発、三重県教育委員会教育長宛「「学校法人三重県朝鮮学園設立の認可及び四日市朝鮮初中級学校設置に関する請願」の取扱いについて（照会）」（鈴教第2467号、1965年9月10日）。

[*33] 上野市議会「学校法人三重朝鮮学園の設立認可および四日市朝鮮初中級学校設置認可に関する要望書」（1965年12月1日付）。全文は以下のようになる。「四日市朝鮮初中級学校が昭和22年4月に建設され昭和38年12月学校教育法第83条ならびに私立学校法第64条第4項等に規定する学校法人としての認可をされるようすでに県当局へ申請されているが、いまだ認可がなく今日に及んでいる。／本校には現在県下各地から400名の児童が学んでいるが〔、〕この学校は学校法人としての認可がないため児童や父兄にとって大きな経済的負担と精神的な苦痛が多く〔、〕従って初中級学校として所定の義務教育過程〔ママ〕を終え本校を卒業し、各種国家試験の応募資格や職業その他社会生活のすべてにわたり、学校の不認可が原因となって現在あらゆる制約を受けているようであり、この際県当局において十分な調査と検討を加え、人道的見地にたってこの種の学校法人の認可を認めるよう善処方を要望する」。

表10-3 「朝鮮人学校に関する諸調査結果」

官公庁別	学校数		認可年月日		認可に至
	北	南	北	南	
文部省	(朝鮮人学校に対する態度について。S.38.5.20 大臣決裁) 1. 朝鮮人学校の設置について、学校教育法第1条に規定する学校としての認可は行わない。(理由)朝鮮人学校の規定する学校の教育内容に合致しないのみならず、我国の公教育を行うにふさわしい場として朝鮮人学校を認める 2. 朝鮮人学校を各種学校として認可することは適当でないという態度を堅持する。(理由)朝鮮人学校の行ってい 3. 朝鮮人学校を設置する学校法人又は準学校法人の認可についても、前2項に準じて取扱う。 4. 高等学校程度の朝鮮人学校の卒業生を外国人留学生とみなして大学入学を認めることはできない。(理由)大学 れる学校教育法施行規則第69条第1号に該当しない。				
東京都	1法人 {初級 13校 / 中級 1校 / 高級 1校} (各種学校)	1法人 {初級 1校 / 中級 1校} (各種学校)	S.30.4.1	S.30.2.3	認可前■は公立学校であったが、地区認可した。他にも公認のアメリカンス
大阪府	1法人 中級 1校 (各種学校)	A法人 {小学校2校 / 中学校1校 / 高校1校} B法人 {小学校1校 / 中高希望} (法1条学校)	S.36.8.2	A: S.24.3.1 B: S.25.3.14	南鮮系の2法人の設置校は文部省管理 北鮮系の学校は、従来大阪市立の中学望と北鮮側の希望とあって各種学校にした。
兵庫県	1法人 {初級 3校 / 中級 2校 / 中高級1校} (各種学校) 公立 {小学校3校 / 同分校6校 / 中学校2校} (うち1校は特設学級)	ナシ 大部分は公立学校で日本人と共学している。	S.34.4.1 (学校法人認可 S.38.9.30)	ナシ	S32年頃より12校の各種学校設置希されており、教育委員会と公立分校にあって34年個人立として認可した。い、又善隣友好の精神に則り諸法令を
和歌山県	個人立 {初級 / 中級 / 国語}1校 (各種学校)	ナシ 大部分は公立学校で日本人と共学している。	S.37.9.15	ナシ	S36年頃より法人立の小中学校としての後強い要望とあり、再検討の結果各認可例もあり、文部省の態度も明瞭で可の方針であったが、条件付きで認可
三重県	(学校法人三重朝鮮学園四日市朝鮮初中級学校について) 1.設置の趣意 三重県下に在留する朝鮮人子弟に、朝鮮図り理想的な教育機関を設立する。 2.位置 四日市市東阿倉川1507の1番地 3.校地 1,316坪 4.校舎 310坪 徒納入金 2,052,000円、寄附金その他 2,943,600円) 8. 今日に至る経緯 S.23.12.15 文部大臣宛財団法人設立申請。 S.24.10.13 申請却下。 S.31.4.30 知事宛学校法				
滋賀県	個人立 {初級 / 中級}1校 (各種学校)	ナシ	S.36.4.1	ナシ	文部省に再三協議したが、態度が明瞭が、認可行為については今だに〔ママれない。
茨城県	個人立 {中級 / 高級}1校 (各種学校)	ナシ	S.30.12.10	ナシ	
栃木県	個人立 {初級 / 中級}1校 (各種学校)	ナシ	S.38.7.12	ナシ	文部省に協議すると共に認可した他内ならと条件付で認可した。要望は1年

第 10 章　政治問題としての法的地位

(1964 年 7 〜 8 月)

る経緯	認可後の指導等	その他

実態が朝鮮語を使用し、朝鮮の地理、歴史を教授することを目的とするいわゆる民族教育であることは、学校教育法第 1 条に
ことはできない。
る教育内容は、我国の公益に合致しないおそれが多分にあるので各種学校の認可をこれ以上進めることは適当ではないと考え
の入学資格は学校教育法第 56 条第 1 項及同法施行規則第 69 条に定めるところであるが、留学生についての入学資格を認めら

民の要望と朝鮮人側の希望とあって各種学校として クールがある。	極端な民族教育が実施されている様であるが、学校へは立ち入っておらず何等指導は行っていない。	民族教育 (北鮮系) がねらいであるので公立校の在学者父兄へ子弟の入学勧奨が積極的である。
司長通達に基づく学校教育法第 1 条の学校である。	法 1 条の学校については、日本人学校と同様の取り扱いをしている。北鮮系の各種学校については何等指導は行っていない。	北鮮系無認可校が 15、6 校あるようであるが、36 年認可の折の約束もあるので、その後根強い要望はない。公認の南鮮系 B 法人の学校については中・高校併置の希望は強い。
交であったが、生徒が北鮮人許りになり、市民の要各下げして認可した。なお今後は認可しないと約束		
望があり、審議会とも協議した。現実に教育が実施手を焼いている等、更に県議会革新系議員の要求と 7 年学校法人化の申請があり、結果民族教育はしなる旨誓約書を取り認可した。	学校へも一般各種学校と同様訪問し、法人の役員会議、式典にも出席している。	誓約書内容は別紙であるが、第 2 項は守られていないと見受けられる。 なお各種学校 (初、中、高級) 卒業者は法 1 条の中、高、大学に入学させている。
申請があった。審議会に諮問したが保留となる。そ 学校としてなら基準に合致しているし、他府県のない、又地元教育委員会の希望とあって、当初無認 た。	認可後何等指導は行っていないが、諸届、報告は真面目に実行されている。学校訪問はしていない。	認可の条件 (誓約書) 1. 個人立であること。 2. 関係法令は遵守する。 3. 法令違反の折は廃校されても止むを得ない。
として必要な教育と日本国民との親善に寄与しうる教育を行うための公共的見地から、経営基礎の強化、教育内容の充実を
生徒数　初級 250 人、中級 150 人、計 400 人　6. 教員 14 人　7. 維持運営費 7,923,600 円 (財源　教育援助費 2,928,000 円、生		
設立申請。　S32.3　文部省と協議の結果申請却下 (口答)。　S38.11.5　知事宛今回の申請。		
なく又朝連の要望が強く結果条件付で認可した批判的である。最近法人化の要望があるが考えら	何等指導を行っていない。むしろ交渉を持たない様にしている。	認可の条件 (誓約書) 1. 関係法令を守ること。 2. 法令違反の折は廃校されても止むをえない。
上	何等指導を行っていない。学校も認可後改築落成式に一度行ったに過ぎない。	認可条件なし。現在中級 180 人、高級 360 人の生徒がいるが、高級生は関東、東北部の生徒が集まっており、寄宿舎の設備とある。
の実情調査の結果、他県の例もあるし、各種学校から強かった。	何等指導は行っていない。	認可の条件 (誓約書) 1. 関係法令を守る。 2. 日朝親善に寄与する。 3. 補助金を望まない。

京都府	A　個人立　初級1校	A　宗教法人　初級1校（夜間）	A：S.24.11.21	A：S.24.5.30	南北鮮系とも戦前から公立学校（朝鮮存続させているものである。従って、
	B　法人立　中級1校（各種学校）	B　法人立　中級1校（各種学校）	B：S.22.5.13（法人認可S.28.5.18）	B：S.22.5.13（法人認可S.22.9.8）	

典拠：「朝鮮人学校に関する諸調査結果」（三重県所蔵資料。作成部署・年月日ともに記載がないが、総務課によって1964年7
註1：滋賀県、茨城県、栃木県、京都府に関しては、「S.39.7.30 電話照会」との但し書きがある。
註2：兵庫県の「その他」欄に「誓約書内容は別紙」とあるが、「別紙」は確認できていない。
註3：茨城県の「認可に至る経緯」欄には「同上」とあるが、滋賀県と異なり「認可条件なし」（「その他」欄）とあるため、
註4：京都府の「その他」欄に「金閣寺附近に…建築中」とあるが、正しくは銀閣寺である。また「認可年月日」の「北」の欄
京都朝鮮中学」としており、1947年に認可を受けた「南」の「法人立中級」である「京都朝鮮中学」と同様の名称であった
邦中学」、58年に「京都韓国中学」と名称を変更している。また、「戦前から公立学校（朝鮮人のみ）として設置されていた
註5：表10-1で用いた資料とは、いくつか認可年月日が異なる。すなわち兵庫県の各種学校認可は1959.3.24、滋賀県の各種
註6：表中の「北鮮」、「南鮮」は原文ママである。

　朝鮮初中級学校は四日市市にあるが、同校の「学区」は三重県全域に及ぶ。朝鮮学校関係者たちは子どもたちの居住地域を中心とした市町村に対し、県側の対応の不当性を訴え、協力を要請していた。前節で見た四日市市による公費支出の事実や、既に同校が20年近く教育を続けてきた歴史は、こうした要請の正当性となった。県下市町村からの照会や要望は、僅かではあるが確実に、県当局に対するプレッシャーとなっていたことだろう。このような中、1965年12月28日、ついに通達という形式をもって、文部省は「各種学校として認可すべきではない」旨を明らかにしたのであった。

(2) 認可問題に関する政治的判断

　これまで見てきたように、三重県は文部省の方針に極めて「従順」であった。にも拘わらず、三重県が1966年4月以降、私学審をして学校の現地調査を行わせるといった認可に向けた前向きな姿勢を見せるのは何故だろうか。その決定的な要因を明示することはできないが、文部省方針に従い認可を与えないという三重県の強固な姿勢を揺さぶりうる2つの大きな動きが、1966年に入り生じたことを指摘したい。

　第一に、在日朝鮮人による各種学校認可取得運動が、ますます高揚したことである。12.28通達が発せられた翌日、総連は「在日朝鮮公民の民族教育を弾圧しようとする日本政府の通達と関連して」と題し、民族教育の権利を保障せよとの声明を発表、全国の朝鮮学校関連団体に対し運動の継続と発展を呼び掛

| 人のみ）として設置されていたものを戦後も引継いで他県の認可校とは経緯を異にしている。 | 一般各種学校と同様に扱っており、法人校には共済組合長期掛金の補助を行っている。 | 舞鶴市にも新規設置認可の声があるが、認めない方針。北鮮系中級学校は現在金閣寺附近に鉄筋校舎を建築中にて高級生を収容計画との事。 |

〜8月に作成されたものと推察される）

校ではない。

認可の日付は S28.5.18 が正しい。「北」の「法人立中級1校」とは、「京都朝鮮中級学校」であるが、認可時はその名称を
のため、電話照会の際に何らかのミスがあったと推察される。なお、1947年に認可を受けた「京都朝鮮中学」は、その後「東
を戦後も引続き存続させているものである」という説明は、事実に反している。

認可は 1961.4.3 となっている。

けている*34。三重県でも、県資料に「〔昭和〕38年12月以来陳情が重ねられているが、41年に入ってから特に活発化した」とあるように*35、認可を求める在日朝鮮人たちの働きかけは一層強まった。

66年3月に入り、文部省は 12.28 通達の趣旨に沿い適正な事務処理を行う旨を都道府県に再度強調している*36。1966年の2〜3月にかけて大阪や福岡をはじめ、新たに20校が各種学校の設置認可を取得していたためである。文部省としても 12.28 通達を反故にするように、各地で続々と認可が下りている現状や雰囲気に対し、危機感を覚えていたのだと言える。朝鮮学校当事者らによって醸成された全国的な各種学校認可の波は、ここに外国人学校法案反対運動が加わることによって、一層激しい展開を見せたのであった*37。

---

*34 『朝鮮新報』1965年12月29日付。
*35 「四日市朝鮮初中級学校の認可申請について」（三重県所蔵資料、作成部署不明（おそらく総務部総務課）、記述内容から 1966年5月に作成されたものと考えられる）。
*36 文部省初等中等教育局長斎藤正・文部省管理局長天城勲発、各都道府県教育委員会・各都道府県知事宛「朝鮮人のみを収容する教育施設の取扱いについて（通知）」（文管振第84号、1966年3月22日）。
*37 例えば、在日本朝鮮人総連合会中央常任委員会宣伝部「民族教育の権利を徹底的に擁護しよう！講演提綱 1966年第4号」（1966年4月）を参照。ここでは「民族教育を守る問題で決定的に重要なことは、日本の人々の世論を喚起し、かれらの支援をもらうようにすることである」として、各地方で政党、社会団体、労働組合、言論出版機関、学者、文化人、地方人士等に働きかけること、地方議会と県市町村議会議員たちを訪れること、当局に対し住所と名前を明記し教育権利の保障を要求する陳情書を送ること、町内会や近隣住民に民族教育について解説する機会を設けること等が、各地で取り組むべき課題として挙げられている。

四日市朝鮮初中級学校の保護者代表は、66年4月20日にも県に要望書を提出しているが、県や市町村へ働きかけたのは朝鮮人ばかりではない。1966年4月26日には、「三重県内に組織を有する各労働組合、民主団体、学者文化人の代表」によって結成された「在日朝鮮人の民族教育を守る三重県協議会」が、県知事に速やかな認可を要望している[*38]。さらに三重県教職員組合も「学校法人三重朝鮮学園設立及四日市朝鮮初中級学校設置の認可に関する要請」を三重県知事宛に提出している。ここには、計1,649名分の教職員の署名が付されている。在日朝鮮人に止まらず、市町村や県民たちも含んだ世論が高まりを見せ、一方で他地域での前例が積み上げられていく中、三重県も朝鮮学校の認可問題を前向きに検討していかざるを得ない状況となったのである。
　そして第二に、外国人学校法案が登場したことを挙げられる。外国人学校制度の構想は3月下旬にその大枠が報じられ[*39]、4月8日には自民党政調会文教調査会に設置された外人教育小委員会が作成した最終要綱が提出され、翌9日に新聞各紙がこれを報じている。また5月にはその内容を含んだ「学校教育法の一部を改正する法律案」が閣議決定されている。1966年5月以降に作成されたと推察できる三重県の資料「四日市朝鮮初中級学校の認可申請について」においても、外国人学校法案と各種学校認可を関わらせた言及が登場し始める。同資料における「4. 最近の文部省の方針」は以下のように記されている。

　　(1) 各種学校を規定した学校教育法第83条は日本国民の育成をめざしたもので、外国人学校を各種学校として認可してきたことは、あくまでも便宜的な措置であって、本来の姿としては、外国人学校を各種学校として認可するのは適当ではない。
　　(2) 新しい制度における外国人学校設置の認可申請があった場合、そこで行われる組織的教育活動が、国際的な友好親善関係の増進に役立つとともにわが国の利益を害するものでない限り認める方針である。
　　(3) 既に各種学校として認可されているものについては、現行法上無効であるとはいい難い。次官通達以降認可した大阪、兵庫については遺憾に

[*38] 在日朝鮮人の民族教育を守る三重県協議会「要望書」(三重県知事宛、1966年4月26日)。
[*39] 例えば「外国人学校制度を創設――今国会に法改正案提出へ」『朝日新聞』1966年3月26日付。

思っている。

　(4) 外国人学校制度の法制化に努力中であるから、それまで各府県とも頑張ってほしい。

　県側は、外国人学校を各種学校として認可するのは適当ではない旨を再度確認、さらに外国人学校の設置認可を含む外国人学校制度は「わが国の利益を害する」か否かが制度的保障の試金石となることを確認している。また12.28通達以降の各種学校認可は「遺憾」であるとする文部省のプレッシャーを認知しつつも、外国人学校制度の法制化までは「頑張ってほしい」、すなわち認可を与えないように努力してほしいと、文部省の方針を捉えている。

　筆者の仮説は、こうした外国人学校制度構想の出現が、図らずも各種学校認可を促す影響を及ぼしたのではないか、というものである。行政手続き上不備のない申請とその速やかな執行を絶え間なく求めてくる朝鮮学校側に対し、学校教育法は元来日本国民の教育のためにあるという説明や、結局は文部省の判断を仰がなければならないという説明をもってしても、他の外国人学校はもちろん、既認可の朝鮮学校および12.28通達以降も新たに認可された朝鮮学校があるという前例がある以上、その申請を留保したり拒否したりすることが、政治的意図に基づく差別的な処遇であるということは、誰の目にも明白なものであった。だが県としては国の方針を無視するわけにもいかない。国と運動との板挟みにされる中、朝鮮学校の認可問題は頭を悩ます実に「厄介な」案件であった。認可の動きが全国的に高揚し、当事者や市町村、各種団体等による県へのプレッシャーが一層強化される中、政府によって法令レベルで「国益」にそぐわない朝鮮学校を統制する外国人学校制度がつくられることが示された。たとえ朝鮮学校側の要求を受け入れ、認可を与えることになったとしても、後から大枠の次元で国家による統制が保たれるならば、それも一つの決着のあり方ではないか。「頑張ってほしい」という姿勢にも示されているように、文部省としても設置認可の流れを食い止めることはできない見通しを一方では持っているようだ。それならば、朝鮮学校の認可問題はひとまず決着を図りたい。こうした政治的な判断の下、県側の姿勢が相対的に軟化し、認可手続きに関わる動きが加速化したと捉えることができるのではないだろうか。

三重県としては各種学校認可という「保護」「恩典」を朝鮮学校に一時的に与えることになったとしても、外国人学校制度による新たな統制に従うことを朝鮮学校に約束させることができるならば、結果的に国の意向との調整が図れると判断した側面もあるようだ。1966年11月の私学審答申において県は「各種学校として形式的要件は整っており、他府県の事例もあって現行法上不認可とする積極的な理由に乏しい」旨を確認*40、さらに再度の他府県調査の結果を踏まえ、同月12日、誓約書を提出することを条件に、法人設立および各種学校設置認可を与える旨を決定している。その際誓約書の案として提示されたもの、および実際に三重朝鮮学園理事長の金 龍 玉(キムリョンオク)が提出した誓約書を示そう。ここから上記仮説を傍証する県側のねらいが見て取れる。両者の内容や文言の酷似性から、県側は誓約書の案を朝鮮学校側に提示したものと推察される。

【県側の案】
1. 日本国の法令ならびに監督庁の諸指示を遵守します。
2. 日本国の社会秩序に反し、又は利益を害する教育は行いません。
3. 外国人学校制度が設けられたときは、改正法に従います。
4. 助成金の要求はいたしません。
5. 上記のことについて、違反した場合は、法人の解散ならびに学校廃止の処置をうけてもいたし方ありません。

【実際に提出された誓約書】

誓約書

　私達は準学校法人三重朝鮮学園の設立及び四日市朝鮮初中級学校設置の認可をうけたうえは、日本国民との友好親善に寄与せんとする設置の趣意に則り、下記事項について誓約します。

---

*40　1966年11月に作成された「私立学校審議会諮問事項一覧表」の「学校法人三重朝鮮学園」に関する「所見」の欄には、以下のように記述されている。「法人設立については設立要件は整っており、寄附行為の内容も法令の規定にそっている。また、学校設置については、各種学校として形式的要件は整っており、他府県の事例もあって現行法上不認可とする積極的な理由に乏しい」。

記

1 日本国の法令ならびに監督庁たる知事の諸指示を遵守します。
2 日本国の社会秩序および利益を尊重した教育を行います。
3 自主的財源をもって学校運営を行います。

1966年11月16日
学校法人　三重朝鮮学園
理事長　金龍玉

三重県知事
　　　田中　覚　殿

　実際に提出された誓約書は、県側案と異なり、特にその3と5の項目は反映されていない。朝鮮学校としても、とりわけ県側案の「3. 外国人学校制度が設けられたときは、改正法に従います」といった主旨の誓約は、確実に回避しておくべきものであった。また、「助成金の要求はいたしません」という県側案も、「自主的財源をもって学校運営を行います」とされ、助成金要求の可能性を残している。さらに「2. 日本国の社会秩序に反し、又は利益を害する教育は行いません」も、秩序に反し利益を害することの判断を下せる権限は「日本国」側にあり、いつ朝鮮学校の教育が秩序に反し利益を害するものと断ぜられるともしれない危険なものであったため、学校側は「日本国の社会秩序および利益を尊重した教育を行います」と文言を改めている。総じて県側案は、その主旨を外国人学校制度と同一のものとしており、朝鮮学校を統制しようとする意図は明らかであった。

　こうした誓約書案は他府県の事例を参照して作成されたと考えられる。第三回私学審（11月2日）は他府県の状況調査を求め、県は表10-4に示したような他府県調査を実施している。調査結果からは、外国人学校法案の提出以降認可を与えた県の中に、従来の「関係法令を守る」よりも一歩踏み込んで、「新法制定の時は切り換える」（宮城県、66.7.27認可）や、「1. 反日教育は行わない。2. 1の事項に違反の時は認可を取り消すこともある」（栃木県、66.10.29認可）

といった外国人学校法案を髣髴させる内容が誓約書に盛り込まれているケースがあり、県および私学審もこのことを確認していた。第四回私学審（11月12日）が「誓約書をとることを条件に認可を可とする答申」を行ったのは[*41]、他県のように誓約書によって外国人学校制度に従わせる言質を確保できるならば、各種学校認可を与えても結果的に外国人学校制度で統制するという県のシナリオを実現できると判断したためではないだろうか。

結果として各種学校認可を与えた後も外国人学校制度に従う旨を誓約させ、朝鮮学校を統制する余地を残しておきたかった県側の意図は成就しなかったが、以上のことから、県が認可を与えた背景には、制定が見込まれていた外国人学校制度が影響していたと考えられる。こうして1966年11月19日、四日市朝鮮初中級学校は各種学校の認可を取得したのであった。

朝鮮学校としては各種学校の認可を得、一定の制度的な保障および公的な承認を受けるようになったとしても、再び外国人学校制度によって教育内容を統制されるようになるならば、意味がない。そのため全国的な各種学校認可取得運動は、その後外国人学校法案反対運動と連動しながら展開されていったのである。

「教育の論理」の不在

以上、四日市朝鮮初中級学校の各種学校認可取得過程を三重県の対応に着目して検討してきた。文部省の方針に従い、各種学校認可申請を拒否し続けた三重県であったが、12.28通達を経た1966年4月以降にその姿勢を相対的に軟化させ、認可に向けた様々な動きを見せ始めていたことが確認された。本章ではその背景として、在日朝鮮人らの県当局への働きかけが12.28通達を契機に一層激しく展開された——ここに県下市町村や各種団体も合流していた——こととともに、外国人学校制度構想の登場が与えた影響を指摘した。外国人学校（朝鮮学校）を文部大臣管轄として統制する外国人学校制度が制定されるという見込みを立てた県の政治的な判断によって、朝鮮学校の各種学校認可が進んだと考えらえるのである。

[*41]「認可申請の内容」（三重県所蔵資料、作成部署不明（おそらく総務部総務課）、記述内容から1966年11月19日の認可以降に作成されたものと考えられる）。

最後に改めて確認しておきたいことは、認可取得過程における三重県側の対応において、「教育の論理」が不在だった点である。教育の憲法として戦後教育改革の思想軸となった教育基本法が掲げる「人種、信条、性別、社会的身分、経済的地位又は門地によって、教育上差別されない」という教育の機会均等の理念、あるいは在日朝鮮人たちが幾度となく求めた民族教育を受ける権利。朝鮮学校認可をめぐる三重県内の対応の中に、このような「教育の論理」は一度たりともその痕跡を見つけることができない。

　例えば「私立学校審議会諮問事項一覧表」（1966年11月2日の第三回私学審で作成された資料と思われる）には、四日市朝鮮初中級学校と同時期に学校法人設立および各種学校認可を求めた団体に関する私学審の所見が記されている。学校法人大川学園が設置する大川幼稚園については、「当該地区には幼稚園は1園もなく又団地開発により住宅造成が行われており、幼稚園設置につき、地区住民…の要望もあるので、設立は適当と認める」とある。また個人立桑名音楽学院に関しては「桑名市には各種学校としての音楽学院は既存」しないことが他の要件とともに記述されている。これに対し朝鮮学校に関しては、先述のように「他府県の事例もあって現行法上不認可とする積極的な理由に乏しい」という、正に事務的な内容が記されているのみである。三重県に一つしかない、三重県に居住する朝鮮人の要望によって作られた教育施設としての朝鮮学校に関する考慮は、ここには存在しない。

　朝鮮学校の各種学校認可は、疑いの余地なく政治的な問題であった。それは他府県の場合も同様であった。「野放しより認可して指導下においた方が良いとのことで、次の事項を認可通知書に附記して認可書を交付する」（宮城県、66.7.27認可）、「放置するより認可して監督した方が良いとの意向で認可した」（福岡県、66.2.2認可）とする県があることは、そのことを如実に示している（表10-4）。各種学校認可においても、四日市市の補助金交付の際に確認された監視の論理は貫かれていたのである。こうした認可経緯説明のあり方は、文部省の方針に逆らった県側の申し開きの論法かもしれない。しかしながら、それでもなお、教育保障の観点、教育の論理がどの地域の認可経緯からも見出せないことは偶然ではないだろう。朝鮮学校の法的地位問題は、教育の問題ではなく、正に政治問題であったのである。

表10-4 三重県による他府県朝鮮学校の認可経緯

府県名	学校種別		設置者別	認可年月日	認可
宮城	初中級1		法人	41.7.27	2年前新校舎が完成し以来各種学校規定に添って部省の態度、他県の事例等から野放しより認可しの事項を認可通知書に附記して認可書を交付す 記 要旨 1 日朝友好親善に寄与する教育をす事項を守る。 4 助成金を求めない。 5 新法
滋賀	中級1		個人	36.4.1	諸般の事情から認可をした。なお法人化の要望がなお認可通知書に次の事項を附記した。 記 要旨 1 設置趣意どおりの教育を行う。 2
京都	A B	中高級1 初級1	C 法人	B 24.11.21 A 28.5.18 C 28.5.13	認可当時は各種学校として取扱うことに何等問題よび高級学校の設置認可要望が強かったが、第2校の学科増として取扱った。
大阪	A B C D	高級1 中級2 初中級2 初級12	E 法人	B1校 36.8.2 A、B1校、C、 D、E 41.3.3	府議会の総務委員会から認可するよう申入れがあの結果認可した。
和歌山	中級1		個人	37.9.15	36年頃より法人立学校としての申請があったが、の事例もあり、文部省の態度もあいまいである等誓約書 要旨 1 個人立であること。 2 関係れても止むをえない。
兵庫	A B C	中高級1 中級2 初級10	D 法人	A、B、C3校、 D 38.9.30 C7校 41.4.1	既に各種学校として認可しており、公立小学校分会の意向もあって、6校を公立より移管、自主可した。他に未認可校もあるが、これは形式的要次の事項を附記した。 記 要旨 1 関係法令を守る。 2 就学希望者設置評議会は前項の内容を保証しうる者を追加選
福岡	A B	中高級1 初級5	C 法人	A 31.4.1 C 39.8.12 B 41.2.2	A校は既に法人立として認可していたが、文部省あり、Bの5校も既に教育していることであるこが良いとの意向で認可した。なお、次の事項を認記 要旨 1 日朝友好親善に寄与する教育をす事項は守る。 4 経営は自主的財源で行う。
茨城	中高級1		個人	30.12.10	各種学校として認可を是とした時代であったので請が出たので審議会に諮問する。目下継続審議中
栃木	A B	初中級1 初級1	C 法人	A 38.7.12 B 41.10.12 C 41.10.29	7年前より両校とも法人立学校として認可要望がして認可。B校は施設不備のため却下する。その又法人設立の申請と併せて行われたが、41年10は審議会で保留となっていたが、再度審議会を開10月末法人認可をする。 記 要旨 1 反日教育は行わない。 2 1の事

条件、設置主体等調査（1966年11月）

経緯	認可後の状況
[ママ] いるからと陳情が強くなった。文て指導下においた方が良いとのことで、次る。　2　関係法令を守る。　3　県の指示制定のときは切換える。	協力的である。各種案内もあって県も積極的に参加している。
強いが、目下審議会で継続審議中である。　　助成金は求めない。	協力的である。県は最近行っていない。
がなく処理された。その後第2初級学校お初級学校はB校の分教室、高級学校はA	協力的である。各種学校団体に加わっている。県も積極的に行っている。
った。他府県の事情、文部省の態度等検討	協力的である。認可後日浅く府は行っていない。
保留しておいた。その後滋賀、大阪、兵庫諸般の事情から誓約書を取って認可した。法令は守る。　3　法令違反の折は廃校さ	非協力的である。県も没交渉である。生徒数調査等も除外している。
校と、その存在に手を焼いていた教育委員校1校を加え7校をたいした問題もなく認件が不備のためである。なお認可通知書には国籍の別なく同一に機会を与える。　3任する。　4　経営は自主的財源で行う。	協力的である。県は各種行事に積極的に参加している。
通達で苦慮していた。しかし他県の事例もとから、放置するより認可して監督した方可通知書に附記した。る。　2　関係法令を守る。　3　県の指示	協力的である。認可後日浅く余り行っていない。
難なく認可した。その後法人設立の認可申である。	認可後協力的である。県からは5年行っていない。最近法人化陳情が盛んである。
あったが、38年7月にA校を個人立校と後B校は施設を整えて再申請をして来た。月個人立として認可する。その折法人認可き次の事項を認可通知書に附記することで頃に違反の時は認可を取り消すこともある。	認可後協力的である。

群馬	初中級1	個人		40.8.3	県議会総務委員会（大半自民系）で認可陳情が採に附記することで審議会の全員賛成を得て認可す記　要旨　1　日朝友好親善に寄与する教育をす事項を守る。　4　助成金その他一切の要求はし
埼玉	初級1	個人		40.11.10	2年前から要望が強かった。文部省の態度もあいとする理由に乏しく、結果次の誓約書を取って認誓約書　要旨　1　日朝友好親善に寄与する教育の指示事項を守る。
千葉	中高級1	個人		40.12.15	36年から要望があったが、客観状勢から認可を見しているので同調した。なお通知書に次の事項を記　要旨　1　日朝友好親善に寄与する教育をす
神奈川	A　中高級1 B　初級5	C　法人		A　28.10.31 C　40.9.21 B　41.12.24	法人認可の時もたいして問題にならなかった。B朝連も希望していたので、文部省の方針はとも角附記する。記　要旨　1　関係法令を守る。　2　国籍（南北）しうる役員を追加選任する。
東京	中高級1 初中級9 初級3 幼級1	法人		30.4.1	外国人学校を都の経費で賄うのは不自然であると全公立学校を朝連系の各種学校として移管した。
岐阜	初中級1	法人		41.9.27	かなり以前から強い要望があった。文部省の態度を取って認可した。 誓約書　要旨　1　設立趣意書にあるとおり、日
愛知	中高級1	個人		28.12.19	各種学校として認可を是とした時代であったので

典拠：「〔他府県朝鮮学校の認可経緯、条件、設置主体等調査〕」（三重県所蔵資料。作成部署・年月日
註1：滋賀は初中級であるが、本資料では中級となっている。（中級認可後の1963年に初級部が併設）
註2：京都の法人認可年月日は、正しくは「28.5.18」である。
註3：兵庫の認可年月日は正確ではない。表10-3および同表の註5を参照されたい。
註4：福岡の中高級の認可年月日は、表10-1で用いた資料では「31.4.12」となっている。
註5：千葉の「中高級」は「初中」の誤りである。また表10-1で用いた資料では、認可年月日は「40
註6：神奈川の認可年月日中、「B　41.12.24」は誤りであり、正しくは「B　40.12.24」である。
註7：東京の「認可経緯」の欄に「南鮮系の韓国学園も同日付で認可する」とあるが、表10-3では

択された。その結果次の事項を認可通知書る。　2　関係法令を守る。　3　県の指示ない。	認可後協力的である。 最近法人化要望の陳情が盛んである。 県は認可後行っていない。
まいであり、他府県の事例もあって不認可可した。 をする。　2　関係法令を守る。　3　県	同上
送っていた。しかし近〔ママ〕府県が認可附記する。 る。　2　関係法令を守る。	同上
校は公立小学校の分校であり教育委員会も、認可した。なお次の事項を認可通知書にの別なく就学させる。　3　2の内容を保証	比較的協力的である。公立より移管された学校のうち2校は財産移管の問題で横浜市との間でもめている。 県は認可後行っていない。
のことから5億円（5カ年支払）の予算でなお南鮮系の韓国学園も同日付で認可する。	認可後協力的である。 都は積極的につき合っていない。
、他県の事例、県内事情等から次の誓約書朝友好親善の教育を行う。	認可後日浅くわからない。 県は行っていない。
、難なく認可した。	協力的である。 県は行っていない。 最近法人化、他校の設置認可の陳情が盛んである。

こもに記載がないが、総務課によって1966年11月に作成されたものと推察される）

2.17」となっている。

韓国学園の認可年月日は1955年2月3日となっている。「幼級1」の詳細は不明である。

終章
朝鮮学校の教育史が問いかけるもの

　本書は、先行研究で十分に明らかにされてこなかった朝鮮学校の教育の中身そのものの歴史を明らかにするとともに、脱植民地化という視点からその意味を考察することによって、朝鮮学校の教育史を描こうとしてきた。最後に、本書が描いた朝鮮学校の教育史の成果と今後の課題について述べよう。

第一節　朝鮮学校における脱植民地化

　本書は「継続する植民地主義」（中野 2006）に関する研究の知見に依拠し、植民地主義によって刻印された自己認識・社会認識における支配関係は、政治的脱植民地化（政治的解放、政治的独立）によって、すぐさま解消されるものではないとの視座に立った。そしてその解消を学校教育という方法でもって目指した朝鮮学校の取り組みから、脱植民地化と教育との関係を検討することが、本書の課題であった。

　1950～60年代当時、朝鮮学校は自身らの教育を脱植民地化と位置づけていたわけではないが、これまで見てきたように、植民地支配によって奪われた朝鮮人性の回復あるいは獲得の過程として説明・表象される朝鮮学校の教育は、明らかに脱植民地化を志向していると見做すことができる。朝鮮学校で表象される脱植民地化のプロセスと教育との関係を単純に図式化すれば、図終−1のようになる。

　朝鮮人は植民地支配によって朝鮮民族の歴史と文化、言語を奪われた。また「植民地教育」によって、「朝鮮語や朝鮮歴史や地理、音楽」等、「朝鮮のこともなにもしらない人間」、すなわち朝鮮人ではない日本皇国臣民となってしまった。こうした状況を克服するため、「植民地教育の反対物」としての「民族教育」を行い、「日帝時期に奪われた私たちの言葉と文字、私たちの国の歴史

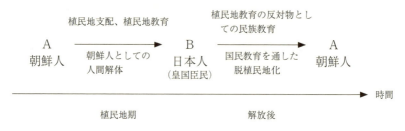

図終－1　朝鮮学校において表象される脱植民地化のプロセス

と文化を取り戻し」、子どもたちを「立派な朝鮮人」に育て上げる必要がある[*1]。このような意味づけのもと、朝鮮学校では、朝鮮民族ないし共和国の国民としての共通の文化と記憶を教え、ナショナル・アイデンティティを育む国民教育が行われていた。それによって子どもたちに自身を「共和国の息子、娘である」、「立派な朝鮮人である」と認識させることが、解放後にも残る植民地支配の影響を払拭すること、朝鮮学校が目指した脱植民地化であった。

　ところがこのプロセスは、想定通り単線的に進んだわけではなかった。在日朝鮮人の自助努力によってつくりあげられた朝鮮学校は、1940年代末の学校閉鎖措置によって、壊滅的な打撃を受ける。50年代に入り、朝鮮学校は破壊された朝鮮学校の営みを再建するとともに、朝鮮民主主義人民共和国の海外公民としての教育を実施していくために、共和国の教科書を用いたり、共和国で推進されている教育方針等、様々な教育を移植していく。だが学校現場では移植に伴い、少なくない不具合が生じていた。「教育と生産・労働の結合」を核としながら祖国建設への直接的貢献を目的とした基本生産技術教育を、朝鮮学校でも同様に推進することは難しく、また共和国と「同等の水準」の教育を保障させるものとして歓迎された共和国の教科書も、日本で生まれ育った在日朝鮮人の子どもたちを対象とする朝鮮学校の教育に適しているとは言えなかった。いついかなる場所でも「正しい国語」を使用することが目指されたが、朝鮮学校の子どもばかりでなく、教員たちにとっても、その実現は至難のことであった。共和国の教育をそのまま移植しても、言葉を換えれば、教育を祖国化して

---

*1　在日本朝鮮人愛媛県今治教育会編『日本にいる朝鮮人教育の諸問題』(1957年6月15日)、10－12頁。

も朝鮮学校の教育は成り立たないということを、関係者たちは実践の中から経験的に導き出していったのであった。

　だがだからと言って、朝鮮学校の教育が「共和国の息子、娘」あるいは「立派な朝鮮人」たろうとする歩みを止めたわけではない。社会制度、政治・経済状況、生活環境、使用言語、歴史、食文化……、どれをとっても共和国との間に小さくないズレがあり、共和国と同じ教育を行うことは現実的に不可能である。そのうえでもなお、朝鮮民族の国家としての朝鮮民主主義人民共和国の存在は、朝鮮学校の教育にとって、無くてはならない拠り所であり、参照軸であり続けた。教育を祖国化することはできないが、しかしその教育は常に祖国に向かおうとするベクトルを有していたのである。

　朝鮮学校の教育がなぜ祖国を志向していたのか。この問いへの回答は容易ではないが、少なくともそれは財政援助を得ていたことによってのみ説明できるものではない。当時の朝鮮学校では、植民地期の在日朝鮮人の状況が「亡国奴」という言葉によって表現されている。在日朝鮮人が繰り返し祖国の重要性を強調するのは、植民地期の経験から、国を失った民族の自主性は容易に蹂躙されうるということを痛感していたためであろう。だからこそ、植民地支配から解放された朝鮮人たちの独立国家を希求する思いはひとしおであった。「亡国奴」としてではなく、祖国を持つ朝鮮人として堂々と生きるという夢が、そこには託されていた。加えて、在日朝鮮人が暮らす日本では、官憲による直接的・間接的弾圧が繰り返され、生活していくうえでも就職、労働、教育、居住、社会保障等、様々な局面で差別や偏見と相対せねばならず、植民地支配から解放されたとは言い難い状況が戦後においても続いていた。そのような中、朝鮮民主主義人民共和国は、在日朝鮮人は海外公民であるという立場に立ち、その生活や社会権等を保障すべきとして諸施策を講じ、日本政府に対しても処遇改善の声明を発し続けた。世界が国民国家で覆われる中、在日朝鮮人にとっても祖国という存在は、良くも悪くも大きな位置を占めるものであり、単純に相対化できるものではなかった。

　また学校教育という方法に着目するならば、近代学校が国民教育制度として成立してきたことも、朝鮮学校の教育が祖国を志向していたことと関わっていよう（グリーン 2000）。近代国家を構成する国民としての能力およびアイデン

ティティを備えた人間を育成することを主たる目的の一つとしている近代学校には、国民教育の内容と方法が蓄積されている。そのことが、国民化をとおした朝鮮人性の回復・獲得と、近代社会を生きるために求められる諸能力の習得という、いずれもが植民地支配に起因する在日朝鮮人の教育要求に適合していたからこそ、在日朝鮮人は次世代を朝鮮人に育てる方法として学校教育を採用した。国民国家との親和性が強い学校教育という方法の面から言っても、祖国は手放せるものではなかった。そしてそのような祖国に向かいながら「立派な朝鮮人」になろうとするための様々な挑戦、工夫、試行錯誤、失敗の中に、朝鮮学校における脱植民地化を見出すことができた。

　本書は、脱植民地化とは「国民帝国の帝国性への拒絶であるとともに、国民国家性の受容による自立」という山室信一の指摘を導きの糸にしながら、朝鮮学校の教育史を検討してきた。ここで改めて山室の指摘に立ち返りながら、本書の作業をとおして見えてきた脱植民地化と教育の関係を整理しておきたい。
　第一に、教育における脱植民地化は、帝国性を克服させようとする際、対象者がすでに内に含んでいる帝国支配に起因する諸性質を利用する場合があるということである。教育とは発達への助成的介入であるとともに反省性を持つ営為であり、教育対象者の現状や変化を把握することなく、その営為は成立しえない。在日朝鮮人の子どもに脱植民地化のための教育を施す際にも、そのことは同様であり、対象者である子どもは、植民地主義による社会・自己認識を刻まれた存在（「植民地奴隷根性」）、「朝鮮語や朝鮮歴史や地理、音楽」等、「朝鮮のこともなにもしらない人間」など、様々な被植民者性を持つ存在として把握される。そのような存在に対し、共和国の国民国家性を受容させることによって、帝国性の払拭が試みられるわけであるが、提供される国民国家性が在日朝鮮人用のそれとして加工されていなければ、子どもたちがこれを受容することは困難であった。そしてその加工は、1963年に編纂された新教科書に日本での生活や服装、遊び、また漢字表記などが取り入れられていたこと、朝鮮語の発音を教える際に第一言語である日本語の発音を利用していたことなどに見て取れたように、在日朝鮮人の子どもたちが日本で生まれ育つ過程で身に着けていった様々な要素を取り入れた形でなされていた。日本で生まれ育った背景を

持つ子どもたちを対象に、「立派な朝鮮人」という目標に向かって発達を水路づけるためには、子どもたちの持つ拒絶し払拭すべき対象とされる「日本的な」要素を取り入れたり、活用する必要があったのである。ただし、言語教育において、国語（朝鮮語）が朝鮮人性の表徴として教育の中核に位置づけられる一方、単なる外国語ではなく第一言語であり、マジョリティの社会に接続（進学、就労）するうえでも欠かせない日本語の教育においては、日本語能力の習得が目指されつつも、日本語によるアイデンティティ形成には注意が払われていたように、子どもたちの現状を取り入れることによる理念の自壊が発生せぬよう、取り入れ・活用は慎重になされていた。共和国の教育を在日朝鮮人の現状に「創造的に適用」させるという学校側の姿勢は、理念と現実を絶えず調整しながら教育を組織していかざるを得ない状況をよく示している。

　第二に、国民国家性の受容がねらいどおりには成功していないにもかかわらず、脱植民地化は進行しうるということである。朝鮮学校は、国民教育による子どもたちの国民化をとおした脱植民地化を目指している。しかし教育の実際を見ると、学校側が企図していた国民国家性の受容が十分に達成されていないことも少なくなかった。「正しい国語」は習得できず、国語常用もせず、朝鮮式名前への改名も拒否する。学校が目指していた国民化は、その意味では「失敗」していたと言える。無論それは、本国の政治主体として自身を立ち上げることを困難にさせる条件が存在していたためでもある。しかしながら、そうであるにもかかわらず、帝国性の拒絶という目的は果たされていたように見受けられる。子どもたちの生活綴方からも読み取れたように、むしろそのような失敗に直面することを起点としながら行われる在日朝鮮人として生きる自身への省察の内に、脱植民地化の契機は見出されていた。ありていに言えば、「正しい国語」は使えないし、普段は日本語を使い、日本式の名前であるが、それでも朝鮮人ないし在日朝鮮人として堂々と生きる主体が形成され（ようとし）ていたのである。

　そして第三に、上記のような過程を経る中で、国民国家とは相対的に独自な文化と記憶が創造され、それらを共有する共同体がつくられつつあったということである。国民教育の内容と方法を在日朝鮮人式に加工する過程、また加工された国民教育を子どもたちが受ける過程では、様々なものが創出・生成され

実践される。国史に回収されるのみではない在日朝鮮人史の発掘・整理、伝統的な民族衣装を改良したチマ・チョゴリ制服の着用、さらに図らずも生まれた在日朝鮮語の使用……。そうした実践は、朝鮮民主主義人民共和国や朝鮮半島の政治的現実、文化、歴史と分かち難く結びつきつつも、なお相対的独自な存在としての在日朝鮮人を発見・再確認させるものであった。そしてそうした文化、記憶にも依拠しながら教育が行われ続け、次第にそれらを共有する在日朝鮮人という共同体が立ち上がっていく。本国の国民とは重なりながらも異なる、在日朝鮮人の文化や記憶を創造・共有する場として、朝鮮学校は機能したのである。その意味で、法的地位や公費補助を求める朝鮮学校の教育運動は、民族教育権の保障を求める運動であると同時に、朝鮮学校を拠点としてつくられる在日朝鮮人という共同体の制度的な保障、公的な承認を求める意味合いを含むものとなる。民族教育権の否定とはすなわち在日朝鮮人の否定であり、だからこそ、多くの在日朝鮮人が朝鮮学校を守り、民族教育権の保障を求める運動に参加したのであった。

　本書は朝鮮学校の教育史に着目することによって、以上のような教育における脱植民地化の様態を描くことができた。それは、朝鮮半島の分断体制、冷戦構造、植民地主義的かつ反共主義的な日本政府の朝鮮人政策や社会の眼差しなど様々な構造的制約に相対しながら、植民地支配からの解放がすなわち安心できる生活とはならない社会の中で、それでも「立派な朝鮮人」たろうとした在日朝鮮人たちの生の軌跡であった。

第二節　戦後日本教育史にとっての朝鮮学校教育史

　次に本書の作業が戦後日本教育史研究に対し提起する問題について述べよう。在日朝鮮人教育の歴史を手掛かりとしながら、日本の教育や戦後日本教育史を再考する試みがないわけではないが、多くの場合、対象として設定される場は、公立学校における在日朝鮮人教育や（岸田2003）、民族学級における教育実践であった（大門2007）[*2]。こうした試みにおいて、公的制度保障から除外されて

[*2] ちなみにここで大門は、「在日朝鮮人教育をとりあげるのは、戦後の平和・民主主義教育の意味を再考したいからであり、戦後教育史の視野をひろげたいからにほかならない」とし、「〔民族

いる、あるいは公教育ではないと認識されている朝鮮学校という場が選択されることは稀である。朝鮮学校教育史を置いた時に、これまでの戦後日本教育史叙述では見えにくかった、どのような部分が照らし出されるのか。ここではこうした問いへの本書なりの回答として、二点述べよう。

植民地主義という視点からの戦後日本教育史の再考

　第一に、朝鮮学校における教育の取り組みをかつての被植民者である在日朝鮮人らによる脱植民地化の取り組みと捉えるならば、その歴史は戦後日本教育史に対し、植民地主義の継続ないし植民地支配責任の問題を提起せずにはいられないだろう。

　2001年、南アフリカのダーバンで開かれた「人種主義、人種差別、外国人排斥および関連のある不寛容に反対する世界会議」(「ダーバン会議」)の提起を受け、日本においても植民地主義や植民地支配責任を問う研究が登場している(永原編 2009)。特に現在に至る植民地主義の継続を問題化するために、「東アジアで「戦後」を問う」た、中野敏男らの共同研究は極めて重要な知見を提起している。中野は東アジアで「戦後」を問う際に、生活領域そのものが国家依存的にならざるを得ない総力戦体制「後」の社会であり、また植民地帝国日本による帝国主義支配「後」の社会であるという時代把握が前提となるべきと説く。そして、「連続する植民地主義の「残滓」のうえに、東西冷戦という政治的・軍事的な覇権争奪の権力関係が重なり、また、とりわけアメリカの冷戦戦略が残存するこの植民地主義連関を取り込んで利用しながら反共支配体制を構築しようとするなかで」、東アジアの戦後が立ち上がっていったとする[*3]。

　戦後という時代を把握するためのこうした視座は、戦後日本教育史を考察するうえでも、極めて示唆的なものであると言えるはずである。ところが戦後日本教育史領域において、これら研究の提起を受容しようとする積極的な動きは、未だに見出せない。そこには、教育における植民地主義は戦前の問題であると

　　学級における「ともに生きる」教育実践をとりあげたのは]戦時期の皇民化教育と戦後の在日朝鮮人教育を日本の戦後史に位置づける試み」であるとしているが、どのような意味で戦後教育史の視野が広げられたのかは定かではない。
[*3]　中野(2005)、15-18頁。

いう素朴な認識があるのかもしれないし、あるいは中野が指摘するように、戦後にも継続する植民地主義が冷戦体制と「戦後民主主義」によって覆い隠されていることに安住し、植民地支配責任を避けようとする機制が働いているのかもしれない。また、かつて岸田由美が憂慮したように、国際化の中で「外国人の権利一般や民族文化の実践・教育に関する社会的承認が得やすくなった」が、他方で在日朝鮮人の教育問題の固有性や歴史性が埋没され、「特に、日本（人）にとっての対朝鮮脱植民地化の課題が十分に達成されないままに、日本（人）にとっての痛みが見えにくく、教育行政側にとって都合のよい国際化の課題に回収されてしまう」という事態が、不幸にも現実のものとして進行している側面があると言えるのかもしれない[*4]。

　しかし朝鮮学校の教育史は、「教育における植民地主義は戦後において本当に克服されたのか」という問いを投げ掛けてくれる。それは第一に、朝鮮学校の教育史が、「植民地支配という巨大な構造によって引き起こされた個別具体的な被害の経験」（板垣 2005）を出発点とした、被支配者たちによる脱植民地化の歴史であるからに他ならない。そして第二に、例えば1965年の12.28通達に象徴されるような、朝鮮学校の営み自体を許容しない性格が、教育勅語ではなく、日本国憲法の理念に基づき制定された教育基本法体制下での戦後日本の教育政策に、厳然と存在していたことを直截的に示してくれるからである。第9章で見たように、文部省大臣官房参事官である石川二郎が、朝鮮人の公立学校への就学を日本人同様に認める理由について、「かつて日本人であったという歴史的事情」を踏まえ、「彼らを日本社会に調和した存在とするため」だと論じていたことは、その最たる例である（石川1965）。そこに通底しているのは、教育権の論理ではなく、旧臣民の論理と同化の論理である。

　戦後日本の教育において植民地主義が継続していたとするならば、人種主義的な言説や実践が生まれる契機もまた、継続的に存在していたことになる。日本国籍喪失後の在日朝鮮人が公立学校へ就学する際に求められた誓約書の内容

[*4] 岸田（2003）、66頁。しかし岸田の指摘は悪い意味で裏切られたとも言わねばならない。在日朝鮮人の外国人一般への回収は進まず、大学受験資格や高校無償化制度等、むしろ外国人の中から「朝鮮学校に通う在日朝鮮人」を積極的に排除するという構図が、現実的に進行している。日本の共和国に対する「制裁政治」により、在日朝鮮人の人権そのものが制裁の対象、交渉の道具と化しているという事態は、強く批判されるべきである。

は、そのことを端的に示すものである。「入学希望者を入学させて学校の秩序が乱れない事を認定できる時」や「日本国の法令や学校の規則に従います」、「他の児童に乱暴したり、迷惑をかけるような行為はいたしません」と言った誓約書の文言に表れているように、ここでは朝鮮人への差別的処遇を正当化するために、朝鮮人は本質的に法や規則に従わず粗暴であるという民族像が動員されている。差別を合理化するために用いられる人種主義の典型例と言えよう。駒込武は、植民地台湾における台湾人の官立・公立学校への入学に際し、学校側が日本語による入学試験や「操行」の評価等をとおし、当該者が日本人集団に参入するにふさわしいかどうか、「いわば徹底した「品質検査」」を行っていたことを指摘しているが[*5]、戦後日本の公立学校においても類似した取り組みが行われていたことは、改めて注目されるべきである。

　もちろん教育学者たちの間で、戦後日本の教育と社会に植民地主義が継続していることを指摘する声が無かったわけではない。例えば、第4回教育科学研究会大会（1965年8月10〜12日）の「政治と教育」分科における五十嵐顕による基調報告では、戦後の「新教育」は、「一方では植民地支配の責任意識の欠落」、「他方では民族主権の侵害の現実に目をつぶ」っており、「民族独立の問題に無関心であった」ことが、また「戦後の国民教育が取りくみ不充分のままとりのこした思想的問題」として、「親欧脱亜の思想的態度の持続の問題」と、「その中心に位する…国民の朝鮮観の植民地支配者的性格の持続」が指摘されている[*6]。

　また大田堯は、外国人学校法案の反対運動に参加しながらも、「かりに、この法案を阻止するのにわたくしたちが成功した場合でも、わたくしたちの中に深くしみこんでいる考え方のほうはなお簡単には解消しないと思う」と述べている[*7]。ここで言う考え方とは、「国の利益を中心にする、つまり、国益によって外国人学校の教育の自主性（政治や経済のような行動とは異質な教育の自主性）を制限するという対外国人意識というか、世界の中の他の民族なり国家なりに

[*5] 駒込（2015）、396頁。
[*6] 飯野ほか（1966）、115頁。この論考は、「政治と教育」分科会の討議の内容を、飯野節夫、小沢有作、山田克郎の三名がまとめたものである。
[*7] 大田（1966）、51-60頁。この論考は、1966年5月23日の民族教育研究会の席上で行われた報告を編集したものである。

対する一定の姿勢」を指す。大田は、「わたくしたちは、日韓条約が問題になったり、外国人学校制度が問題になったりしたときにだけ、在日朝鮮人に対して、ないし其の他の諸民族に対して、正しい姿勢でのぞんでないというのではない。むしろ、そういうものに正しい姿勢をとれないことが、日常化しているということ」の問題性を、朝鮮学校との関わりの中から見出していた。

朝鮮学校やそれをめぐる様々な問題に関わる教育学者たちによって1960年代中頃に提起されたこうした声が、その後の日本社会や教育界によって真摯に受け止められてきたとは言い難い。今日の日本の教育学研究が、戦後にも継続する植民地主義の問題や植民地支配責任に向き合うためには、朝鮮学校の教育史を、他者でも外部でもなく、戦後日本教育史の問題として捉えることが求められるのではないだろうか。

公教育の境界線の可視化と再考──在日朝鮮人の教育権

第二に朝鮮学校の教育史は、戦後教育体制の中に厳然と存在する、しかしとりたてて触れられることのない、公教育の境界線を可視化してくれる。

度々指摘されるように、1947年に公布・施行された教育基本法は、GHQに提出された英訳版教育基本法とは異なり、その主語を「people」(人民、すべての人々) から「国民」とすることによって、教育の憲法たる教育基本法の適用対象者を、日本国籍保持者に限定した。小国喜弘はこれを「憲法と同じく、教育基本法もまた「自国民中心」の教育基本法として成立したといってよい」と評している[*8]。そのうえで朝鮮学校の教育史は、外国人の教育権に関わる論議を具体的史実に即して検証させることを可能とする。本書で論じてきたように、戦後から1960年代に限っても、日本の教育制度、教育政策は、一貫して外国人の教育を受ける権利を保障しなかったばかりでなく、時に積極的に、また時に不作為によって侵害してきたと言える。日本国民を無意識の前提として叙述された歴史からは、こうした国籍を要件とする分かり易い境界線でさえも、不可視化されてしまう。

戦後日本の外国人の権利問題を考えるうえで、日本政府が日本国憲法の施行

---

*8 小国 (2007)、31頁。

前日である1947年5月2日、最後の勅令として外国人登録令（勅令第207号）を発したことは、決定的に重要である。旧植民地出身者らは、日本国籍を所持しながらも、外国人とみなされ、日本国憲法が保障する権利の枠から巧みに除外されたのである。朝鮮人・台湾人が、植民地期と同様に「帝国臣民」として戦後日本に残ることになったと言われる所以である（鄭栄桓 2013）。戦後日本において植民地主義的な朝鮮人支配体制が再編されていく中、在日朝鮮人の教育権保障の回路は根本から絶たれていたと言わねばならない。

また外国人の教育権が排除されることと、戦後日本の出入国管理政策の性格との連動性も見逃せない。出入国管理の制度自体が、外国人を一時的に日本に滞在する者、いつかは帰国する者であるとする発想を基調としており、外国人として日本に定住することはそもそも想定されていなかった。その意味で、「権利を主張するならば、帰国するか帰化せよ」という未だに人口に膾炙する排他的言説は、根拠のないものではない。むしろ日本の出入国管理法制の特徴を的確に言い当てた主張だと言える。そしてこうした外国人観からは、外国人のルーツや文化を継承・維持するための、言い換えれば定住外国人としての独自の教育を保障するという発想もまた、生まれるはずもない。

もっともこうした国籍による境界線を飛び越え、在日朝鮮人のための教育機関である朝鮮学校が、公教育の枠組みに一時的に入る場合や、あるいは朝鮮学校を公的に保障すべき教育の範疇に含み得る未発の契機が、いくつか存在したことも事実である。1947年4月の文部省通達（朝鮮人の実情に考慮し、朝鮮学校を私立学校および各種学校として認可しても差支えない）、1949年5月の朝鮮人教育費の国庫負担請願の国会採択、また学校閉鎖措置の「後始末」的性格を有したとは言え、1950年代〜60年代中頃にかけて公立朝鮮学校が存在したことを、その具体的な例として挙げられよう。中でも公立朝鮮学校の存在は注目される。学校関係者たちの工夫のなかでつくられ、地域に受け入れられていった公立朝鮮学校の存在と実践は、一時的・部分的にであれ、ナショナルに引かれた公教育の境界線を相対化し、地域レベルでの公教育を形作っていたと言える。

こうした史実は、何がどうして日本の公教育とみなされてきたのかを問ううえで少なくない示唆を与えるものと考えられるが、しかし注意すべきは、例えば公立朝鮮学校が存在していたことをもって、朝鮮学校の教育に公共性が認め

られると評価すべきではないことである。この立場を採れば、無認可の朝鮮学校には公共性が認められないということになり、結局公共性の有無は行政機関の承認如何によるということになってしまう。公共性の有無は行政機関が決めるものではないし、ましてやマジョリティ側が特権的に判断するものでもないだろう。一般的な社会構成員と異なる集団たるマイノリティの諸活動に、マジョリティにとっての普遍性やマジョリティとの共通性を見出すこと、マジョリティ社会への開放性を求めること自体そもそも困難なことであり、マジョリティによる公共性の要請は、マイノリティにとって、時に活動の独自性を失わせたり変形させたりする恫喝となることを忘れてはならない。

　だから、繰り返しとなるが、あくまでも重要なのは権利という指標である。在日朝鮮人がその子どもたちを「立派な朝鮮人」に育てようとする営み、また子どもたちが「立派な朝鮮人」に育とうとすることは、教育への権利として保障されるべきものである。その権利が、在日朝鮮人の闘いによって、また政府はもちろんのこと地方行政においても積極的・肯定的な意図は無かったにせよ、実態として、局所的・局時的に公費によって保障されていたという意味において、公立朝鮮学校の存在は重要なのである。

　植民地主義および反共主義に基づき在日朝鮮人の教育権を保障しようとしてこなかった政府方針の下で、それを部分的に相対化するこうした現実が生まれ、またそれらが結果的に潰えていった戦後日本の教育と社会とはいかなる特質を持つものであると言えるのか。朝鮮学校の教育史は、戦後日本の公教育の境界線がどのように揺れ動いたり、どういった論理によって明滅していたのかを深めていくうえで、多くの史実を提供してくれるのである。

第三節　東アジアにおける脱植民地化と教育の比較史に向けて

　本書は少なくない課題を残している。それは本書の位置づけと関わっており、すなわち朝鮮学校史研究としての課題、解放後在日朝鮮人教育の全体史としての課題、東アジアの教育史としての課題として整理できる。それぞれの課題は同心円状に拡がっており、相互に関係している。

　第一の課題は、朝鮮学校史研究としての課題であり、より精緻な朝鮮学校教

育史が描かれる必要があるというものである。本書が描いた朝鮮学校教育史の大きな欠点は、地域ごと、学校ごとの違いが充分に加味されていない点にある。朝鮮学校の教育体系は総連中央によって統一的に管理・運営されていたものの、各地域の学校によって、在日朝鮮人の生活状況や学校の設立経緯はもちろん、行政の対応も大きく異なる。しかも朝鮮学校の教育史を、在日朝鮮人の生活の論理が不可避的に介在する状況でつくり上げられていく脱植民地化の教育史として捉えようとするならば、個々の在日朝鮮人の生活状況や、各地域在日朝鮮人コミュニティの特質に関する分析は極めて重要になってくる。だが、地域ごとの差異を十分に考慮することができなかったため、平板で一枚岩的な朝鮮学校教育史叙述に陥っている側面がある。これは本書で使用した史資料の性格から導き出される限界でもある。例えば教育実践報告に関しても、中央教研や中央の機関誌に発表されたものに依拠することが多く、また地方教研において発表された実践報告書を用いても、地域的な特徴を見出すには至らなかった。

　こうした課題を克服するためには、地方行政が保有する資料や、当時朝鮮学校に就学者として、あるいは教職員や保護者として関わっていた人々の口述資料を、地域ごとの特質やジェンダー、世代、教育経験の違いを自覚したうえで用いていくことが求められよう。

　第二の課題は、解放後在日朝鮮人教育の全体史という課題であり、その中で、朝鮮学校における脱植民地化の教育史の特質を位置づけなければならないという点である。一言で在日朝鮮人の教育と言ってもその裾野は広い。本書では、解放後在日朝鮮人の教育の内、学校方式である朝鮮学校のある一時期に限った教育を検討した。しかし学校方式の教育に限っても、韓国学校、日本の学校、また日本の学校に設置された民族学級や、就学経験のない在日朝鮮人（特に女性たち）が学んだ夜間中学、民族団体が設置した成人学校等、戦後日本における在日朝鮮人の教育は、様々な場と型をもって展開してきた。

　これらに関しては個別に論じられることこそあれ、それらを在日朝鮮人の教育として包括的に捉え検討する研究は、未だ登場していない。教育における脱植民地化、あるいは脱植民地化のための教育という問題意識に照らすならば、それぞれの場では、数多の脱植民地化のための教育実践が繰り広げられていたはずである。こうした様々な場で展開した教育を比較検討した時にこそ、本書

が明らかにした1950～60年代の朝鮮学校の教育史の持つ意味も、より明確に位置づけられることだろう。こうした作業は解放後の日本社会を在日朝鮮人がどのように生きたのかという歴史を、教育という側面から映し出すものとなるばかりでなく、戦後日本教育史を一層豊富化していく作業にも直結しており、極めて重要な作業だと言えるだろう。

　第三の課題は、東アジアの教育史として、朝鮮学校の教育史を位置づけるというものである。すなわち、冷戦構図と植民地主義が継続する戦後の東アジア諸地域における教育の比較史的な分析を行った時にこそ、朝鮮学校の教育史が持つ意味は、一層浮き上がってくるだろう。こうした展望は決して抽象的なものではない。一例を挙げよう。

　本書では1950年代初頭から朝鮮学校で用いられていた共和国の翻刻教科書について見たが、実はこの入手ルートは明らかになっていない。学友書房の職員が中国経由で入手したという話を聞いたこともあるが、未だ実証できていない段階である。ところで言語学者金壽卿(キムスギョン)に関する板垣竜太の研究において、本研究にとって極めて興味深い事実が明らかにされている（板垣2014）。金壽卿とは、「1945年以前に京城帝国大学法文学部・東京帝国大学文学部（大学院）で哲学と言語学を学び、日本の敗戦後は1946年に北朝鮮（1948年以降は朝鮮民主主義人民共和国）に渡り、同国の言語学・言語政策において大きな影響力をもった言語学者」であり、「1940年代から1960年代まで、同国の言語学の中軸を担った」人物である[9]。金壽卿は平壌で前期中等教育用の文法教科書『朝鮮語文法』2冊を1954年に刊行しているが、これが1955年5月に、延辺の朝鮮族の中学校文法教科書として延辺教育出版社から『朝鮮語文法』（2冊を合本）として翻刻されている。さらに、1956～57年に金壽卿執筆の2冊の文法教科書の内、少なくとも『朝鮮語文法（語音論・形態論）』が、学友書房から翻刻されているという。筆者が学友書房で確認できた文法教科書は、表2-5で示した1955年に学友書房で翻刻された『国語文法』（中3用、著者はチョン・リョルモ（정렬모）、リ・グニョン（리근영））と、それ以降は1961年のもので

---

[9]　同志社大学人文科学研究所国際学術シンポジウム「磁場としての東アジア――北に渡った言語学者・金壽卿（1918-2000）の再照明」、配布資料の「シンポジウム趣旨説明」より。

あり*10、金壽卿が執筆した『朝鮮語文法』は発見できていない。

とは言え、このことは今後の朝鮮学校教育史研究に大きな示唆を与えるものである。第一に、共和国、中国延辺の朝鮮族、在日朝鮮人、それぞれの教育の共時性への視野を拡げてくれる。第二に、学校知識が生産される場の性質に注目する重要性を示してくれる。共和国、韓国、中国、ソ連をはじめとした東アジア地域の教育と学問の共時性により自覚的になるならば、朝鮮学校の教育は一層立体的なものとして把握可能になるだろう。例えば第2章で見た洪彰澤は、共和国翻刻版の生物教科書（『人体解剖生理学』と『ダーウィン主義基本』）の内容を指し、「私がこれまで習ってきた生物学の範疇や体系、内容とはあまりにも差がありすぎたし、日本の教科書ともあまりにも違った」と指摘している*11。冷戦期に自然科学領域においても学問の覇権争いがあったことを踏まえて考察しなければ、この言及の意味するところ、そして洪が繰り広げた教育実践の意味を正確に掴まえることはできない。しかし東アジア諸地域における教育に比較史的視角を持てば、これらの意味を勘案しながら、朝鮮学校の教育を読み解いていく筋道が立つだろう。

朝鮮学校の教育をより精緻に分析し（第一の課題）、その他の場の在日朝鮮人教育との比較によって、朝鮮学校の特異性が明らかになるであろうし（第二の課題）、さらに東アジアとの比較によって、朝鮮学校における在日朝鮮人の脱植民地化が持つ特殊性と一般性、あるいはその他の地域・民族の脱植民地化との共通点と差異点が明らかにされることだろう（第三の課題）。これが本書の欠陥から導き出せる、今後取り組まれるべき課題である。

以上のような課題を残す本書であったが、冒頭で引いた勝田守一の「民族教育の在り方を具体的に究明すべきだ」との指摘に対し、少なくとも、それは脱植民地化という観点からなされるべきものであるということは、言えたのでは

---

*10 『国語文法　初級学校』第3学年用、1961年に学友書房で翻刻、著者：記載なし
『国語文法　初級学校』第4学年用、1961年に学友書房で翻刻、著者：정렬모, 안문구
『国語文法　初級学校』第5学年用、1961年に学友書房で翻刻、著者：정렬모, 안문구
『朝鮮語文法（語音論・形態論）』中級学校第1、2学年用、1961年に学友書房で翻刻、著者：김병제
*11 洪彰澤（2008）、3頁。

ないかと思う。

　朝鮮学校における脱植民地化の歴史を一言でまとめるならば、在日朝鮮人による闘争と創造の歴史と言えるだろう。それは守られてきた歴史でも、誰かによってつくられてきた歴史でもない、在日朝鮮人たちの主体的な営みであった。

　在日朝鮮人が闘い、朝鮮学校を守らねばならなかったのは、植民地主義および反共主義に基づく日本政府の政策と、朝鮮学校が教育制度の周縁に位置づくが故の制度的制約が、朝鮮人として育てたい／育ちたいとする在日朝鮮人の教育要求と対立していたためである。解放後の日本社会においても、在日朝鮮人は植民地期を彷彿とさせる暴力の経験と予感とに常に相対しながら、次世代を育て上げる営みである教育に臨まなければならなかった。

　また、在日朝鮮人らが朝鮮学校の教育を自らつくり出さねばならなかったのは、世界中のどこにも、在日朝鮮人のための学校教育が存在しなかったためである。本国である朝鮮民主主義人民共和国の教育を行うだけでもいけない。居住国である日本の教育を参照するだけでも足りない。学校そのものがいつ弾圧の標的となるとも知れない緊張状態の中で、試行錯誤を繰り返しながら、在日朝鮮人の子どもたちのための教育はつくられていったのである。

　闘争と創造の結び目において、朝鮮学校における脱植民地化は取り組まれたのであった。

【史資料および参考文献】

※（1）～（3）には本論で直接引用していないものも含めた。
※教科書および教研等における実践報告書は省略した。

(1) 民族団体関連文書（中央レベル）

朝連文化部「文化部活動報告書」（朝連三全大会）（1946年10月1日）
在日本朝鮮人聯盟中央委員会「第四回定期全体大会活動報告書 第三部教育編」（1947年10月）
在日本朝鮮人聯盟中央委員会第五回全体大会準備委員会「1948年度 朝聯第五回全体大会提出活動報告書」（1948年）
在日本朝鮮人聯盟中央総本部常任委員会「第十三回中央委員会 朝聯活動報告書」（1948年1月）
民戦三全大会準備委員会「各単位組織の活動報告と提案 教育活動報告と活動方針」（1952年12月18～19日）
民戦三全大会準備委員会「民戦第三次全体大会提出議案」（1952年12月18～19日）
在日朝鮮統一民主戦線中央委員会「第10回中央委員会の報告と決定書」（1953年5月30日）
世界教員会議在日朝鮮人代表「在日朝鮮人の現状に関する報告（日本文）」（1953年7月）
在日朝鮮統一民主戦線「第四回全体大会決定書」（1953年11月）
在日朝鮮統一民主戦線中央委員会「民戦四全大会教育部門報告」（1953年11月）
在日朝鮮統一民主戦線「第四回全体大会提出経過報告および方針書草案」（1953年11月11日）
中央朝鮮師範学校中央期成委員会「中央朝鮮師範学校建設趣旨書および事業計画書」（1953年12月）
在日本朝鮮人学校PTA全国連合会、在日朝鮮人教育者同盟「大会決定書」（1954年6月20日）
在日朝鮮統一民主戦線中央委員会「民戦第五回全体大会報告書（草案）」（1954年11月8～10日）
民戦中央委員会「民戦第六回臨時大会報告書」（1955年5月24～25日）
在日本朝鮮人教育会、在日本朝鮮人教職員同盟「決定書」（1955年7月3日）
教育会中央委員会、教同中央委員会「教育会第2回、教同第20回拡大中央委員会 決定書」（1955年11月26～27日）
在日本朝鮮人総連合会中央常任委員会「『各級学校規定』および教育参考資料」（1956年2月）
在日本朝鮮人総連合会中央常任委員会「"人民学校に関する規定"の実施に関して」（1956年2月）
在日本朝鮮人総連合会中央常任委員会「教科書使用に関する解説——主に中高級学校に関して」（1956年3月2日）
在日本朝鮮人総連合会中央常任委員会「課程案実施に関して」（1956年3月2日）
在日本朝鮮人教育会、在日本朝鮮人教職員同盟「教育会第二回、教職同第九回全体大会決定

書「祖国の平和的統一独立と民族教育の一層の拡大強化のために」(1956年5月25日)
在日本朝鮮人教職員同盟中央常任委員会「教職同第23回拡大中央委員会決定書」(1956年8月21〜22日)
在日本朝鮮人教育会中央常任委員会「教育会中央委員会第5回拡大会議報告書」(1956年10月12日)
在日本朝鮮人総連合会中央常任委員会「中央委員会第7回会議に提出する1956新学年度準備事業総括報告と1957新学年度準備事業方針草案」(1956年10月24〜26日)
総連教科書出版委員会「教科書編纂月報」第1号 (1956年11月)
総連教科書編纂委員会「教科書編纂月報」第3号 (1957年2月28日)
在日本朝鮮人教育会第三回定期大会「大会決定書」(1957年)
在日本朝鮮人総連合会中央本部教育部編『朝鮮民主主義人民共和国 教育規定資料集〔教育部資料第1集〕』(1957年)
総連中央常任委員会「総連中央委員会第八回会議に提出する教育問題に関する議案(草案)」(1957年3月7〜9日)
在日本朝鮮人教育会中央委員会、在日本朝鮮人教職員同盟常任委員会「教育会第六回、教同第二十四回中央委員会に提出する報告」(1957年5月8日)
在日本朝鮮人教職員同盟『在日本朝鮮人学校 第1回教育研究中央集会総結報告集』(1957年9月5日)
在日本朝鮮人総連合会中央本部教育文化部「在日本朝鮮人各級学校 事務管理規定(第1号)」(1957年12月)
在日本朝鮮人教育会、在日本朝鮮人教職員同盟「教育会第4回定期大会、教同第11回定期大会文献集」(1958年)
在日本朝鮮人総連合会中央教育文化部「学校事業計画書作成法 資料集」(1958年3月)
在日本朝鮮人教育会中央委員会「在日本朝鮮人教育会 第4回定期大会一般方針(草案)」(1958年4月30日)
在日本朝鮮人教育会中央委員会「第13回会議資料」(1958年5月)
総連教科書編纂委員会「教科書編纂会報」第6号 (1958年5月15日)
在日本朝鮮人教育会「1958−1959学年度教育援助費及び奨学金配当予算案に関して」(1958年5月25日)
在日本朝鮮人総連合会中央教育文化部「1958/9学年度年間事業計画書 教育関係」(1958年6月)
総連中央常任委員会「総連中央委員会第15回会議に提出する教育事業総括報告書」(1958年10月)
在日本朝鮮人教育会常任委員会「第14回中央委員会報告および方針」(1958年10月12〜13日)
総連中央教育文化部「1959新学年度準備事業 組織要綱」(1958年10月27日)
在日本朝鮮人教育者第3回大会「1959年新学年度準備事業を成功させるために」(1959年2月26〜27日)

在日本朝鮮人教職員同盟中央常任委員会「在日本朝鮮人教職員同盟第34回会議に提出した総括および当面方針（草案）――帰国運動と教育事業の質的発展のために」（1959年4月18～19日）

「在日本朝鮮人運動史参考資料「愛国陣営の純化と強化のために――社会民主主義の路線と傾向を排撃する」（白水峯論文）」（1959年5月）

在日本朝鮮人教育会「在日本朝鮮人教育会第5回定期大会　決定書」（1959年6月14日）

在日本朝鮮人教職員同盟「教同第12回定期大会文献集」（1959年6月14～15日）

在日本朝鮮人教職員同盟中央常任委員会鄭求一「学生作文（日本語）募集について」（1959年10月12日）

在日本朝鮮人教職員同盟中央委員会「中央委員会第37回会議に提出する事業総括報告及び当面の任務」（1959年11月6～7日）

総連中央教育文化部「1960～1961学年度　新学年度準備事業組織要綱」（1960年）

総連中央教育文化部「1960/1961学年度教科課程案」（1960年）

在日本朝鮮人教職員同盟「教同第13回定期大会に提出する事業総括報告及び今後の方針」（1960年）

在日本朝鮮人教職員同盟中央委員会「教同中央委員会第38回会議　決定書」（1960年3月23～24日）

在日本朝鮮人教育会中央常任委員会「1959年5月1日現在　日本小・中・高・大学在学朝鮮学生数統計表」（1960年4月15日）

在日本朝鮮人総連合会中央常任委員会教育文化部「1959～60学年度　新学年度準備事業総括　統計表」（1960年5月8日）

在日本朝鮮人教職員同盟中央委員会「教同中央委員会第39回拡大会議決定書」（1960年12月3～4日）

総連中央教育文化部「1961/1962学年度課程案実施について」（1961年）

在日本朝鮮人教職員同盟中央常任委員会「教同中央委員会第40回会議に提出した事業総括報告および今後の方針」（1961年4月8～9日）

在日本朝鮮人教職員同盟中央委員会「教同第13回定期大会に提出する事業総括報告および今後の方針」（1961年5月20～21日）

在日本朝鮮人教育会中央常任理事会「在日本朝鮮人教育会第6回定期大会　決定書」（1961年6月）

在日本朝鮮人教職員同盟中央委員会「第43回拡大会議決定書」（1961年10月28日）

在日本朝鮮人教職員同盟中央委員会「在日本朝鮮人教職員同盟中央委員会第44回会議決定書――「総連中央委員会第23回会議拡大会議方針に依拠した総連中央常任委員会第6期第38回会議決定「醸成された情勢に合わせて学校教育事業を一層改善強化するために」を固守・貫徹するために」（1962年7月14日）

在日本朝鮮人総連合会中央常任委員会教育部「1963～64学年度　新版教科書の取り扱いに関する要綱」（1963年4月）

在日本朝鮮人総連合会中央常任委員会教育部「各級学校用日本語教科書の取り扱いについて」

（1963 年 4 月 27 日）
在日本朝鮮人総連合会中央常任委員会「社会主義的愛国主義教養を一層強化することについて――総連宣伝員熱誠者大会で行った総連中央韓徳銖議長の報告および大会決議文」（1963 年 7 月 1～2 日）
総連中央常任委員会「年度別課程案（1956～1964 年）」（1964 年）
在日本朝鮮人中央教育会常任理事会「在日本朝鮮人教育会第 7 回定期大会　文献集」（1964 年 6 月）
在日本朝鮮人総連合会中央常任委員会宣伝部「講演提綱（幹部講演用）1964 年第 10 号　私たちの言葉と文字をもっとよく学び、正しく使おう！」（1964 年 7 月）
在日本朝鮮人総連合会中央常任委員会「各級学校教員および学生の国語習得運動と等級制試験実施に関する組織要綱」（1964 年 10 月 1 日）
在日本朝鮮人総連合会中央常任委員会「在日同胞の民主主義的民族権利を擁護し各界各層同胞との事業を一層強化するために　総連中央委員会第 7 期第 2 回会議で行った韓徳銖議長の報告」（1964 年 11 月）
総連中央常任委員会「1965～66 学年度課程案」（1965 年）
在日本朝鮮人総連合会中央常任委員会『総連結成 10 周年記念　在日本朝鮮人教育方法研究中央大会　報告および討論集』（1965 年 7 月）
総連中央常任委員会「1966～67 学年度　課程案実施要綱」（1966 年 2 月）
在日本朝鮮人総連合会中央常任委員会宣伝部「講演要綱　1966 年第 4 号　民族教育の権利を徹底的に擁護しよう！」（1966 年 4 月）
在日本朝鮮人中央教育会・在日本朝鮮人教職員同盟編『朝鮮の子ら――在日本朝鮮人学校生徒日本語作文集』（1967 年 6 月）
在日本朝鮮人教職員同盟中央常任委員会「1968 - 1969 学年度模範教員集団運動に参加するために登録された教員集団」（1968 年）
在日本朝鮮人総連合会中央常任委員会「1968～69 学年度　総連各級学校課程案実施要綱」（1968 年 3 月）
在日本朝鮮人教職員同盟中央常任委員会「1969 - 1970 学年度模範教員集団運動に決起して登録された教員集団」（1969 年 9 月）
在日本朝鮮人総連合会中央常任委員会「1970～71 学年度　総連各級学校課程案を正確に執行することについて」（1970 年 3 月）
在日本朝鮮人教職員同盟中央常任委員会「1970 - 1971 学年度模範教員集団運動に決起して登録された教員集団」（1970 年 6 月）
在日本朝鮮人総連合会中央常任委員会「総連各級学校課程案を正確に執行することに関する要綱」（1974 年 3 月）
「総連各級学校課程案　1975～76 学年度」（1975 年）
総連教科書編纂委員会理科分科『理科』教科書改作事業総括報告書」（1996 年 6 月 1 日）
総連教科書編纂委員会理科分科（洪彰澤）「『理科』教科書改作事業総括」（2007 年 11 月 12 日）

(2) 民族団体関連文書（地方レベル）

東京朝鮮学園講習会編纂委員会「教職員夏期講習会総結」（1955 年 8 月 5 日）
愛知朝鮮人教育会、教同愛知県本部「第 2 回拡大中央委員会議に提出する報告書」（1955 年 11 月 26 日）
在日朝鮮人教職員同盟関東地協「1952 年度　教同夏期講習会」（1956 年）
在日本朝鮮人東京教育会第一回大会、学校法人東京朝鮮学園第二回定期総会「1955 年度教育事業の総括報告および 1956 年度教育事業を成果的に遂行するために」（1956 年 5 月 8 日）
在日本朝鮮人教職員同盟大阪府本部「第九回定期大会総括報告（草案）」（1956 年 5 月 20 日）
在日本朝鮮人教職員同盟東京本部「在日本朝鮮人問題　李珍珪編」（1956 年 7 月）
在日本朝鮮人教職員同盟神奈川本部『第一回全国教育研究集会　研究報告　1956～1957』（1957 年）
在日本朝鮮人教職員同盟東京本部「第 1 次東京教育研究集会　研究報告」（1957 年 7 月 25 日）
在日本朝鮮人愛媛県今治教育会編『日本にいる朝鮮人教育の諸問題』（1957 年 6 月 15 日）
東京朝鮮中高級学校教育会「1957 学年度活動報告および 1958 学年度活動方針」（1958 年 4 月 18 日）
在日本朝鮮人教職員同盟東京都委員会「第 13 回定期総会　活動報告および今後の方針（案）」（1959 年 5 月）
東京朝鮮中高級学校「帰国実現　理科展示会（パンフレット）」（1959 年 10 月 18 日）
総連北大阪本部常任委員会「1962～1963 新学年度準備事業の成果的遂行のために」（1961 年 11 月 2 日）

(3) 学校関連文書
【作文集】
東京都立朝鮮人高等学校『新芽文集』（1952 年）
朝鮮人教育者同盟編『在日朝鮮児童作文集　第 2 集』学友書房（1953 年 4 月 15 日）
尼崎市立園田小学校分校『그 동산　児童作文集　No.3 개교 11 주년기념』（1957 年 3 月）
尼崎市立園田小学校分校『동산　児童作文集　No.5』（1958 年 7 月）
東京朝鮮中高級学校『学生作文集　中等部第 3 学年』（1959 年）
在日本朝鮮人神奈川県教育会・在日本朝鮮人教職員同盟神奈川県委員会編『特集　神奈川民族教育　作文集 1』（1959 年 8 月 25 日）
京都朝鮮第一朝鮮人小学校『児童作文集』（1959 年）
東京朝鮮中高級学校『学校創立 15 周年を祝賀する！作文集——中等部第 3 学年』（1961 年 9 月）
東京朝鮮中高級学校『学級作文——東京朝鮮中高級学校に入学して　高等部一学年 10 班』（1962 年）
東京朝鮮中高級学校『学生作文・手紙集　私たちはいつも祖国と共に』（1962 年 5 月 5 日）
東京朝鮮第一初中級学校『僕らの未来のために——六年間、日本学校で学んで来た中等部編入生達の手記』（1962 年 6 月）

東京朝鮮第八初級学校『作文集第3号』（1962年12月6日）
東京朝鮮第八初級学校『作文集第4号　学校案内』（1962年12月28日）
茨城朝鮮中高級学校「作文集」（1966年12月）
京都朝鮮初級学校作文集『つぼみ』創刊号（1969年）
京都朝鮮第三初級学校『つぼみ』第3号（1972年）

【機関誌等】
東京朝鮮高等・中学校校友会機関誌『学生旗』創刊号（1949年12月1日）
京都朝鮮中高級学校文芸部『燈台』第2号（特別号）（1962年12月20日）
京都朝鮮中高級学校文芸部『燈台』第3号（特別号）（1963年12月15日）
京都朝鮮中高級学校文芸部『燈台』第4号（詩特集号）（1964年6月20日）
京都朝鮮中高級学校文芸部『燈台』第6号（1964年11月20日）
京都朝鮮中高級学校文芸部『燈台』第7号（特別号）（1964年12月）
京都朝鮮中高級学校文芸部『燈台』第9号（1965年7月10日）
京都朝鮮中高級学校文芸部『燈台』第10号（1965年12月20日）
京都朝鮮中高級学校文芸部『燈台』第11号（1966年12月1日）
京都朝鮮中高級学校文芸部『燈台──民主主義的民族教育をよりよく理解するための作品集』
　　第13号（1968年12月1日）
京都朝鮮中高級学校文芸部『燈台──民主主義的民族教育をよりよく理解するための作品集』
　　第14号（1969年11月15日）
京都朝鮮中高級学校文芸部『燈台──民主主義的民族教育をよりよく理解するための作品集』
　　第15号（1970年12月1日）

【学校案内、入学案内等】
東京朝鮮中高級学校「学校案内　募集要綱　1958年度」（1958年）
東京朝鮮中高級学校「学校案内　学生募集要項1959～60学年度」（1959年）
神戸朝鮮中高級学校「学生募集要綱　1959～1960学年度」（1959年）
北大阪朝鮮初中級学校「1962～1963年度　入学案内」（1962年）
在日本朝鮮人東京都教育会「東京都内朝鮮学校　入学案内　1963－1964学年度」（1963年）
東京朝鮮第六初中級学校「入学案内　1963～64学年度」（1963年）
東京朝鮮第七初中級学校「学校案内　1964～65学年度」（1964年）
京都朝鮮中高級学校「学校案内　1962～3学年度」（1962年）
京都朝鮮中高級学校「学校案内　1963～4学年度」（1963年）
京都朝鮮中高級学校「入学要綱　1964～1965年度」（1964年）
京都朝鮮中高級学校「入学要綱　1966～1967年度」（1966年）
京都朝鮮中高級学校「入学要綱　1967～1968年度」（1967年）
京都朝鮮中高級学校「入学要綱　1970～1971年度」（1970年）
愛知朝鮮中高級学校「1959学年度　入学案内要項」（1959年）

【学校沿革史】
創立10周年記念沿革史編纂委員会編『東京朝鮮中高級学校10年史』(1956年)
三多摩朝鮮第一初中級学校『学校沿革史』1967年
埼玉朝鮮初中級学校『学校沿革史』1966年
東京朝鮮中高級学校『学校沿革史』1966年
横浜朝鮮初級学校『学校沿革史』1966年
四日市朝鮮初級学校『学校沿革史』1966年
愛知朝鮮中高級学校『学校沿革史』1966年
愛知朝鮮中高級学校『学校沿革史』1996年
東大阪朝鮮第一初級学校『学校沿革史』1966年
東大阪朝鮮第二初級学校『学校沿革史』1966年
東大阪朝鮮第三初級学校『学校沿革史』1966年
東大阪朝鮮第四初級学校『学校沿革史』1966年
東大阪朝鮮第五初級学校『学校沿革史』1966年
大阪福島朝鮮初級学校『学校沿革史』1966年
堺朝鮮初級学校『学校沿革史』1966年
城北朝鮮初級学校『学校沿革史』1966年
泉北朝鮮初級学校『学校沿革史』1966年
東大阪朝鮮中級学校『学校沿革史』1966年
南大阪朝鮮初中級学校『学校沿革史』1966年
中大阪朝鮮初中級学校『学校沿革史』1966年
京都朝鮮第二初級学校『学校沿革史』1966年
京都朝鮮中高級学校『学校沿革史』1966年
網干朝鮮初級学校『学校沿革史』1966年
有馬朝鮮初級学校『学校沿革史』1966年
伊丹朝鮮初級学校『学校沿革史』1966年
飾磨朝鮮初級学校『学校沿革史』1966年
川辺朝鮮初級学校『学校沿革史』1966年
高砂朝鮮初級学校『学校沿革史』1966年
宝塚朝鮮初級学校『学校沿革史』1967年
西脇朝鮮初級学校『学校沿革史』1966年
西播朝鮮中級学校『学校沿革史』1966年
神戸朝鮮中高級学校『学校沿革史』1966年
広島朝鮮第一初級学校『学校沿革史』1966年
広島朝鮮中高級学校『学校沿革史』1966年
下関朝鮮初中級学校『学校沿革史』1966年
岡山朝鮮初中級学校『学校沿革史』1966年

福岡朝鮮初級学校『学校沿革史』1966 年
小倉朝鮮初級学校『学校沿革史』1966 年
八幡朝鮮初級学校『学校沿革史』1966 年
九州朝鮮中高級学校『学校沿革史』1966 年
連合同窓会／オモニ会・50 年史編纂委員会編『西東京（三多摩）朝鮮第一初中級学校創立 50 周年記念写真集』（1996 年 10 月 10 日）
大阪朝鮮第 4 初級学校教育会編『大阪朝鮮第 4 初級学校　半世紀沿革写真集』（1996 年 11 月 23 日）
学校法人兵庫朝鮮学園神戸朝鮮高級学校創立 50 周年記念誌編集委員会編『神戸朝高創立 50 周年記念誌』（2000 年 9 月 9 日）
大阪民族教育 60 年誌編集委員会編『大阪民族教育 60 年誌』（2005 年 12 月）
東京朝鮮中高級学校「東京朝鮮中高級学校創立 60 周年記念　関連資料まとめ」（2006 年）
学校創立 60 周年記念行事実行委員会編『東京朝鮮第二初級学校 60 周年記念集』（2006 年 1 月 15 日）
大阪朝鮮第 4 初級学校創立 60 周年記念行事実行委員会編『学校法人大阪朝鮮学園　大阪朝鮮第 4 初級学校創立 60 周年記念誌』（2006 年 10 月 22 日）
東京朝鮮中高級学校創立 60 周年記念事業実行委員会編『東京朝鮮中高級学校創立 60 周年記念誌』（2006 年 11 月 15 日）
大阪福島朝鮮初級学校創立 60 周年事業実行委員会編『大阪福島朝鮮初級学校 60 周年記念誌』（2008 年 11 月 9 日）
愛知朝鮮中高級創立 60 年史編集委員会編『愛知朝鮮中高級学校創立 60 周年記念誌「創立 60 年史」』（2008 年 12 月）
朴喜源編（2010）『民族の誇りを守り――長野朝鮮初中級学校創立 40 周年記念写真集』（2010 年 5 月）
生野朝鮮初級学校創立 20 周年記念事業実行委員会編『生野朝鮮初級学校創立 20 周年記念誌』（2011 年 4 月 24 日）
東大阪朝鮮中級学校創立 50 周年記念実行委員会編『東大阪朝鮮中級学校創立 50 周年記念誌』（2011 年 10 月 23 日）
学校法人金剛学園『日本政府正規学校認可取得創立 40 周年記念誌』（1986 年）
学校法人白頭学院建国幼・小・中・高等学校『白頭学院創立 60 周年記念誌――建国』（2006 年）

【その他】
名古屋市立牧野小学校分教場編『私たちの歩み』（1954 年 2 月 26 日発行）
東京都立朝鮮学校教職員組合情報宣伝部編「民族の子――朝鮮人学校問題」（1954 年 11 月 30 日）
朝鮮大学校「朝鮮大学校一覧」（1956 年）
九州朝鮮中高級学校建設委員会「九州朝鮮中高級学校建設概況」（1956 年 11 月 10 日）
東京朝鮮中高級学校『祝帰国』（写真集）（1960 年）

東京朝鮮第一初中級学校「学校創立 17 周年記念コッポンオリ」(1962 年 12 月)

(4) 地方自治体行政文書

愛知県知事青柳秀夫発、財団法人愛知県朝連学校管理組合連合会設立代表者李致五宛「〔学校閉鎖命令〕」(達第 475 号、1949 年 11 月 6 日)

愛知県教育委員会事務局宝飯事務所『朝鮮人学校関係綴(昭和 24 年～ 27 年)教育課』

愛知県教育委員会教育長発、各学務局学務所長・各市教育委員会教育長・各市長宛「朝鮮人生徒、児童の転入学について」(愛第 575 号、1949 年 11 月 11 日)

名古屋市議会事務局長発、東京都議会議会局長宛「公立朝鮮人学校について」(收市会第三三一号の一、1954 年 4 月 30 日)

愛知県総務部学事課「学校法人愛知朝鮮学園寄附行為認可申請書〔綴り〕」(1967 年 2 月)

愛知県知事桑原幹根発、学校法人愛知朝鮮学園設立代表者張一宙宛「〔愛知朝鮮学園寄付行為認可通知〕」(42 指令学第 8 － 19 号、1967 年 2 月 14 日)

四日市市教育長「私塾 四日市朝鮮人小学校について」(1952 年 11 月 29 日付立案)

三重県総務課学事係「朝鮮人学校の設置認可について(協議)」(1964 年 4 月 8 日付起案)

三重県総務部総務課「朝鮮人学校について」(1964 年 6 月)

三重県総務課学事係「朝鮮人学校設置認可に関する陳情(供覧)」(1964 年 8 月 14 日付起案)

三重県総務課学事係「朝鮮人学校の生徒等からのハガキ陳情について」(1964 年 10 月 14 日付起案)

三重県総務課「朝鮮人学校の認可申請について」(1964 年 12 月 11 日、私学審へ提出された文書)

三重県総務課学事係「朝鮮人学校の認可に関する陳情」(1965 年 8 月 22 日付起案)

三重県学事文書課学事係「朝鮮人学校の認可に関する要望書」(1966 年 4 月 20 日付起案)

三重県(作成者不明)「四日市朝鮮初中級学校の認可申請について」(1966 年 5 月以降に作られた文書)

三重県私立学校審議会「学校法人三重朝鮮学園設立(寄附行為)の認可について」(1966 年 10 月 31 日付起案)

三重県私立学校審議会「四日市朝鮮初中級学校設置について」(1966 年 10 月 31 日付起案)

三重県学事文書課学事係「学校法人、三重朝鮮学園の設立(寄附行為)認可について」(1966 年 11 月 12 日付起案)

三重県学事文書課学事係「四日市朝鮮初中級学校の設置認可について」(1966 年 11 月 12 日付起案)

三重県「四日市朝鮮初中級学校の認可申請について」(1966 年)

東京都都知事「朝鮮大学校の設置について」(私立学校審議会への諮問に関する起案文書)(1967 年 8 月)

東京都私立学校審議会「朝鮮大学校設置に関する答申書」(1968 年 4 月 5 日)

東京都知事「朝鮮大学校の設置について(朝鮮大学校の設置を認可することについての検討事項)」(1968 年 4 月 17 日)

(5) 著書

愛知県科学教育センター編（1965）『愛知県戦後教育史年表』
愛知県教育委員会編（2006）『愛知県教育史第五巻』
愛知県警察史編纂委員会編（1975）『愛知県警察史第 3 巻』愛知県警察本部
愛知県小中学校長会（1978）『六三制教育三十周年記念　愛知県小中学校誌』
尼崎市教育委員会編（1974）『尼崎市戦後教育史』
アンディ・グリーン著、大田直子訳（1997＝2000）『教育・グローバリゼーション・国民国家』東京都立大学出版会
五十嵐顕・伊ケ崎暁生（1970）『戦後教育の歴史』青木書店
岩崎稔、大川正彦、中野敏男、李孝徳編（2005）『継続する植民地主義――ジェンダー／民族／人種／階級』青弓社
岩崎稔・上野千鶴子・北田暁大・小森陽一・成田龍一編（2009）『戦後日本スタディーズ②――60・70 年代』紀伊國屋書店
大江志乃夫、浅田喬二、三谷太一郎，後藤乾一、小林英夫、高崎宗司、若林正丈、川村湊編（1993）『岩波講座　近代日本と植民地 8　アジアの冷戦と脱植民地化』岩波書店
大阪市私立保育園連盟編・柴田善守監修（1986）『大阪の保育史』（非売品）
大田堯編（1978）『戦後日本教育史』岩波書店
大田堯（1983）『教育とは何かを問いつづけて』岩波書店
呉圭祥（2005）『記録在日朝鮮人運動　朝鮮総聯 50 年―― 1955.5 - 2005.5』綜合企画舎ウイル
呉圭祥（2009）『ドキュメント　在日本朝鮮人連盟　1945-1949』岩波書店
小熊英二（2002）『〈民主〉と〈愛国〉――戦後日本のナショナリズムと公共性』新曜社
小沢有作（1973）『在日朝鮮人教育論　歴史篇』亜紀書房
梶井陟（1966）『朝鮮人学校の日本人教師』日本朝鮮研究所
梶村秀樹（1993）『梶村秀樹著作集第 6 巻　在日朝鮮人論』明石書店
開校 30 年記念誌『まきの』（1957 年 12 月。非売品）
木畑洋一（2014）『二〇世紀の歴史』岩波書店
木村元編（2012）『日本の学校受容――教育制度の社会史』勁草書房
木村元（2015）『学校の戦後史』岩波書店
金慶海（1979）『在日朝鮮人民族教育の原点』田畑書店
金宗鎭編（2009）『愛知朝鮮中高級学校の 60 年の歴史――年表と資料・解説』
金宗鎭（2009）『故郷はどこ幸せはどこ――ある在日朝鮮人二世の半生』これから出版
金泰泳（1999）『アイデンティティ・ポリティクスを超えて――在日朝鮮人のエスニシティ』世界思想社
金德龍（2004）『朝鮮学校の戦後史 1945-1972　［増補改訂版］』社会評論社
倉石一郎（2009）『包摂と排除の教育学――戦後日本社会とマイノリティへの視座』生活書院
江東・在日朝鮮人の歴史を記録する会編（2004）『東京のコリアン・タウン――枝川物語

増補新版』樹花舎
小国喜弘（2007）『戦後教育のなかの〈国民〉――乱反射するナショナリズム』吉川弘文館
国分一太郎（1986）『いつまで青い渋柿ぞ―戦後日本教育史外伝』新評論
駒込武（1996）『植民地帝国日本の文化統合』岩波書店
駒込武（2015）『世界史のなかの台湾植民地支配――台南長老教中学校からの視座』岩波書店
駒込武・橋本伸也編（2007）『叢書・比較教育社会史　帝国と学校』昭和堂
坂本清泉（1972）『生活教育運動論』明治図書出版
在日朝鮮人の人権を守る会準備会（1963）『在日朝鮮人は理由なしに殺傷されている――在日本朝鮮中高生に対する暴行殺傷事件の全ぼう』
志水宏吉・中島智子・鍛治致編（2014）『日本の外国人学校――トランスナショナリティをめぐる教育政策の課題』明石書店
宋基燦（2012）『「語られないもの」としての朝鮮学校――在日民族教育とアイデンティティ・ポリティクス』岩波書店
孫済河（2010）『ウリ（わが）・トンポ（同胞）ウリ（わが）・トンネ（町・村）白話』啓明書房（非売品）
「朝鮮大学校 50 年の足跡」編集委員会（2007）『朝鮮大学校 50 年の足跡』
全源治・李淳馹（2011）『タックルせぇ！――在日コリアンラグビーの父、全源治が走り続けた人生』朝鮮大学校ラグビー部 OB 会（源治会）
鄭栄桓（2013）『朝鮮独立への隘路――在日朝鮮人の解放五年史』法政大学出版局
テッサ・モーリス＝スズキ（2007）『北朝鮮へのエクソダス――「帰国事業」の影をたどる』朝日新聞社
外村大（2004）『在日朝鮮人社会の歴史学的研究――形成・構造・変容』緑陰書房
中内敏夫（1998）『教育思想史』岩波書店
中野敏男、波平恒男、屋嘉比収、李孝徳編（2006）『沖縄の占領と日本の復興――植民地主義はいかに継続したか』青弓社
永原陽子編（2009）『「植民地責任」論――脱植民地化の比較史』青木書店
中村一成（2014）『ルポ京都朝鮮学校襲撃事件――〈ヘイトクライムに抗して〉』岩波書店
名古屋教育史編集委員会（2015）『名古屋教育史Ⅲ　名古屋の発展と新しい教育』名古屋市教育委員会
名古屋市役所編（1960）『名古屋市警察史』名古屋市総務局調査課（非売品）
並木頼寿、大里浩秋、砂山幸雄編（2010）『近代中国・教科書と日本』研文出版
朴慶植（1989）『解放後在日朝鮮人運動史』三一書房
朴三石（1997）『日本のなかの朝鮮学校―― 21 世紀にはばたく』朝鮮青年社
朴三石（2012）『知っていますか、朝鮮学校』（岩波ブックレット 846）岩波書店
朴尚得編（1980）『在日朝鮮人の民族教育』ありえす書房
朴正恵（2008）『この子らに民族の心を――大阪の学校文化と民族学級』新幹社
韓東賢（2006）『チマ・チョゴリ制服の民族誌――その誕生と朝鮮学校の女性たち』双風舎

水野直樹・文京洙（2015）『在日朝鮮人　歴史と現在』岩波書店
山住正己（1987）『日本教育小史－近・現代－』岩波書店
山本有造編（2003）『帝国の研究――原理・類型・関係』名古屋大学出版会
四日市市編（2001）『四日市市史　第19巻』
李東準（1956）『日本にいる朝鮮の子ども』春秋社
李洙任編（2012）『在日コリアンの経済活動――移住労働者、起業家の過去・現在・未来』不二出版
渡辺裕（2010）『歌う国民――唱歌、校歌、うたごえ』中公新書
김덕룡, 박삼석（1987）『재일동포의 민족교육』학우서방（金徳龍、朴三石（1987）『在日同胞の民族教育』学友書房）
사회과학원 주체문학연구소（1988）『문학예술사전 （상）』과학백과사전종합출판사（社会科学院主体文学研究所（1988）『文学芸術辞典（上）』科学百科事典総合出版社）
사회과학원 주체문학연구소（1993）『문학예술사전 （하）』과학백과사전종합출판사（社会科学院主体文学研究所（1993）『文学芸術辞典（下）』科学百科事典総合出版社）
조선대학교 민족교육연구소（1987）『재일동포들의 민족교육』학우서방（朝鮮大学校民族教育研究所（1987）『在日同胞の民族教育』学友書房）

(6) 論文等

浅田朋子（2000）「一九三〇年代における京都在住朝鮮人の生活状況と京都朝鮮幼稚園――京都向上館前史」『在日朝鮮人史研究』第30号
浅田朋子（2001）「京都向上館について」『在日朝鮮人史研究』第31号
飯野節夫、小沢有作、山田克郎（1966）「政治と教育「日韓条約」と日本の国民教育」『教育』第16巻、第2号（増刊号）
石川二郎（1965）「日韓協定と教育」『文部時報』1965年9月号
板垣竜太（2005）「植民地支配責任を定立するために」、岩崎稔、大川正彦、中野敏男、李孝徳編『継続する植民地主義――ジェンダー／民族／人種／階級』青弓社
板垣竜太（2014）「越北した言語学者・金壽卿における国際性と民族性」シン・ジュベク編『韓国近現代人文学の制度化：1910〜1959』ヘアン（原題：이타가키류타（2014）「월북학자 김수경 언어학의 국제성과 민족성」, 신주백 엮음『한국 근현대 인문학의 제도화：1910~1959』혜안）
伊藤康子（2012）「地域女性の生活と社会運動――名古屋の保育所づくりを中心に」安田常雄他編『シリーズ戦後日本社会の歴史3　社会を問う人びと――運動のなかの個と共同性』岩波書店
大門正克（2007）「「教育という営み」の戦後史――教育基本法改正問題から考える」『人民の歴史学』第174号
大里浩秋（2010）「一九三六、三七年華僑学校教科書取り締まり事件」並木頼寿・大里浩秋・砂山幸雄編『近代中国・教科書と日本』研文出版
大田堯（1966）「民族教育をめぐる一つの問題――外国人学校制度にかかわって」『教育』第

16巻、第8号
小田亮（2012）「「日常的抵抗」論の可能性――異種混淆性／脱領土化／クレオール性再考」http://d.hatena.ne.jp/araiken/20120914/1347624919
康成銀（2003）「朝鮮学校での朝鮮史教科書の見直しと変化」『歴史地理教育』No.662
岸田由美（2003）「在日韓国・朝鮮人教育にみる「公」の境界とその移動」『教育学研究』第70巻、第3号
高史明（1974）「新しい相互理解の回路ひらく：小沢有作『在日朝鮮人教育論・歴史篇』、長璋吉『私の朝鮮語小辞典　ソウル遊学記』」『朝日ジャーナル』1974年2月22号
田中勝文（1967）「戦前における在日朝鮮人子弟の教育」『愛知県立大学文学部論集』第18号
田中宏（2013）「朝鮮学校の戦後史と高校無償化」『〈教育と社会〉研究』第23号
曺慶鎬（2012）「在日朝鮮人コミュニティにおける朝鮮学校の役割についての考察――朝鮮学校在学生を対象としたインタビュー調査を通じて」『移民政策研究』第4号
中島智子（2011）「朝鮮学校保護者の学校選択理由――「安心できる居場所」「当たり前」をもとめて」『プール学院大学研究紀要』51号
中島智子（2013）「朝鮮学校の二つの仕組みと日本社会――〈自己完結統一システム〉と〈朝鮮学校コミュニティ〉に注目して」『〈教育と社会〉研究』第23号
中野敏男（2005）「東アジアで「戦後」を問うこと――植民地主義の継続を把捉する問題構成とは」岩崎稔、大川正彦、中野敏男、李孝徳編『継続する植民地主義――ジェンダー／民族／人種／階級』青弓社
中野敏男（2006）「植民地主義概念の新たな定位に向けて――「おわりに」にかえて」中野敏男、波平恒男、屋嘉比収、李孝徳編『沖縄の占領と日本の復興――植民地主義はいかに継続したか』青弓社
朴浩烈（2007）「在日朝鮮語の研究――言語分析・社会言語学的考察への試み」『韓國語學年報』第3号
マキー智子（2012）「公立朝鮮人学校の開設――戦後在日朝鮮人教育に対する公費支出の一様態」『日本の教育史学』第55集
マキー智子（2013）「「外国人学校制度」創設の試み――日韓会談期における在日朝鮮人対策の模索」『北海道大学大学院教育学研究院紀要』118号
松下佳弘（2010）「占領期朝鮮人学校閉鎖にかかわる法的枠組みとその運用――滋賀県の事例に即して」『教育史・比較教育論考』第20号
松下佳弘（2011）「占領期京都市における朝鮮人学校政策の展開――行政当局と朝鮮人団体との交渉に着目して」『日本の教育史学』第54集
松下佳弘（2012）「占領期朝鮮人学校の教育費問題――「国庫負担請願」の背景とその意味」『朝鮮史研究会論文集』第50集
松下佳弘（2013）「占領期朝鮮人学校閉鎖措置の再検討――法的枠組みに着目して」『世界人権問題研究センター研究紀要』第18号
松下佳弘（2015）「朝鮮人学校の「完全閉鎖」をめぐる攻防（一九四九～五一年）――愛知

第六朝連小学校（宝飯郡小坂井町）の事例から」『世界人権問題研究センター研究紀要』第20号
松下佳弘（2016）「京都市立養正小学校「朝鮮学級」の成立過程── 1950年代前半における公教育改編の試みとして」『世界人権問題研究センター研究紀要』第21号
水野直樹（2004）「戦前・戦後日本における民族教育・民族学校と「国民教育」」『和光大学総合文化研究所年報　東西南北2004』
文京洙（2013）「戦後在日朝鮮人の生活と日本社会」安田常雄他編（2013）（シリーズ戦後日本社会の歴史4）『社会の境界を生きる人びと──戦後日本の縁』岩波書店
山室信一（2003）「『国民帝国』論の射程」山本有造編『帝国の研究──原理・類型・関係』名古屋大学出版会
山本かほり（2013）「朝鮮学校における「民族」の形成── A朝鮮中高級学校での参与観察から」『愛知県立大学教育福祉学部論集』第61号
李珍珪（1952）「在日朝鮮人の教育」『平和と教育』2号
李珍珪（1967）「反日教育ではない」『エコノミスト』45巻38号
李珍珪（1968）「在日朝鮮人教育の問題点──「外国人学校制度」法案に反対する」『教育評論』212号
李興烈（1952）「在日朝鮮人教育の当面の課題」『平和と教育』3号
李興烈（1953）「朝鮮人子弟の「義務教育権剥奪」について」『平和と教育』1953年9月号
柳美佐（2014）「継承語と民族的アイデンティティの葛藤──在日朝鮮学校の継承語教育をめぐって」『社会言語学』第14号

(7) 資料集
大石忠雄編（2015）『神奈川朝鮮学校資料2──分校から自主校へ　一九五〇～一九六六』緑蔭書房
近代日本教育制度史料編纂会編（1958）『近代日本教育制度史料26』大日本雄弁会講談社
近代日本教育制度史料編纂会編（1957）『近代日本教育制度史料20』大日本雄弁会講談社
金慶海編（1988）『在日朝鮮人民族教育擁護闘争資料集Ⅰ　四・二四阪神教育闘争を中心に』明石書店
現代日本教育制度史料編集委員会編（1988）『現代日本教育制度史料28』東京法令出版
朝鮮大学校編「朝鮮大学校の認可問題にかんする資料 (1)」1967年9月25日
朝鮮大学校編「朝鮮大学校の認可問題にかんする資料 (2)」1967年11月25日
朝鮮大学校編「朝鮮大学校の認可問題にかんする資料 (3)」1968年3月20日
朝鮮大学校編「朝鮮大学校の認可問題にかんする資料 (4)」1968年5月10日
趙博、内山一雄編（1989）『在日朝鮮人民族教育擁護闘争資料集Ⅱ』明石書店
中山秀雄編（1995）『在日朝鮮人教育関係資料集』明石書店
日本教育学会教育制度研究委員会外国人学校制度研究小委員会（1970）『「在日朝鮮人とその教育」資料集　第一集』
日本教育学会教育制度研究委員会外国人学校制度研究小委員会（1972）『「在日朝鮮人とその

教育」資料集　第二集』
朴慶植編『在日朝鮮人関係資料集成〈戦後篇〉』1〜10巻、不二出版（2000年、2001年）

(8)　未公刊学位論文
康悠仙（2014）「1960〜80年代の朝鮮学校「国語」科教科書の研究——分断される在日朝鮮人のことば」（横浜国立大学教育学研究科修士論文）
徐怜愛（2014）「日本における朝鮮学校付属幼稚班教育の成立と展開」（東京学芸大学教育学研究科修士論文）
朴浩烈（2010）「「在日」の言語意識と言語生活——ポストコロニアル・マイノリティの観点から」（一橋大学大学院言語社会研究科博士論文）
マキー智子（2014）「在日朝鮮人教育の歴史——戦後日本の外国人政策と公教育」（北海道大学大学院教育学院博士論文）
김은숙（2008）「재일본 조선대학교 연구（1956〜1968）」（성균관대학교 대학원 사학과 석사논문）（金恩淑（2008）「在日本朝鮮大学校の研究（1956〜1968）」（成均館大学校大学院史学科修士論文）
김지수（2005）「북한 교육관료제의 변천에 관한 연구」（서울대학교 교육학과 박사학위논문）（金智洙（2005）「北韓教育官僚制の変遷に関する研究」（ソウル大学校教育学科博士学位論文））

(9)　新聞等
（朝鮮文）『解放新聞』、『朝鮮民報』、『朝鮮新報』、『民族教育』、『中央教育研究』、『東京教育研究』、『教員新聞』

(10)　その他文書
大韓民国公報部「対外秘　在日僑胞の現況と朝鮮大学認可問題」（1968年5月）
洪彰澤（2008）「『理科』教科書と私（回想記）」（私家文書）

あとがき

　本書は、2015年1月に一橋大学大学院社会学研究科に提出した博士学位論文「1950〜60年代における朝鮮学校教育史」(2015年6月学位取得)を大幅に加筆・修正したものである。

　私は日本で生まれた在日朝鮮人三世で、幼稚班の年長から朝鮮大学校まで、17年間、朝鮮学校で民族教育を受けてきた。私が大学院の博士課程に入学した2010年4月は、折しも高校無償化制度から朝鮮学校が排除された年であった。それに乗じる形で、多くの地方自治体で「国民感情」を理由に朝鮮学校への補助金が停止、縮減、廃止され、また在日朝鮮人を標的としたヘイトスピーチが撒き散らされるようになった。日本国内でも朝鮮学校に関する様々な言説が飛び交い、良い意味でも悪い意味でも、朝鮮学校への社会的関心が高まっていった。

　そのような中、私は朝鮮学校の歴史研究を行った。朝鮮学校がこんなにも苦しい時期に、何故今日の状況を打開するための、より実践的な研究を行わないのか。何のために貴重な時間を費やしているのか。歴史研究などして何の意味があるのか。給料が半年間出ない中で、日々の授業準備に追われながらも、部活動を担当し、学芸会の演目も自ら考案し、家にも帰らず学校に寝泊まりしながら懸命に働く朝鮮学校教員たちの姿や、高校無償化の適用を求める裁判を闘い、なお笑顔でデモ行進を繰り返す朝鮮学校の子どもたち、またその保護者たちと接する中で、このようなことを自問する日々が続いた。

　朝鮮学校の過去の教育の中身を「解剖」するような本研究の作業が、高校無償化排除問題においてつくられた教育内容の是非という偽りの論点の助長に与することにもなり得るし、また私の意図せざるところで、心無い人々に朝鮮学校攻撃の材料を進んで提供することにもなり得る。実際、朝鮮学校関連の史資

あとがき

料が入手し難いのは、当事者たちがそうした日本の状況を経験的に熟知しているゆえの開示への躊躇が存在するためであり、資料を提供していただいた際にも、幾度となく異口同音に「慎重にやれ」という主旨の忠告をいただいた。再び、このような中で「なぜ朝鮮学校の歴史を研究するのか」。

　このことに関する明確な答えは出せていない。ただ私は、私が「ウリ（私たち）」と思う在日朝鮮人が、植民地支配から「解放」された後に、どのように植民地主義を克服し、脱植民地化を成し遂げようとしたのかという歴史を残したいと思った。朝鮮学校を守るための闘いとともに、子どもたちが学び、育ち、教員たちが教えた過程もまた、脱植民地化の重要な過程と捉えられるはずである。日本で朝鮮人として生きていくことは簡単なことではない。しかしそれでも子どもたちを「立派な朝鮮人」に育てようとしてきた朝鮮学校の営み、そこに関わった人々の努力、工夫、葛藤は、誰に恥じることもない、もちろん隠す必要もない、正しいことである。そのような在日朝鮮人の取り組みを決して忘れてはならない。このような思いから、私は本書を執筆し、刊行することを決心した。

　本書を完成するうえでは、実に多くの方々のご助力をいただいた。とりわけ上述したような状況の中で、歴史研究の命とも言える史資料を提供くださった、あるいは閲覧させてくださった方々の力がなければ、私がこの時代に朝鮮学校の歴史を書くことは不可能であった。資料を提供してくださった以下の朝鮮学校の校長先生ならびにすべての教職員の方々の惜しみないご協力に心よりお礼申し上げる。

　東京朝鮮中高級学校、東京朝鮮第二初級学校、西東京朝鮮第一初中級学校、埼玉朝鮮初中級学校、神奈川朝鮮中高級学校、横浜朝鮮初級学校、千葉朝鮮初中級学校、茨城朝鮮初中高級学校、福島朝鮮初中級学校、東北朝鮮初中級学校、愛知朝鮮中高級学校、名古屋朝鮮初級学校、東春朝鮮初級学校、岐阜朝鮮初中級学校、四日市朝鮮初中級学校、大阪朝鮮高級学校、東大阪朝鮮中級学校、中大阪朝鮮初級学校、大阪福島朝鮮初級学校、大阪朝鮮第四初級学校、生野朝鮮初級学校、東大阪朝鮮初級学校、京都朝鮮中高級学校、京都朝鮮第二初級学校、

京都朝鮮初級学校、滋賀朝鮮初級学校、神戸朝鮮高級学校、尼崎朝鮮初中級学校、神戸朝鮮初中級学校、西播朝鮮初中級学校、広島朝鮮初中高級学校、岡山朝鮮初中級学校、山口朝鮮初中級学校、四国朝鮮初中級学校、九州朝鮮中高級学校、北九州朝鮮初級学校、福岡朝鮮初級学校

　特に大きなご助力をいただいた、大阪の康和正先生、京都中高の趙明浩校長先生、東京中高の慎吉雄校長先生に深い感謝を申し上げる。朝鮮大学校朝鮮問題研究センター付属在日朝鮮人関係資料室の金哲秀先生、学友書房の申成均先生、四日市の申正春氏にも深甚なる謝意をお伝えしたい。また、貴重な経験をお聞かせくださった多くの方々にも、心よりお礼申し上げたい。
　朝鮮学校史研究の先輩である松下佳弘さんからは、多くの資料とともに、的確で温かい助言を幾度となくいただいた。松下さん同じ時代に研究ができていることは、このうえない誇りであり、喜びである。
　日々のお仕事にご多忙な先生方の御厚意に甘えるばかりであったが、それらに見合う充分な研究とはなっていないかもしれない。とは言え、どこよりも先にこの本を届けたいのは、朝鮮学校である。1950〜60年代に朝鮮学校に通ったことのある多くの方がご存命である。かれらの生きた経験とちっぽけな本書を対峙させ、多くのご批判、ご叱責をいただきたい。実は私はキムチとコーヒーが苦手だったのだが、朝鮮学校訪問を繰り返す中で、コーヒーは何とか飲めるようになったし、今ではキムチがなければ生きられない身となった。家の食卓にもキムチはいつも並んでいたが、やはり学校という場で身体がつくられるということを、自らの身をもって再体験した思いである。

　本書を完成させることができたのは、多くの先生方がいらっしゃったからである。一橋大学大学院で学んだ5年間は、研究者としての私を育んでくれた何物にも代えがたい貴重な時間であった。教育の歴史を研究する重要さと楽しさ、そして難しさを、いつでも真剣に示してくださった指導教授である木村元先生、学問の鎧を権威と錯覚せず、マイノリタイズされた人々に寄り添おうとする戦う研究者としての姿勢を堅持することの大切さを、その姿から示してくださった副指導教授である関啓子先生、研究の系譜、出来事、概念の関連性を把捉し、

あとがき

自身が取り組もうとする研究の位置と意味を深く掘り下げるとともに、説得的に伝えていくことの大切さを教えてくださった副指導教授である中田康彦先生、比較、文化、ノンフォーマルという視点から、その鋭く温かいコメントによって私の研究の視野を広げてくださった太田美幸先生、移動という視点の持つ射程を教えてくださった伊豫谷登士翁先生。多くの先生方に深甚なる謝意をお伝えしたい。

また、2016年に京都に移り住んでからは、中島智子先生、板垣竜太先生、駒込武先生、仲尾宏先生、水野直樹先生、田中宏先生をはじめ、さらに多くの先生方から学ばせていただいている。先生方との出会いがなければ、本書は今以上に平板なものとなったことだろう。そんなことはどうでも良いと一蹴されることが目に浮かぶが、ひとまず、感謝の言葉を記すことを許していただきたい。

研究生活を続ける中で、たくさんの大学院生たちと出会うことができた。私が出会った大学院生たちは、皆がそれぞれの課題意識を持って、それぞれのテーマに真摯に向き合っていた。ゼミや研究会でなされる報告は、たとえ研究対象が異なっていても、知的刺激の泉であった。学問的素養の乏しい私が一番学んだのは、間違いなく諸先輩、同輩、後輩らとの議論の中であった。決して平坦ではない大学院生活という山道を、それでも一歩ずつ、楽観的に進むことができたのは、かれらがいたおかげである。

また、大学院時代を朝鮮大学校一号館で共に生活した同志たちにも深甚なる謝意を伝えたい。かれらと共に在日朝鮮人社会、在日朝鮮人運動の未来について語り合い、時に批判し合い、酒を飲み交わした時間は、私にとってかけがえのない時間であった。かれらがいなければ、博士論文執筆を完了することはできなかっただろう。私がこのあとがきを書いている今も、かれらは在日朝鮮人としての矜持を胸に、弁護士や司法書士、朝鮮学校の教員や学者、活動家、美術家、音楽家、アスリートとして、それぞれの第一線で枢要な役割を果たしている。また後輩たちも歯を食いしばって、時に孤独で過酷な研究に必死に取り組んでいる。私が担える役割は決して大きくはないが、在日朝鮮人の未来の一翼を築いていく者として、引き続き共に頑張っていきたい。

本研究は、科学研究費補助金・特別研究員奨励費（2012～2013年度）、松下幸之助記念財団研究助成（2015年）、笹川科学研究助成（2016年度）、トヨタ財

団研究助成（2016〜2017年度）、科学研究費補助金・研究活動スタート支援（2016〜2017年度）の助成を受けた。また公益財団法人朝鮮奨学会、公益財団法人在日朝鮮学生支援会からは、大学院時代に奨学金をいただいた。これらの助成および奨学金がなければ、経済的に厳しい中で、本研究を遂行することはできなかった。心より感謝申し上げる。

　本書の刊行にあたっては、93の個人、団体から出版にかかる諸費用137万円の寄付をいただいた。寄付してくださった方々がいなければ、文字通り、本書はこの世に存在しなかった。奨学金という名の借金を背負っている私は、お金が日々の生活にとってどれ程重要なものであるのかを理解しているつもりである。寄付してくださった方々には感謝の言葉しか浮かばない。みなさんの惜しみない応援があったからこそ、本書を書き上げることができた。寄付の発起人である金秀煥さん、朴錦淑さん、山口刀也さん、呼びかけ人となってくださった多くの方々にも、心からの謝意をお伝えしたい。

　明石書店の関正則さんは、博論出版のご相談をさせていただいた時から、長い間、真摯に私と原稿に向き合ってくださった。寄付の件も積極的に応援してくださり、大きな励みとなった。原稿の提出が度々遅れ、ご迷惑をお掛けするばかりであったが、書籍刊行の右も左も分からぬ私に、最後まで粘り強く伴走してくださった。迅速かつ美しい手際で組版・編集を担当してくださった閏月社の德宮峻さんとともに、深い感謝の意を表したい。また、美しく力強い装画を描き上げてくださった李晶玉さんにも、心より感謝申し上げる。

　最後に、私を生み育て、いつも誰よりも温かく私を見守ってくれた、父、呉圭祥と、母、金二順に謝意を伝えたい。私は今年で35歳になる。この歳になっても、まだ何一つ親孝行らしいことはできていない。家計が決して楽ではない中、私が大学院で研究をすると決断した時も、両親は、若い時にしか勉強はできない、好きなことをしろと、力強く背中を押してくれた。私はかれらから愛をもらってばかりいる。私が今、在日朝鮮人として胸を張って、堂々と朝鮮学校の研究ができるのは、かれらの背中を見て育ってきたからである。またヌナ、ヒョンニン、大ちゃん、裕ちゃんも、陰に陽に私を支え、応援してくださった。可愛いチョッカたちも私の心を癒してくれた。温かい家族に恵まれ、私は本当に幸せである。

あとがき

*　　　*　　　*

　2014年12月12日、文科省前での金曜行動に参加した。2013年5月から始められた金曜行動とは、朝鮮大学校の学生を中心とした朝鮮学校関係者や日本人支援者が文科省前で高校無償化制度の適用を訴える活動である。ゼミや論文等の関係で久しく参加できていなかったが、2014年最後の金曜行動には参加することができた。

　金曜行動に参加する朝鮮大学校の学生たちの姿を見ながら、私は「アピール活動がすごく上手になったな」と感じた。私の高校、大学時代にもこうした活動はあったが、その時と比べ、メガホンを片手に叫ばれるアピール文、全体で合唱する歌、シュプレヒコール、鼻をすすりながらも真剣な眼差しで参加する姿勢等、どれをとってもその質は向上していた。組織化されたその姿は、正に抗議活動の「プロ」であった。そこには差別にも屈せずたくましく、毅然と生きていく朝鮮学校の子どもたちの強（したた）かな姿があった。

　だが子どもたちが手にしたこの上手さは、それ自体が差別の副産物でもある。差別撤廃を訴える活動が上手になっているとは一体どういうことだろうか。そのような活動の中で育っていく子どもたちをたくましいと思ってしまうとは、なんと皮肉なことであろうか。金曜行動は既に200回を優に超えた。朝鮮学校の子どもたちの権利を求める歌声は、止むことなく、むしろ激しさを増しており、ここ京都をはじめ、全国各地に響き渡っている。ただしその歌声を単なる「音」ではなく「声」として受け止める土壌は、未だ十分なものとはなっていない。

　研究という営みが社会に持つ影響力は決して大きくない。しかし、研究だからこそできることもあると思う。これ以上朝鮮学校の子どもたちが、このような抗議活動を上手にならなくとも良い社会を築き上げるために、私は今後も全力で研究を続けていきたい。

2019年1月

呉　永　鎬

人名索引

ア行

伊ケ崎暁生　17
五十嵐顕　17, 373
石川二郎　314, 372
板垣竜太　372, 378
井上清　209
今井誉次郎　209
上原専禄　209
大田堯　13, 17, 210, 373
呉圭祥（オ・ギュサン）275, 284, 296
長田新　210-211
小沢有作　16-19, 21, 55, 295
呉聖師（オ・ソンサ）272
魚塘（オ・ダン）50

カ行

梶井陟　215
勝田守一　13, 14, 18, 210, 224, 379
康成銀（カン・ソンウン）168-170
康悠仙（カン・ユソン）192
岸田由美　372
木畑洋一　26-27
金日成（キム・イルソン）33, 39, 112-114, 163, 167, 229-231, 242-243, 249-250, 255-256, 274, 278, 280, 282-283, 290
金智洙（キム・ジス）115
金宗鎮（キム・ジョンジン）301
金壽卿（キム・スギョン）378
金太一（キム・テイル）56, 222
金徳龍（キム・トンリョン）19-20, 295
金孝植（キム・ヒョシク）60
金炳植（キム・ビョンシク）271-272, 277-279

金宝鉉（キム・ボヒョン）191
木村元　25-26
金龍玉（キム・リョンオク）356
倉石一郎　16-17
小国喜弘　374
国分一太郎　39, 50, 91, 209, 211-214, 220
高史明（コ・サミョン）16
駒込武　373

サ行

坂本清泉　295
司空俊（サゴン・ジュン）93
徐怜愛（ソ・リョンエ）88
宋基燦（ソン・ギチャン）23, 24, 26
宋枝学（ソン・ジハク）91, 98, 228, 230

タ行

崔東玉（チェ・ドンオク）98, 251
全源治（チョン・ウォンチ）91-92
鄭求一（チョン・グイル）180

ナ行

中野敏男　20-21, 371
南日（ナム・イル）83, 86
南日龍（ナム・イルリョン）91
南時雨（ナム・シウ）98

ハ行

朴慶植（パク・キョンシク）91, 98, 213, 271-272, 280
朴尚得（パク・サンドゥッ）91, 139-140, 176-179
朴在魯（パク・チェロ）280

朴柱範（パク・チュボム）56, 222
朴東培（パク・トンベ）338
朴孝彦（パク・ヒョオン）338
旗田巍　209
韓徳銖（ハン・ドクス）47, 95, 100, 173, 193, 271-272, 274-280
韓東賢（ハン・トンヒョン）236
黄鳳九（ファン・ボング）275
福田繁　330-332
裴永愛（ペ・ヨンエ）62, 301, 308
許南麒（ホ・ナムギ）50, 91, 97, 211
洪彰澤（ホン・チャンテク）92, 379

マ行

マキー智子　297
松下佳弘　59, 71
水野直樹　42
三谷太一郎　27-28
宮原誠一　210

宗像誠也　210

ヤ行

矢川徳光　209, 211
山住正己　17
山室信一　22, 368
尹徳昆（ユン・ドッコン）83, 100

ラ行

李殷直（リ・ウンジク）50, 91, 211
李季白（リ・ゲベク）275
李心喆（リ・シムチョル）275
李珍珪（リ・ジンギュ）50, 73, 98, 211, 272, 274
李東準（リ・トンジュン）95, 100, 274
林光澈（リム・グァンチョル）50, 91, 211, 251, 273
林栄子（リム・ヨンジャ）95-96

［著者プロフィール］
呉永鎬（お・よんほ）
1984年、東京都生まれ。幼稚園から大学まで朝鮮学校に通う。
2015年、一橋大学大学院社会学研究科博士後期課程修了。博士論文『1950〜60年代における朝鮮学校教育史』で、博士号（社会学）取得。現在は、世界人権問題研究センター専任研究員。専攻は教育史、教育社会学。近刊予定の共著に、木村元編『境界線の学校史（仮）』（東京大学出版会）、額賀美紗子・芝野淳一・三浦綾希子編『移民から教育と社会を考える（仮）』（ナカニシヤ出版）などがある。

表紙カバーの装画について
京都朝鮮第一初級学校の増築工事中の校舎（1964年）を前にした子どもたちの集合写真（モノクロ）をモチーフに、李晶玉が本書のために描いたもの。

朝鮮学校の教育史
脱植民地化への闘争と創造

2019 年 4 月 10 日　初版第 1 刷発行
2022 年 2 月 28 日　初版第 2 刷発行

著　者	呉　永　鎬
発行者	大　江　道　雅
発行所	株式会社　明石書店

〒101-0021 東京都千代田区外神田 6-9-5
電　話　03 (5818) 1171
ＦＡＸ　03 (5818) 1174
振　替　00100-7-24505
https://www.akashi.co.jp

装幀	明石書店デザイン室
編集／組版	有限会社閏月社
印刷／製本	モリモト印刷株式会社

（定価はカバーに表示してあります）

ISBN978-4-7503-4816-2

JCOPY 〈出版者著作権管理機構　委託出版物〉
本書の無断複製は著作権法上での例外を除き禁じられています。複製される場合は、そのつど事前に、出版者著作権管理機構（電話 03-5224-5088、FAX 03-5224-5089、e-mail: info@jcopy.or.jp）の許諾を得てください。

朝鮮籍とは何か
トランスナショナルの視点から

李 里花 編著

四六判／並製／248頁 ◎2400円

朝鮮籍とは、植民地期朝鮮から日本に「移住した」朝鮮人とその子孫を分類するために、戦後の日本で創り出されたカテゴリーである。本書は、朝鮮籍をめぐる歴史的変遷をたどり、朝鮮籍の人が直面したリアリティに焦点を当て、その実像に迫る。

■内容構成■

序文 なぜ朝鮮籍なのか [李里花]
第1章 朝鮮籍在日朝鮮人の「国籍」とは？ [髙希麗]
コラム1 分断と統一 [郭辰雄]
第2章 朝鮮籍の制度的存続と処遇問題 [崔紗華]
コラム2 元プロサッカー選手・安英学氏インタビュー [李晋煥]
第3章 日本政府による「朝鮮」籍コリアンの排除 [ハン・トンヒョン]
コラム3 「思想としての朝鮮籍」を追って [中村一成]
第4章 韓国入国問題を通して見る朝鮮籍者の政治的多様性の看過 [金雄基]
コラム4 海外の「無国籍」コリアン [李里花]
第5章 済州島、三河島、そして朝鮮籍 [文京洙]
コラム5 国連と無国籍の解消 [秋山肇]
第6章 なぜ無国籍の「朝鮮」籍を生きるのか？ [丁章]
コラム6 国籍の無い、国籍を超えた朝鮮籍 [陳天璽]
第7章 グローバル時代の朝鮮籍 [李里花]

歴史教科書 在日コリアンの歴史【第2版】
在日本大韓民国民団中央本部人権擁護委員会企画
「歴史教科書 在日コリアンの歴史」作成委員会編
◎1400円

在日コリアンの人権白書
在日本大韓民国民団中央本部人権擁護委員会企画
「在日コリアンの人権白書」制作委員会編
◎1500円

写真で見る在日コリアンの100年
在日韓人歴史資料館図録
在日韓人歴史資料館編
◎2800円

奪われた在日コリアンの日本国籍
日本の移民政策を考える
李洙任著
◎3800円

越境する在日コリアン
日韓の狭間で生きる人々
朴一著
◎1600円

祖国が棄てた人びと
在日韓国人留学生スパイ事件の記録
金孝淳著 石坂浩一監訳
◎3600円

大災害と在日コリアン
兵庫における惨禍のなかの共助と共生
高祐二著
◎2800円

在日コリアンの戦後史
神戸の闇市を駆け抜けた文東建の見果てぬ夢
高祐二著
◎2800円

〈価格は本体価格です〉

新版 日本の中の外国人学校
月刊イオ編集部編
◎1600円

公立学校の外国籍教員
教員の生(ライヴズ)、「法理」という壁
中島智子、権瞳、呉永鎬、榎井縁著
◎2700円

京都市の在日外国人児童生徒教育と多文化共生
在日コリアンの子どもたちをめぐる教育実践
磯田三津子著
◎3200円

言語教育における言語・国籍・血統
在韓「在日コリアン」日本語教師のライフストーリー研究
田中里奈著
◎5000円

沖縄と朝鮮のはざまで
朝鮮人の〈可視化/不可視化〉をめぐる歴史と語り
呉世宗著
◎4200円

マルチ・エスニック・ジャパニーズ
○○系日本人の変革力
移民・ディアスポラ研究5
駒井洋監修 佐々木てる編
◎2800円

日本社会のヘイトスピーチ
在日コリアン弁護士から見た差別の歴史からネット被害・大量懲戒請求まで
金竜介、姜文江、在日コリアン弁護士協会編
◎2200円

前川喜平 教育のなかのマイノリティを語る
在日コリアン・夜間中学・外国につながる子ども・LGBT・沖縄の歴史教育
前川喜平、青砥恭、関本保孝、善元幸夫、金井景子、新城俊昭著
◎1500円

在日朝鮮人美術史 1945—1962
美術家たちの表現活動の記録
白凜著
◎4600円

金石範評論集Ⅰ 文学・言語論
金石範著 イ・ヨンスク監修 姜信子編
◎3600円

張赫宙の日本語文学
植民地朝鮮/帝国日本のはざまで
曺恩美著
◎4500円

済州島を知るための55章
エリア・スタディーズ 166
梁聖宗、金良淑、伊地知紀子編著
◎2000円

北朝鮮を知るための55章【第2版】
エリア・スタディーズ 53
石坂浩一編著
◎2000円

北朝鮮帰国事業の研究
冷戦下の「移民的帰還」と日朝・日韓関係
菊池嘉晃著
◎8800円

北朝鮮帰国事業の政治学
在日朝鮮人大量帰国の要因を探る
松浦正伸著
◎4200円

朝鮮戦争の起源 1・2 [上・下]
ブルース・カミングス著 鄭敬謨、林哲、山岡由美訳
◎各7000円

〈価格は本体価格です〉

在日コリアン辞典

国際高麗学会日本支部『在日コリアン辞典』編集委員会【編】
朴一（大阪市立大学大学院経済学研究科教授）【編集委員会代表】

◆ 定価：本体3,800円+税
◆ 体裁：四六判／上製／456頁
ISBN978-4-7503-3300-7

本書は、在日コリアンの歴史、政治と経済、社会と文化などについて、できるだけ客観的な情報を提供し、日本人の最も身近な隣人である在日コリアンについて理解を深めてもらいたいという目的で編集されたものである。またこの辞典には、在日コリアン100年の歩みを、ジャンルを超え、網羅的に記録しておきたいという思いが込められている。韓国併合100年を迎え、改めて日韓・日朝関係を再検証してみる必要性が問われているが、この辞典は日本と朝鮮半島の狭間で生きてきた在日コリアンの歩みから、日韓・日朝関係の100年を検証する試みでもある。
（本書「はじめに」より抜粋）

アリラン／慰安婦問題／猪飼野／大山倍達／過去の清算／「韓国併合」条約／金日成／キムチ／金大中事件／強制連行と在日コリアン／金嬉老事件／嫌韓流／皇民化政策／在日コリアンの職業／サッカー・ワールドカップ日韓共催／参政権獲得運動／指紋押捺拒否運動／創氏改名／宋神道／孫正義／第三国人／済州島四・三事件／チマ・チョゴリ引き裂き事件／朝鮮人被爆者／日朝平壌宣言／日本人拉致問題／『パッチギ！』／張本勲／阪神教育闘争／ホルモン論争／松田優作／万景峰号／民族学校／村山談話／よど号ハイジャック事件／ワンコリア・フェスティバルほか歴史、政治、経済、社会、文化等ジャンルを超えて網羅、100名を超える執筆陣による、全850項目！

〈価格は本体価格です〉